普通高等院校汉语言文学专业规划教材

文化学概论

郭齐勇　著

WUHAN UNIVERSITY PRESS
武汉大学出版社

图书在版编目(CIP)数据

文化学概论/郭齐勇著.—武汉：武汉大学出版社，2014.9(2021.12 重印)
普通高等院校汉语言文学专业规划教材
ISBN 978-7-307-13397-6

Ⅰ.文…　Ⅱ.郭…　Ⅲ.文化学—高等学校—教材　Ⅳ.G0

中国版本图书馆 CIP 数据核字(2014)第 127278 号

责任编辑:胡国民　　　责任校对:鄢春梅　　　版式设计：马　佳

出版发行：**武汉大学出版社**　(430072　武昌　珞珈山)
(电子邮箱：cbs22@ whu.edu.cn　网址：www.wdp. com.cn)
印刷：湖北金海印务有限公司
开本:720×1000　1/16　印张:18.25　字数:325 千字　插页:1
版次:2014 年 9 月第 1 版　　2021 年 12 月第 5 次印刷
ISBN 978-7-307-13397-6　　定价:35.00 元

序　言

本书是有关"文化"概念及其理论与方法的专著，以其系统性为学术界所称道。本书原由湖北人民出版社于1990年2月出版，出版后反响还不错，前辈大家予以肯定，学者们发表了一些书评，不少大学用作教材，且很快售罄。20多年来，很多读者写信或打电话给我，希望买到这本书，有的读者不断要求作者再版，有人盗版盗印作为教材，也有人的同类书大段大段地抄袭本书。今天重新审读此书，发现仍然站得住，其中阐述的思想要点并未过时，相反仍值得人们咀嚼。这大概就是所谓"敝帚自珍"吧！

近些年因很多大学开设了"文化学"或"文化学概论"的课程，北京、上海不少大出版社及一些大学出版社与我联系，请我给他们再版。我校出版社的同仁也希望再版本书，我于2008年答应了给本校出版社再版，但因太忙，来不及修改，一直拖到现在。

这次修订，主要涉及两个方面。第一，修改了第一章。原书首章关于"文化"的定义，太过于强调"文化即人化"的内涵，这是有片面性的。这次删修，使全书在这个问题上更加稳妥。第二，原书对于中国文化的根源性、主体性强调得不够，这次修订，我增加了一章，即第九章，便于读者理解中国传统文化及其特质。

恩师萧萐父先生生前曾指导我写这本书，我怀着感恩之心，感念萧先生的教诲与提携。

原书出版的时候，我正处于生命的低谷，是我一生中最困难的时期。那时我还住在广埠屯电校的蜗居，当责任编辑胡光清学长把刚出版的样书送到我家里来的时候，我真是百感交集。我原以为这书在当时是不会出了的，光清仁兄那时是冒着风险的。他的此举，使我深铭五内。

衷心感谢博士生介江岭、李攀等帮我校读了书稿，核对了部分引文。我也核校了部分引文，并修订了全书。希望本书的修订再版能再获知音。

是为序。

郭齐勇

2014 年春节于武昌珞珈山

第一版前言

本书是为适应文、法、理、工、农、医科大学及专科学生拓宽知识面的需要而撰写的一本教材。在导师萧萐父教授的热情指导下，我在本校(武汉大学)数度开出“文化学”的选修课(其中第一次是与李维武同志合开的)，受到选课或旁听的校内外各科师生的热烈欢迎。根据同学们的要求，我把讲义整理成这本小书。同学们希望这本书做到知识的系统性与表达的通俗性相结合，理论探讨的深度与参与现实的力度相统一。作者虽竭尽驽钝，勉力而为，然自知离此目标尚有很大的距离。本书也是我在20世纪80年代中后期参加国内关于文化问题的大讨论的结晶。

“文化学”是一门综合性的新兴学科，建设这一学科，有重大的理论意义和现实意义，但又十分困难。作者虽然作了一些思考和探索，然而由于理论修养、知识结构、生存体验和认识水平的限制，纰缪和疏漏在所难免，敬请学界前辈、青年朋友和所有的读者批评指正。

本书综合地介绍了国内外前贤与时贤有关文化人类学、文化史、比较文化、文化学和文化哲学的研究成果。在吸取这些成果的基础上，作者尝试着提出一些问题，虽不企求给出完满的答案，也不企求建构庞大的体系，但希冀并且相信可以给予读者一些有益的启示，提供一些进一步研究的线索，为丰富和拓展马克思主义的人文哲学理论打开一点思路。

本书首章提出“人本主义的文化观”，论述文化学的主要内容，揭明全书的宗纲；第二章述介文化人类学主要流派，佐证总纲，提供多维透视；第三章从文化源头谈起，讨论文化的多源发生、多向发展、多元并存、多样统一和文化生态问题，提出了“多样统一的文化观”，乃总纲的展开和深化；第四章对世界各文化(或文明)作了初步分疏，讨论文化类型和文化模式问题；第五章研究比较文化及其方法论；第六章探讨文化的系统、结构与功能；第七章审视文化系统之间的关联，考察文化传播、文化变迁中的涵化、整合等规律；第八章释传统，讨论文化的时代精神与民族精神、文化传统的认同与创新，落脚到人的全面发展、现代文化意识的建设和中国文化现代化等现实问题上来。这就是全书的脉络。

本书重心即是有内在联系的“人本主义的文化观”与“多样统一的文化观”。马克思认为，人在创造出丰富多样的对象世界的同时，创造了自己，生产出自己的全面性。对象世界的生产和人的自我发展是一个事物的两个方面。对于“文化”即人的生存方式的研讨，我们可以窥见人的需要、才能、享用，人的创造天赋和交往形式的永恒运动。人的全面性的再生产是人的社会存在的全部丰富性、完整性和人类文化活动的多样性的内在本质。

本书坚持以现实的人的实践活动出发的马克思主义的文化学的基本思想，批评了某些学者把马克思的文化观曲解为经济决定论、单线进化观的错误看法，批评了西方中心论、全盘西化论、本位文化论和对世界文化与中国传统文化的虚无主义态度。

通过全书，作者真诚地期望与读者一道，以改革开放的文化心态审视东西文化；以多维的文化视野，具体地、历史地、辩证地思考文化发生、发展、沟通、融会过程中的时间与空间、累积与变异、调适与冲突、选择与规范、离异与回归、解构与重构、一元与多元、普遍与特殊、世界性与民族性、现代与传统、全球意识与寻根意识、科技文化与人文文化、大众文化与精英文化、城市文化与乡村文化、企业文化与校园文化、老年文化与青年文化等关系问题，尤其是现代人的文化素质的问题，以推进中国文化现代化的进程。

人与文化的问题，不论采取何种形式，总是永恒的哲学问题。进入20世纪以来，人与文化的问题成为最有生气的问题之一，成为现代哲学研究的中心。现代化发展进程的多样化，实际上是围绕着人这个中心而展开的。这方面的研究，需要引进多种多样的理论和方法，需要更多的学者来探讨。

博士生导师萧萐父教授审阅了大部分书稿，在总体上和细节上都提出了十分宝贵的指导性的意见和建议。

内子朱德康在繁忙的工作之余承担了绝大部分家务，赡养八旬双亲，抚育三尺顽童，使我得以潜心读书、写作。没有她的支持，拙著《熊十力与中国传统文化》和本书都是写不出来的。

郭齐勇

1988年11月完稿于武昌广埠屯

目　录

第一章 “文化”定义及文化学精义

“文化”是人们十分熟悉的字眼！诸如电影、电视、报刊、书籍、文物、知识等，都可视作“文化”。本书所说的“文化”，远不是一般意义上小范围的“文化”。我们不妨先说几段故事：

几十年前，有人讲了一个笑话，说是国际联盟曾以“大象”为题悬赏征文，英国人作的是《英国治下非洲的猎象事业》，法国人作的是《象的恋爱论》，意大利人马上就哼出《象啊，象啊……》的诗歌，德国人提笔就写思辨性很强的《关于象之研究》，前苏联人写的是《俄罗斯之象——世界之最》，中国人写的是《象群的“伦理纲常”》，美国人写的是《象与驴之战》(按：象为共和党的象征，驴为民主党的象征)，而波兰人则写了一篇政论——《波兰的主权与象之关系》。这则笑活惟妙惟肖地表现了不同国家、不同民族的国民性格、精神风貌、思维习惯、生活情趣和它们当时在世界历史上的地位。这就是“文化”①。

据报载，有一次我国的一些作家们聚会，天南地北、海阔天空地神聊起来，忽而议论起一尺多长的搔痒竹耙。这平凡的器物本身就是文化的产物，同时，它又积淀、蕴藏或寄托着不同的情感，成为不同的文化密码——在古老的中原被称为“如意”、“老头乐”；在孔孟的家乡山东被称作“孝顺”，是子女买来孝敬老人的；在柔美的江南叫“美人爪”，以美女纤细的手指喻之，实在香艳雅致，据说典出《太平广记》；而在一些相声演员口中，此物被戏称为“痒痒乐”。对同样的器物，给予不同的符号，作出不同的阐释，这就是“文化”。

---

① 孙苏：《文化的密码》，载《人民日报》1988年1月27日。

美国人类学家基辛在所著《当代文化人类学》的开篇，讲了一则真实的故事：一位保加利亚籍主妇招待她美籍丈夫的朋友晚餐。当客人把盘里的菜吃光以后，主妇就问客人要不要再来一盘。因为在保加利亚，如果女主人没让客人吃饱的话，是件很丢脸的事。客人中的一位亚洲留学生接受了第二回合，紧接着又是第三回合，使得女主人忧心忡忡地又到厨房准备了下一盘。结果，这位亚洲学生吃第四盘时竟撑得摔倒在地板上了。因为在他的国家，宁可撑死也不能以吃不下来侮辱女主人。这说明，每个地区、每个民族，都有不同的风俗习惯，不同的饮食方式和交往方式，当地球变得很小，人们的交往增强以后，相互间的了解、沟通(往往伴随着误会乃至痛苦的冲突)就是不可避免的了。

第二次世界大战期间，大批美军官兵进入英国。美国官兵与英国女郎一接触，各种各样的事都会发生，往往是双方不欢而散，互相指责对方“不道德”。同是英语世界，而且英为美之“母国”，双方的习俗、交际，乃至道德观、价值观，尚且有如此的差距！这些差距以及相互的理解、沟通，也是“文化”。

美国学者罗威勒曾说过，在这个世界上，没有别的东西比“文化”更难捉摸，我们不能分析它，因为它的成分无穷无尽；我们不能叙述它，因为它没有固定形状。我们想用文字来界定它的意义范围，这正像要把空气抓在手里似的：当我们去寻找“文化”时，它除了不在我们手里以外，无所不在。

一、众说纷纭的“文化”概念

1. 什么是文化？什么不是文化？

从以上楔子可知，我们这里所说的“文化”，是一个涵盖面非常广泛的“大文化”概念。衣食住行，无不是文化；视听言动，无不触及文化现象。长袍马褂与比基尼泳装，哥特式建筑与苏州园林，独木舟与阿波罗飞船，贞节牌坊与卖淫娼妓，随州出土的编钟石磬与时下流行的电子吉他，三明治与北京烤鸭，指腹为婚与三角恋爱，动荡不安、无穷追求的浮士德精神与“民胞物与”、“我与天地万物为一体”的宋明儒者情怀，如此等等，无不是文化。文化真是无处不在！用具、器物、政治经济法律教育制度、风俗习惯、伦理道德、艺术、宗教、语言等都是文化。总之，人们的生活方式、存在样态、行为方法、思维特征、情感方式、价值取向、审美情趣、心理素质，都包含在文化之中。

如此说来，文化真是无所不包的吗？不是。天然石块不是文化，但原始人打制成的石斧、石刀是文化；野生树木、禾苗及其果实不是文化，人工栽培的农作物及其栽培方式则是文化；山和水不是文化，但引起人们鉴赏，激起人们情感的湖光山色是文化；电闪雷鸣不是文化，但原始人想象成人格化的神灵或自然“灾异”的现象却是文化。可见，一般自然物不是文化，但经过人类改造后，满足了人类需要，或寄托了人类的情感、打上了人的烙印的自然物才是文化。也就是说，文化与人、与人类在自然中的生存和改造活动，有着难分难舍的关系。

从语源学上来看，“文化”一词含有人类劳动、改造、加工、区别于自然并控驭自然的意义。这个词汇来自拉丁文 Cultura，本意指耕种、加工、照料、栽培。在古典拉丁语中，通常在农业生产、耕作、栽培及劳作所获的意义上运用这一词汇，后逐渐被引申为培养、教育，训练、发展、尊重之意。“文化”在德文中为 Kultur，在英文和法文中都为 Culture，在俄文中为 Культура。今天，人们一般是在人的文化水平、教育程度、思想修养的意义上运用它。

把这样一个词翻译为汉语中的“文化”，是很得体的。其实，中西“文化”概念，或者说远古中国人和西方人的文化观，是颇为相近的。在中国人看来，“文化”表达的就是与自然有别，模仿、适应、超越自然，并对人施以文治教化的意思。

汉字“文”的本义指纹路。“文”是文饰，与质朴不同。古人说：“物相杂谓之文。”“文”是事物多样性的表征，与单一性不同。“化”是动词，“化者变也”，变化的意思。“文”要“化”，即以“文”来改变事物或现象。

《周易·贲·彖》云：“刚柔交错，天文也；文明以止，人文也。观乎天文，以察时变；观乎人文，以化成天下。”①贲卦的卦象下离上艮，离为日，象明，艮为山，意止。“文明以止”，是说“文明”能使人之行为有所止，即人的行为受到一定的制约。“天文”指自然的文饰，自然美，自然秩序；“人文”指人为的文饰，道德美，社会秩序。“人文”主要是人与人、人群与人群相处出现的复杂的现象及社会人间事务的条理，即人类社群伦理道德等。考察自然现象，可以了解四时变化；考察社会现象，则可以理解伦理秩序，便于教化大众，改易风俗。文化来自自然，又区别于自然。古代圣贤明察自然

① 李鼎祚《周易集解》引：“虞翻曰：‘日月星辰为天文。历象在天成变，故以察时变。’干宝曰：‘圣人之化，成乎文章，观文明而化成天下。’”刘勰《文心雕龙·原道》：“观天文以极变，察人文以成化。”

变化，然后把改造自然的经验总结出来，把人类社会管理的经验也总结出来，创制礼、乐等典章制度，教育民众，风化、影响民俗，养育人之性情，流传后世。

《周易·系辞下传》中的“观象制器论”表达了古代中国人“以人文化成天下”的文化观：

> 古者包牺氏之王天下也，仰则观象于天，俯则观法于地，观鸟兽之文与(天)地之宜，近取诸身，远取诸物，于是始作八卦，以通神明之德，以类万物之情。作结绳而为罔罟，以佃以渔，盖取诸《离》。包牺氏没，神农氏作，斲木为耜，揉木为耒，耒耨之利，以教天下，盖取诸《益》。日中为市，致天下之民，聚天下之货，交易而退，各得其所，盖取诸《噬嗑》。神农氏没，黄帝、尧、舜作，通其变，使民不倦，神而化之，使民宜之。《易》，穷则变，变则通，通则久。是以“自天祐之，吉，无不利”。黄帝、尧、舜垂衣裳而天下治，盖取诸《乾》、《坤》。刳木为舟，剡木为楫，舟楫之利，以济不通，致远以利天下，盖取诸《涣》。服牛乘马，引重致远，以利天下，盖取诸《随》。重门击柝，以待暴客，盖取诸《豫》。断木为杵，掘地为臼，臼杵之利，万民以济，盖取诸《小过》。弦木为弧，剡木为矢，弧矢之利，以威天下，盖取诸《睽》。上古穴居而野处，后世圣人易之以宫室，上栋下宇，以待风雨，盖取诸《大壮》。古之葬者，厚衣之以薪，葬之中野，不封不树，丧期无数。后世圣人易之以棺椁，盖取诸《大过》。上古结绳而治，后世圣人易之以书契，百官以治，万民以察，盖取诸《夬》。

大意是说，伏羲氏仰观天象，俯察地理，研究鸟兽草木，近则了解人身，远则探讨万物，创造了八卦，并以八卦来贯通宇宙万物的神奇变化。观察自然，制作工具，是依据了八卦的原理。伏羲结绳作网，用来打猎捕鱼；神农氏斫木为耜(木制的犁铧，在距今近7000年的浙江余姚河姆渡文化遗址曾发现这种农具)，并教导人民利用这种农具；此时有了贸易市场，可以互通有无。黄帝、尧、舜继而改革变通，创制衣裳、舟楫，驯养牛马，发明加工粮食的杵臼和作战的弓箭，创造房屋代替洞穴，发明安葬制度与礼仪，研制文字代替结绳而治，从此百官利用文字来处理政务，万民利用文字来考察事物。

这一段话，大体说明了先民如何由观察自然到制造工具、改造自然，取得经验，传给后代的历史活动过程，展示了人类创造文化脱离野蛮的历史状态。文化是人的产物，为人所创造，古人似乎已经懂得了这一道理。尽管古史传说把功劳归于圣王；但并没有把圣王塑造成脱离民间生活的上帝，而是参与人民改造自然的实践活动中的英雄。至此，“文化”含有了与自然相联系并逐步对立起来，与野蛮脱离的含义，即开化、教化的含义。这一语义的进一步发展，就使文化含有知识、教养的意义。我国古代把“文”与“化”联系起来使用，即是指“文治教化”而言，汉代刘向《说苑·指武》云：“圣人之治天下也，先文德而后武力。凡武之兴，为不服也；文化不改，然后加诛。”此处文武相对，指文德不能教化，而后始使用武力。孔子的思想是：在文化融合的过程中，中原周边的人不肯心服口服，那中原的人就要修养自己的品德，丰富自己的文化，使人家心悦诚服，慢慢取长补短，融合成一体。当然，使用武力征服、刑罚镇压，也是一种社会文化现象。

无论中西，“文化”从语源上和语词内涵的演变上就含有文化是与自然不同的东西，大多指人类为适应自然环境而衍生出的一些东西，当然其中也有自然的对立物和人类的创造物的意义。这种意义深深地植根于物质生产劳动所体现的人的本质力量对象化的过程之中。古代思想家“制天命而用之”、“以人造天”的认识，就是古史传说中的圣王(劳动实践活动中的英雄)总结治理自然、社会经验，并用它来教化百姓，即“以人文化成天下”思想的合逻辑的发展。

总之，文化是人的生存样态，是人的生存环境，包括社会规范、礼乐制度等。人类生活的任何一方面都不能不受到文化的影响并随着文化的变化而变化。这就是说，在一定意义上，人造就了文化，文化也决定了人的存在，决定了人的思维、行为、情感方式。人存在的基础条件是种族、语言、地域、性别、宗教等，人类存在于天(宗教)、地(自然)、人(社会与他人)、物(自然物与人造物)、我(肉身的我，内在的自我情感、自我意识、道德的我)之间，人的存在方式就是我们所讲的“文化”。

2. 关于“文化”诸界定的思考

“文化”的科学概念，只是到了18世纪启蒙时代才真正产生出来。迄今为止，国际学术界关于“文化”的定义，就有200多种，真是众说纷纭，莫衷一是。

经过宗教改革和文艺复兴运动，欧洲人率先摆脱了“神本”和“物本”(即自然为本)的束缚，开始对人的力量抱有绝对的信心，对人的主体性给予完全肯定的评价。“以人为本”，成为人的解放和文的自觉的根本标志。科学的“文化”概念孕育在被称为“人的发现”的文艺复兴时期。到了18世纪，在人文传统深厚的德国，出现了著名的哲学家康德、赫尔德和文学家歌德，依据与中世纪迥然不同的关于人的看法，对“文化”作出了划时代的界定。

1790年，康德在其名著《判断力批判》中认为，文化乃是人作为有理性的实体为了一定的目的而进行的有效的创造。在康德看来，人是自然的最终目的，文化则是这一最终目的存在于人身上的一种形式的、主观的条件。“在一个有理性的存在者里面，产生一种达到任何自行抉择的目的的能力，从而也就是产生一种使一个存在者自由地抉择其目的之能力的就是文化。因之我们关于人类有理由来以之归于自然的最终的目的只能是文化。”①文化的本质在于，主体(人)不断地获得确立一切目的的能力，即不依赖于自然的行动能力。文化是促进人们更加自由地选择、确定并推动目的实现的力量。因此，从一定意义上说，文化也就是人的社会价值，是人的力量的显现。康德理性主义的文化观，比较重视文化主体改造自然的活动及其功能。这种文化定义，显然是针对法国有的启蒙学者把自然看成文化，把自然简化为人的行为的机械主义的文化观的。

康德把道德观念看成人类文化的最高表现。这个看法曾影响了我国学者辜鸿铭、唐君毅等。辜氏在20世纪初出版的《春秋大义》中指出，文化不是房子，不是道路，不是器具，不是制度，不是科学，不是艺术，而是人格；文化的实质就是道德。唐君毅在20世纪中叶出版的巨著中，以“道德自我”或“道德理性”为中心，论述“人类一切文化活动，均统属于一道德自我或精神自我、超越自我，而为其分殊之表现”②，并建立了道德的理想主义的文化哲学体系。按唐君毅先生的理解，文化创造活动的主体是人，是人的心灵精神，主要是道德的主体性。

启蒙思想家、文化哲学家赫尔德继承了近代历史哲学奠基人维科的思想，在巨著《关于人类历史哲学的思想》(1784—1791)中，也肯定了人的本身就是目的。尽管他与康德之间有过争论，但二人在这一点上是一致的：人在他的理性的和道德的生活中，证明了他自身的存在是正当的。自然创造人的目的就是要创造一种理性的生命，人性作为一种精神力量的体系不断发展着自身。赫尔德探讨了人、社会、文化的关系，认为文化是社会的产物，是人的活动的产物，又是社会存在和发展的必要条件和人们活动的重要手段。文化既促进了人，也限制了人。文化和哲学的中心是人的问题。赫尔德在

① [德]康德：《判断力批判》(下卷)，韦卓民译，商务印书馆1985年版，第95页。

② 唐君毅：《文化意识与道德理性》，台北台湾学生书局1986年版，第5页。

“狂飙运动”(18世纪70年代到80年代德国资产阶级文化运动)中的同志歌德也认为：文化是一个民族的生活与思想的集体方式，即人类对自然的长期斗争的结果，此集团的思想、感觉、行为的方式所构成的一种特殊的气氛、特殊的美，即是文化。

一般来说，马克思主义以前的思想家，把文化的领域局限于精神活动的领域，在文化史里排斥物质活动和社会劳动对于文化发展的意义。不过，从赫尔德和歌德的文化观来看，已经有了一些唯物史观的因素。

英国著名人类学家，被称为“人类学之父”的泰勒1871年在名著《原始文化》里，对文化下了一个经典的定义：“所谓文化或文明，就其广泛的民族志的意义上来说，是知识、信仰、艺术、道德、法律、风俗及任何人作为社会成员而获得的所有能力和习惯的复合的总体。”①泰勒之定义明确地剔除了人的本能，即生物学遗传或先天性行为，强调了“文化”是作为社会成员的人获得的，是具有社会性的、超个人的存在，同时说明了“文化”是诸要素的综合体。但是，泰勒之定义仍旧是描述性的。泰勒的列举是可以无限地添加的，如我们可以把“社会制度、社会组织”列入；如泰勒本人在1881年出版的《人类学》中加进了“技术和物质文化”；如后来美国的人类学家奥格本等修订这一定义时补进了“实物”……可见，对于“文化”的界定，不能停留在外在的描述上。

关于“文化”，不少学者从历史学、社会学、人类学、心理学、哲学的角度提出了不同的界说。例如新康德主义的弗莱堡学派的著名代表李凯尔特在《文化科学和自然科学》里提出了价值论的文化定义，认为“价值是文化对象所固有的……如果把价值和文化对象分开，那么文化对象也就会因此而变成纯粹的自然了”；“不仅应该从价值的观点，而且应当从对文化现象作出评价的那些具有心理的人的观点去考察文化现象”②。又如现代著名文化哲学家卡西尔在《人论》里提出了符号学的文化定义，认为人是“符号的动物”，文化作为人的符号活动的“产品”成为人的所有物，而人本身作为他自身符号活动的“结果”则成为文化的主人；文化无非是人的外化、对象化，无非是符号活动的现实化和具体化，然而正是符号和符号功能建立起人之所以为人的主体性。

---

① 转引自庄锡昌等：《多维视野中的文化理论》，浙江人民出版社1987年版，第99~100页。译文略有不同。

② ［德］李凯尔特：《文化科学和自然科学》，涂纪亮译，商务印书馆1986年版，第21、25页。

与以上两位德国思辨哲学家不同，力主实地考察并身体力行的英国人类学家马林诺夫斯基提出了功能性的文化定义。他认为，文化是人类生活的手段、工具，生活是文化的主体。他在《文化论》里指出：“文化是包括一套工具及一套风俗——人体的或心灵的习惯，它们都是直接地或间接地满足人类的需要。一切文化要素，若是我们的看法是对的，一定都是在活动着，发生作用，而且是有效的。文化要素的动态性质指示了人类学的重要工作就是研究文化的功能。”①而美籍俄裔人类学家索罗金则提出了规范性的文化定义，认为文化是生活方式的整体，包括意识、价值、规范及此三者的互动和关联，把文化界定为不同人类群体的生活方式或共同遵守的行为模式，强调文化作为人类价值规范的作用。

五四以降，我国学者围绕中国文化近代化的主旋律展开了文化讨论，也涉及“文化”的界说。

蔡元培1921年在湖南的一次演讲中说：“文化是人生发展的状况，所以从卫生起点，文明衣食住的状况，较之茹毛饮血、穴居野处的野蛮人，固然是进化了。但是我们的着衣吃饭，果然适合于生理么？……可以不谋改革么？”②他从卫生设备谈到经济、政治，认为这些方面的文化需靠教育才能实行，接着谈到学校教育、图书馆、研究所、展览会、音乐会、戏剧、印刷品所承载的文化内容。

梁启超1922年在《什么是文化》一文里说：“文化者，人类心能所开积出来之有价值的共业也。……文化是人类以自由意志选定价值，凭自己的心能开积出来以进到自己所想站的地位……价值选定，当然要包含物质、精神两面。人类欲望最低限度，至少也想到‘利用厚生’，为满足这类欲望，所以要求物质的文化，如衣食住及其他工具等之进步。但欲望决不是如此简单便了，人类还要求秩序，求愉乐，求安慰，求拓大，为满足这类欲望，所以要求精神的文化，如言语、伦理、政治、学术、美感、宗教等。这两部分拢合起来，便是文化的总量。”③梁启超《中国文化史目录》纳入了朝代、种族、政治、法律、教育、交通、国际关系、饮食、服饰、宅

① ［英］马林诺夫斯基：《文化论》，费孝通等译，中国民间文艺出版社1987年版，第14页。

② 蔡元培：《何谓文化》，见《蔡元培全集》第四卷，中华书局1984年版，第11页。

③ 葛懋春、蒋俊编选：《梁启超哲学思想论文选》，北京大学出版社1984年版，第392、396页。

居、考工、农事等项。

梁漱溟在其1922年出版的代表著作《东西文化及其哲学》里指出：“文化并非别的，乃是人类生活的样法。……文化与文明有别。所谓文明是我们在生活中的成绩品——譬如中国所制造的器皿和中国政治制度等都是中国文明的一部分。生活中呆实的制作品算是文明，生活上抽象的样法是文化。不过文化与文明也可以说是一个东西的两方面，如一种政治制度亦可以说是一民族的制作品——文明，亦可以说是一民族生活的样法——文化。”他认为文化包括物质生活、社会生活和精神生活三大领域。梁漱溟在1949年出版的《中国文化要义》中认为，文化涵盖了人类各民族如何进行生产，其所有器具、技术及相关之社会制度、宗教信仰、道德习惯、教育设施，乃至语言、衣食、家庭生活等；“全部中国文化是一个整体(至少其各部门各方面相联贯)。它为中国人所享用，亦出于中国人之所创造，复转而陶铸了中国人”①。

胡适认为先有文明，然后才有文化。1926年他在《我们对于西洋近代文明的态度》一文中指出：“第一，文明是一个民族应付他的环境的总成绩。第二，文化是一种文明所形成的生活方式。第三，凡一种文明的造成，必有两个因子：一是物质的，包括种种自然界的势力与质料；一是精神的，包括一个民族的聪明才智、感情和理想。凡文明都是人的心思智力运用自然界的质与力的作品；没有一种文明是精神的，也没有一种文明单是物质的。”②

黄文山则受功能派的影响，在《文化学体系》中提出：“文化是人类为着满足生存的需要，凭借语言系统、技术发明、社会组织与习惯，累世承袭创建出来的有价值的‘工具实在’。”③

钱穆在《文化学大义》里认为：“文化只是人生，只是人类的生活……文化是指集体的大群的人类生活而言。在某一地区，某一集团，某一社会，或某一民族之集合的大群的人生，指其生活之各部门各方面综合的全体性而言，始得目之为文化。文化既是指的人类生活之综合的全体，此必有一段相

① 梁漱溟：《东西文化及其哲学》，见《梁漱溟全集》第一卷，山东人民出版社1989年版，第380~381页；《中国文化要义》，见《梁漱溟全集》第三卷，山东人民出版社1990年版，第32页。

② 葛懋春、李兴芝编辑：《胡适哲学思想资料选》，华东师范大学出版社1981年版，第306~307页。

③ 黄文山：《文化学体系》，台湾“中华书局”1971年版，第69页。

当时期之绵延性与持续性。因此文化不是一平面的，而是一立体的，即在一空间性的地域的集体人生上面，必加进一时间性的、历史的发展与演进。文化是指的时空凝合的某一大群的生活之各部门各方面的整一全体。”①钱穆指的是大群的人生，涵盖了人群生活及其时空条件与背景之整体。

在20世纪40年代，贺麟提出了他的文化定义。他认为，“文化就是经过人类精神陶铸过的自然”，“文化只能说是精神的显现，也可以说，文化是道凭借人类的精神活动而显现出来的价值物，而非自然物”。他又说：“文化是名词，同时也是动词；化字含有改变的意义；文要化，要影响其他的一种东西，要感化或支配别一种东西；譬如教育，譬如诗歌，可以使人向善，可以使人有优美的情操；这就是文化之一。”“所谓文化，乃是人文化，即是人类精神的活动所影响、所支配、所产生的。又可说文化即是理性化，就是以理性来处理任何事，从理性中产生的，即谓之文化。文化包括三大概念：第一是‘真’，第二是‘美’，第三是‘善’……即是真理化、艺术化、道德化……文化的特征乃是征服人类的精神，使人精神心悦诚服。”贺麟当年关于文化讨论应当上升到文化哲学的主张，很有启发新思的作用。他说：“我们现在对于文化问题的要求已由文化迹象之异同的观察辨别，进而要求一深澈系统的文化哲学。无文化哲学作指针，而漫作无穷的异同之辨，殊属劳而无功……我们不能老滞留在文化批评的阶段，应力求浸润钻研、神游冥想于中西文化某部门的宝藏里，并进而达到文化哲学的堂奥。”②他主张超越比较中西文化异同优劣的阶段，进入深层次的文化学理论的探讨。

以上中外学者的这些文化定义，都从不同的侧面、不同的角度论述了文化的内容和功能，并试图揭示文化的本质。美国人类学家克罗伯和克拉克洪于1952年出版了《文化：概念和定义的批判性回顾》一书，研究了欧美文献中160余种文化定义，将其综合为：文化是包括各种外显或内隐的行为模式；它通过符号的运用使人们习得及传授，并构成人类群体的显著成就，包括体现于人工制品中的成就；文化的基本核心包括由历史衍生及选择而成的传统观念，尤其是其价值观念；文化体系虽可被认为是人类活动的产物，但也可被视为限制人类作进一步活动的因素。克拉克洪还认为：文化一词意味

① 钱穆：《文化学大义》，台湾正中书局1983年版，第4页。

② 贺麟：《文化的体与用》，见《文化与人生》，商务印书馆1947年版，第32页；《文化、武化与工商化》，见《文化与人生》，商务印书馆1988年新版，第278~280页；《答谢幼伟兄批评三点》，见谢幼伟：《现代哲学名著述评》附录，第254~255页。

着一个民族的生活方式的总体和个人从其集团所得到的社会性遗产。①

克罗伯和克拉克洪的定义注意到文化的整体性、历史性、系统性和结构性，在国际社会科学界获得了广泛的赞誉。这是一个综合了诸家之长的定义，把文化看作是社会成员共有而又作为社会性遗产而代代相承的生活方式；肯定文化是人的行为模式和人类群体活动的成果，同时又给人以制约；强调了由历史上获得并经过选择的价值体系是文化的核心；说明了符号系统传递的重要。作为社会性的、超越个别人的行为的遗产和制约人类行为方式的符号结构，文化是不可以用生物学、心理学的法则加以解释的。把文化看成整体和系统，注重文化形态内部的结构关系，表明文化不是简单的、孤立的诸要素杂乱无章的堆砌物，同时表明研究文化必须从复杂的、千姿百态、盘根错节的现象形态中把握其内在的统一性和结构、层次关系。总之，克罗伯和克拉克洪的定义，的确抓住了"文化"的某些方面的质的规定性和某几个重要特征。然而，这个定义仍然可以无限制地从不同侧面添加和罗列，仍然不能使人从根本上把握文化的内在本质。

当然，一切定义都是相对的、有条件的，永远不能囊括充分发展的现象的多方面的联系。视角不同，把握的层面不同，对"文化"完全可以作出不同的界说。除了我们以上介绍的列举描述性的、价值论的、符号学的、功能性的、规范性的、结构性的，还有遗传性的、心理性的、历史性的、发生论的、观念论的文化定义，解说分歧，争论颇多。从一定意义上说，文化是民族生活的样式，是社会的遗业；从另一角度看，文化是学习的过程，学习谋生方式和反应方式，造器具造制度的过程。从某种视界出发，文化是工具、是符号；而从另一意义上说，文化又是一种生产力。如此等等，都没有错。人们可以从文化的内容、范围、形式、性质、结构、功能、价值、生命诸方位给出不同的界说，然而把它们叠加起来，仍然无法穷尽"文化"的多方面的质的规定性。

我国著名民俗学家钟敬文先生指出，人类学家大体比较接近的文化定义，较之哲学家、思想史家的文化概念，更为确当一些。如前所述，人类学家的文化定义的特点是范围比较广泛。"凡人类(具体点说，是各民族、各部落乃至于各氏族)在经营社会生活过程中，为了生存或发展的需要，人为地创造、传承和享用的东西，大都属于文化范围。它既有物质的东西(如衣、食、住、工具及一切器物)，也有精神的东西(如语言、文学、艺术、

① 关于克罗伯与克拉克洪的文化定义，另请参阅庄锡昌等：《多维视野中的文化理论》，浙江人民出版社1987年版，第115~121页。

道德、哲学、宗教、风俗等)，当然还有那些为取得生活物资的活动(如打猎、农耕、匠作等)和为延续人种而存在的家族结构以及其它各种社会组织。”①这种文化定义，确如钟先生所说，肯定文化是每个社会共同体中广泛存在的“生活必需品”，强调了被人忽略或排斥的、作为民族文化基础的一些成素(如工艺品、建筑物、民间神话传说和歌舞等)，拨正了把文化仅仅局限于上层社会精英文化(如中国的儒家经典、朝廷典章、学者著作等)或少数天才的作业(如法典、政制、哲学、高级艺术等)的错误。但是，这种定义虽然涉及却并没有突出文化概念的本质。

3. 从人的本质理解文化

如果我们从以人的生存为本体和出发点的哲学学说——人类学本体论出发，充分重视文化由人类创造而又创造了人类的特点，充分重视在社会生活中，一切活动都是在人这一主体的参与下才得以发生的这个本质，我们显然可以从上述宽泛的文化定义里抽象出更为具体、更接近本质的文化定义。

“人化自然”的观点，是马克思在《1844 年经济学哲学手稿》里提出来的。马克思认为，人类与动物的区别在于，动物不把自己同自己的生命活动区别开来，“人则使自己的生命活动本身变成自己的意志和意识的对象。他的生命活动是有意识的”。“生产生活本来就是类生活，这是产生生命的生活。一个种的全部特性、种的类特性就在于生命活动的性质，而人的类特性恰恰就是自由的自觉的活动。”“通过实践创造对象世界，即改造无机界，证明了人是有意识的类存在物，也就是这样一种存在物，它把类看作自己的本质，或者说把自身看作类存在物。”“正是在改造对象世界中，人才真正地证明自己是类存在物。这种生产是人的能动的类生活。通过这种生产，自然界才表现为他的作品和他的现实。因此，劳动的对象是人的类生活的对象化；人不仅像在意识中那样理智地复现自己，而且能动地、现实地复现自己，从而在他所创造的世界中直观自身。”②

马克思认为，劳动是自我对象化，在这个过程中，对象服从于人类的目的，而在对象世界中被对象化的主体则被这个行动所转化。马克思称为有目的的活动是劳动的整个活动。马克思把这个活动称为人的本质。劳动或有目的的活动是人的类存在。类存在这个术语，意味着劳动既是普遍的活动方

---

① 钟敬文：《关于文化建设问题的一点意见》，载《东西方文化研究》1987 年第一辑，河南人民出版社 1987 年版，第 11 页。

② 《马克思恩格斯全集》第 42 卷，人民出版社 1979 年版，第 96、97 页。

式、人类鲜明的现实属性，又是使人类的社会生活而不是自然生活成为必要的属性。

人类文化活动首先是感性的物质生产劳动；感性的物质生产劳动，是人类及其社会发生、存在、发展的最基本的活动。人与自然的关系，是客观的历史的关系。人类实践活动不仅依赖自然、受自然生态环境的制约，而且改造自然并使之人化，创造了(或者在一定场合也破坏了)自然生态环境。不同时代的人们的周围的感性世界，都是历史的产物，是人类世世代代活动创造出来的、人与自然不断统一的过程和结果。环绕我们的早已不是原始自然而是人文化了的自然，是世世代代人类精神不断贯注、改造了的自然。广义的文化活动首先包括人区别于动物的生产活动，从根本上反映了历史的、社会的人的本质。作为最根本的人类文化活动的劳动创造了人本身，创造了自然，创造了人类社会，创造了美、艺术、宗教、哲学。

总之，广义的"文化"概念，指人类在社会活动(非遗传、非本能)中创造并保存的所有内容之总和。或者说，文化是人类在其物质活动与精神活动的各种具体形式中的自我创造、自我生产；是人类为实现自身的本质，满足自身的需要、适应生态环境而创造出来的生活方式的过程和累积下来的物质与精神的成果。

从一定的意义上说，文化塑模了人，文化重要的产物是人本身。人一生下来(乃至在他的母腹中)就遇到既存的、不容选择的，一定地域、一定时代、一定民族，乃至一定家庭的具体文化环境。文化对于人来说乃是一种外在客体，具有独立存在的意义和不可抗拒的力量。文化一旦被创造出来，就会累积下来，一代一代传递下去(除非遇到意外的条件才会发生断裂)。

然而，从另一方面来看，文化又是人的产物，文化(具体地说，指人们的生产、生活、行为、思维、情感方式)的形成、发生、发展、累积、传递、转型、变化，都离不开人，具体的历史的人。所以我们说，文化的本质，可以由人的本质来加以理解。而人的本质即是人的体力、智力，技能、性欲、情感、审美、意志的全面、自由的发展，这种发展又不能不受到一定自然和历史条件的制约。马克思在《关于费尔巴哈的提纲》中指出，"人的本质……在其现实性上，它是一切社会关系的总和"①。社会关系也是一种文化，是人的本质的外部社会的表层结构。因此，人在实现自己的类本质、创造文化的过程中也受到文化的制约。文化体现在人类实践(主观见之于客观)的创造活动的能力、方式、过程及其成果之中。社会人的劳动、实践既

① 《马克思恩格斯选集》第1卷，人民出版社1972年版，第18页。

是文化的根本内容，又是精神文化发生、发展的源头活水。人创造了社会，创造了文化，是社会和文化的主体；但人又是社会条件和文化条件的产物，是社会文化的客体。这两者竟是这样的难分难解！

文化更广泛地指社会内部从物质生存条件的再生产和人自身的再生产(种的蕃衍)开始的各种人的活动。每一具体社会的文化都是一定历史条件下的人的活动方式和结果的体系。因此，整个人类文化无非包含着有机联系、不可分割的诸多方面的内容：人与自然的关系、人与人的关系、人与精神信仰的关系、人与自我意识的关系。

总之，人类通过劳动、社会实践协调人与自然的关系和人与人的关系，实现人的本质，满足人的需要、欲望、要求而创造出一定生活方式的过程和物质与精神成果，即是“文化”。

人不但是文化的受体、物质和精神财富的体现者或自身文化活动的结果，更是文化的创造者和文化历史活动过程的主体。人类文化创造活动，包括初民的渔猎、制陶、歌舞、壁画、图腾、禁忌、巫术等等，从长远的历史文化价值来看，都是围绕着人自身的需要、能力、情感、意志的自由、全面的发展而展开的；也就是说，人在活动中生产出他的全面性和完整性，他的社会存在所有的多样性和丰富性。这是真正的文化内涵，而物质文化和精神文化的成果只是文化的外在形式。

文化不是死物，而是人类群体的活动过程。包括文献、文物在内的文化遗存，作为文化研究者所重视的是蕴含其中的活生生的东西——彼时彼地人群的创造活动、才能和意志的显现、文化生命和精神的显现及其对后世的影响。文化反映着作为历史过程主体的，一定时代、一定民族的人的需要、才能、关系和水平，并折射出一定的自然和文化生态环境的状况，因而只具有相对完善的意义，它的发展是永无止境的。在文化活动的历史进程里，人自身及人与人关系的完整性和全面性得到不断发展。

从人的本质考察文化，抓住了文化内涵——人自身的发展。人的社会存在的所有的多样性和丰富性，而把他所创造的物质的和精神的财富，仅仅作为文化存在的外在形式。从人的内在本质的发挥和发展的视角来看，“财富岂不正是在普遍交换中造成的个人的需要、才能、享用、生产力等等的普遍性吗？财富岂不正是人对自然力——既是通常所谓的‘自然’力，又是人本身的自然力——统治的充分发展吗？财富岂不正是人的创造天赋的绝对发挥吗？这种发挥，除了先前的历史发展之外没有任何其他前提，而先前的历史发展使这种全面的发展，即不以旧有的尺度来衡量的人类全部力量的全面发展成为目的本身。在这里，人不是在某一种规定性上再生产自己，而是生产出他的全面性；不是力求停留在某种已经变成的东西上，而是处在变易的绝对运动之中”①。

也就是说，人在创造对象世界的活动中，也创造了自己，生产出自己的全面性。“在再生产的行为本身中，不但客观条件改变着，例如乡村变为城市，荒野变为清除了林木的耕地等等，而且生产者也改变着，炼出新的品质，通过生产而发展和改造着自身，造成新的力量和新的观念，造成新的交往方式，新的需要和新的语言。”②按照马克思的说法，文化进步的内容，就是把人作为尽可能完整的和全面的社会产品生产出来。

康德所说的“人为自然界立法”，把自然的人置换为道德的人、社会的人、文化的人。马克思的“人化”思想正是对康德人类学和人道主义的发展。通过文化功能的发挥，人不断地扩大了与自然的联系，扩大了自己活动的范围，并日益增强了自己的创造能力。

我们反思“人化”可能导致的“人类中心主义”，反对把生产力的发展作为人类进步的唯一尺度。但是，我们对人类的前途和人类的进步抱着乐观的态度。人类在不断调整的文化选择过程中，主体在不断实现自己的价值的过程中，将会不断发现并克服人与自然、人与社会、人与人关系上的一个又一个危机。例如，人类正在开发无公害技术和新的能源，调整人与自然的关系。是的，文化既发展人又制约人；既肯定人及其存在，又对人加以遮蔽。正因为文化为主体性的发展提供前提和条件，同时，主体性的发展又受到这些前提和条件的制约。所以，人类的发展和人的创造活动尽管是随机的、偶发的，却不可能是随心所欲的。人们为什么不断地调整自己的文化选择呢？其实，文化选择正是对某种文化规范性的超越。人类在从必然王国走向自由王国的永无止境的途程(不是直线而是曲线，不是一条线而是多条线)中，不断修正或超越这种或那种文化规范，不断选择自己的前途。选择是多样的，有的选择可能暂时地背离了人的全面发展，具有褊狭功利的性质；或者由于时代不同，价值尺度不同，人类在选择中充满了矛盾。但从长远、总体的角度看，这些选择大体上是以主体实现自己的价值或人们获得自由的程度为标准的。因此，从根本上来说，文化是主体的客体化和客体的主体化的动态统一。

总之，文化不仅存在于物化了的器物或制度结构之中，而且存在于积极地表现人类活动能力的动态形式之中。文化是人的创造性、建设性的活动，

① 《马克思恩格斯全集》第46卷(上册)，人民出版社1979年版，第486~487页。

② 《马克思恩格斯全集》第46卷(上册)，人民出版社1979年版，第494页。

文化是人在物质或精神的丰富多样具体而微的活动中的自我创造。马克思所讲的文化，常常是指潜在于历史的，对象性的现实之中的人的东西。也就是说，文化是在人的社会关系的复杂体系中展现人的本质的整个历史现象。正是在文化中并通过文化，内容丰富地表现出人存在的能动的和积极的方面，反映出社会的人自身依赖于改造对象的活动所形成的长期的社会过程。文化本质所具有的多方面特征，正在从有社会意义的活动内容及其现实的社会实践方面得到揭示。前面所引用的马克思的话，非常明确地指出了文化的真正内涵是作为社会生物的人自身的发展，即是人的需要、能力(体力、智力、技能)、才干、性欲、情感，审美、意志和交往形式的全面、自由的发展。按照马克思的文化观，人不是在某一规定性上再生产自己，而是生产出他的全面性。这正是文化本质定义的基础。社会物质生产和精神生产的发展构成人的全部社会历史的内容。所谓文化史，即是在社会生产过程中所实现的人的自我生产、自我发展的历史。

人的文化生产是在自己通过目的设定过程掌握自然的活动中实现的。在个体自我实现的创造中，在对象活动中获得一般的、文化历史的含义——表现为历史的创造性，同时表现为人自身的发展。人借助于劳动改变自然，按人的能力尺度调整自然(即“第二自然”)，也即是创造了一个文化世界。人同自然的关系本质上包含有文化，在这种关系中，自然已不是“天然的自然”，而是“历史的自然”。文化是受人的实践制约的社会现象。文化具有社会性，社会系统的运作和发展不可能脱离文化。文化对历史过程的主要作用是造就人，表明人是社会发展的实践主体。文化包括作为实践主体的人们之间的社会联系和关系的全部总和。因此，文化不仅决定这种或那种生活方式的性质，而且还能动地参与生活方式的形成、发展和变化的历史进程之中。人的类本质在文化中的表现和具体化，超出了直接给予的和具体历史的社会关系之外。人是文化历史过程的主体。因此，评估生活方式的尺度是：建立这样的生活，使得社会的每个成员都能在事实上发挥自己的创造力和才能，因而确立具有多维需求的个性。社会主义社会的最高目的是全面发展个性。①

当然，“人化”不是没有限度的。科学技术的发展使人类生活方便而富有，同时又使人类面临着一系列的困难，首先表现在人与自然关系方面的灾难：人口爆炸，环境污染(尤其是土地、水与空气资源的严重污染)，生物

① 参见苏联学者麦茹耶夫、兹洛宾、凯列等：《文化哲学问题》，莫斯科，思想出版社1984年版。汪国训老师曾翻译此书，笔者曾参与译事，可惜译稿未能出版。

物种的快速减少与退化，能源的危机，耕地、草原、森林面积的减少，地下和渔业资源的过度开发，透支子孙后代赖以栖息与生存的自然资源，难以应付的城市问题……总之，全球生态体系面临着危机。罗马俱乐部的专家们早在20世纪六七十年代就惊呼，人类已达到“增长的极限”。与此相应的危机，还表现在人与社会、人与人的关系方面，资本主义劳动异化、社会异化带来了人性的分裂，人的终极存在、人的精神生活失去了依归，生死的困惑、灵肉的冲突、价值的失落、人际的疏离、理性的滥用、自我的苦闷……

如果我们过于夸大人的主体性，过于夸大人与自然的对立，以人类中心主义的立场来理解“文化”概念，一言以蔽之地把“文化”界定为“人化”，那也是有问题的。绝对地把“人”等同于“文”，“好像人可以站在一个无生命的、机械的自然或‘质’(儒学以文、质对举，质即自然)之外任意对自然施之以‘文’。其实正相反，文乃以质为根据，或者说，文是自然生命在其精神层面上的开显……自然是人存在的界限，亦是‘文’之合理性的界限。因而脱离其‘质’之‘文’之太过，则导致人之生存意义的否定”①。人不能脱离自然，人的精神生命脱离不了自然生命。自然部分地被“人化”了，但自然未被完全地“人化”。即使在科技飞速发达的今天，人在自然力面前仍然是无可奈何的。我们应反思人类过分地干预、征服、破坏自然的弊病。即使从人的类存在的延续、从人的子孙后代的栖息、生存来看，“自然的人化”与“人的本质力量的对象化”的过分强调，都是十分危险的。实际上，“人”、“文化”与“自然”的密切联系是无法当下斩断的。中国文化与中国哲学的主流强调“天人合德”，肯定天地人“三材”之道的共荣并建，是一种极高的智慧。此外，把“文化”仅仅界定为“人化”，有本质主义与化约主义之嫌，容易忽略丰富的过程。这也是我们要十分注意的。

二、“文化学”建设

1. 为什么要提出这个问题?

在对外开放和全面改革的新的历史时期，在全力建设社会主义的物质文明和精神文明的时代氛围里，文化问题的探讨争鸣吸引着自然科学、社会科学和人文科学各界学者的关注，一跃而成为20世纪80年代中国的“显学”

① 李景林:《教养的本原：哲学突破期的儒家心性论》，辽宁人民出版社1998年版，自序第3页。

或“热门”。在反思“文革”十年浩劫而又面临改革开放诸多新问题的时候，人们广泛而又逐渐深入地讨论着，在引进西方先进技术、设备，借鉴西方文化的同时，有没有一个树立文化主体意识的问题，如何面对西方文化的新的冲击，科学地加以评价、选择、吸收、融会；中华各民族传统文化的基本精神和价值的正确估价、批判继承、创造性地发展的问题；积淀在人们的文化心理结构之中、在下意识层里仍然起着这样那样作用的传统的思维方式、行为方式、情感方式、价值取向、风俗习惯、道德观念、文化心态与经济、政治、科技、教育体制改革和现代化建设的关系问题；社会主义初级阶段的商品经济、民主政治建设在内的全社会的发展战略，即中国文化(广义的文化)现代化的道路和模式问题；几千年来被传统专制主义意识形态扭曲了的个人的价值、尊严，人的生命和人生道路，人与他人、群体、社会的关系和人的全面发展的问题；一面在脱贫致富，补科学与民主之课，步履维艰地走向现代，一面又要警惕西方腐朽文化的侵蚀和已经发生的，由于人类主体性的胜利、工业文明的高度发展所带来的人际的疏离，人生的困惑、焦虑，环境的污染，生态平衡的破坏的问题；由于文化转型和改革开放中出现的一些问题引起社会心理失重的问题；此外，还有文化史学、比较文化学、文化管理学研究的方法论问题，如此等等。

20世纪80年代文化大讨论尽管提出了许多具有重大的理论和实践意义的课题，取得了丰硕的成果，然而，由于尚缺乏明晰严谨的概念体系、深刻系统的理论说明和丰富多样的研究方法，使得这场讨论仍然停留在概念模糊、议论浮泛的阶段，亟待向深层发展。如上所述的诸多问题也迫切地需要理论工作者作出更为深刻的、多层面的马克思主义的回答。这就把建立一门“文化学”的任务，提到议事日程上来了。

另一方面，对于文化问题的综合研究，已成为20世纪哲学社会科学和人文科学研究的前沿。如第17届世界哲学大会、第9届世界社会学大会、第11届国际人类学与民族学大会、第19届世界历史学大会，几乎不约而同地以哲学与文化、文化与人类文明选择的价值尺度及其研究方法和代表人物(如马克斯·韦伯)等，作为会议主题。文化问题研究成为国际社会和人文科学发展的新的趋势。欧美日本的文化问题、文化学、人类学、文化哲学的研究，学派林立、硕果累累；20世纪60年代至80年代，苏联社会科学界把文化理论问题，包括人的学说、价值学说和社会主义文化理论模式、文化发展规律及文化学系统方法(他们从西方引进“文化学”术语，并形成了相对独立的“文化学”学科)等作为“迫切问题”加以研究，发表了一系列理论研究的新成果。这一国际学术趋势，也对我们提出了挑战。

我国在五四新文化运动前后的东西文化论战、科学与玄学论战、全盘西化与本位文化论战中集中讨论了文化问题，20世纪30年代至40年代亦有不少学者专事文化学、文化人类学、民族学、民俗学、文化哲学和文化史的研究。多年以来，我国高等教育界、社会与人文科学界没有设置多学科交叉的综合性的文化研究的专门机构、学科和课程，使得我们在文化理论和方法的研究上也落伍了。20世纪80年代“文化热”勃兴，形势开始好转。

综合20世纪中叶以来国内外文化学研究的重要成果，创立新鲜活泼、切合实际、多彩多姿的文化学理论和方法系统，看来是势在必行了。这本书，就是在如上所说的背景下，企望对文化理论和方法作一些粗浅的探讨。

2.“文化学”浅释

关于“文化学”的定义，由于人们的文化观不同，对“文化”的界说也有差异。例如钱穆先生认为，“文化学是就人类生活之具有传统性、综合性的整一全体而研究其内在的意义与价值的一种学问”，简言之，“是研究人生价值的一种学问”①；黄文山先生认为，文化学是一种文化的科学、经验的科学、规范的科学。首先它不是自然的科学，“因为它所研究的文化体系，是由‘道’（价值体系）‘器’（物质体系）与‘人的动因’（行的体系）所结合而成”，因而不能离开人类的价值和目的，是一种目的的科学、理解的科学；“文化学者对于文化的领域，是一个‘共同动作者’与‘共同参预者’”。黄氏又认为，不能因为研究对象的抽象性与非确定性，而把文化学视为排斥实验方法的“臆测的科学”。文化学不是神学、玄学，而是经验的科学，它与自然科学一样，也要找寻或建立法则。但文化学又不是一般自然科学，由于它永远要注意价值问题，要注意“人本主义的系数”，因而与其他社会文化学科一样，产生了自己特殊的规范，成为一种规范的科学。② 以上两种“文化学”定义颇值得参考。下面谈谈笔者的看法：

“文化学”（德文为Kulturologie，英文为Culturology，法文为Culutrologie）是研究文化现象或文化系统的综合性的学科。

文化学是一门与哲学、历史学、社会学、人类学、考古学、民族学、民族志学、民俗学、宗教学、神话学、语言学、心理学等相互交叉、渗透的综合学科，是人文思潮和科学思潮的整合。它要研究的是人类社会从物质生存条件的再生产和人类自身的再生产开始的各地域、各种族的人的活动方式，

---

① 钱穆：《文化学大义》，台湾正中书局，1983年第8版，第6页。

② 黄文山：《文化学体系》，台湾“中华书局”1971年版，第174~177页。

即人类为实现自身价值、满足自身需要和欲望而进行的创造性活动的演变历程、规律及物质与精神的成果。文化学不仅研究一定民族或社会集团在一定时空条件下的具体行为，而且研究这些民族或社会集团在彼时彼地必须遵循的行为准则、价值标准等抽象体系。文化学通过对于文化殊相的研究刻意认识其背后的共相，通过对文化部分的把握提扬到对文化总体的把握，由“器”而“道”，进行概括和抽象，上升到理性和哲学的高度，认识文化的生存环境，文化的地域、民族、时代、阶级属性，文化的累积与变迁、继承与创新、传统与现代、大传统与小传统、民族化与世界化、多样性与统一性的关系；即是探讨文化的要素、特征、性质、动力、结构、功能、价值、生命，研究文化各系统的类型、形态、机制、历程(发生、发展、成熟、衰变)和文化系统之间的传播、接触、碰撞、选择、涵化、交融、转型、整合的规律。只有依凭对于文化这种人类独有而又极其复杂的现象的规律性的认识，才能提出一定时空条件下的文化发展模式、文化建设方针、文化管理秩序，并预测文化发展的趋势，然后才有由“道”而“器”的功夫。

仅仅如此，还不足以表达作为研究人文化的过程、价值和规律的科学——文化学的本质特点。文化学的兴起，与近现代哲学的转向有关，即与从研究客观世界转向研究人自身这一近现代思潮有关。以对人的反思为背景，文化学研究尤其强调其价值色彩，即不仅认识文化的殊相和共相，而且确定人类、民族、个体自身在价值系统中的地位，为文化的选择和重构提供一个立足点。文化学研究离不开人。文化学研究的最高任务和现实目的，即是为造就通晓古今中外、具有文化自我批判意识和高度现代文化素质的人提供理论的根据，而这也就是促进文化本身的进化和完善化。

3.“文化学”小史

“文化学”虽是一门正在形成中的综合、边缘、交叉学科，然而，它的理论的提出，可以追溯到18世纪。维科和赫尔德，开启了人文哲学的先河；伏尔泰首创文化史研究；卢梭对文化的批判和康德对文化批判的批判，则对人的问题和科学与道德的关系问题作了深入的探讨。到19世纪，黑格尔提出了“文化科学”概念，希勒格尔兄弟、费希特、谢林等踵事增华。1838年，经济学家培古轩在德国第一次提出“文化学”这个词，并且有意要建立一门认识人类与民族的教化改善之法则的文化学。1855年，德国文化学家格雷姆在出版了《人类普通文化史》之后，又撰著出版了《普通文化学》的专著。他非常重视地理环境对文化特别是人类性格与观念的作用，又率先把文化进化分为野蛮、养驯、自由三大阶段。这个思想，可以说是达尔文生物进化论

(《物种起源》，1859 年)和摩尔根社会进化论(《古代社会》，1877 年)的先声。1871 年，英国人类学之父泰勒出版了《原始文化》，首章标题即为“文化的科学”。这是英文文献率先把文化作为科学的标记。① 到 20 世纪初，诺贝尔化学奖得主奥斯特瓦尔德在《文化学之能学的基础》中运用孔德的分类法，提出在社会学之外独立建立一门“文化学”。其后，新康德主义者文德尔班、李凯尔特发扬了文化哲学、价值哲学，研究了文化科学与自然科学的关系问题；生命哲学家狄尔泰把科学分为自然科学和精神科学，而以“文化体系学”作为精神科学的主干；著名史学家斯宾格勒和汤因比着重研究了历史文化的形态问题；此外，胡塞尔的现象学，雅斯贝斯、海德格尔、萨特的存在主义，卡西尔的符号学，舍勒和普列斯纳的哲学人类学，弗洛伊德和荣格的精神分析学，马克斯·韦伯的社会历史理论，列维-斯特劳斯和福科等的文化结构主义，从海德格尔到伽达默尔的解释学，从卢卡奇到马尔库塞和哈贝马斯(俗称“西方马克思主义”)的文化批判思潮，进一步深研了人与文化的问题。

20 世纪中期，对文化学建设最有贡献的，当推美国人类学家克罗伯和怀特。克罗伯是“文化决定论者”，认为一切文化由先前的文化所决定，认为文化是“超有机”、“超体质”、超个人、超心理的，构成超乎物理、化学、生物、心理之上的最高层次，具有自身的法则。他的著名的文化定义，前面已作了介绍。怀特被人称为“文化学之父”，他继克罗伯之后进一步确立了文化学的基本概念、理论和方法。他是文化人类学“新进化论学派”的代表，推崇被传播学派、历史学派和功能学派批判过的摩尔根等进化学派。他认为文化是最高层次的“实在”，具有自己的历程、法则和趋向，需要一门对文化这种人类独有现象进行专门研究的科学——文化学。他认为文化学以研究文化体系的结构和功能为目标，并研究了“能”与文化的关系和技术在文化现象构成上的重要性。他的代表作是《文化的科学》。

19 世纪中叶以降，文化人类学、民族学、民族志学、文化社会学、文化史学和文化哲学的研究成果颇丰。西方关于文化理论和方法的研究，陆续出现过许多流派，其中主要有进化学派、传播学派、历史学派、社会学派、心理学派、功能学派、结构功能学派、精神分析学派、符号学派、语言学派、结构主义学派、阐释学派，还有民族语义学、新进化论、文化唯物论、文化生态学、心理人类学等等。上述各派，彼此研究的出发点、方向、范围不同，解说各异，争论激烈，变迁亦繁，同时也有相互交叉、呼应和合流。

① 参见陈序经：《文化学概观》，第一编第四章，商务印书馆 1947 年版。

受西方学者影响，五四以来，我国出现了一些专门研究文化学的学者，除李大钊、张申府提出过"文化学"的名词外，20世纪30年代至40年代真正做过研究的有黄文山、陈序经、吴文藻、阎焕文、孙本文等。孙氏著有《社会学上的文化论》；阎氏著有《文化学》；黄氏著有《文化学论文集》、《文化学在科学体系上之位置》，并于晚年在中国台湾出版煌煌巨册《文化学体系》等；陈序经自1939年始在西南联大开文化学的课，并陆续出版《文化学概观》、《西洋文化观》、《美国文化观》、《东方文化观》、《中国文化观》、《中国西化观》、《东西文化观》、《南北文化观》等20册。以上研究，与梁漱溟、朱谦之、冯友兰、贺麟、张东荪的文化哲学研究，与梁启超、柳诒徵、陈登原等的文化史研究，与林惠祥等的人类学研究，与江绍原、顾颉刚、容肇祖等的民俗学研究，相互发明。50年代在台湾和香港，还分别出版了钱穆的《文化学大义》和余英时的《文明论衡》。以上文化学著作除全面介绍西方文化理论外，还有一些自己的理论见解，作出了一定的贡献。但博大严整如陈序经、黄文山的文化学著作，仍感到有铺陈过宽、重点不够突出、英美学风印痕较深、欧陆和中国人文传统不彰的毛病。

在以上国内外学术成果的基础上，以唯物史观为指导，我们理应对于文化学的基本概念、原则、方法和理论体系有所建树，作出具有自己理论特色的探索。我们中华民族有文化学研究的好传统，在这一方面，荀况颇有自觉意识，司马迁的《史记》即是一部文化史论的巨著，杜佑《通典》、郑樵《通志》、马端临《文献通考》直到方以智的《通雅》、顾炎武的《日知录》、章学诚的《文史通义》，历代史论、会要、方志学等都蕴藏着丰富而珍贵的文化史和文化学的资料，值得认真发掘。

三、文化学研究的核心层面

文化学研究一刻也不脱离各民族具体的、历史的社会生活方式，一刻也不脱离表征出这些不同的生活方式特性的活生生、多方面的文化现象、文化环境或氛围、文化生态和心态。文化学既研究文化理论，又重视文化实际；既研究精英文化，又研究大众文化；既研究文化历史，又重视文化现实；既研究死的，更重视活的。文化学研究的，既不是抽象的人，也不是抽象的文化，而是具体的能动的创造活动本身，是造就了一切文化和人之所以为人的过程。世界是被人改造了的世界，因此，从人的活动和人的存在，可以观照世界。

文化学研究大体上包括这样几个层面：

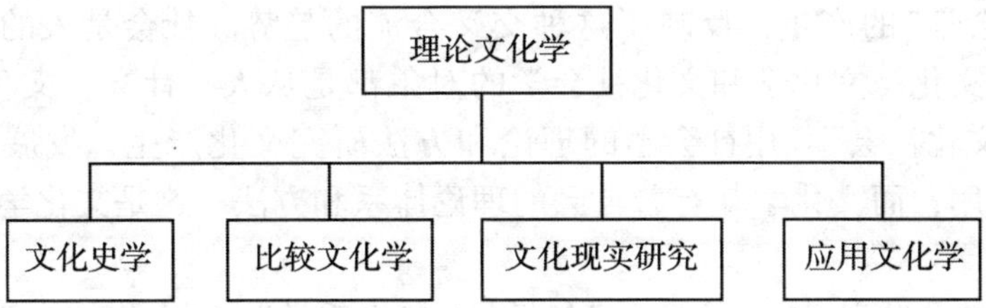

1. 文化学与社会学和人类学

我们在这里着重论述对于文化现象和文化系统的高一层次概括和抽象的理论文化学的问题。我们在前面从主观与客观、人与自然和社会、思维与存在的最一般关系上理解文化的定义，把文化的本质和核心纳入哲学的范围加以考察。一种人的哲学，必然地应该是一种文化哲学，因为正是在文化中和通过文化，人作为活动的主体、作为社会历史的创造者被表现和实现出来。文化的发展归根到底不是别的，正是人自身在历史过程中的发展。因此，理论文化学研究的核心是人的社会存在的全部丰富性、多样性、完整性，是人与文化的关系，文化与自然、社会、人类生活的关系和文化价值论。在这样一个意义上，理论文化学的核心层面即是文化哲学。

人的本质不是抽象物，而是在社会实践中造成、在社会关系中体现的。劳动、商品、价值都是在人与自然的关系之下体现着人与人的关系。文化现象和文化系统离不开人类社会和人的社会关系。社会组织、社会生活乃至具体的社群、职业、宗教、家庭、婚姻、风习、城市和乡村的各种社会问题，可以说都是文化学研究的对象。但是，与社会学不同，文化学(尤其是理论文化学)考察的是这些社会现象背后的文化联系、文化结构、文化功能、文化因革的过程，侧重研究人与文化的关系，以便把握人在价值体系中的地位，揭示文化系统的机制和发生、发展的规律。社会学考察的是社会行为所反映的社会关系、社会结构、社会功能、社会变迁，侧重研究社会组织与社会生活的关系，以便把握社会事件的总体、社会的全貌，揭示社会发生发展的规律。文化学与社会学两者当然不能截然分割，但视角不同，目的不同，对同一对象取舍的层次和侧面不同，不能相互代替。一般社会学是关于社会的一般科学，从社会的整体上研究社会。具体社会学关注的则是社会现象较表面的、实证的、具体的层次。它们把其中包含的文化意义留给文化学考察。一般来说，社会行为是由时代最流行的文化模式所决定的。因此，文化学和社会学可以说分工不分家，仍然要相互渗透、交错，求得共同发展。“文化社会学”的产生，反映了这种交叉合流的趋势。社会是人的社会，文化是人的文化。文化学和文化社会学的对象都是从人、社会、文化中寻求。不过，“文化社会学”用社会学的理论和方法研究文化产生、发展的法则及其社会功用，而文化学却有着自己的理论体系和方法。这是文化学和社会学的不同。

朱谦之先生认为，“文化学”包括了“文化哲学”和“文化社会学”两大部分。鉴于德国学者喜用“文化”（Kultur），法国学者喜用“文明”（Civilization），德国学者重视文化的“生的原则”和人格的创造性，法国学者重视文明的“理性精神”和秩序性，英美学者亦有不同的习惯，朱先生说：“文化与文明的确有区别，也是事实。德人所倡导之Kultur概念，实为精神文化的概念（即宗教、哲学、科学、艺术等知识生活），英美人所倡导之Civilization，则实为社会的文化概念（如政治、法律、经济、教育等社会生活）。”“只要是人类生活的表现，便都可以叫做文化，但同在文化之中，因为研究的对象不同，自然而然可以分文化学为两大部门，一个研究Kultur即知识的文化生活者，为‘文化哲学’，一个研究Civilization即社会的文化生活者，为‘文化社会学’。”①他把文化分为两大类，分属文化哲学和文化社会学的研究范围，而又以文化学统辖之。

文化学与以人为对象的科学——人类学如何划界呢？

人类学是关于人类研究的学科群，主要包括体质人类学和文化人类学。体质人类学又称自然人类学，主要研究人类自身的起源、分布、演化与发展，人种的形成、地理分布与现代人种、种族、民族的体质特征、类型及其变化。文化人类学研究人类从动物界分离出来以后所创造的物质文化和精神文化的起源和发展，包括古代人类的生产活动、劳动工具、社会制度、社会组织、婚姻家庭形态、原始宗教、神话传说、风俗习惯、语言、艺术、心理等等。在英国，文化人类学通常被称为“社会人类学”。在德国、奥地利、法国及苏联、东欧、日本，“人类学”一般指体质人类学，而以“民族学”指文化人类学。美国的文化人类学包括史前考古学、民族学、社会人类学、语言人类学、心理人类学，是一门综合性的学科（也有的学者把史前考古学、社会人类学和民族学看作是与文化人类学既有联系又相区别的独立学科）。我国人类学家林惠祥在《文化人类学》（1934）一书中指出，人类学研究的重点是人类的史前时代与不开化民族，探讨的是人类和文化的根源。由此看

① 朱谦之：《文化哲学》，商务印书馆1935年版，第8~9页。

来，人类学与文化学各有不同的对象层面和时空范围，因而也有不同的视角和研究目的。当然，也有一些国外学者把文明社会列入人类学的考察范围，在应用人类学中，有了所谓“都市人类学”等。尽管如此，其对都市文化的研究角度、基本问题和社会功能，仍与以研究人自身在价值系统中的地位为重心的文化学不同。

值得注意的是哲学与人类学、人文思潮与科学思潮综合化的产物——哲学人类学。哲学人类学是以研究人的本质及其在世界中的地位和价值为核心的学科。它从哲学的角度解释实证的、经验的人类学所提供的材料，考察人与生物、环境及社会历史文化的关系。由此看来，人文化成的过程也是哲学人类学研究的对象。前面我们说过，对于人文化成活动历程的理性思考，对于整个的人的生命活动及其价值的直觉体悟和深层探索，是文化学的核心部分。因此，从一定意义上说，文化学的理论内核首先应当是哲学人类学。

当然，我们这里重视的是马克思主义的哲学人类学，是马克思关于人、人类、人类社会和人类文化的完整理论，是当代马克思主义者对近现代人类学和文化哲学研究成果的批判的吸取和创造性的发展。

2. 坚持与发展马克思主义的文化观

摆在我们面前的一个十分重要的课题是发掘、坚持、发展、丰富、完善马克思主义的文化学理论。应当承认，过去我们对马克思主义文化理论的认识是过于片面、简单的。马克思的《1844 年经济学哲学手稿》、《〈黑格尔法哲学批判〉导言》、《德意志意识形态》、《政治经济学批判》和《资本论》，马克思、恩格斯大量的哲学、经济学、社会学、历史学、宗教学、人类学、民族学和文学艺术方面的研究著作、笔记和通信，恩格斯的《家庭、私有制和国家的起源》和《劳动在从猿到人转变过程中的作用》，拉法格、普列汉诺夫、列宁、葛兰西、毛泽东等的部分著作，为社会文化和思想史的研究，提供了十分重要的理论和方法。对于上述著作的价值，甚至许多西方文化学家也不否认。在西方文化学理论发展过程中，马克思主义曾经产生过，并继续产生着深远影响。毋庸讳言，马克思主义的文化理论也需要重新认识，并根据新时代的要求推进发展。

马克思主义的文化学理论十分丰富，对于当今我国的文化研究和文化学建设具有特别指导意义的，笔者认为有下述一些思想：

第一，关于人的本质的观点、关于完整的人的观点。马克思主义认为，与别的自然物有着本质的区别，人是富有自然力、生命力的能动的自然存在物，同时又是属人的存在物，类的存在物，社会文化的存在物。历史是人的真正的自然史。人、人类是自然物和社会物的辩证统一。人是从事劳动即自由自觉活动的动物，是实践的动物，人在生产劳动中有意识、有目的地使自然“人化”，也使其自身人格化。人，一方面作为主要的生产力，另一方面又作为文化历史过程的主体和自我意识的存在物，在其创造文化的活动中，成为真正意义上的人。也就是说，人只有在文化活动中才获得真正的自由。每个人的自由发展是所有人自由发展的前提。全面的、自由的个性是社会文化发展的中心。人借助于他所从事的物质生产和精神生产，改造自然界也改造自己。人以一种全面的方式，作为一个完整的人，占有自己的全面的本质。人所具有的一切本质力量通过与世界的多重关系完满地表现出来。人的本质是一个历史的运动过程，自从人类进入阶级社会以来，劳动的自我异化带来了人的本质异化，限制了人的自由创造活动和人的本质的全面发展。共产主义社会的到来将进入一个一切人自由发展自己才能的时代，人的能动的创造性将得以充分发挥，人的完整性不断升华。这就意味着，社会主义文化建设的本质就在于努力形成个人全面高度的发展。创造性的个人“生产”是社会主义文化政策的唯一目的。作为第一步，则是吸引越来越多的广大群众参加有社会意义的创造性活动，使他们逐步变成文化历史过程的自觉主体。在我们看来，这些观点奠定了马克思主义文化学——人学的基础。

马克思主义从现实的人的实践活动出发，考察“文化的本质”的观点和方法，值得珍视。人类的实践是有意识、有目的地适应和改造自然和社会的创造性活动。它一方面可以满足人们吃喝穿住的实际需要；另一方面，由于在创造活动中人们发挥了自己的聪明才智、力量和勇气，获得了某种自由，从而升华出一种精神上的愉悦和美感。① 文化的领域就由满足物质生活需要而进入以人性的全面自由发展为目的的领域。人的个性自由的发展离不开物质生产的发展，离不开一定的社会关系，因为没有社会关系就不能进行物质生产活动。正是在这些活动中，人们同时创造了自己，提高了自己的能力和才干，扩大了交往范围，产生了新的需要。人在生产对象世界的同时，也生产了自己的全面性，发展了自己的完整性。被人们所创造的社会物质和精神财富是“文化的外延”，人自身的存在多样性、丰富性和发展的全面性、完整性才是“文化的内涵”。人“生产出他的全面性”即是“文化的本质”。“文化”是特殊类的生产，生产的成果是具有社会存在的全面性和完整性的人本身。人在文化中，不仅表现为现实的人，而且表现为自我变化、自我发展的人，既是活动的主体，又是自己活动的结果。

---

① 参见刘纲纪：《美学与哲学》，湖北人民出版社 1986 年版，第 125~127 页。

按马克思的说法，文化是“培养社会的人的一切属性，并且把他作为具有尽可能丰富的属性和联系的人，因而具有尽可能广泛需要的人生产出来——把他作为尽可能完整的和全面的社会产品生产出来……”①马克思的这段话，体现了文化的最高本质，表达了文化的社会意义和社会功能。社会的物质生产和精神生产的发展构成人的全部社会历史的内容。作为“实践的动物”的人，通过其活动使自然界人格化，又使其自身人格化。简言之，所谓“文化史”，即在社会生产过程中所实现的人自身的生产的历史。

人类的文化史不仅仅是宗教、国家、政治、道德、艺术、哲学的历史，同时是而且首先是人们的物质存在——例如衣食住行等等的历史，因为人类的全部文化创造实践不是纯粹精神的实践。但马克思并没有把文化归结为经济的功能，也不认为经济是人类活动独一无二的决定因素。马克思主义反对把文化仅仅局限在思维活动或精神活动范围内，他们所理解的文化领域非常广泛。唯物主义文化观不仅重视物质生活的生产和人类自身的生产(即种的蕃衍)，将其作为改造对象的实践活动的基础，同时重视巫术、禁忌、宗教及诸意识形态的巨大历史作用。文化的发展史，是包括智力、意识、心理等等在内的人们的物质活动、社会活动和精神活动发展的历史。

在马克思看来，人的本质既不是黑格尔的抽象的“自我意识”，又不是费尔巴哈的抽象的人、抽象的理性、意志和爱。马克思的“实践的唯物论”或“新唯物论”的立脚点是人类社会或社会化了的人类，是现实的人、社会的人、实践的人。从青年马克思到老年马克思，实践的人本主义，是一以贯之的中心和重心。而实践的人的问题，从根本上说，也是文化的问题。

第二，关于世界历史文化发展过程的统一性和具体表现的多样性、人类社会和人类文化的普遍道路与东方社会和东方文化的特殊道路的探讨。一方面，马克思在《资本论》中认为世界历史文化的发展，例如资本的原始积累，在不同的国家带有不同的色彩，按不同的顺序，在不同的历史时代通过不同的阶段。恩格斯在《反杜林论》中指出，自人类脱离原始状态以来，历史文化现象的重复是例外而不是通例；按历史顺序和现在的结果来研究人的生活条件、社会关系、法律形式和国家形式以及它们的哲学、宗教、艺术等等这些观念的上层建筑的历史科学中，根本没有什么“永恒真理”。他们既重视人类历史发展的普遍规律，又重视具体民族和具体文化现象的特殊性和个别性。

马克思晚年通过对大量人类学和民族学研究成果的研读，发现不应当以

---

① 《马克思恩格斯全集》第46卷(上册)，人民出版社1979年版，第392页。

西方社会和西方文化的发展道路作为唯一的尺度来衡量世界不同类型的社会和文化的发展；单一的模式不能科学地解释世界各民族文化发展的多样性和丰富性。马克思区分了欧洲和亚洲的生产方式、农村公社，区分了这两个地区文化历史的类型，并且提出了在特殊历史环境里，通过革命，东方社会在农村公社制度的基础上超越资本主义制度的“卡夫丁峡谷”而直接进入社会主义的设想。当然，东方社会能否超越“卡夫丁峡谷”，是一个需要探讨的问题，但是这意味着，欧洲中心主义的思考模式、单线进化论和对五种生产方式的简单、线性理解必须加以扬弃。每个地区、每个民族的文化传统决定了该地区、该民族社会文化发展的特殊个性。

另一方面，列宁主义从苏联这样一个文化落后的国家进行社会主义建设的实践中深刻地认识到，各民族文化的发展离不开世界文明发展大道；只有确切地了解人类全部发展过程所创造的文化，只有对这种文化加以吸收和改造，才能建设无产阶级的文化；无产阶级文化应当是人类在资本主义社会、地主社会和官僚社会压迫下创造出来的全部知识合乎规律的发展；列宁曾经指出，在社会主义革命和建设开始的时候，我们能够有真正的资产阶级文化也就够了，在开始的时候，我们能够抛掉资产阶级制度以前的糟糕之极的文化，即官僚的、农奴制等等的文化也就好了。① 这就意味着，文化的民族性离不开文化的时代性和世界性，吸收现代文明成就与认同具有人类性、世界性的民族文化价值，是选择文化发展道路的双重参照。

社会主义初级阶段中国文化建设的设计，必须跳出传统主义和西方主义的二元对立的模式，在改革开放的条件下，求得多样的统一、创造的发展。第一要务是提高国民的文化素养，抵制传统专制主义意识形态和资产阶级腐朽思想、殖民地心态在深层文化心理的影响，继续深入进行科学和民主的启蒙教育，满足人民多方面、多层次的文化消费需要，改造他们的价值系统和思维方式，启发他们的文化自觉意识，有目的地形成全面自由的个性发展，以适应并促进科学技术的革命、商品经济的繁荣和民主政治的发展。

第三，关于精神文化发展的特殊性、相对独立性和精神文化遗产的继承性的思想。马克思和恩格斯看到物质文化生产和精神文化生产是不同步的，精神生产内部也是不平衡的。17 世纪末 18 世纪初，德国的社会、政治、经济、技术都十分落后，但在精神文化方面却演奏了“第一提琴”，产生了大诗人、大思想家和哲学家——歌德、席勒、康德、费希特、谢林和黑格尔等。马克思说过，艺术的繁荣时期绝不是同社会的一般发展成比例的，因而

① 参见《列宁全集》第 33 卷，人民出版社 1955 年版，第 441 页。

也绝不是同物质基础的一般发展成比例的。物质生产、经济制度虽然是政治、法律、哲学、伦理、文学、艺术等精神文化生产的基础，但是，按它们在历史上起决定作用的先后次序来安排是不行的、错误的。精神文化的发展、观念的发展，并不是那些看来是合乎自然次序或符合历史发展次序的东西决定的；恰好相反，它们往往是由许多因素在社会中的相互关系决定的。马克思说，他那个时代的人虽然在力学等等方面超过了古代人，然而并不能创造出自己的史诗来——用《亨利亚特》来代替《伊里亚特》。精神文化的生产有自身的特殊规律，不是简单地由经济基础决定的。

马克思和恩格斯强调，我们创造自己的历史，但是我们是在十分确定的前提和条件下创造的，其中包括自然环境、经济基础之上的政治的、法律的、哲学的、宗教的、心理的、民俗的、文化传统的、民族风格的前提和条件。马克思主义的创始人从来不割断历史，他们是全人类文化的承续者，他们反对形形色色的左的教条主义的、非历史主义的、虚无主义的行为。他们对人类文化遗产作了最广泛、最深刻、最缜密的研究，凡是人类社会所创造的一切，都用批判的态度加以审查。马克思主义绝没有与宗派主义相类似的东西，它绝不是离开世界文明发展大道而产生的褊狭顽固的学派。马克思主义吸收改造了两千多年来人类思想发展中的一切有价值的东西。

培养具有高度现代文化意识的人是文化学研究的现实目的。只有人和文化的现代化，才有社会活动的现代化，才有现代社会的建立。马克思主义的文化学理论，虽然不能代替文化史和比较文化的具体研究，虽然不能代替各民族文化现代化道路的选择和传统文化价值向现代的转换，虽然不能代替包括企业文化、大众文化乃至反文化现象在内的文化现实的研究和社会主义文化管理体制的改革，却可以提供某些方法论的指导和多方面的启迪。

发展马克思主义的文化理论和方法，除了扬弃自身的局限，还必须吸纳、扬弃、借鉴，批判、改造传统和西方文化研究诸流派的思想成果，这是毋庸置疑的。时下中国的文化研究，需要由片面到全面，由书斋到田野，由抽象到具体，由理论到实践，把对精英文化的研究与俗文化的研究，汉族文化的研究与少数民族文化的研究结合起来，把动态与静态，纵向与横向，历时性考察与共时性考察，微观、中观与宏观研究，个案研究与比较研究，实地考察与文献研究，定量分析与定性分析，历史分析与逻辑分析等等方法结合起来。方法多元，成果多样，自古已然。采用多学科立体交叉网络的方法研究文化现象和文化系统，是我们这个时代的新气象。文化是一个整体，是互为联系的有机体。只有通过多学科、多方法、多层次、多角度、多侧面、多途径的交叉探讨，相互补充，相互渗透，才能完整、全面地研究具体、历史的文化现象和文化系统。

伴随改革开放而勃兴的“文化热”处在发展的十字路口。对于深化文化大讨论，各门学科的专家们已经提出了很多很好的意见，在这里，除了继承，还要开拓和创新。今天的社会文化发展状况与马克思主义经典作家所处的社会生活条件和他们所预期的社会文化发展的过程和内涵相比，有着极大的不同。马克思主义在新的时代需要有新的形态、新的内容、新的理论架构、新的方法论原则，这是当代真正的马克思主义学者的共识。我们有责任在新的时代条件下创造出具有时代气息、融会中西、贯通古今、立足现实、展望未来的文化学理论，并尝试着在世界文化日益发展的时空条件下，重建并弘扬中国文化传统。

第二章 文化人类学诸流派

我们要建构一门文化学，不能不借鉴、吸收、扬弃文化人类学的成果。文化人类学出现了许多流派，其中主要有：早期进化学派，传播学派，社会学派，历史学派，功能学派，精神分析及文化与人格学派，新进化论、文化生态学与文化唯物论学派，结构主义学派等。

一、早期进化学派

19世纪60年代至80年代，进化论在西欧及美国成为一种重要的时代思潮。主张生物进化论和社会进化论的，有读者熟知的达尔文、赫胥黎、斯宾塞等。我们这里介绍的是与他们同时代的最初的人类学家，他们大抵以进化论作为方法论来研究随着殖民主义扩张而引发的不同种族、民族的生活方式及其发展问题。这一学派的主要代表有德国的阿道夫·巴斯蒂安(1826—1905)，瑞士的巴霍芬(1815—1887)，英国的梅恩(1822—1888)、泰勒(1832—1917)、麦克伦南(1827—1881)、詹姆斯·弗雷泽(1854—1941)，美国的路易斯·摩尔根(1818—1881)等。

以进化论的观点比较从野蛮到文明的不同民族的文化现象(主要是婚姻家庭、宗教巫术和古代法律等)，又根据进化的尺度整理、说明、排列非西方的各民族的民族志资料，是他们的主要趋向。从思想方法上来说，这些学者比较重视同一，重视历史发展的一贯性；忽视差异，忽视历史文化发展的特殊性和多样性。他们假定人类在体质上和文化上从自然状态向文明状态进化并经历了若干相同的历史阶段。

阿道夫·巴斯蒂安认为，不论文明人、野蛮人，人同此心，心同此理，都具有人类共同的心理或原始天性(称作“原始观念”)，而“原始观念”受地理环境的影响，表现出不同的“民族观念”。人类心理的同一，决定了人类文化的统一。各地区各民族的社会和文化都是由低到高、由简到繁、独立平行地发展而来，都经历了同样的发展阶段。

约翰·麦克伦南在其《原始婚姻》(1865)等著作中，注重婚姻和家庭形式在人类历史上的发展，从不同种族的生活形式中，找到许多相似、一致和同一的地方，认为人类家庭形式发展中的民族差异性与它们的共同性比较起来，是微不足道的。

爱德华·泰勒是进化论派的创始人之一，在其《原始文化》(1871)等著作里提出“文化遗俗”(又译为“文化残余”)的概念。所谓“遗俗”(或“残余”)，指一些礼仪、习俗、观念等，由于习惯，已从它们所属的一个文化阶段移植到另一个较晚的文化阶段，同时又是过去的活见证和纪念碑。也就是说，某一文化要素虽然失却其功能和意义，但被保留下来，即可以以此作为线索，追溯前代的文化，猜测、重构过去的“阶段”。他认为，人类文化史是自然史的一部分，人类性格和道德显示出现象的单一性和常态，从最落后到最文明的民族文化，代表不同的阶段，联结成不可分割的按顺序排列的系列。

泰勒偏重于研究原始宗教信仰和行为，认为人类的宗教起源于“万物有灵论”。原始人的宗教信仰和礼仪，并不是荒诞的，有其自身的逻辑。原始野蛮人最关心的就是生命、死亡、睡眠、做梦和疾病，认为是人的某种幽灵可能暂时或永久地离开人体。这就是尔后超自然神灵崇拜和宗教观念的基础。“万物有灵论”不是突然意外地产生的，它在世界各个角落一再地产生，是人类思想自然法则的表现。由此产生了多神教，继而产生了一神教。

巴斯蒂安、泰勒和进化学派的追随者詹姆斯·弗雷泽都十分注重心理学方法的运用。弗雷泽在其著名的《金枝》(1890—1915)一书中，研究了巫术和宗教的问题，认为巫术是人类超自然行为最早的形式，是由技术性行为统御各种事实和现象，而宗教则是由对于灵魂的存在的崇拜、祈愿而构成的。他认为人类智力的进化发展经历了“巫术→宗教→科学”三大阶段。在巫术阶段，人们相信自己呼风唤雨、用舞蹈引诱野兽、远距离地给敌人以损害和博得爱情的能力；在宗教阶段，人们不再相信自己的想象的威力，开始崇拜精灵和神；在科学阶段，人们才知道主宰世界的既不是自己，又不是神，而是自然规律。此外，他还对巫术进行了分类。

巴霍芬在1861年、麦克伦南在1865年提出按母系算世系在历史上先于依父系算世系的论点。关于人类婚姻和家庭形式的研究，最著名的是美国学者路易斯·摩尔根，其代表作是《古代社会》(1877)。他深入易洛魁人的部落，从印第安人亲属称谓体系的分析入手，重新恢复了已被破坏了的易洛魁人社会结构的原貌。他由此推断人类家庭形式的发展经历了如下阶段：(1)脱离原始杂乱性交、禁止父母与子女之间通婚、确定直系和旁系的兄弟姊妹间的婚姻关系的"血缘"家庭；(2)几个姊妹共几个丈夫(不一定是亲属)或几个兄弟共几个妻子(不一定是亲属)的集团婚姻的"普那路亚"家庭；(3)不专限与固定的配偶同居的"对偶"家庭；(4)"父权制"，即"一夫多妻制"家庭；(5)专限与固定的配偶同居的"一夫一妻制"家庭。他认为，原始社会组织的基础和普遍形式是氏族，依次发展为胞族、部落、部落联盟。人类的全部历史可以分为两大时期：第一时期是社会组织，其基础是氏族、胞族和部落；第二时期是政治组织，其基础是地域和财产。他根据生产力发展的水平，推断人类社会和人类文化先后经历了由蒙昧时代到野蛮时代最后达到文明时代的历程。他认为：用火和捕鱼为蒙昧中期的标志；使用弓箭为蒙昧后期的标志；陶器制作的发明为野蛮初期的标志；驯养动物为野蛮中期的标志；铁的冶炼为野蛮后期的标志；文字的发明则是人类进入文明阶段的标志。恩格斯说，"摩尔根是第一个具有专门知识而想给人类的史前史建立一个确定的系统的人"；"摩尔根在美国，以他自己的方式，重新发现了四十年前马克思所发现的唯物主义历史观，并且以此为指导，在把野蛮时代和文明时代加以对比的时候，在主要点上得出了与马克思相同的结果"①。

摩尔根及其他进化论者坚信人类的本质是同一的，社会发展和文化发展的规律是一致的。这是正确的。早期进化学派在两个方面论证了具有世界历史意义的理论：第一，婚姻家庭关系是由血族联系和两性婚姻联系的广泛的集团形式发展到现代一夫一妻制婚姻为止的日益狭窄的形式，是由古代的母系氏族发展到现代的父系家庭的；第二，宗教信仰是由原始的万物有灵论或拜物教，经历多鬼论和多神教的一切中间形式，发展到现代的一神教的。人类学的其他问题，如经济和物质文化史、民间艺术创作、民间知识、各族的族源和族史，各族之间的文化联系，几乎没有涉及。

早期进化派有这样一些缺点：一是欧洲中心论，把当时的西欧文化看作是进化的顶点；二是文化发展的单一性、直线性，忽视了各民族文化发展的多样性；三是从个人的心理本质推导社会制度和文化现象的发展规律；四是忽视文化要素的传播及其功用，有把文化要素与文化整体孤立、割裂开来的倾向。

① 《马克思恩格斯选集》第4卷，人民出版社1972年版，第17、1页。

事实上，各民族文化的普遍单线进化的观点是不符合历史事实的；氏族制度并不总是从母系氏族过渡到父系氏族；不同民族中出现的文化要素的相似，有时候是由文化传播引起的。泰勒等人的理论架构，一是主知论的，以行动者的理性原则解释他的行为方式和社会上的奇风异俗；二是实证主义的，以自然因果律来解释历史文化。以理性原则和自然规律研究人类学，不免持化约主义的立场，将丰富多彩的文化现象简单化、公式化地加以剪裁。

早期人类学家以从西方历史中归纳出来的文化观念，来探究原始文化和其他民族的文化，他们所追求的文化价值只是极有限度的工业进步、物质文明、逻辑思维方式等，他们不知道亚洲、非洲、大洋洲、美洲的一些民族有另外的世界观、精神价值和思维系统。19 世纪末 20 世纪初，人类学(或民族学)在欧美获得了极大的发展，有关学会、博物馆、刊物和著作日渐增多，更多的人类学家走出书斋，深入亚、非、澳、美诸洲从事田野考察，重新修订、完善或扬弃了进化学派的理论和方法，提出了许多新的问题，深化了文化人类学研究。

二、传播学派

传播学派，又称播化学派，是世纪之交出现的反进化论的学派，包括德奥圈层派和英国的泛埃及学派等。代表人物有德国的莱奥·弗罗贝纽斯(1873—1928)、弗里茨·格雷布内尔(1877—1934)，奥地利的威廉·施米特(1868—1954)，英国的埃利奥特·史密斯(1871—1937)等。

总起来说，传播学派过分夸大了文化发展外在契机的各民族间文化要素的传播，认为大多数部族和民族的文化变化，是受外界影响和采借而来的，把全部人类史归结为文化联系、冲突、借用、转移的历史，否认相同的发明相互独立地发生于世界不同地方的可能性，认为人类在本质上是没有想象、发明、创造能力的，以文化现象的空间转移代替历史进化。

这一学派的理论基础，一是弗里德里希·拉策尔(1844—1904)的人类地理学；一是新康德主义的弗莱堡学派(又称巴登学派)主将文德尔班(1848—1915)和李凯尔特(1863—1936)的文化哲学。弗莱堡学派强调自然科学与文化科学的对立，强调个性，否定规律。拉策尔强调地理环境对于人类文化的决定作用，认为各民族文化的不同，是地理环境不同所致，文化源头只有一个，民族迁徙使文化面貌发生重大的变化。

弗罗贝纽斯是拉策尔的及门弟子。他对非洲各地区文化的成分和起源作了认真的研究，发现文化上的关联不仅表现在每个文化要素上，而且涉及整个文化。他把处于共属关系的一群文化要素视为文化合成，并将地理分布起名为“文化圈”。他在《非洲文化的起源》(1898)里将包括刚果河流域、几内亚河沿岸的地区划为“西非文化圈”，其特征有：两面坡房盖的直角房屋、用植物作弦的弓、编制的盾、用植物作弦的多弦的乐器、沙漏计时器式的鼓、假面具等。弗罗贝纽斯发现，西非文化圈的许多特征同新几内亚和美拉尼西亚其他地区的文化有惊人的相似之处。因此，他认为这种文化起源于东南亚，并把它称为“马来亚尼格罗文化”。他还在非洲划分了两种“亚细亚文化”：比较早期的、对北非和东北非产生强烈影响的“印度文化”；最晚出的、通过阿拉伯人表面接触到北非的“闪米特文化”。弗罗贝纽斯在非洲南部找到非洲最古老的文化层的痕迹，并称之为“尼格罗文化”，认为它同澳大利亚文化和大洋洲最古老的文化层是共同的文化。虽然“尼格罗文化”在非洲衰颓了，但在与更年轻的“马来亚尼格罗文化”和“亚细亚文化”的混合中，产生了全新的“非洲文化”，其要素是非洲特殊的皮革盾牌、从矛的尖头发展而来的刀、乐器弓、圆锥式的茅舍等。① 弗罗贝纽斯认为文化不是人民创造的。人与其说是文化的创造者，不如说是文化的产物或客体，是文化的体现者。但文化又依靠人转移，“文化没有脚”，人是文化的搬运工。

格雷布内尔受新康德主义影响，试图把人类学变为严格的历史科学，强调它与自然科学不同。在这一方面，他与弗罗贝纽斯恰恰相反，弗氏则认为在人类学领域里起作用的仍是自然科学规律。格雷布内尔研究大洋洲的文化，提出了“文化层”的概念。格氏认为，无论物质文化形式，还是社会生活和精神文化的某些现象，都有许多文化因素，一定数量的文化因素构成一个“文化圈”。他说，澳大利亚和大洋洲有六到八个单独的“文化圈”，其中之一的“东巴布亚文化”的构成因素是：种植块茎植物的农业、使用固定网的渔业、木制小舟、两面坡房盖的小茅舍、火锯、螺旋式编制的篮子、沉重的末端加大的棒槌、木制或编制的宽大盾牌、依女性计算世系的两个外婚制等级、秘密的男性结社和化妆舞蹈、死者灵魂和颅骨崇拜、月亮的神话、吃人的神话、薄板上的精灵形象、圆形的装饰图案、信号鼓、排箫、单弦乐器、发音的小板等。格雷布内尔试图在地图上一一标示出文化圈之内的每一

① 参见[苏]C. A. 托卡列夫：《外国民族学史》，汤正方译，中国社会科学出版社1983年版，第142页。

种文化现象的分布，结果发现，文化圈一部分似乎相互重叠，形成“文化层”①。文化向四周分布、扩散，并且新的文化同样在分布、扩散、重叠。这样，文化圈可积累多层。他认为人类学(民族学)的课题就在于弄清文化层的层序，研究层序化的方法。这个方法就是确认各自文化要素分布时，将其归纳为几个重叠文化，并就其分布状况的相互关系，确定文化重叠在时间上的相互先后关系(层序)。② 从“文化圈”在一定地域内的地理分布，格雷布内尔推论出它们在这里出现的时间顺序和转移的道路。

格雷布内尔关于文化因素、文化圈层的研究缺乏实证性。尤需省视的是，这种圈层说“把人类形形色色的文化归结为单个的、一次的现象。凡是相同的文化现象，不论在什么地方，格雷布内尔都宣布为属于某一文化圈，因而也起源于某一中心。不论说哪一种文化事实，是弓箭、头凳、男性结社也好，还是图腾崇拜、风葬习俗、月亮神话等也好，每一种事实的出现，在格雷布内尔看来，在历史上，在某一个地方，仅仅是一次，并且从最初起就属于某一种文化，后来同它一道传遍了各个国家……如果相信格雷布内尔，那么在人类及其文化的历史上就没有任何重复性，因而也就没有任何规律性”③。他认为，人类的发明创造能力是极端有限的。在不同的地方两次独立地创造同样的事物，在他看来是不可思议的。他把文化完全机械地理解为只能在空间上移动的僵死事物的集合。

威廉·施米特及其维也纳学派发展了圈层说，提出了图表式的文化发展顺序，力图使文化圈具有文化发展的世界历史阶段的性质。格雷布内尔的文化圈不比较各文化发展水平的高低，施米特则脱离了文化的地理分布的基础，变成了文化演变阶段的世界历史性公式。圈层说的影响，只延续至20世纪30年代，而且没有超出德、奥的范围。其在建立文化史的准确性方面遭到不少人类学家和历史学家的严厉批判。

埃利奥特·史密斯及其弟子佩里(生年不详，卒于1949年)是英国传播学派中的“泛埃及学派”的代表。史密斯在《古代埃及人及其对欧洲文明的影响》(1911)一书中认为，埃及是世界文化的唯一发源地，世界一切彼此相互

① ［苏］C. A. 托卡列夫：《外国民族学史》，汤正方译，中国社会科学出版社1983年版，第149~150页。

② 参见［日］石川荣吉：《文化人类学的课题和方法》，见冯利、覃光广编：《当代国外文化学研究》，中央民族学院出版社1986年版，第72页。

③ ［苏］C. A. 托卡列夫：《外国民族学史》，汤正方译，中国社会科学出版社1983年版，第152页。

联系的文化现象，是某个时候在埃及、部分地在其邻国诞生的，约在新石器时代开始向一些国家传播，特别是向东经阿拉伯、波斯湾、印度、锡兰，传到印尼，再经大洋洲和太平洋北部传播到美洲——墨西哥和秘鲁。埃及建立史前巨石的习俗、尸化木乃伊、崇拜太阳和蛇、使颅骨变形、割去或穿刺和拉长耳朵、妻分娩夫坐床、纹身、以卍字象征吉祥等习俗传播到全世界。他认为这些习俗是不会独立发明的。他们这种视全部文化一元发生、单源辐射，然后才分布全球的思想是不符合人类文化史的。

传播学派合理地提出了各民族间具体的文化联系的问题，例如英国传播学者威廉·里弗斯认为，社会制度和文化的某些现象是从各种文化相互接触的时候产生的。这个看法比较正确，纠正了格雷布内尔关于每一文化因素都是由这种或那种文化带来的现存因素错误论断。当然，即使圈层说破产了，但从文化传播的角度考察史前文化史的尝试仍然不绝如缕。以后的文化形态学也受到弗罗贝纽斯等人的影响。他们的错误是主观地、牵强附会地划分文化圈，否定了文化的多源发生，否定人民是文化的创造者，否定文化的重复性和规律性。和早期进化派学者一样，他们也在主观地猜度、重构人类原始文化史，不同的是，他们特别强调文化发生中的重要部分是模仿，或借用传入的器物及风俗。

三、社会学派

世纪之交，与传播学派同时出现的，还有法国的社会学派。其创始人是著名的社会学家埃米尔·涂尔干(又译艾米尔·杜尔凯姆，1858—1917)，他同时开启了人类学史上功能学派和结构主义学派的双重闸门。法国社会学派的代表人物还有涂尔干的侄儿马歇尔·莫斯(1872—1950)和列维·布留尔(1857—1939)。

涂尔干是一位书斋学者，继承了社会学和实证主义哲学鼻祖孔德的思想，反对斯宾塞和泰勒的化约主义。他的最重要的思想是：社会现象具有它们本身特有的不同性质，而不能简化为个人心理学。他反对几个世纪以来的关于社会是人类意志产物的概念。他认为，文化现象超越了个人，不是个人性质的表现，而源于个人之外，且是加诸他者。他所提倡的正是一种文化决定论的形式。他主张人类具有双重性质，有一部分纯粹是个人与自然的，而另一部分则是社会的。这两部分的矛盾在于：社会的部分要求我们压抑自己，并摆脱我们自然天生的思想与行为方式。涂尔干以这种双元的人类形相批评斯宾塞和泰勒的单元论观点，即尝试从个人的性质获得文化，视个人生活与社会生活为单一、连续的结构组织。①

也就是说，人类社会不是个体的简单的总和，而是他们结合的一种体系，是具有自己特征的一种特殊现实。这个思想曾经影响了功能学派的马林诺夫斯基。

涂尔干认为，对于"社会事实"，必须用严格科学的实证方法来加以研究，而不能用个体心理加以解释。而所谓"社会事实"，就是个体外部的一切行为、思维和感觉的方式。他提出了"社会类型"和"社会种类"的概念，并根据结构特征来划分"类型"和"种类"，把"结构"称为"社会形态"。他对结构的认识是相当机械的，以为每个社会是由实质更简单的社会的各个部分构成的，因而把最简单的社会作为分类的基础。他认为任何社会都只是同一原始社会的一定组合。这些思想虽然粗疏，却成为尔后结构主义的基础。

他还提出了"集体表象"（或"集体意识"）的概念，认为同一社会的成员平均所共有的信仰和感觉的总和，构成了具有本身生活的一定体系，可以把它称为集体表象或共同意识。所谓"集体表象"，不是个人从直接经验中取得的，而是社会环境强加给人的。

他的人类学著作是《宗教生活的原初形态——澳大利亚的图腾制度》（1912），探讨了宗教的本质、起源和功能。他认为宗教的本质就是把一切的事物现象区分为圣和俗两大对立性范畴，有关对圣的信仰和例行节日仪式，就形成了教会这种特殊的社会集团。宗教与巫术的区别即在这里。圣的范畴，在个人表象的水平上不能理解，而应当看作是外在于个人、约束的集合表象，即社会性事实。关于宗教的起源，他既不同意"万物有灵论"视野蛮人的梦、病、生、死等个体性经验起源说，又不同意自然主义者关于宗教源于人们对雷电、日食等自然现象惊异和恐怖的说法，而认为宗教是因为具有围绕神圣范畴即集体表象，使人们结合起来，规定限制其共同的生活，给予人们以道德的价值准则这样的社会性功能，所以才产生和发展的。即是说，神圣的东西源于社会集团自身的统一性，宗教的根源是社会自身，即使作为宗教中心的神，也不过是社会的产物。这一思想曾启发了拉德克里夫·布朗等功能学派学者。当然，涂尔干过于夸大了宗教在人类历史上的作用，这是不正确的。

列维·布留尔从涂尔干的"集体表象"出发，研究了所谓"原始思维"的问题，批评了进化学派关于人类思维单元模式的构想。列维·布留尔把西方（"地中海文明"）的思维模式与非欧民族的思维模式（他称之为"原始思维"）

① 参见［美］ElVin Hatch：《人与文化的理论》，黄应贵等编译，台湾桂冠图书公司1981年版，第184、190~191页。

进行了比较，认为后者具有与前者的抽象思维迥然不同的具体思维方式，构成这种思维的基本材料是世代相传的“集体表象”。原始思维不依照逻辑思维规律，对矛盾漠不关心，其特有的规律即“共同参与规律”（“互渗律”）——对象可能是自己本身，同时又是某种别的东西，它可能在这里，又可能在别的地方。人与自己的图腾、自己的“森林精灵”似乎具有“神秘的同一性”。也就是说，原始人把现实对象同我们关于现实对象的观念混淆在一起，比如，不把梦境和现实、人与人的形象、人和人的名字、人和人的影子区别开来。他把这种思维称作“原逻辑思维”，不说它反逻辑或非逻辑，不说它在时间上先于西方逻辑思维阶段或较低级形式，而说它是与逻辑思维平行、并列的另一思维模式。这两种思维模式不是绝对对立的。列维·布留尔的研究意在说明，具有自己的制度和风俗的一定类型的社会，必然具有自己的思维样式。

有趣的是，列维·布留尔是在读了司马迁《史记》法文译本和弗雷泽的《金枝》以后，才萌生了研究“原始人”思维的念头。《史记》中关于星象与人事直接有关的记述使他大为震惊。不过他并没有完全脱离西欧文化中心论的立场，曾诋毁我国古代科技文化“只不过是扯淡”。由此可见他的偏执。

四、历史学派

世纪之交，在美国出现了以著名人类学家弗朗兹·博厄斯（又译法兰兹·鲍亚士，1858—1942）为首的历史学派。博厄斯是犹太人，生于德国，长期执教于哥伦比亚大学。由于他极富原创性而且著作宏富，他那如云的弟子门生中又不乏杰出人才，故该学派以其名名之。博厄斯批评进化论者使用的资料是从传教士、探险家或商人那里得到的二、三手资料，有欠精确。他与书斋学者涂尔干不同，倡导田野调查并且身体力行，多次深入巴芬岛和温哥华岛研究爱斯基摩人和印第安人，据说他懂得17种印第安方言，严格要求学生必须懂得研究对象的语言，并用原文记录。他的主要著作有：《中部爱斯基摩人》（1888）、《原始艺术》（1927—1957）、《人类学与现代生活》（1928）、《由神话学反映的魁丘词族文化》（1935）、《种族、语言和文化》（1940）等。

博厄斯批评了简单化的进化主义和表面化的传播主义。他认为，文化上的共同点可能是不同历史的、环境的和心理的诸因素的产物，而人类间的差别来源于文化的性质，非源于种族的性质。因此，在对人们生活方式作出任何结论之前，必须调查、搜集第一手的、详细的历史资料。他强调历史主义的研究方法，强调实证和归纳，主张根据每个民族的特点来研究每一个民族，反对以理论代替事实，以一般代替特殊，以部分说明整体，以偶然说明必然。

他的一个基本思想是："文化是自成一格的"，即每个文化集团都有自己独一无二的历史，这种历史一部分取决于社会集团特殊的内部发展，一部分取决于它所受到的外部影响。因此，研究各个社会必须研究其"动态变化"。他主张，在人类学领域内，不要从"比较方法"的表面运用中得出任何匆忙的结论。他指出，外表上彼此相同的现象，可能有根本不同的来源和根本不同的功能。不是任何相同性都说明"历史联系"，或者一个族从另一个族吸取。用人类心理的同一性或地理环境的类似来解释相同性，不总是合适的。研究的最终目的仍然是揭示历史发展的一般规律，可是要揭示这些规律完全不是那么容易的，必须持审慎的态度。①

博厄斯认为，每一文化特质(文化要素)均有一复杂的既往，因此，一个民族的整个文化集合"有它自己独特的历史"。他的关于历史复杂性的一个更为基本的结论，是他将文化视为一个衍生体系。其源起不能由人类心灵的自然运作来追溯，而必须就其自身特有的历史过程来了解。一个文化特质要就传播与修正的历程，即被重新塑模以适应其新的文化情境的过程加以说明。因此，文化是衍生的。

与"文化是一衍生的体系"观点相联系的是他的"文化决定论"，即"文化对普通一般人牢固如铁的约束"，人受文化传统的制约。如果文化不是从人类内在产生，那么它就必须是现成地从外而来。人类学习而不是创造它；他的行为与信仰所反映的不是他与生俱来的智慧，而是他所生活的文化传统。他用这种文化决定论反对关于精神差异的种族上的解说。②

博厄斯的另一个基本思想，即是强调对于任何思想体系，必须就它们自身的原则而不是一个唯一的理性标准加以了解。他排拒进化论者的理论架构，认为他们是借理性之名，将西欧的思想原则强加在其他民族之上。他提出了一条对后世文化研究者极具影响的"文化相对主义"的方法论原则。他认为："对综合的社会形式进行科学研究，要求研究者不受以我们的文化为基础的任何评价的束缚。只有我们能够在每种文化自身的基础上深入每种文化，只有我们深入研究每个族的理想，并把在人类各个部分发现的文化价值列入我们总的客观研究的范围，客观的、严格的科学的研究才有可能。"③这

① 参见[苏]C. A. 托卡列夫：《外国民族学史》，汤正方译，中国社会科学出版社1983年版，第262~264页。

② 参见[美]ElVin Hatch：《人与文化的理论》，黄应贵等编译，台湾桂冠图书公司1981年版，第55~56、65页。

③ [美]博厄斯：《人类学和现代生活》，转引自《外国民族学史》，中国社会科学出版社1983年版，第269页。

就是说，每个民族都有自己的逻辑、社会理想、世界观和道德观，各民族文化价值无高低之分，人们不应该用自己的参照标准去衡量其他民族的文化。他放弃了欧洲中心主义，但由此带来的缺陷是否认历史进步有统一的标准。

他认为，建构人类历史必须从研究每个民族的历史开始。因此，对各族及其语言、文化、人类学类型，必须进行具体、全面、历史的研究；必须研究各族在文化上的相互影响，且这种影响在一定的地理区域内确立了文化上的共同性，这些地区可以制成地图，并在每个地区内探索各族互相影响的具体形式、各种文化因素的传播。

博厄斯提出了“文化整合”的原则，强调不同类型的文化都有各种整合形式。这些整合形式证明，文化的各个不同方面之间的关系，总是遵循着各种完全不同的模式。博厄斯认为，文化的基础绝不是理性，而是情绪；理性是附属于情绪的，情绪是人们将其习以为常的思想与行为模式加以合理化的手段。他在关于文化整合的分析里，将重点放在观念的层面而不是现象的层面，强调从主观原则的观点从内部看文化，忽略了现象形貌的重要性。

博厄斯的学生和追随者如克拉克·威斯勒(1870—1947)、艾尔弗雷德·路易斯·克罗伯(1876—1960)、亚历山大·戈登威泽(1880—1940)、罗伯特·洛伊(1883—1957)、波尔·雷丁(1883—1959)、鲁思·本尼迪克特(1887—1948)、玛格丽特·米德(1901—1978)等从各个方面发展了他的思想，甚至提出了不同的理论。

其中如克罗伯，我们在前面介绍“文化”定义和“文化学”提出的历史时曾多次提到过。他也是著作等身，代表作有《人类学》(1923年初版，1948年修订再版)、《文化成长的统合形貌》(1944)等。他是第一位清晰、明确地发展文化决定论学说的美国人类学家。① 他主张文化是“超机体的”，而且

① 按：文化相对论是就各文明、各民族文化的价值评价来说的，文化相对论者一般反对以西方文化作为各民族文化价值判断的唯一标准。他们认为，任何一种行为(包括信仰或风格)，只能用它本身所从属的价值体系来评价，没有一个对一切社会都适用的绝对价值标准。作为一种学说，文化相对主义认为，每一种文化都会产生自己的价值体系，即是说人们的信仰和行为准则来自特定的社会环境。在文化相对论者看来，社会学和人类学用民族自我中心的偏见解释行为的理由——即以调查者自己群体的价值标准来评价其他民族的行为方式——是站不住脚的。当然，完全客观和超然的观察也是不可能的。所谓文化决定论，涉及文化对人类行为的影响。文化被看作是一种塑造个人心智的力量，文化决定论者认为文化是“超个体”的，任何个人的活动都是由文化环境，特别是文化传统的各种特点所决定的。文化决定论有否认人是文化的能动主体的趋向，文化相对论者亦可以持文化决定论的观点，二者在理论上有一致的地方，博厄斯、克罗伯等既是文化相对论者，又是文化决定论者。

不能化约至个人有机体水准的“实体”。他反对文明史上的伟大发明或发现之被解释为个人天才的产物之观点，因为他坚持这些创新乃文化事件，应视为文化变迁的潮流的部分。

克罗伯注重“文化模式”的研究，将其定义为“那些赋予任何文化之连贯一致与计划的内部关系之安排或体系，并使它免于仅只是漫无目的的事物之累积而已”。模式观念导致人类学里出现一种整合分析的形式。①

他将文化模式分为两种范畴，一种是基本模式，曾绵延数千年并起重要作用；另一种是次级模式，稳定性差而易变。基本模式面对现实，次级模式面对价值。如果说文化的基本层面指向生活的实际事物，特别是与生计有关的形貌；那么，文化的次级形貌则是创造驱力与嬉戏性实验的表现。当一个社会对它的文化细目的某方面，例如编篮或仪式生活赋予高度评价时，它便有一种富于幻想而强制的方式对这些加以精心设计的倾向。在这一方面表现了人的真正的创造力。在他看来，创造的驱力集中在所有被社会认为有价值的事物上。文化趋于在这些事物周围组织起来，并显示特有的中心所在。所谓价值文化，是由独具风格而必须加以主观地了解的模式所组成的。克罗伯几乎将其注意力完全贯注在次级文化模式上。他还广泛地研究世界各民族文化史料，试图建立适用于解释全部文化的普遍模式。他在有关价值文化的研究上，逐渐离开了博厄斯。

博厄斯的另一弟子亚历山大·戈登威泽肯定了“人类是统一的，文明是多样的”，强调每个族的“文明”是一个统一的整体，即某种连续统一体。他认为美国历史学派与西欧传播学派的区别在于：美国学派既承认文化因素传播的重要性，又承认地理环境的影响和“趋同现象”的事实。美国学派的基本概念“文化区”的特点是，不是个别文化现象，而是一整套文化现象全面传播。他认为，美国学派的重要特征有三个：批判性、历史性和心理性。

五、功能学派

20世纪20年代至30年代，英国功能学派异军突起，从社会学派涂尔干的部分理论出发，批判进化学派、传播学派、历史学派的弊病，自创新论。这一派的奠基人是布罗尼斯拉夫·马林诺夫斯基(1884—1942)和拉德克利夫·布朗(1881—1955)。马林诺夫斯基原籍波兰，后入英籍；布朗原

① 参见[美]ElVin Hatch：《人与文化的理论》，黄应贵等编译，台湾桂冠图书公司1981年版，第124、107页。

就是英格兰人。他们长期坚持实地考察，搜集第一手民族志资料，对一具体社区做全盘精密的研究。马氏在巴布新几内亚考察之后，著有《太平洋西部勇敢的航海家》；布朗在孟加拉湾东部安达曼群岛实地研究的成果是《安达曼群岛的居民》。两部书均于1922年出版，前者标志着学术史上近代的社会人类学的诞生，后者是开结构—功能主义端绪的民族志。马氏和布朗的理论分别见于《科学的文化理论》(1944)和《社会人类学的方法》(1958)。

马氏强烈批评泰勒的"遗俗"概念和进化学派依此猜度、重构过去"阶段"的方法。他说，"进化学派把文化的发展视作一串依着一定法则自动的蜕化，有一定次序的阶段"，是"臆测"和"没有意思的"。他认为，"人类文化中种种基本制度是变动的，但并不是一种骇人听闻的转变，而是出于因功能的增加而引起形式上的逐渐分化作用"。"家庭、婚姻或宗教信仰却并不受制于任何简单而动人的蜕化次序。"马氏批评传播学派和历史学派重构人类文化史的企图，批评他们"把文化割成较小的部分以作传播的单位"，认为他们"方法论上最弱之点，还是在于他们所采用来决定文化要素的相同标准"。历史上传播现象的整个问题，是起于不同的地方发现了真的或似乎相同的特质或丛体。要证明两种文化要素的相同性时，传播论者所采用的标准可说是"不相干的形式"及"要素间偶然的连接"。然而，"文化是不能视作一堆偶然集合的'特质'的。只有可以比较的要素才能相提并论；只有相合的要素可以归入一调和的整体。物质文化中不重要的细节，社会制度，及文化价值一定得分开来讨论。它们不是一样的'发明'，自不能一样的'传播'或'移植'"①。

那么，马氏代之而起的文化功能分析方法究竟是什么呢？从以上引证可知，马氏反对把社会文化现象割裂成碎片，而主张有机地把握人类文化生活的整体。考察文化诸要素的功能及其相互关系，把握文化体系的整体背景，即可克服上述诸流派的弊病。功能方法的主要要求，即把任何一个民族或氏族的习俗和文化作为一个完整的整体、作为一个由各个相互联系的部分构成的体系加以考察，其中每个部分都起着自己的一定作用，发挥着自身的功能。

他认为，人们要解决的第一任务是满足自己生物学上的需要、衣食住行、繁衍后代。在满足这些需要时，人们就为自己创造了一个新的、派生的环境，即经济、社会组织，教育、政治制度，宗教、艺术等文化环境。同

① [英]马林诺夫斯基：《文化论》，费孝通等译，中国民间文艺出版社1987年版，第11、12、13页。

时，还必须维持，使之再生产。基本需要产生派生需要，满足它们的手段是某种“组织”，这种组织的基本单位是“制度”，这些制度的总和构成“文化”。“文化”在马氏看来不过是工具、器械，人借助于这种器械或工具，解决他们所面临的具体的任务。足见马氏所说的文化，是人们为圆满地处理在满足自己需要过程中所面临的各种问题的手段装置，而功能就是满足需求。满足需求的功能分个人标准和社会标准。个人标准是满足人们生物学的需求；社会标准是为满足人们的文化需求使社会存在，每个习惯、制度所起的作用。① 简言之，“功能”即是各文化要素在动态联结的整体之中的相互作用及其价值和意义。文化功能观点所强调的原则是，每一种类型的文明，每一个习俗、物品、观念和信仰都在实现某种有生命力的功能，有某种需要完成的任务，代表整体活动中一个不可缺少的部分。功能主义的实质在于整体内部诸要素系统联系的观念。用功能主义的方法，任何“简单”的民族奇异习俗都具有意义——它们是人们需要互相适应以及跟环境适应的逻辑的外延。②

马氏曾师从冯特，深受其心理学的影响。马氏的功能分析带有心理学性质。例如，他认为巫术纯粹是用主观的意象、语言、行动而宣泄了的强烈情感的经验，实际上是因生理心理一时不受抑制而产生的：“根据自己的情势与这情势所有的感情紧张的状态之下而产生的每类巫术，都是由于思想的自然流露与对于境地的反应。”③他在这里把巫术的起源归结于个人生理和心理的功能，显然是不正确的，至少是不全面的。马氏不同意弗雷泽把巫术、宗教、科学看作人类文明直线进化的三个坐标点的观点。他热衷于用社会中个人生理、心理的需要来解释各种风俗习惯，着眼于文化现象在社会文化整体中的作用。

布朗与马林诺夫斯基一样，在整体上有机地把握社会和文化，反对孤立地对某一文化要素进行研究，但两人在方法论上仍有一些歧见。布朗严厉地批评了马氏只注意文化事实的功能及其横向比较，忽视社会结构以及功能纵向研究的重大缺陷。布朗比较忠实于涂尔干的理论，又曾师从里弗斯，比较

① 冯利、覃光广：《当代国外文化学研究》，中央民族学院出版社 1986 年版，第 74~75 页。

② ［美］约瑟夫·亚赛弗斯等：《人类学的历史回顾》，载《民族译丛》1984 年第 2 期。

③ 参见［英］马林诺夫斯基：《巫术、科学、宗教与神话》，李安宅译，中国民间文学出版社 1986 年版，第 66 页。

重视社会结构或社会组织。他认为功能分析是指的社会性功能的分析，仅此还不够，还必须对人类社会进行“社会结构”的分析。也就是说，功能分析离不开结构分析，不研究社会的结构，就不可能对文化要素的功能做出恰如其分的、中肯的研究。布朗用“社会结构”表示实际存在的社会关系网络，认为社会结构的研究是文化人类学的基础。“社会结构”是什么呢？社会具有各种处于相互关联的部分，归根到底是一些个人的持久性排列形式，这就是社会结构。布朗所理解的各种社会性现象不是个人性质的直接结果，而是统一的社会结构的结果。但是布朗并没有抓住社会结构的核心，按照我们的理解，它应当是社会的生产关系体系。

布朗反对滥用“文化”概念。他认为文化如果脱离了社会的结构则无法了解，只有视为社会体系的特征才能加以理解。总起来说，布朗的方法是将社会结构看成人与人之间的关系体系；这一社会关系体系要从它所构成的一套内在结构原则来加以分析；人类制度的了解要从它们对社会结构的功能角色着手。在布朗的著作里，社会结构与社会体系两个概念不是同义的。社会体系的观念较广，包含结构与功能两个层面。

布朗对于文化的功能与社会的结构及其在社会历史文化运动中的关系的探讨，是极有价值的。例如，关于初民社会血亲关系的称谓的研究，他首先抓住血亲制度的客观结构，继而在整个社会文化的背景下考察它们的功能及其变化。在澳洲土著亲属体系的研究上，他取得了成功。由于布朗非常强调分析文化事实的结构，而现代结构主义者在相当程度上是以他的理论为开端的，所以有人称布朗为结构—功能主义者。

布朗没有像马林诺夫斯基那样排拒历史方法，也没有像马氏那样忽视比较方法。布朗的比较不是为了重建历史，而是为了通过研究各种社会形态中的类似和不同，达到对于社会现象和性质作出切实的分析和科学的抽象。当然，布朗的社会结构分析对分析社会动态是不充分的。

总之，功能主义认为，一个文化中的每一个特质和制度都行使着一个特别的任务，使社会体系凝合在一起；一个社会的结构是由特质和制度实现社会的需要而决定的。

人们肯定功能主义者的田野研究、实地考察，以及对被研究民族的语言的掌握，肯定他们把文化作为一个有机统一整体来把握；但同时认为，功能主义的弊病在于强调了人类基本需要的同一性，而未能够说明各族人民在历史上形成的文化类型和方式的极其复杂的多样性。例如，强调心理联想、拒斥历史性研究的马林诺夫斯基，急于从自己调查的某一文化现象的分析马上上升到文化的一般理论，而且仅仅注意巫术、宗教等文化功能而不注意特定的客观的社会结构，不注意功能与结构的辩证关系，很难正确地抽绎出文化发展规律和如实说明文化的复杂样态。这样，结构—功能学派和结构主义学派代之而起，就是必然的了。当然，功能性分析作为文化研究的基本方法被承认、继承下来。1930 年以来，功能学派的学者们对非洲、大洋洲做了许多周密的调查研究，为发展文化人类学理论作出了贡献。功能学派在我国有较大影响，1935—1936 年，布朗曾来燕京大学讲学，吴文藻旅欧亦与马氏游。费孝通、黄文山等都受到马、吴的影响。

马氏的门生、布朗学派的普里查德（1902—1973）惋惜功能学派鼻祖，他的老师马氏放弃历史方法，指出社会人类学和历史学之间，只有研究技术，着眼点和视野的不同，没有目的和方法的不同。同时，他又与布朗所坚持的社会是一自然的体系、必须加以科学地研究的立场相左。普理查德认为，社会人类学不同于自然科学，社会是道德的体系，人类学的分析系乎对于制度的主观解释。他试图恢复主观文化的整合性，并重新界定了功能观念。他不否认社会体系的要素之间具有功能关系，也不否认某一制度的功能需要从该制度与社会体系其他部分相互依赖的关系中理解；但是，他不同意布朗所说的这些功能关系或正面或负面地贡献了社会的稳定与凝聚力，认为如果这个最终目的的确是制度背后的支配原则，它势必将人化约为一自动机器。他认为，一种制度的功能并不是它的主要形貌，而是一体系内各部分间关系的一种形态，因而只是整合模式中的一环而已。他似乎离开了布朗的功利主义而走向了博厄斯的文化整合论。①

但是，从方法论上看，普里查德更加发展了布朗的结构—功能论，他把族体关系作为一种特殊结构，并强调民族的社会结构体系是具有稳定性和经常性的各个集团之间的关系。

普里查德的代表作是《乍德族的妖术、神谕、巫术》，这是他 1926—1930 年赴中非研究的成果。这一著作被认为是意义论的人类学先驱。意义论的人类学，不是站在调查者或研究者的立场上解释和说明，而是试图把担负特定的文化和社会的当事者所赋予的意义，翻译记述下来，力图以他们的方式看待世界。他记录了乍德族的妖术、神谕、巫术所被他们赋予的意义，及他们所形成的信仰体系。早期的功能主义者强调调查者自身所理解的功能性分析，强调调查者的主动参与，相对忽视与被调查者观点相应的信念。普里查德则认为，无论什么样的社会制度，都不能说与当事者的信念相应的信

① 参见［美］ElVin Hatch：《人与文化的理论》，黄应贵等编译，台湾桂冠图书公司 1981 年版，第 278~280 页。

仰没有关系。

功能学派预示着此后结构主义人类学的发展，同时，功能学派以及它以前的进化学派、历史学派等，都与心理学的发展有着千丝万缕的联系。

六、精神分析及文化与人格学派

心理学派包括两个层次，一是世纪之交弗洛伊德(1856—1939)和荣格(又译为容格，1875—1961)的精神分析学说；二是20世纪30年代至40年代受弗洛伊德主义影响的美国族体心理学派(又称文化与人格学派)，代表人物有卡迪纳、林顿、爱德华·萨皮尔、鲁思·本尼迪克特、玛格丽特·米德等。

弗洛伊德运用心理分析方法说明文化现象，对马林诺夫斯基，以及后世的许多人类学家，特别是美国的人类学家，影响甚大。弗洛伊德注意潜意识在人类社会生活中，特别是社会习俗和文化的形成中的重大功用，注意性欲和情感在人类心理过程中的功用，其中有不少荒谬的东西，也有一些合理成分给予人类学家一定的启发。

弗洛伊德的理论，一是深层心理学，一是性欲心理学。

深层心理学昭示，人类心理中除了表层的、易于把握的"意识界"之外，还有平常想不出来，但如果努力可以想出来的"前意识界"层次和通常不能感受的"无意识界"层次。无意识根据它特有的逻辑，如复合、象征化、戏剧化等把自己的心灵状态投入对象。人类社会创造出来的非常丰富的神话、民谣、童话、礼仪等等，则是这些无意识活动被投射的结果。

弗洛伊德认为，在我们每一个人中间，都在进行着"满足原则"和"现实原则"之间的斗争。所谓"满足原则"就是满足自己欲望的意愿，而"现实原则"则是由于外部环境的限制，这些欲望不能或难以满足。于是，被压抑的冲动就被排挤到"无意识"(或"下意识")的领域。弗氏臆测，任何被压抑的欲望、冲动、思想和感情在本质上都是由性欲所产生的。他在《释梦》中认为，梦是被压抑的欲望的伪装的满足，借助于梦可以洞察到无意识系统的深处。梦的实质是童年被压抑或被排斥的情欲。人类各种行为，有许多是被无意识的活动决定的。

其性欲心理学，即是以"力比多"(性欲冲动的本能)解释人的一切行为。他还借用希腊神话，杜撰"俄狄浦斯情结"，表示男孩子恋母仇父的性向。力比多的显现，在婴孩时期口唇吸乳和肛门排便时就开始了，那个时候就体验到性的快感。

他所著的直接与文化人类学有关的著作是《图腾与禁忌》(1913)，试图对人类学家难以理解的某些现象，如外婚制习俗、一定亲属的“回避”、各种禁忌、巫术、万物有灵和图腾崇拜等，作出自己的心理分析的说明。他把“俄狄浦斯情结”、弑父行为，当做解释社会、宗教、道德起源的依据。他说，原始氏族在图腾仪式上杀死并庄严地吃掉自己的图腾动物，这被杀死的图腾即是代表被造反的儿子们杀死和吃掉独霸氏族女性、沉湎肉欲生活的父亲。兄弟们在杀死和吃掉自己的父亲之后，对这种罪恶表示悔过。他们禁止再度发生类似行为，以后任何时候也不杀父亲。为了消除敌视父亲和相互嫉妒的口实本身，他们确立了另一条戒律，即禁止同本氏族女性发生性关系，于是外婚制得以确立。“要是图腾动物即代表父亲，那么，图腾观的两个主要制度，也是由两个禁忌所构成——禁止屠杀图腾和禁止与相同图腾的妇女发生性关系——正好和俄狄浦斯的两个罪恶有着隐隐相印的地方(他杀害了父亲而与母亲结婚)。要是这种假设正确，那么，也许我们可以对图腾观的起源作有利的突破。”“图腾观的二个禁忌是人类道德观念的起源。”“图腾宗教是导源于儿子们的罪恶感……在宗教中至今仍然保有一种在图腾观时早已具有之性质——矛盾情感所造成的压力。”①在《摩西和一神教》中，弗洛伊德还以类似的理论解释犹太教和基督教的起源，当然也是牵强附会的。弗氏以情欲作为人类文化唯一的源泉和动力，以潜意识阐释一切文化现象，是不正确的。本书第一章曾指出，人类文化的源泉和动力是物质生活资料的生产，是劳动实践。

荣格在19世纪90年代与弗洛伊德分道扬镳，否定性欲的特殊重要意义。荣格的思想对汤因比、对西方文艺批评中的原型批评学派具有很大的影响。

荣格摆脱了弗洛伊德狭隘的以性为核心的精神分析学的架构，根据对原始人和现代人的常态和非常态现象、对宗教、神话、艺术、文学的研究，提出了“集体无意识”和“原型”的概念，为人类历史上一定时间之内在不同空间出现的文化现象提供了合理诠释的依据，为人类所具有的审美的共同心理提供了诠解的可能性。

荣格认为，如同个体之外有社会一样，我们个人心理之外有集体心理，即集体无意识。与个体相连的不仅仅只是其以往童年的生活经历，还有在此之前的生物进化的漫长延亘的历史过程。与个体无意识不同，集体无意识的

---

① [奥]弗洛伊德：《图腾与禁忌》，杨庸一译，中国民间文艺出版社1986年版，第165、178、180页。

内容在个体的整个生命过程中永远不会被人感知。它就是人所继承的“原始意象”，涵盖了人类祖先在往昔岁月中的所有的生活经历、体验感受。人对世界作出反应具有先天性向和潜在倾向。例如，人不需要经历黑暗或与蛇遭遇便对黑暗与蛇产生恐惧，这是原始祖先无数代人对于黑暗与蛇之恐惧的积淀。

集体无意识的内容又叫“原型”，是尚未经过有意识的加工的心理内容。荣格认为，生活中有多少典型的情境，就有多少种原型。无数次的重复，将种种经验刻入我们心灵的结构之中。每一社会集体，如家庭、部落、种族都有自己的集体心理积淀。“原型”表现在神话、故事和信仰之中，如神话和民间故事中的水妖、海怪、恶魔一类幻想形象反映了某民族的一部分可怕的感觉状态的投射。他确立的原型有所谓诞生原型、死亡原型、英雄原型、恶魔原型、儿童原型、太阳原型、风的原型等。他特别注意对人格和行为方式具有重要作用的原型，如人格面具原型、阿妮妈(男性中的阴性灵魂象)原型、阿尼姆斯(女性中的阳性灵魂象)原型、阴影原型、无意识自我原型等。

原型就像一张有待被经验冲洗的底片，只有当其被人意识到并因此而被人用意识经验的材料充满时，它的内容才被确定下来。可见原型又是集体无意识中独立存在的结构。当然，它们又能合并，巫术原型与诞生原型合并，即为原始文化中鼓励生育的“繁育巫师”①。

一个原型的内容，往往以隐喻方法表达自己。如果内容指的是太阳，那么用以说明的可能是狮子、帝王、一大堆由龙守卫的金子，或授予人以生命和健康的力量等。

荣格关于人格结构和心理类型的理论对于文化学研究具有一定的价值。

弗洛伊德主义于1910年以后传到英国，在人类学家之间引起兴趣。马林诺夫斯基在美拉尼西亚的路布利安德小岛做调查时，发现那里的母系制社会不存在“俄狄浦斯情结”，但男孩与作为教育者的舅父之间存在着憎恶关系。马林诺夫斯基实际上肯定了弗洛伊德主义在人类学的意义，为其提供了细节上的说明，同时予以修正，以社会因素代替“力比多”。这就为20年代末精神分析学风靡美国并引入人类学打下了基础。

20世纪三四十年代，文化人类学研究发生了重大的转向，即由研究原始文化本身转移到研究文化的心理特征，并在人的个体和集体(族体)心理的差异中去寻找各族文化的特点及其根源。

① 参见[美]卡尔文·S. 霍尔、沃农·J. 诺德拜:《荣格心理学纲要》，张月译，黄河文艺出版社1987年版，第33~36页。

族体心理学派的首领卡迪纳提出了“基本的人格结构”的概念。这位精神医学家认为，从出生的最初时日起，对孩子产生影响的是每个社会的外部环境，首先是照料婴儿的方式：喂养、穿着、睡眠方式，以后是教走路、说话、爱清洁等，其中特别是喂奶方法和排便训练最为重要。与婴幼儿期相关联的各种各样的制度(一次性制度)，是那个社会中人们形成人格的共通样式，即“基本的人格结构”。这是最重要的。由“一次性制度”所形成的基本人格固定不变，保持一生。除此之外，各种各样禁忌的规则、宗教、仪式、民间传说、思维方式等，叫“二次性制度”，是被基本人格“投射”而创造出来的东西，因而又叫做“投射体系”。卡迪纳认为，一切文化现象就是通过一次性制度——基本人格结构——二次性制度，这样产生、创造出来的。①

卡迪纳的理论遭到许多人的批判，认为像他那样割裂一次性制度与二次性制度是没有根据的，后者对前者往往具有反作用。而且，对于人格的形成，婴幼儿喂养方式的影响和作用，远远比不上经济生产方式(畜牧、农耕、渔业)。

20世纪30年代，心理学界出现了两位德国出生并为躲避纳粹迫害渡海到美国的心理学家霍尔纳和弗洛姆，他们属于新弗洛伊德学派。霍尔纳批判了弗洛伊德太过于重视乳幼时期的体验，认为乳幼期给予人格形成的最初影响，并不能持续终生。此外，她主张把社会因素纳入研究范围，试图摆脱弗洛伊德把一切归结于力比多的谬误。

弗洛姆学说的核心是“社会性性格”的概念，意即在同一文化中的大多数成员共同具有的性格结构的核心部分。与卡迪纳相反，弗洛姆强调各种各样的社会性要求决定了一种性格类型的形成。在那个社会成长起来的人们中间，这种性格是被要求的。决定社会性格的因素，是经济和意识形态及其他各种各样的因子，而最为基础的是政治和经济因子。他强调社会结构的整体，决定着社会中必要的性格类型。在其中生活的人们性格的形成，是基于那里的“被要求性”而完成的。②

林顿曾是卡迪纳的合作者，但林顿与卡迪纳有区别，即离开了乳幼期基本人格形成的发生性观点，选择了与弗洛姆一样的立场，强调了社会对人格

① 参见[日]祖父江孝男：《简明文化人类学》，季红真译，作家出版社1987年版，第99~100页。

② 参见[日]祖父江孝男：《简明文化人类学》，季红真译，作家出版社1987年版，第109~110页。

类型的要求。

林顿提出“身份性人格”的概念。人们在不同的生活场景有不同的身份，如我们在学校是教师，回到家里是家长。所谓身份性人格，就是人们各自为有效地完成按照他的身份所给予的职责，应该从事的行为类型。这就有一点像荣格的“人格面具原型”。一个人不止有一副人格面具，而是在具体、特定的环境扮演不同的角色。人格面具是社会生活和团体生活的基础。林顿所举出的例子是：一个人，其个体精神结构整体，或“整体性人格”可能是非常内向的，他夜间回到家里宁肯去读书也不愿出入夜总会，但作为一个企业家，这种身份要求他精力旺盛、机敏、会社交、外向性等。他白天以企业家身份工作时，戴着职业所要求的身份性人格的假面具，或穿着外套。但这个作为外套、假面具的身份性人格与人格的核心有什么关系呢？是否相互影响呢？林顿没有说。后来，日本学者祖父江孝男在《简明文化人类学》中发展了关于人格结构的问题，认为处于人格外层的职业性行为在某种程度上内在化，一步一步向人格最核心部分渗透。

族体心理学派不仅仅研究文化与个性、文化与人格的问题，他们只不过把个人、个体、个性作为研究每个民族文化的始点；他们还注意到不同文化的相互联系的问题。例如，林顿与 R. 雷德菲尔德、M. 赫斯科维茨在 20 世纪 30 年代中期曾发表了《文化适应研究备忘录》，研究不同民族文化接触之后发生的一些变化，界定“文化适应”是指“一些具有不同文化的个体集团发生长期而直接的联系，因而一个或两个集团改变了原来的文化模式所产生的现象”。林顿等人认为，文化适应、文化变异的过程，实质上是认识和忘却的个体心理过程。例如，印第安人文化的解体被看作是文化改造的心理学过程。①

族体心理学派的一些干将是博厄斯的弟子，他们不仅继承了历史学派的理论和方法，还接受了心理学和精神病学的影响。博厄斯的杰出学生爱德华·萨皮尔、鲁思·本尼迪克特、玛格丽特·米德等都有相当的建树。

本尼迪克特在文化整合、文化模式和国民性研究中作出了一定的贡献，但从根本上来说，她的学说是建立在唯心主义文化观的基础上的。

她一反文化人类学家见木不见林的弊端，发展了她的老师博厄斯的文化整合观，认为一个文化由基本结构的“模式”所组成，一个民族的文化可以内含一个“模式”，抑或是由多个模式构成的综合有机的整体。她认为，整

① 参见[苏]C. A. 托卡列夫：《外国民族学史》，汤正方译，中国社会科学出版社 1983 年版，第 236 页。

合是文化背后的主要创造力量，虽然文化是如此多的“乖离迥异之元素经由传播意外地从各方面集合在一起”的随机之累积，这些构成元素被修正以形成“一个多多少少一致的思想与行动模式”。她的整合观的一个重要思想是：没有两种文化是雷同的。一种文化的整合模式是偶然的，它是文化特质几乎随机反复与无限的重新组合、重新解释与刻意发展。

本尼迪克特的文化整合观的另一层次是情绪。她企图寻找一个可以阐释笼罩着每个文化的一般模式的抽象架构，寻找“某些整合的原则”去解释她本人感到其存在的文化统一性。与博厄斯学派的步骤一致，她没有将文化背后的组合原则置于环境的、经济的或社会结构因素等现象界上，而是置于主观思想的层次上。她发现文化的差异就像人与人的差异一样。如同每一个人一样，每个文化具有特殊的气质趋向；文化不过是个人心理的投射和反映。这显然是错误的。她将此整合原则称为文化的民族精神或文化的统合形貌。也就是说，整合原则——文化的统合形貌——基本上是一情绪的模式，它包含及时笼罩一文化的情绪趋向或态度。一种文化精神的特殊形貌不单只是文化特质的独特组织而已，抑或某些文化元素或活动的居于优势而已。它是一种情绪的性格。在一定意义上，她认为文化模式是由民族潜意识造成的。总之，文化整合的创造力量在族体、特别是个人的心灵里，而且系乎个人如何根据其文化的主观标准，对文化特质加以选择、拒斥与修正。①

她的《文化模式》(1934)一书被认为是关于国民性研究的滥觞。是书借用尼采关于“阿波罗”(太阳神)和“狄奥尼斯”(酒神)文化类型的区划，对印第安人三个原始文化进行了比较研究。通过比较，她认为美国西南普韦布洛人是典型的日神型的人，尊重礼仪，安分守己，生活丰富，组织严密；而美国西北岸的各部落，如温哥华岛上的克瓦基特人，与绝大多数美国印第安人一样，都属于酒神型的人，性情狂热、暴躁，举止激烈过度、冲动、豪爽，不易节制。作为一个“文化相对论者”，本尼迪克特没有对上述部族的文化作出价值判断。按照她的看法，不能把文化(或社会)与个人对立起来，必须深刻体察文化的内在精神，认识控制个人和群体行为的各种观念。有人批评她关于太阳神型和酒神型的划分甚不准确，其中一些极端的资料，甚是夸大其辞。

她对于国民性研究的另一成果是《菊与刀》(1946)。她没有到过日本，但通过对住在美国的日本人的探访，在行将结束第二次世界大战时为美国政

---

① 参见[美]ElVin Hatch：《人与文化的理论》，黄应贵等编译，台湾桂冠图书公司1981年版，第88~93页。

府制定对日政策写了这个报告，虽然有很多毛病，却很有价值。西方人观察日本人，往往对他们的矛盾性格迷惑不解，似乎既好斗又和善，既蛮横又文雅，既忠贞不贰又背信弃义，犹如菊花与刀一样。她巧妙地抓住日本人"习焉不察"、"日用不知"的特点，从日本儿童教育方式入手，发现日本人经由各种训练将早年尚不知羞耻的记忆，留存到以后的生活中；而从6—7岁以后，即被灌输"自重"、"知耻"的观念，10岁起即必须服从对名誉的"义理"的规约。本尼迪克特认为，与西方文化是"罪恶感文化"不同，日本文化乃是"羞耻感文化"。

关于本尼迪克特对日本国民性的研究，多数学者表示叹服，但也有不少学者对此类国民性调查从方法论上提出了批评，如认为她没有考察到日本人由于阶层、职业、年龄等因素产生的差别，没有摆脱统计性的研究；认为她主要以明治时代移居美国的日本人为对象进行研究，没有注意从明治时代到现代的历史变迁；认为她太简单地依赖于模式化的精神分析性解释，在历史的思考和政治学经济学式的分析方面，有很多缺欠；认为"她在研究日本人时，把作为理想类型'应该是这样'的事情，和在现实生活中实际存在的事情混同在一起"①。

相反，博厄斯对他的女博士弟子及"文化与个性"学派的研究相当赏识。他说："试图把握一种文化总体的意义的渴望迫使我们考虑如何描述标准化的行为，这种行为仅仅是导致别的问题的台阶。我们必须理解生活于文化之中的个人；也必须理解个人所创造的文化。无论从哪个方面来看，对这些社会心理问题发生兴趣并不与历史的研究方法相冲突。相反，社会—心理的研究方法揭示了文化变革中活跃的动态过程，从而能使我们正确地估价那些从详尽比较各种有关文化中所获得的论据。"②

另一位博厄斯的女弟子玛格丽特·米德的研究也颇有特点。她也是试图通过观察一个集团的文化、制度及其在巫术、宗教和艺术中的反映，构造其所谓基本个性结构。她的代表作《来自南海》三部曲于1939年完成并出版。其中的《萨摩亚人的青春期生活》研究了青春期与文化的关系。困扰我们的少男少女的烦闷，是青春期还是文明？米德通过实地考察、比较研究，认为青春期生理变化带来的行为特征，实际上与整个社会文化是有密切关系的。

---

① ［日］祖父江孝男：《简明文化人类学》，季红真译，作家出版社1987年版，第120页。

② ［美］博厄斯：《〈文化模式〉导言》，见［美］本尼迪克特：《文化模式》，张燕、傅铿译，浙江人民出版社1987年版，第2页。

米德还通过对新几内亚三个部落的研究，讨论了文化对两性角色和态度的影响，认为男性和女性特征，是特殊历史、文化传统的产物，不是由两性间的生物性差异所决定的。文化对人格和行为模式的塑造起决定作用。这就离开了弗洛伊德主义。第二次世界大战期间，大批美国军人在英国集结，英美人之间由于文化差异常常发生摩擦，米德为增进双方的理解作出了贡献。到1970年，米德又出版了《文化与承诺：代沟研究》一书，提出了“青年亚文化”理论。她认为，代与代之间的矛盾和冲突实际上是一种文化冲突。她把文化分为三种类型：前喻文化(楷模文化)——晚辈接受长辈的文化传统；并喻文化(并存文化)——父母和子女各自向自己的同辈人学习；后喻文化(预示文化)——长辈向晚辈学习那些从未经历的事情。后喻文化即“青年文化”，是一种“反向社会化”。米德以古稀之年热情讴歌后喻文化这种当代世界独特的文化传递方式，实属难能可贵。

文化与个性、国民性和现代文明比较研究，至今仍方兴未艾。研究方法更加多样，已不单单是心理分析；研究课题则更为具体，更接近现实。在这一方面，人类学家、美籍华裔学者许烺光先生可谓硕果累累。他的代表作《美国人与中国人：两种生活方式》(1955)、《家族、世袭阶层和自由社团》(1963，比较中、印、美文明)、《有文字文明的研究》(1969)等都颇有新意。他从亲属体系的不同，分析中美文化的差异，认为中国人的亲属制度是以父子关系为轴心，中国人的行为特征环绕这一轴心而展开，衍生出父子型的文化模式；美国人的亲属关系是以夫妻关系为支配原则，其社会文化即环绕夫妻轴衍生。

以上这些文化人类学家都是从民族精神、人格、心理要素考察文化的，在我们看来，他们完全忽视了工艺技术、物质文化，忽视了人类文化发展的客观标准具有很大的局限性。

七、新进化论、文化生态学与文化唯物论学派

在20世纪五六十年代，美国文化人类学有了新的发展。这一发展的重要标志是从高层次上回复到文化进化论。

1950年，在纽约召开的人类学和民族学家代表会议上，展开了文化中的“价值”是什么的争论。博厄斯学派的梅尔维尔·赫斯科维茨(1895—1963)继续发展了文化相对主义。“文化相对主义的基本论点就是：承认每一种文化具有独创的性质和充分的价值，否认‘我们的’，即欧美的评价体系的绝对意义，换句话说，在对比各民族文化时，原则上拒绝民族中心主义

和欧洲中心主义。”①赫斯科维茨指出，不应当把欧美的道德观念当做绝对的东西。例如，一夫多妻或一妻多夫在欧美是为舆论和法律所不容的，但父权制一夫多妻家庭在达荷美(今贝宁)则是正常与合法的社会单位。它是在民族长期历史发展中形成的，是与达荷美的经济条件相适应的。不同的民族对相同的现象的评价是不同的。生活在北极地区的爱斯基摩人(今称因纽特人)把久病不愈的老人抬到冰雪中冻死，这在欧美人看来是不道德的，但人类学家理解这种行为，因为高寒地带爱斯基摩人生计艰难。每个文化综合体结构本身也是不同的，其文化核心，在现代欧美文化中是工艺学，在中世纪欧洲是超自然主义即宗教思想，在印度托德人是水牛，在现代美拉尼西亚人则是社会威望。赫斯科维茨强调关心、尊重、维护、发展每个民族的文化，但有时候却把“相对”过分地绝对化了，因而忽视了人类文化的进步和发展。②

正是从对文化相对主义弊病的否定出发，从对博厄斯学派的否定出发，在进化论黯然失色40年左右，一批文化人类学家又重新回到了进化论的立场。新进化论的主要代表是美国著名人类学家、密歇根大学教授莱斯利·怀特(1900—1975)，他的代表作是《文化的进化》(1959)。

怀特展开了对批判进化论的反批判，主张功能学派、历史学派、进化学派等，可以共存于人类学的文化研究领域。如同文字进化阶段分绘画文字、表意文字、标音文字三阶段那样，进化主义的目标就是给在特定的时空里无法捕捉到的人类文化的进化分几个阶段。怀特说：“每一个民族文化的历史是历史主义的对象，而批判进化主义的人们却把这点混淆了。”③

怀特是从能量学说的观点考察文化的进化的，他认为技术工艺的发展是整个文化进化过程的基础，工艺因素是基本的，其他因素即社会和政治组织、意识形态的因素等是从属于它的。怀特的这种文化观被人批评为“科学决定论”或“技术决定论”或“功利的观念”。怀特认为，在整个宇宙中，热力学规律处于支配地位。依据这种规律，能量在空间上是力图均衡散布的，而宇宙结构则力图简化(增加熵)。但在活的机体中，过程是朝相反的方向，即朝能量积累和结构复杂化的方向发展的。文化的发展在于，文化本身是

---

① [苏]C. A. 托卡列夫：《外国民族学史》，汤正方译，中国社会科学出版社1983年版，第301页。

② [苏]C. A. 托卡列夫：《外国民族学史》，汤正方译，中国社会科学出版社1983年版，第301~302页。

③ 转引自冯利、覃光广：《当代国外文化学研究》，中央民族学院出版社1986年版，第71页。

“负荷”能量的某种机器，也就是为便于人利用而控制能量的机器。随着文化的发展，“人的”能量和人们利用的“非人的”能量的对比逐渐发生变化，后者依靠前者不断提高。①

也就是说，怀特强调文化进化的基本功能，就是使人类可利用的能量逐渐增加；而对能量的利用程度，又决定了整个文化的发展水平。他认为人类文化史即是人类支配和利用能量的历史：旧石器时代，人类几乎没有可供利用的体外能源(怀特忽略了火的使用，这是人类首次利用能源，创造了文化)；新石器时代，农业提高了对太阳能的利用，畜牧业加深了对动物资源的开发，新石器及以后的青铜器、铁器减少了能量耗损，促进了能源新用途的开发，推动了手工业、农业的发展；蒸汽机、内燃机、电力生产和各种电机的使用，带来了人类文化的重大革命——工业革命，也创造了一代新人；1945 年人类征服了新的能源——核能，核聚变能源的开发利用，表明人类正在经历一场新的文化革命和社会革命。他说：“文化的向前发展，与按人均被利用能量的增长成正比，也就是说，与支配能量方式的效率的提高或能量的节约增长成正比，或者与两者同时的增长成正比。”他的文化发展公式是：$E\times T=C$。在这里，E 表示能量，T 表示利用能量的技术水平，C 表示满足人类需要的最终结果或文化。②

怀特不同于他的 19 世纪前辈，即在于他提出了以文化产生的能量和能量利用水平作为文化进化的普遍尺度，因而对文化进化的基本历程和阶段作出了不同的解释。但是，他的基本思想框架，即以生产力发展水平考察文化与社会的进化，把文化看作人类积累的集体经验等，与他的前辈摩尔根等并无二致。他准确预见并高度评价了科技文化发展的趋势及其对于人类社会将产生的巨大深刻影响，可谓独具慧眼，然其由定量分析取代定性分析的尝试还有不少偏弊。尤其是忽视文化主体的心理、思想、情绪，求助于简单普遍的公式，能否说明人类各民族文化史的多样性、丰富性，能否说明思想文化、艺术文化的作用机制，仍然是一个问题。文化能够用准确、客观、科学的方法加以研究吗？怀特的逻辑是：传播、历史、功能、心理诸学派，要么强调地理环境的因素，要么强调人类生理心理的因素，而这些因素在几万年、几千年内的变化是不大的，变化巨大的是科学技术。每一次新能源的掌

① ［苏］C. A. 托卡列夫：《外国民族学史》，汤正方译，中国社会科学出版社 1983 年版，第 305 页。

② 参见张猛等：《人的创世纪》，四川人民出版社 1987 年版，第 258~259 页；冯利、覃光广：《当代国外文化学研究》，中央民族学院出版社 1986 年版，第 90~91 页。

握本身就是一项文化成果，而且一旦融入文化，更将促成无穷尽的反馈效益，促成新的文化进化的连锁反应，引起文化革命和社会革命。但是，这一方法无法说明为什么有些社会进化到复杂的高级阶段，而另一些社会却灭绝了。

怀特的主张被其门生萨林斯和塞维斯所继承和完善。他们认为文化进化的过程有两种情况，一是类似怀特所说，由少量的能量转化过渡到大量的能量转化，由低级的一体化过渡到高级的一体化，由具有很小的普遍适应性过渡到具有更大的普遍适应性的“一般进化”；而另一种是由于适应环境而不断多样化、特殊化、产生分支的“特殊进化”。“特殊进化”就是文化按照多种路线所进行的系统发育的、分支的历史性转化，就是各种文化的适应性变异。文化的进化，在一般情况下是“单线进化”，在特殊情况下是“多线进化”。

特殊进化是一个创造过程，没有积累的特殊进化，就不可能存在一般进化。特殊进化可能涵盖跳跃、退化或如某些民族在一定时间固守本位文化的倾向。

“一般文化进化是整体进化新阶段的突创过程。然而这种突创过程不一定在历史上是连续的族系发生过程，因为，在一般进化水平上，新阶段的确立往往发生在互不相关(或仅部分相关的)文化传统中。”“特殊进化和一般进化之间的根本区别在于：前者是一个形态的连贯和历史的序列，后者是既定发展顺序中各种形态表现为阶段的序列。”“我们同样可以将一般进化看作‘全面适应’的进步。较高的文化形态具有支配或取代较低文化形态的倾向，其优势范围也是与进化程度成比例的。”“总之，文化一般进化是能量转换由少到多，综合水平由低到高，全面适应由弱到强的过程。而特殊进化则是文化沿其多线发展的、族系的、分化的、历史的过程以及特定文化适应性变异的过程。”①

提出多线或多向进化的另一位著名人类学家是朱利安·斯图尔德(1902—1972)。他是克罗伯的学生。他扬弃了文化相对主义和单线进化论，提出了“多向进化”的方法。这种方法使广泛传播的、不同地理和生态区带的文化发展的平行序列的比较成为可能。从各大文明相近的进化过程所产生的相近的文化图式中，可以构拟出总的进化规律。斯图尔德认为，一般关于文化差异的成见导致了对相当重要的结构类似性的普遍忽视。他相信，对世

① ［美］托马斯·哈定等：《文化与进化》，韩建军、商戈令译，浙江人民出版社1987年版，第24、27、30~31页。

界各地历史顺序的分析常常能论证类似的历程在活动着的结构中产生类似性。东半球的高级文明同西半球的高级文明的社会和政治结构的类似性，导致了他们自然居住地和开发这些居住地的技术进步的基本类似。斯图尔德在文化类型学中比较重视文化的结构特征。他认为，在所有的文化制度中，核心制度同文化适应并开发它环境的方式最密切地结合着，任何文化的核心制度都可能包括意识形态、社会政治和技术经济因素，而技术经济因素最突出地表现为限定和形成任何社会战略特征的因素。这是他与怀特理论的共同的地方。①

斯图尔德对怀特的批判，不是说怀特的进化论公式是错误的，而是说它太广义和一般化，似乎不能有助于解释特殊的发展顺序。他认为，一定的基本的文化类型，在相似的条件下，可以沿着相似的道路发展，然而这种在人类一切集团中，按照正常顺序出现的具体文化，实际上寥若晨星。

斯图尔德的多向进化论，与早期进化论只承认各民族文化发展速度和阶段有别，否定文化发展道路的多样性不同；与文化相对主义者强调各民族文化本质差别，否定人类文化发展的共同规律也不同；又与怀特不顾具体文化和文化特殊类型的“一般进化论”有所区别。他力求从“文化变异”和“文化生态”上立论。

斯图尔德强调文化与环境之间的适应关系，被称为文化生态学的创立者。同体现人与环境的简单生物上的适应的人类生态学和社会生态学不同，“文化生态学”即通过文化来适应环境。文化的基本特征决定于自然环境，但斯图尔德强调，这个依从关系本身又是各种文化因素决定的。生态环境与人体、人的社会组织、民俗、人的心理素质、气质、语言、服装、宗教和婚姻制度等都有密切的关系。文化生态学的研究就是要充分说明人类因利用环境而形成的社会组织和文化价值的特色，并且与那些同环境关系较少的社会组织和文化特性进行比较。斯图尔德称这种生态学特征为“文化的内核”。文化生态学注意两种适应，一是文化体制与总环境的适应，二是由前者所决定的各项文化制度之间的相互适应。注意这些过程，可以发现不同的文化图式是如何出现、延续和转化的。这种文化生态学思想可以用来探讨不同地区文化的平行发展，以及具体的、特定的民族文化的特点。但是，与其他方法一样，文化生态学的方法也有自己的局限性，往往在共同的生态环境中生活的不同社会集团有着重大的文化差异，用环境、经济技术的原因不足以完满

① 参见[美]D. 凯普兰：《当代进化论》，见王庆仁译，见冯利、覃光广：《当代国外文化学研究》，中央民族学院出版社 1986 年版，第 96~98 页。

地解释这些差异，这就需要借助于其他的方法。①

怀特与斯图尔德的学生马文·哈里斯进一步发展了生态人类学，而独标文化唯物论的旗号。哈里斯等把人类文化共同的普遍构成要素分为基础(生产方式、繁衍方式)、结构(家庭经济、政治经济)、上层建筑(艺术、礼仪、体育、科学等)三个方面。值得注意的是，“基础”的构成要素涵盖了人们自身获取能源和为子孙获取能源的能力与繁衍能力之间的关系，考虑了人口变动、交配方式、幼儿哺育方式、人口调节方式等繁衍方式。在重视文化与自然环境、重视繁衍方式这一点上，文化唯物论大大吸取了生态人类学的成果。另一方面，文化唯物论承认在社会文化体系中，在作为决定因果关系的因素上，基础所起的决定作用，在概率上远比结构和上层建筑更大。这是它吸收马克思主义的地方。但是，在主张上层建筑和结构能够成为规定基础的主要因素这一点上，又与马克思主义不同。② 经济基础、社会组织结构、文化意识等上层建筑都在一个有系统的方式下互相作用、影响，其中任何一方面发生变化都能促使其他两方面也发生变化。

文化唯物论从基础到上层建筑，始终以探求社会文化现象的因果关系和法则为目的。有人预计，文化唯物论是当今人类学中最具有概括性理论结构的研究方法。从20世纪60年代中期到70年代后期，文化生态学、文化唯物论都得到发展。

八、结构主义学派

文化人类学的结构主义学派，在英国，作为功能学派和结构——功能学派的继续，基本上继承了布朗路线，其中佼佼者有我们前面曾介绍过的普里查德，此外还有雷蒙德·弗思、迈耶·福蒂斯、马克斯·格拉克曼等。他们的“结构”是具体部落、人民、国家等社会共同体的整体结构。

我们在这里主要介绍法国的结构主义人类学，其代表人物是列维-斯特劳斯(1908—2009)。他曾受到我们前面介绍过的涂尔干、弗雷泽、马林诺夫斯基和弗洛伊德的影响，也受到马克思主义的影响。他在40年代旅美研究博厄斯学派时结识了结构主义语言学家雅各布逊，此后就把布拉格学派雅

① 参见[美]H. 斯图尔德：《文化生态学的概念和方法》；[美]R. 内亭：《文化生态学与生态人类学》。均收入冯利、覃光广编《当代国外文化学研究》一书。

② 参见[日]冈田宏明：《文化唯物论与生态人类学》，汪婉译，载《国外社会科学》1986年第6期。

各布逊等创立的音位学中的形式结构主义方法移植到人类学中来。他的结构不是指现实的具体的社会共同体的整体结构，而是各部分的结构，如亲属关系、民俗学，神话学的结构等。他的研究领域为：(1)亲属组织论；(2)神话的逻辑；(3)原始分类论。主要著作有：4卷本巨著《神话学》(1964—1971)、《野性的思维》(1962)、《今日的图腾崇拜》(1962)、《结构人类学》(1958)等。

第二次世界大战后，西欧学者对进化学派、传播学派、历史学派、功能学派等理论架构已不感兴趣，他们希望有新的理论和方法。继存在主义而起的结构主义运动在20世纪60年代到70年代中期，有很大的发展。各门分散的、具体的人文研究领域具有一种统一的、普遍的认识论和方法论基础，这就是索绪尔的结构主义语言学；另一方面，结构主义主要代表人物，都深入地批判了某一具体人文研究领域，并在该领域造成了重大的变革，在人类学与神话学上是列维-斯特劳斯，在历史学和社会学上是米歇尔·福科，在美学和文艺理论与批评上是罗兰·巴尔特，在深层心理学即结构主义精神分析学上有雅克·拉康，此外还有结构主义的马克思主义者如路易·阿尔杜塞等。“从那以后，欧洲大陆的几乎所有重要思潮——不管是阐释学的‘本文分析’、符号学的‘代码解读’，还是后结构主义的‘消解游戏’，都日益呈现出这样一种双重特征：第一，所有的讨论都围绕‘语言’问题为中心展开；第二，哲学研究与具体的人文研究交杂相错甚至于你我难分。这种‘人文学哲学’的思潮于今不但在欧陆愈演愈烈，而且已经对英美世界产生了强劲的冲击。”①

列维-斯特劳斯关于“结构”的内部性质和特征有如下说明：“首先，结构展示了一个系统的特征，它由几个成分构成，其中任何一个成分之变化都要引起其他成分之变化。第二，对于任一给定模式都应有可能排列出由同一类型的一组模式中产生的一个转换系列。第三，上述特性使它能预测模式将如何反应，如果一种或数种成分发生变化了的话。最后，模式应这样组成，以使一切被观察到的事实都成为直接可理解的。”②他对“结构”和“模式”概念作了区别，认为“结构”通过“模式”被理解，但“结构”是一种真实的存在，而“模式”只是具有启示性作用的理智产物。他所谓真实的结构，乃是

---

① 甘阳：《从“理性的批判”到“文化的批判”》，载《读书》1987年第7期。

② [法]列维-斯特劳斯：《结构人类学》，转引自李幼蒸：《克劳德·列维-斯特劳斯》，见杜任之：《现代西方著名哲学家述评》，生活·读书·新知三联书店1980年版，第347页。

存在于人的心理之中的无意识。

列维-斯特劳斯强调共时态(静态结构)研究方法，把重点放在结构内的成分和层次之间，但同时认为，历时态(动态结构)研究方法，应与之交替使用。他的方法，首先是到具体社会关系的背后，去寻找出只能通过对抽象模式作有演绎作用的构造才能得到的“无意识”基础结构。信仰和习俗是在人们产生内在感情之前作为外在的规范而给出的，这些规范取决于具有恒久性的“结构”，这样的共时性从某种程度上说就成了不变化的历史性的表现。列维-斯特劳斯不是要废除历史，而是把历史引起的变化归结为历时性结构。①

列维-斯特劳斯把各种文化看作系统，然后刻意分析诸成分之间的结构关系。例如亲属关系，他注意到两对对立面——兄弟与姊妹同丈夫与妻子之间的对立，和父亲与儿子同舅舅与外甥之间的对立，分析了亲属结构是以通过婚姻的女性交换体系为基础的。他把婚姻规定和亲属制度看作一种语言，即看作在个人之间和集团之间进行某种交流而设计的交流方案，这里的信息由在氏族、家族或家庭之间循环的女人集团构成。

在神话分析中，他把神话也分成最小单位——神话素，然后研究每一神话内和所有神话系列间神话素的相互关系，分析出隐喻的含义。例如，在关于宙斯的神话中，宙斯母亲把一块男性生殖器状的石头送到克洛诺斯口中，于是克洛诺斯吐出了这块石头和他以前所吞噬的孩子。在实际情况中，男女同居，孩子从母体中生下来，而在神话中，女性却把男性生殖器像食物一样送入男性嘴中，然后再由男性呕吐生出孩子。这大概就是原始人想象的育儿形式。但在列维-斯特劳斯看来，这证明了一条很普遍的原理——在神话的语言方式中，呕吐是性交修正过的和相反的话，排粪是疏通耳朵修正过的和相反的话。他相信，神话显示人们心理内部结构的普遍性，因为来自不同文化、不同时期的庞杂而丰富的神话呈现着相同的主题和结构。他设想，种类繁多、大量重复的兄妹、母子乱伦，弑父母兄弟等等故事的公开意识中，必定隐藏着另一种非意识的东西，即代码的启示。他把这种象征主义同煮食方式、制造火的方法、季节变化、青年妇女月经期、少妇与老处女的饮食及其他上帝知道的东西联系起来。在分析图腾、神话和原始思维时，要把“隐喻”和“转喻”区分开来。隐喻(系统、范例)在于对类似的认识，转喻(单位语符列)在于对邻近的认识。图腾，以鸟、鱼、兽，甚或类似人的生物社会

① 参见[瑞士]皮亚杰:《结构主义》，倪连生、王琳译，商务印书馆1984年版，第75页。

之类的种种方式去描述这一世界，使用的是隐喻的方式。另一种象征表示法，即在神话中，我们根据系统中的要素(语言、代码)组成特定的单位语符列的情况，就能通过仅仅是部分的说明并认识整体，这就是转喻的方式。隐喻和转喻不只是对立的，两者常可结合。

列维-斯特劳斯建构了一系列的结构三角。例如三种主要煮食方式组成一“烹饪三角”，三角的各角是生食(烤)、烧熟的食物(熏)、变烂的食物(煮)，两个对立面是常态与变态、文化与自然。就手段来说，烤与熏是自然过程，煮是文化过程，需要水和容器，即用文化物质作中介物。从结果来说，熏食是属于文化性的，而烤食和煮食却是属于自然性的。文化与自然对立的轴心就是隐喻，而常态与变态对立的轴心就是转喻。类似三角结构的逻辑架构，是列维-斯特劳斯分析图腾制度与神话的基本模式。① 总之，他把习俗和文化的每个方面都看作一个封闭的体系，力图到处发现自己逻辑的规律性。重复最多的规律就是“二元对峙”，如上与下、天与地、男与女、饥与饱、生食与熟食等。自然与文化、动物性与人性、常态与变态的总对峙，也就表现在食物、音乐、婚姻习俗、神话等种种对立之中。心理结构显示在二律背反的概念中，一对代表调整现实和掌握现实的心理斗争的对立意识中。

通过以上分析，我们不难看出，列维-斯特劳斯方法论的核心是把握隐藏在各制度、各习俗下面的无意识的心理结构方式，然后寻找出一个可通用于各制度、各习俗的诠释的模式。其基本预设是，心的无意识的活动在于把形式加诸内容之上。无论是在原始人还是在文化人心中，这些形式基本上是一样的。这里就有一个难以克服的矛盾，超越“意识活动”、“逻辑活动”的“无意识的结构方式”仍被假定为线性逻辑的正负二元的思维活动程序。很显然，无意识的结构活动与理性主义的分析方法正相冲突。其方法论自身的内在矛盾决定了这种方法的局限性，它只能解释某些现象。然而，列维-斯特劳斯却不分时空地把这种近乎文字游戏的三角架构套在一切文化现象的分析上。结构主义扭转了一向重实地考查、轻理论分析的传统的西方人类学、民族学，以新的理论架构和深的理论分析揭示出一些文化现象的内在结构，特别是人的潜意识结构。但它不可能全面正确解释人类历史文化的许多内容和过程。20世纪70年代中期以后，结构主义便不再时髦了。

解构主义或后结构主义是从结构主义内部分化出来的。福科(1926—

① 以上参见[英]埃德蒙·利奇：《列维-斯特劳斯》，王庆仁译，生活·读书·新知三联书店1985年版，第31～33页。

1984)、德里达(1930—2004)等人批评结构主义关于语言和言语的二元论；批评西欧理性主义的传统，主张恢复被结构主义所忽略了的非理性事物和伦理性事物；批评结构主义忽略了欲望着、实践着的社会主体，主张在新的基础上恢复主观性、历史性、实践性。“解构主义批评”的目的，是要打破把小说或诗歌或神话等看成一个具有明确意义的封闭实体的观点，而把作品看成具有多元的意义，永不可能最终固定在一个中心、一种本质或意义上。也就是抓住作品中某个明显无关宏旨的东西——一个注解、一个反复出现的次要术语或形象、一个随便写出的隐喻，精心加以琢磨，以至于它大有可能瓦解那些使文本成为一个整体的对立物。即是说，必须将封闭的结构变为开放的结构；必须重视特殊、差异、多样，反对对于事物的普遍结构的追求，消解总体性，驱除教条。解构主义当然有自身的毛病，但因其从“旧营垒中来”，“易致强敌于死命”，其对结构主义的批评，值得省视。

“芳林新叶催陈叶，流水前波让后波。”(刘禹锡诗)以上我们简略地扫描了一百多年的文化人类学史，这八大流派及其代表人物各领风骚数十年，为人类理解自身的发展史作出了各自的贡献，同时又各有其局限性。这些学派和他们的理论、方法，是不能用同一价值尺度加以衡量和比较的。粗略地看起来，似乎有这样几条线索：

(1)早期进化学派揭示了人类文化发展的一般规律，然其普遍的单线进化观和忽视文化要素传播、把文化要素与文化整体割裂开来等弊端，遭到历史学派、传播学派、功能学派的批判。接着又有了新进化论对批判进化论的反批判，接着又有了文化生态学和文化唯物论充实新进化论，解说了文化进化的“一般进化”和“特殊进化”，强调了在一般情况下的“单线进化”和在特殊情况下的“多线进化”。早期进化学派注意不同文化中进化的并行现象，认识到了文化进化的多样性及不同层次的文化在社会整合中形成的特殊社会形态的多线进化的复杂性。

(2)社会学派率先提出社会结构、社会体系的问题；功能学派则从对进化学派的批判出发，主张有机地把握人类社会文化生活的整体，在完整的文化背景中考察文化现象及其相互关系，并以动态的功能分析方法研究文化事实的价值和意义。但是，功能学派忽视了特定的客观的社会结构与文化功能的辩证关系，很难正确地抽绎出文化发展规律和如实地说明文化的复杂样态，于是就有了结构—功能学派。它的进一步发展，就不是笼统地讲整个社会结构，而是深入细微的神话、图腾、亲属关系等一个部分、一个文化事实的内在结构。于是，结构主义代之而起，接着又出现了反结构主义思潮。

(3)与进化学派、传播学派的以西方文化作为唯一参照，杜撰、重建人类文化史不同，历史学派以实证的方法、具体地研究各部落、民族的历史，并且打破了欧洲中心论，提出了文化相对主义；但是，与之同时的功能学派和后起的结构主义学派却又相对地轻视了历史主义和历史性研究，最后走上了纯结构模式的研究道路。

(4)从早期进化学派开始，各个学派都程度不同地重视心理学方法对于研究人类文化史的意义，而精神分析学派及文化与人格学派则把这种研究推向了巅峰，这种纯主观的方法为持文化客观主义的新进化论、文化生态学和文化唯物论所批判，更为马克思主义和西方各种马克思主义学派的文化人类学家所批判。批判其局限性，不等于抹杀其合理性，心理分析仍为后来的各种人类学流派批判地加以运用。

从单线进化——反进化——多线进化；从结构——功能——结构——解构；从非历史——历史——非历史；从主观——客观——主观。一次一次地否定，所有各派作为全体的诸环节都肯定地保存下来。我们知道，一个学派是难以穷尽人类文化进程的全部真理的，一个学派的理论和方法总有其长处和短处、贡献和局限，而且长短见蔽集于一身，难分难解。

以上相互驳难又相互吸收、渗透的诸流派，进化的或反进化的，历史的或反历史的，理性的或非理性的，功能的或结构的，分疏的或整合的，主观的或客观的，一元的或多元的，都从侧面反映了部分真理，都有一定的地位、真实的意义和价值，可以共存于文化学研究领域。他们都是从不同问题的预设和认识出发，不能简单地说旧的学派被新的学派所推翻或代替。学派的多样化，理论和方法的多样化，说明了研究对象内容和结构的复杂。随着时代的推移，问题的设立和认识也在发生变化。第二次世界大战以后，文化人类学中单一理论或学派独霸天下的局面已不复存在。20 世纪 70 年代以后，随着研究区域和研究课题的专门化，随着人类学日益走向复杂的现实社会，乡村人类学和都市人类学的兴起及应用人类学日趋发展，理论和方法更加多样。

我们以马克思主义的立场、观点、方法，有分析地、批判地吸取近现代西方文化人类学的诸成果，既不盲从、拜倒，又不简单化地摈弃。以上文化理论都有一偏之见，可以参鉴。这些都需要具体分析，方能消化、扬弃。

第三章　世界文化的多样性

世界文化和中国文化是一源发生、单元辐射，还是多源发生、多向发展？文化的共时存在状态是多元并立还是一枝独秀？如何理解文化发展中特别是社会主义初级阶段文化建设的统一与杂多的关系？现代文化中精英文化与大众文化、科技文化与人文文化有一些什么矛盾，如何调节？如何保持文化生态的平衡？诸如此类的问题，都关涉到多样统一的文化观的建树。所谓多样统一的文化观，重点在于肯定不同民族文化的独特价值和特殊道路。本章将环绕这一中心而展开。

一、文化的多源发生与多向发展

1. 世界文化海洋的众多源头

前面我们曾经介绍过，文化人类学中的传播学派否定相同的发明会在两地同时发生，否定人类的创造能力，其中的泛埃及学派甚至认为埃及是世界文化的唯一源头。在中国文化的起源上，西欧有的学者持所谓“中国文化西来说”，认为中国文化不是独立进化发展的，而是从近东两河(幼发拉底河和底格里斯河)流域传播过来的；国内不少学者又持中国文化是黄河中游文化向四周扩散的观点。

与上述论点相反，笔者认为，世界和中国文化的发生和发展，决不是单源和单向的。

生活在1500万年至1000万年前的古代猿类——森林古猿和腊玛古猿的化石，在非洲、欧洲南部和我国云南等地，都有发现。生活在500万年到

200万年前的“正在形成中的人”——南方古猿的化石，在非洲东部、南部和我国广西等地，都有发现。原始人类——生活在300万~200万年前到30万~20万年前的直立人，史前旧石器时代人类活动的遗址，在非洲坦桑尼亚、肯尼亚、埃塞俄比亚，印尼的爪哇，我国的蓝田、元谋、和县、北京，以及印度，德国的海德堡等地，续有发现。生活在30万~20万年前到5万年前的早期智人，有德国的尼安德特人、南非的罗得西亚人、巴勒斯坦的卡麦尔人和我国山西丁村人、广东马坝人、湖北长阳人等。距今两万年前的旧石器时代晚期的文化遗址，至少有北京周口店的山顶洞人和法国的克鲁麦昂人。山顶洞人以渔猎为生，能制造石器和骨器，已懂得钻孔和染色，并以骨针缝制衣服。他们已有了家庭的组织，懂得安葬死者。克鲁麦昂人穴居的山洞里，留下了许多图画和雕刻，以颜料描绘的野牛、赤鹿、巨象等动物壁画，栩栩如生。这个时期的晚期智人遍布亚、非、欧、美各洲，其体质特征和现代人已经没有什么区别。世界各地逐渐适应居住地区的特点而形成不同的人种——蒙古人种、澳大利亚人种、欧罗巴人种等。

距今10000年到5000~4000年前的新石器时代，人类的文化已相当繁荣。人类生活由畜牧进入农耕，食物由动物转向植物，制器除精细石器外，尚有骨器、贝器、陶器、铜器。著名的新石器时代遗址有丹麦的贝冢，瑞士及英、德、法、意的湖上村落，我国的彩陶文化与黑陶文化等。

考古新发现告诉我们，人类的发祥地和史前文化遗迹，遍及全球。人类进入文明时代(即有文字的历史时代)的初始，全世界最古老的独立发展的文明有六大文明：“英国剑桥大学丹尼尔教授在1968年曾认为全世界最古老的独立发展的文明是六大文明：埃及、两河流域、印度、中国、墨西哥(包括奥尔密克文化和玛雅文化)和秘鲁。前二者是有互相影响的关系，这有考古学的资料为证。印度河流域和两河流域二者之间的关系也是如此。荷兰著名考古学家法兰克福在20世纪50年代初便指出全世界范围内独立发展的文明可能只有三个：近东(埃及、两河流域)，中国和中、南美(墨西哥、秘鲁)。”①“文明”的一般标志是文字的发明和利用，金属的冶炼，氏族制度的解体并代之以政治组织的国家，作为政治(宫殿和官署)、经济(手工业外，又有商业)、文化(包括宗教)活动的中心的城市的出现。上古时代出现的这六大文化或文明，又各有其特点：

西亚文化——发生在波斯湾和地中海之间，以两河流域为文化源头。此时已是农业社会，并有了早期工商业，有了青铜器和铁器，部落和城邦组织

① 夏鼐：《中国文明的起源》，文物出版社1985年版，第81页。

进化到帝国组织。苏美尔人发明了图形文字——“楔形文字”，以芦秆、木或骨棒在湿泥版上压刻。这种文字为巴比伦、亚述、波斯人所采用。天文历法和数学有了相当的成就。建筑和造型艺术方面有了拱门、圆顶、塔楼、柱廊、彩色玻璃砖镶嵌的异兽浮雕等。苏美尔、巴比伦和亚述时代产生的神话、史诗、传说故事，成为基督教文化和欧洲文化的远源。希伯来人创立了犹太教，崇奉“耶和华”神，为以后罗马帝国时代兴起的基督教所继承。波斯人创立了琐罗亚斯德教(即袄教、拜火教)。

埃及文化——发生在尼罗河流域。金属冶炼技术、织布机具、农具有了提高和改进；与两河流域、红海南岸、希腊和爱琴海各岛有商业贸易往来并发动大规模的侵略战争，发明了象形文字，后有24个标音字母，为日后腓尼基人发明字母文字作了铺垫；其历法为人类最早的太阳历，几何学和医学发达；建筑艺术特点是雄伟巨大，以金字塔和神庙为代表；箴言、诗歌、冒险故事和神话影响了后来的希伯来文学和古希腊文学；埃及人崇拜太阳神和尼罗河神，相信人死后还有来世，灵魂能复活，并发明了尸体不腐的“木乃伊”。

印度文化——发生在恒河和印度河流域。农业已很发达，主要种植大小麦和棉花，有冶金、纺棉、织布、制陶、雕刻等手工业。公元前2500年印度河流域哈拉帕文化的城市遗址分布广泛。在公元前1500年左右，属印欧语系的一些部落(雅利安人)从中亚侵入印度，征服土著，建立许多王国。雅利安人为维护其统治，实行种姓制度，分人民为祭司、贵族、平民、奴隶四等，互不通婚。雅利安人信奉婆罗门教，主张因果报应和灵魂轮回。公元前6世纪，释迦牟尼看到人生难免生、老、病、死四种痛苦，创立佛教，主张人人平等。佛教哲学中的唯识论和因明学，对认识论和逻辑学贡献颇多。古代印度文化非常复杂，南北印度不同，北印度的印度河流域与恒河流域不同，除婆罗门文化(佛教)和沙门文化外，还有被其掩盖的世俗文化。

中国文化——发生在黄河和长江流域。具有相当发达的农耕文化，在黄河流域是粟和稗，在长江流域是水稻耕作，与西亚的麦作农耕有本质的区别。有相当发达的冶铸青铜的技术，商代铸造青铜器是用的复合范，而不是如西方各文明采用的失蜡法。有相当规模的城市。使用马驾的车子(比其他文明都早)。宫室建筑和铜器、玉器、陶器纹饰、雕刻非常精美，具有独特的风格。长江下游发明原始瓷器。发明甲骨文，在殷商时已有具备象形、象意(包括象事)和象声功能的文字。古中国人敬天畏祖，尤以祖宗崇拜为突出的心理特征。有独特的天文、数学、医学知识，有记史的传统。此后各时代的中国文化各有其特点，但中国文化的共性特点却源远流长、历久不衰。

墨西哥文化——发生在从墨西哥到中美危地马拉、洪都拉斯等太平洋沿岸和墨西哥湾南部。公元前3000—前2000年，从这里直至南美安第斯山中部高原，出现了原始农业，并在公元前1000年开始有灌溉系统。美洲印第安人的祖先从野生植物中培植出玉米、马铃薯、西红柿、烟草、可可等。玛雅族印第安人建立了一系列的城邦，在天文历法和数学上有很高成就，创制了既表音又表意的“意音文字”符号体系。庞大的建筑群、灿烂的壁画、精美的雕刻和工艺美术具有独特风格。但玛雅文化只有1000余年的历史，很快夭亡了。在墨西哥湾南部还出现了奥尔密克文化，建筑上有印第安人独立创造的金字塔形状的庙坛。

秘鲁文化——秘鲁、玻利维亚等地是世界最古老的农业文明摇篮之一。人们驯养骆马、羊驼，种植玉米、马铃薯，修建巨大的灌溉系统，制作精美的青铜器、金银制品和陶器，留下许多宏伟的石垒遗址。秘鲁古文化没有文字，仅有结绳记事，这是一个例外。因为一般说来，文明的标志以文字为最重要。

以上是距今7000年至2000年前世界上早期独立的文化系统的大致情况。尽管埃及文化与西亚文化之间，西亚文化与印度文化之间有相互影响，但尼罗河、两河、印度河流域的文字、文学、宗教、建筑、造型艺术、青铜器、织布机、天文、数学、奴隶制帝国制度等，基本上是不相同的。尽管各个地区文明的创造有先有后、有大有小，但文明的创造却是居住在不同地区具有共同文化特征的人们普遍进行着的一种根本活动。世界文化的多源说明了不同地域、不同种族人们独立的文化创造能力。

2. 中华文化发祥的星火点点

关于中国文化的起源，西方很多学者提出过“中国文化西来说”，如认为中国人是从埃及殖民过来的，如将汉字和楔形文字相比较，认为中国文明和巴比伦文明有亲缘关系，等等。1921年，在我国河南渑池仰韶村发现了新石器晚期遗址，出土文物有石器、骨器和陶器。彩陶表面红色，表里磨光，器表有几何纹、绳纹等各种彩绘，因此称彩陶文化。发掘者、瑞典考古学家安特生认为，这些彩陶和苏联中亚的安诺，以及南俄的特里波列等处的彩陶相类似，于是，似乎为“中国文化西来说”提供了证据。以后，仰韶文化遗址在辽宁沙锅屯和甘肃各地续有发现，安特生等把这种彩陶和希腊北部、伽里西里，乌克兰、特里波列、安诺遗址中出土的彩陶文化联系在一起，圈入欧洲新石器时代文化区。实际上，仰韶出土的石、陶器各有自己的特点。1954年在西安半坡发现了仰韶文化早期遗址，经过放射性碳素测定，它属于公元前4115±110年—公元前3635±105年，比安诺文化早，比特里波列文化早1000多年。

西方一些学者以埃及或其他地中海文明作为世界文明的正宗，把近代欧美文化说成地中海文明的直接继承，把中国文化当做埃及、希腊文化的延长，拟定的传播路线是从里海南部经由中亚到达陕西；中国文化通常被圈入希腊、南俄罗斯、中亚细亚文化圈中。这是西欧中心论的一元文化观的表现。①

古代两河流域，印度河谷文明和中国西部距离较近，相互之间通过许多中间民族有过来往。但从旧石器时代起，中国就有自己一脉相承的社会发展和文化发展的传统，不论是新石器时代晚期的彩陶文化，还是夏商时期的青铜文化，都有其独特的技术上和艺术上的特点。而从人骨化石的研究上看，旧石器时代已经形成了蒙古人种，这是同汉民族的祖先有联系的。著名考古学家夏鼐先生说："我们根据考古学上的证据，中国虽然并不是完全同外界隔离，但是中国文明还是在中国土地上土生土长的。中国文明有它的个性，它的特殊风格和特征。中国新石器时代主要文化中已具有一些带中国特色的文化因素。中国文明的形成过程是在这些因素的基础上发展的。"②总之，中国古文明的产生，主要是由于自身的原因，这并不排斥中国文化发展过程中受到一些外来因素的影响。

中国文化是独立的发展起来的，但中国文化与世界文化一样，是多源而非一源的。

过去我们常常认为，中华文化的发展是以华北黄河流域的中原文化为中心的。但近数十年的考古学研究发现，除了黄河中游外，古代中国有许多区域文化高度发达的中心，如黄河上游和下游、辽河流域、长江中下游、东南沿海、珠江流域、云贵高原等。这些文化发展的时间，跟中原文化差不多。中国考古学近几十年来的最大贡献，是逐步对中原文化一元中心、单源辐射理论作出修正。中华文明的年代，随着新石器时代遗址的不断发现，也不断前移。

有趣得很，五四以后，在胡适思想的影响下，顾颉刚先生等"古史辩派"有"层累的历史造成说"，认为中国古典记载的古史传说，时代越古，越不可靠，因为这些传说被后世不断附会、添加。钱穆先生则相反，提出了"层累的历史遗失说"。顾先生提出以考古学、民俗学的方法，确立科学的

① 沈福伟：《中西文化交流史》，上海人民出版社1985年版，第3~5页。

② 夏鼐：《中国文明的起源》，文物出版社1985年版，第100页。

史学观点是正确的。但考古发现以铁的事实，既批判了“泥古派”，又批判了“疑古派”。1959年，在大汶口文化(山东泰安)发现了我国最早的文字符号以后，我国著名考古学家唐兰先生说，中国有了6000多年的文明史，先秦儒家不仅没有增添和延长中国古史，反而把中国古史删掉了2000年。他认为孔子编《尚书》时，使古代流传的“五典”变成了“两典”(即只收入尧典和舜典)，把以前的文明史给抹杀了。

近几十年来，中国新石器文化遗址，发现了7000余处，散布在全国。从已经发掘的百多处来看，中国文化源头及其流传，似乎有这样一些线索。①

第一，黄河中游中原文化系统。20世纪70年代末发现河南北和河北南的磁山·裴李岗文化这一早期新石器文化遗址，比仰韶文化早，约在公元前6000年到前5700年，即距今近8000年。当时主要农作物是粟类，已知驯养猪、狗、鸡，陶器较为原始，住宅是半地穴式。就文化的内涵来说，作为仰韶文化早期代表的陕西半坡文化与磁山·裴李岗文化有承继关系，当然也有质的变化。半坡遗址以精美的彩陶著称于世，尤其是它的村落，对全面了解新石器时代的住宅结构和布局，制陶业和其他手工业的技术和组织、埋葬制度和墓地的位置、生产工具、经济生活和社会组织颇有帮助。仰韶文化农业经济比较发达，有粟、黍、蔬菜的种植，聚落范围从数万到数10万平方公尺。半坡出土的陶器上有30个近似文字的符号，彩陶的图案有多样变化，反映了当时人民的审美观念。这种彩绘美术在黄河中游到了庙底沟二期便衰落了，但在黄河上游的甘肃青海地区，彩陶作为一种美术更为发展了。所谓甘肃仰韶文化，包括马家窑文化和半山马厂文化，都有华丽图案的彩陶。

第二，黄淮下游山东文化系统。山东处于东南稻作文化系统和西北黄土地带粟作文化系统交融的临界地区。古史传说中有中原首领(部落联盟酋长)黄帝大战“东夷”首领蚩尤的故事，可见东西文化各有系统。过去只知道山东有龙山文化，以光亮的黑陶著称。龙山在历城，遗址鉴定为公元前2310年—前1810年。1959年发现大汶口墓地(泰安)，以另具一种风格的彩陶而著名。大汶口文化范围东到山东半岛，南到今江苏、安徽北部，年代比龙山文化为早，约距今5785年或6445年。20世纪六七十年代，又发掘滕县北辛庄和平度县东岳石。前者比大汶口文化更早，约公元前5300年—前4300年；后者却填补了龙山文化和商文化之间的空隙，约为公元前1900

① 以下三点材料，均见夏鼐：《中国文明的起源》，文物出版社1985年版，第4~7页。

年—前1500年。岳石文化已出现青铜小件器物，陶器上印压有云雷纹和变体夔纹。夏鼐、苏秉琦等先生认为，山东史前文化自有演化的序列，与中原地区的和长江下游地区的，各不相同。大体上说，黄河中游和下游是东西相对的两个文化圈：磁山·裴李岗——半坡——仰韶——周文化；北辛庄——大汶口——龙山——岳石——商文化。

第三，长江下游江南文化系统。长江流域的新石器时代考古，在中华人民共和国成立后有了很大发展，其中最重要的是浙江余姚河姆渡文化的发现。它的年代与北方黄河流域的仰韶文化早期(半坡)同时，或许稍早，距今7000年。当时这一代气候比较温暖潮湿，居住地点的周围环境是分布有大小湖沼的草原灌木地带。房子是木结构，主要农作物是水稻，家畜有狗、猪，可能还有水牛。石器有斧和锛。还有木质的、角质的柄及骨耜(犁铧，古文献有神农氏“断木为耜，揉木为耒”)。有漆器和象牙雕刻等艺术品。过去，考古学家认为南方的良渚文化(公元前3300年—前2250年，地处今江苏南、浙江北，太湖到钱塘江一带)是长江下游最早的新石器文化，并认为良渚文化是龙山文化向南传播的较晚的一个变种。实际上，这里是我国早期文化发展的另一个中心，有其发展过程。从河姆渡——马家浜——良渚，是另一独立的文化系统，与中原、山东文化不同。2007年，良渚考古再次震惊世界，发现了距今5000年的规模恢弘的古城，总面积达290万平方米，是我国同期最大、营建最考究、结构最完整的古城，已具有初期城市的特征。2013年在平湖庄桥坟遗址考古出土的器物中，有240余件器物上发现大量刻画符号。专家认为这是良渚早期文字的印记。这已不是单体刻画符号，而是可以成组连字成句的早期文字。考古学家张忠培、李伯谦、严文明等都认为，良渚文化遗址群是中华5000年文明史的最具规模和水平的地区之一的实证。

新石器时代，各种文化在中国大地上争妍竞秀，同时又相互渗透、交叉、影响，交织成一幅瑰丽的图景，为融会为后来独特的灿烂的中华文化打下了基础。

实际上，最近几十年考古新发现、新发掘证实，中华文化源头远不止以上三处。例如，在黄河上游甘肃秦安大地湾首次发现我国最早的近似殿堂式的房屋建筑，还有10余个直线或曲线的符号，有黍、油菜籽等，距今7000~5000年前，早于仰韶，有自己发生发展的渊源和相对独立的区系。在山东沿海海岛上也有早期新石器时代文化遗址的发现。在湖南澧县(地处洞庭流域)有18处新石器时代早期文化遗址，是目前长江中游发现最早的新石器遗址，其下限与从四川东部大溪到湖北枝江、江陵、郧县、房县一带距今6000~4000年的大溪、屈家岭(京山)、石家河(天门)文化遗存相衔接。这些遗存中的陶器以黑陶、灰陶为主，也有薄胎的彩陶；房子建在红烧土的土台上，很有特色；耕作水稻，有石斧、石镰等工具。此外，在辽东后洼和辽西牛河梁一带又有新发现。辽西发现了属于红山文化系统的、距今5000多年的大型祭坛、女神庙和积石冢群址。祭坛遗址内有象征“天圆地方”的圆形丘址和方形祭坛，建筑布局按南北轴线对称分布，主次有别，大小有等。其坛、庙、冢的布局规格，类似北京的天坛、太庙和明十三陵。整组建筑气势恢弘。这里还出土了母系氏族社会或生殖崇拜的象征物——大批陶质裸体塑像，其中不乏夸张女性乳部、阴部和孕妇腹部者，还有碧玉镶嵌眼球的彩塑女神头像等，工艺精致，颇有艺术价值。考古学者在北京东部平谷县的上宅和北埝头两处发现了距今7000~6000年的新石器时代文化遗址。著名教授侯仁之先生认为，上宅文化早于西安半坡文化，以其独特的文化内涵，表明东北和中原两大原始文化区内，有不同的原始文化共存，是一种代表北京东部地区泃河流域的独具特征的新石器时代文化类型。

考古学界长期持一个中心向外扩展、蔓延的观点，随着考古发掘的新材料出现，这些观点被怀疑、动摇了。文明的发祥不是一堆篝火，而是星火点点。我们介绍以上情况，无非是要说明文化的多源和多元。有的青年同志为贬斥、批评传统文化，说什么“中国文化从一开始就是一种一元文化”，这种说法是缺乏人类学、考古学和历史学的根据的。我们必须打破那种以埃及—地中海文明为世界文化正宗的文化观，打破那种以黄河中游中原文化为中华文化正源的文化观。

3. 中西文化生命的源头活水

社会文化发展不是单线、单向的。人类学家们认为，各地域、各民族文化的发展是平行的。各民族在世界各地发明畜牧、耕种、文字、天文、数学、制作陶器、冶炼金属、兴建庙宇、组成国家等，基本上是并行的。人类都有这样的创造能力。文化是在各民族内部自动发展起来的。通过民族迁徙、贸易、战争等交往，各民族文化之间，彼此碰撞，相互借鉴、渗透、融合，对各民族文化的发展产生了巨大作用。但是，从各民族文化自身的发生、存在和发展的现象和本质来看，各民族相对独立的创造是根本的，对他们的文化的形态、模式及其变迁或重构，起着主要的作用。

世界文化的多源发生，说明在对象化的活动中创造文化是人的类特性、类本质；各人种、种族和民族都具有相对独立的创造文化的能力。由于人们同具有人类的普遍通性，又具有不同的体质特征和心理特征；由于人们生活在生态环境大体相当的同一星球中，而直接面对的自然又是各不相同的地理环境；因此，人们创造的文化既有普同的一面，又有差异的一面。具有不同的体质和心理特征的各民族的祖先，在适应不同的自然环境的活动中，创造了不同的生活方式和语言，有着不同的生存体验，从而导致各民族的文化有着不同的童年时代、不同的发展路向和不同的个性特征。“振叶以寻根，观澜而溯源”，以下略作寻根溯源的考察。

就西方文化来说，人们考察其源头、童年时代和发展路向，不能不注意到古希腊人、古罗马人和希伯来人的生活经验在历代西方人的潜意识中的积淀。西方文化是比较晚出的。欧洲人的祖先在公元前2500年左右，开始步入文明时代。生活在希腊半岛、爱琴海诸岛、克里特岛、小亚细亚半岛西海岸的古代希腊人，面对海陆交错、山峦重叠的险恶环境，逐步产生了一种强烈的生存意识、开放意识、控制自然的理性精神和在初步的民主实践过程中习得的民主传统。航海和对外贸易，使地中海文明向古老的西亚文明和埃及文明开放，汲取精华，并形成开放式的经济生活；史诗、神话、悲喜剧、独具风格的建筑、展示肉体美的雕塑，反映了他们求生存的渴望和个体独立意识的确立；天文、气象、几何、数学的繁荣，是他们克服自然困扰，勇于认识外在自然秩序的结晶，而灿烂的希腊哲学则是对关于自然、社会和人类思维的科学的理性抽象，与力图建立公理化的演绎系统的尝试；具有发达的社会分工和商业经济的分散城邦的普遍契约关系和松散的联邦式的政治文明(如雅典的民主政治)为日后欧洲的政治生活提供了参照。西方文化从罗马继承了什么？尽管罗马帝国没有造就欧洲，却为它的产生准备了条件——造成了意大利、西班牙、葡萄牙和法国，使英格兰和近邻高卢结成秦晋之好，由于有了这样的基础，日后日耳曼人的入侵和穆斯林的进入才塑造了欧洲。如果说，希腊人的生活经验着重积累了对外在的自然秩序的追求，那么，罗马人的生活经验则着重积累了对外在的社会秩序的追求——建设普遍性的法律。西方法律制度，以法律作为自由的尺度、独立人格和公民权利的保障，正是植根于罗马文化的土壤之中的。原来生活在西亚、北非的希伯来人，后来的犹太人，其悲惨的、颠沛流离的生活经验，通过基督教的教义和宗教活动，给欧洲文化注入了灵魂和精髓。原罪意识、恐怖意识和克服自我、追求超越的上帝的信仰，成为西方人潜意识的又一重要成分。总之，希腊文化的人文和科学精神、罗马文化的政治和法律传统、希伯来文化的宗教意识是西方文化的源头活水。

西方文化发展史上除了三大源头外，还有四大高峰。丹纳在《艺术哲学》里曾指出：“欧洲文化的四大高峰：一个是古希腊与古罗马的时代；一个是封建与基督教的中古时代；一个是正规的贵族君主政体，就是17世纪；一个是受科学支配的工业化的民主政体，就是我们现在生存的时代。每个时代都有它特有的艺术或艺术品种，雕塑，建筑，戏剧，音乐；至少在这些高级艺术的每个部门内，每个时期有它一定的品种，成为与众不同的产物，非常丰富非常完全；而作品的一些主要特色都反映时代与民族的主要特色。让我们考察这些不同的领域，我们将要看到许多不同的花朵。”①

中国文化的源头、童年时代、高峰、发展路向则与西方文化不同。

中国的地理环境，是一完整的内陆，黄河、长江、辽河、珠江流域，多为适合耕种的平原或丘陵，古中国人虽然经历过治水(如传说中的大禹父子)斗争，但总起来说，其所面对的自然环境没有地中海地区那样险恶。与跨海泛洋的商业民族不同，以农耕生活为主的中华各族人民的主要生活经历，使他们不取与自然对立的态度，而以一种友善的适应、适度的变通，达到“天人合一”、“内外和谐”。以《诗》、《书》、《易》、《礼》、《乐》、《春秋》为代表的古典文化，积淀了夏、商、周原始氏族血缘关系，表现了中国古文明所重视的家族伦理和尊卑长幼的社会名分等级秩序与政治关系。以后所发展的儒家和道家文化都对人的生命和生活表现了终极关切，以人性为天赋，以性统理，注重体验。中国史上没有不可泯灭的民族界限，没有不相容忍的宗教战争。中国文化的高峰有百家争鸣的战国时代、气象博大的秦汉时代、繁花似锦的唐宋时代和人的觉醒的魏晋与明末。中国文化非常丰富、复杂，但就上层文化而言，确有不少文化精英特别重视道德理想主义的社会状态和人生境界，甚至把道德属性赋予自然界。

中西文化确有不同的个性特征，从它们的童年时代起，就开始有不同的侧重面和精神取向，如西方文化的外向性格、科学理性、契约关系、个体意识、罪感心理，中国文化的内倾性格、模糊直观、伦理关系、整体意识、乐感心态等，不一而足。我们无意笼统地归纳中西文化内在的特征和外在的形式上的差异，我们只想作出这样的提示：各民族童年时代的生活经历和生活方式是千奇百怪的，各民族文化的起源和走向是千姿百态的。

从动物到人，从野蛮到文明，有着不同的变化方式——突变或渐变等。人类从野蛮踏入文明门槛，一种是破裂式的——人类从他和他的动物朋友们分享的一个自然世界，迈入自己所创造的文化世界，用自己所创造的文字、艺术、建筑等等将他与动物分隔开来。文明是人类自己创造的环境，人类以

---

① ［法］丹纳：《艺术哲学》，收入傅雷译著：《傅雷全集》第十六卷，辽宁教育出版社2002年版，第57页。

这一环境与原始的自然环境隔离开来。人类进入文明还有另一种方式，即连续性的——人类与动物之间的连续、地与天之间的连续、文化与自然之间的连续。东西文明就是这两种方式、两种类型、两个路向的文明。中国古代的宇宙观是有机的、连续的、整体性的，而西方古代的宇宙观却恰恰相反。

哈佛大学人类学讲座教授张光直先生说："由于近年来考古工作所获致的新材料开始能使我们逐渐了解到文明、城市生活和社会的国家形态是如何在中国开始产生的，我们也同时开始意识到中国古史研究在社会科学一般法则上的重要意义。……在文明起源上若干西方的一般法则不适用于中国，同时在这方面中国提供它自己的一般规律——当然是彼此相关的。对中国、玛雅和苏美尔文明的一个初步的比较研究显示出来，中国的形态很可能是全世界向文明转进的主要形态，而西方的形态实在是个例外，因此社会科学里面自西方经验而来的一般法则不能有普遍的应用性。我将中国的形态叫做'连续性'的形态，而将西方的叫做'破裂性'的形态。""对于熟悉马克思、恩格斯、韦伯、柴尔德等关于社会进化和城市、国家兴起的各种理论的社会科学家来说，中国走向文明之路却好像是一种变型——常常称为'亚细亚式的'变型。"哈佛大学中国历史与哲学教授杜维明先生对此解释道："中国文明的起源所根据的典范和苏美尔文明以市场经济、城邦政治和科学技术为典范的文明起源不尽相同，而且站在比较研究的立场，中国早期文明重视宗教和政治权威的典范和美洲大陆(如玛雅文化)的古代文明却有相似之处。那么，苏美尔文明(西欧文化的远祖)所体现的典范是否属于人类文明发展史中的一种异军突起呢？换句话说，是否中国——玛雅所体现的典范才是人类文明发展史中的'常态'(这种常态可能也包括古埃及的典范)而苏美尔文明的典范才是需要详加解说的突变呢？……用苏美尔文明起源的典范来解释一切文明的起源即有以偏概全之失。如何探讨中国文明的起源便不能不同时照顾到其普遍性和特殊性。"①

总之，世界文化和中国文化的发生是多源的，发展是多向的。尽管中国文化是中华各民族文化不断整合，并与异质的阿拉伯文化、印度文化、西方文化不断整合的过程和结果；尽管世界文化正处在日益加速的整合过程中，但这并不意味着世界上几个大的文化系统会失去自己的个性。世界文化的多样性是人类发展不可或缺的宝贵资源，是人类走向未来的现实基础。从源头和路向上考察各民族文化的特殊性和世界文化的普遍性是十分有意义的。

---

① 张光直：《连续与破裂：一个文明起源新说的草稿》；杜维明：《从世界思潮的几个侧面看儒学研究的新动向》，均载《九州学刊》(香港)1986年第1卷第1期。

二、文化的多元并存与多样统一

1. 云蒸霞蔚　气象万千

从纵向考察，世界文化的源头和走向是多元的；从横向考察，世界文化和中国文化在每一时刻都是千姿百态的。人们习惯于把世界文化分为如下一些系统：包括中国、日本、朝鲜、越南及东南亚的中国文化系统（又称儒教文化系统，或汉字文化圈）；包括中近东、阿拉伯半岛、北非在内的阿拉伯文化系统（又称伊斯兰教文化系统）；包括欧洲各国、美洲、大洋洲的希腊罗马文化系统（又称基督教文化系统）；包括南亚一些国家的印度文化系统（或称印度教、佛教文化系统）等。这显然远远不足以概括世界文化的多元并存。北美与南美的差异，中南非与东北非的差异，西欧与东欧的差异，已进入现代化的日本与东亚其他国家的差异，我国藏、蒙、回、满、彝、苗等兄弟民族与汉族的差异，都是相当大的。汉族居住地区也是“千里不同风，百里不同俗”。

地域、民族文化传统不同，人群中阶级地位的差别，使得共时态的文化形态呈现百花齐放的景象。我们常常笼统地说西方文化、欧洲文化，其实，西方文化、欧洲文化也不是铁板一块。西方、欧洲各民族、各国家的自然生态环境、经济政治结构、文化习俗、民族心理、鉴赏情趣的差异颇大。法德毗邻，鸡犬相闻；英法相望，一衣带水。但是，英法德三国的文化风貌迥异。从政治文化上看，法英德三国资产阶级革命的方式、进程和结果都不一样。从哲学形态上看，近代英国哲学主流是经验主义的，以培根、霍布斯、洛克、贝克莱、休谟为代表；而欧洲大陆哲学主流却是理性主义的，以法国的笛卡儿、荷兰的斯宾诺莎、德国的莱布尼茨为代表。以后，德国兴起了从康德到黑格尔的思辨哲学。近两百年以来，德法进一步发展了人文型的、综合型的哲学，如生命哲学、现象学、存在主义等；而英美则发展了科学型的、分析型的哲学，如逻辑实证主义、分析哲学、科学哲学等。

就我国古文化而言，传统的看法是夏、商、周前后相承，据考古学家们研究，三代的文化是并行和相互联系的，当时华北和中原地区有一大批文明国家相互影响。“三代的相互关系不只是依次相承替，亦表现为该诸国同时并存。就整个北部中国的历史来说，同时并存应被看作为主要的关系，而三代的更迭则可以看作是三个国家相关权力变更的标志。”夏、商、周有着共同的文化，同时又有很多差异。如三代用于社祭的神树，夏为松，商为柏，周为栗树，但三者都采用神树这一同样的宗教仪式；三代统治者出身于不同的氏族，夏是姒姓，商是子姓，周是姬姓，但三者都以同姓氏族为其统治集团，并以城邑为统治机构。三者活动的范围，夏在中原(夏可能是中原土著)，商在东方(商可能是东北民族的燕亳和山戎之类)，周在西方(周可能是与戎和狄有亲缘关系的西北民族)。在夷夏之间的对立和冲突中，商是夷方的一支，与东方诸国结盟，在有夏一代保持了一定的政治地位。①

我们华夏古文化发展到春秋战国时期达到了第一个高峰。中华民族文化史上的这一辉煌年代的主要标志是诸子蜂起、百家异说兴盛，而百家争鸣的源头活水则是多元文化并立。繁荣的、多元的先秦文化是繁荣的、多元的先秦哲学的播篮。近人熊十力先生说："齐鲁毗邻而文化已不同，齐鲁与三晋又不同，楚之文化又特异北方诸国……自余小国，亦必各有异彩。"②熊十力的朋友蒙文通教授早在《古史甄微》中，就有了齐鲁、秦晋、荆楚三支文化之说。前几年，熊十力的学生任继愈教授说："春秋战国时期，华夏民族的活动范围，西从渭水流域，东至黄河下游，南到长江中下游流域，北到蓟辽，地域相当广阔。哲学上出现众多学派，呈现百家争鸣。这固然反映了不同阶级不同阶层的利益和要求，同时也与各家所在地区文化传统有关。当时有四个文化区，分别产生了四种文化类型，即：邹鲁文化、荆楚文化、三晋文化、燕齐文化。"③此外，应该说还有吴越文化区，稍后还有巴蜀文化区、秦陇文化区等。

邹鲁地区过去是商文化区，随着商周文化的互渗和周取代商，特别是平王东迁以后，周文化逐渐东移。乃至公元前 540 年，晋国韩宣子访问鲁国，看到周公子伯禽的这个封国保存了丰富的西周文物典籍，禁不住惊呼："周礼尽在鲁矣。"西周数百年文化积累形成的儒家经典和宗法礼乐制度，为鲁文化所保护和发展，使鲁国成为儒家文化的发源地。

三晋(韩赵魏)处于四战之地，地理上缺乏天然屏障和回旋余地。为在激烈斗争中求得生存与发展，这些国家对内注意改革、练兵、储粮，对外则随时权衡国际交往利弊，利用矛盾，争取外援。于是，三晋文化孕育了法家

① 参见张光直：《早商，夏和商的起源问题》，见田昌五：《华夏文明》第一集，北京大学出版社 1987 年版，第 408~424 页。

② 熊十力：《读经示要》，见《熊十力全集》第三卷，湖北教育出版社 2001 年版，第 744 页。

③ 任继愈：《中国哲学发展史》(先秦卷)，人民出版社 1983 年版，第 23 页。以下参考了该书《导言》。

吴起、商鞅、韩非，纵横家苏秦、张仪，名家公孙龙、惠施，并深刻影响了秦国。

燕与齐有区别。燕不是周之封国，早在武王灭商以前就存在了，地域约在今冀北辽西。长期活动在燕地的是北方各少数民族，燕文化是商、周与北方各民族文化的融合。据《汉书·地理志》记载，燕国都城蓟有一习俗，“宾客相过，以妇侍宿，嫁娶之夕，男女无别，反以为荣”。这是与华夏族长期交往的北方民族的习俗。齐国的周礼传统不如鲁国深固，而军功新贵势力又不如三晋强。在齐国稷下学宫产生了结合法治与礼治、杂糅儒、道、法家的管仲学派，其学传播至燕。燕齐后又盛行邹衍的阴阳五行学说。汉代董仲舒受到此说影响。

荆楚文化，别有独特风格。楚地以凤为图腾，以阴柔为美，与中原以龙为图腾，以阳刚为美迥异。儒家宗师孔子行至鲁、卫、齐之间，备受尊崇，至宋而畏矣，至陈、蔡而厄矣，及至楚则遭到佯狂不仕的隐士接舆的讽刺、丈人的揶揄、长沮桀溺的耻笑。楚国出了一大批文采风流的浪漫主义诗人——屈原、唐勒、景差、宋玉等，他们吸取楚国民间歌风，创造了世界文学史上叹为观止的文化高峰——楚辞。荆楚文化对世界文化史的又一巨大贡献是道家老庄哲学(庄子虽为宋人，但行踪多在楚境，深受《楚辞》和《老子》影响，其汪洋恣肆的风格和奇妙无穷的思辨，属楚文化类型)。荆楚士人蔑视人伦日用和扭曲了的社会政治生活，主张回到自然，追求飘逸、洒脱、超越和“天道自然无为”。荆楚哲人刻意探讨世界万物的构成、自然现象运动变化的奥秘、生命的起源、人与自然的关系等，这不仅在老庄哲学中，而且在屈原《天问》和黄缭与惠施的辩论中，都有反映。这一取向，与中原文化正好相反。

秦统一中国以后，从文化上来说，既有各民族、各地域的融合统一，又保持了各自的特点，并非铁板一块。

司马迁《史记·货殖列传》曾详细地记载了全国各地自然条件、物产、人口、风俗、人的性格等各方面的特点和差异。历代学者都曾注意到我国南北文化的不同。颜之推的《颜氏家训》详述南北朝时期南北风俗的区别，如婚嫁上南方的侧室，北方的重娶；治家上南方奢侈，北方俭节；称谓上南人称号，北人称名；情感上南人婉曲，北人豪爽。唐代李延寿在《北史·儒林传》里指出南北学风的异同：“南人约简，得其英华；北学深芜，穷其枝叶。考其始终，要其会归，其立身成名，殊方同致矣。”“江左宫商发越，贵于清绮，河朔词义贞刚，重乎气质。气质则理胜其词，清绮则文过其意。理深者便于时用，文华者宜于咏歌。此其南北词人，得失之大较也。”

随着文化中心的南移，昔日的南夷，逐渐变成“文教之薮”，“学术节义，事功文章，皆出荆扬之产”(王夫之语)；“声名文物，反以东南为盛”(顾炎武语)。但南北风习仍有差别，如顾炎武在《日知录》里说：“江南之士，轻薄奢淫，梁陈诸帝之遗风也；河北之人，斗狠劫杀，安史诸凶之余化也。”“饱食终日，无所用心，难矣哉，今日北方之学者是也。群居终日，言不及义，好行小惠，难矣哉；今日南方之学者是也。”

近人梁启超先生对古今南北文化的发展和差异，颇有研究。

关于哲学，他说：“孔老分雄南北，而起于其间者，有墨子焉。墨亦北派也，顾北而稍近于南。墨子生于宋，宋南北要冲也，故其学于南北各有所采，而自成一家之言。其务实际，贵力行也，实原本于北派之真精神，而其刻苦也过之。但其多言天鬼，颇及他界，肇创论法，渐阐哲理，力主兼爱，首倡平等，盖亦被南学之影响焉。”①梁氏认为在经学方面，两汉以后也有南北的分别，如六朝时，北人最喜治三礼(《仪礼》、《周礼》、《礼记》)，南人却喜治《周易》，常以《周易》、《老子》并称。

关于佛学因地域文化传统的不同而产生的差异，他说：“隋唐之际，宗风极盛，天台、法相、华严三宗，皆起于北；陈义闳深，说法博辩，而修证之法，一务实践，疏释之书，动辄汗牛，其学说与北朝经生颇相近似。惟禅宗独起于南，号称教外别传，达摩入中国首为梁武所皈依。黄梅大鉴，开山吴越，专凭悟证，不依文字，盖与老庄陆王，颇符契焉。”②

关于词章的地域特征，他说：“燕赵多慷慨悲歌之士，吴楚多放诞纤丽之文，自古然也。自唐以前，于诗于文于赋，皆南北各为家数。长城饮马，河梁携手，北人之气概也；江南草长，洞庭始波，南人之情怀也。散文之长江大河，一泻千里者，北人为优；骈文之镂云刻月，善移我情者，南人为优。盖文章根于性灵，其受四围社会之影响特甚焉。”③

关于书法、绘画、音乐因南北地理的不同，他说：“书派之分南北尤显，北以碑著，南以帖名。南帖为圆笔之宗，北碑为方笔之祖。遒健雄浑，峻峭方整，北派之所长也。……秀逸摇曳，含蓄潇洒，南派之所长也。……画学亦然，北派擅工笔，南派擅写意……音乐亦然，《通典》云：‘祖孝孙以梁陈旧乐，杂用吴楚之音，周隋旧乐，多涉胡戎之技，于是斟酌南北，考以古音，而作大唐雅乐，直至今日。’而西梆子腔，与南昆曲，一则悲壮，一

① 梁启超：《饮冰室合集·文集之七》，中华书局1989年版，第19页。
② 梁启超：《饮冰室合集·文集之十》，中华书局1989年版，第86页。
③ 梁启超：《饮冰室合集·文集之十》，中华书局1989年版，第86页。

则靡曼，犹截然南北两流。”①

梁任公的这些宏论，不乏可以商酌之处，但至少能够说明，统一的中国文化包含着许许多多极有地方特色的语言、风俗、人情，并且在思想、文学、艺术领域反映出来。民族的、地域的文化大放异彩，使得统一的世界文化、中国文化气象万千。多元文化并立的局面不仅仅存在于交通、信息不发达的古代，即使到了全球变得“太小”的今天，越是民族的，越有地方色彩的文化，越具有世界的价值和意义。多元文化的并立不仅仅是民族、地方文化传统所致，同时也是不同层次(不同阶级或阶层、不同文化教养)的人的文化需求所致。无论世界文化如何整合、交融，种族、民族、地域文化的特殊性是抹不掉的；而且只要是人类，人们的生活方式和文化需要总是千差万别的。因此，文化永远是多元并存、多种多样的。文化的多元并存是人类创造活力的表现。

2. 殊途同归　一致百虑

世界文化是由不同的文化系统构成的，每一文化系统又是由不同的文化成分构成的。人类文化的发展似乎经过了这样一个过程：由许多地域发生，逐渐形成许多小的地区文明，继续交流融会，慢慢整合成一些大的地区的文明。现在，全人类共同的世界文化正在形成之中，有一些生产方式、生活方式、行为方式、交往方式、思维方式、价值取向渐渐为大多数民族认同、接受，并结合各民族的传统扎下根来。各民族文化之间，共性的、统一的东西渐渐增多。

前面我们从文化本质论的角度审视人的社会存在的丰富性、多样性，从文化发生学的角度审视人类文明起源的多样性，从文化发展观的角度审视人类文明历时态发展走向和道路的多样性，从文化存在论和生态学的角度审视人类文明共时态存在的多样性。现在我们再从多源、多向、多元上升到文化的多样性与统一性的理论问题。

马克思主义重视世界历史文化发展过程的统一性，同时又重视其具体表现形态的多样性。马克思和恩格斯认为，世界历史文化的发展，在不同的国家和民族，具有不同的色彩和特点。马克思在《资本论》中论述资本的原始积累时，认为这种对农民的土地的“剥夺的历史在不同的国家带有不同的色彩，按不同的顺序、在不同的历史时代通过不同的阶段”②。以这种多维的

① 梁启超：《饮冰室合集·文集之十》，中华书局1989年版，第86页。

② 《马克思恩格斯全集》第23卷，人民出版社1972年版，第784页。

而不是单向度的历史视野省察人类社会和人类文化的发展，是历史唯物主义最起码的要求。马克思说，《资本论》关于原始积累“这一运动的‘历史必然性’明确地限于西欧各国”；某些人“一定要把我关于西欧资本主义起源的历史概述彻底变成一般发展道路的历史哲学理论，一切民族，不管他们所处的历史环境如何，都注定要走这条道路……这样做，会给我过多的荣誉，同时也会给我过多的侮辱”①。可见，马克思反对以西欧历史文化发展进程掩蔽各民族发展道路的多样性、丰富性。

文化史上重复的情况是不多的，对人类文化的考察比对自然的考察要复杂得多。恩格斯说：“在按历史顺序和现在的结果来研究人的生活条件、社会关系、法律形式和国家形式以及它们的哲学、宗教、艺术等等这些观念的上层建筑的历史科学中，永恒真理的情况还更糟。……在社会的历史上，自从我们脱离人类的原始状态即所谓石器时代以来，情况的重复是例外而不是通例，即使在某个地方发生这样的重复，也绝不是在完全同样的状况下发生的。在一切文明民族那里，原始的土地公有制的出现和这种所有制崩溃的形式就是如此。因此，我们在人类历史领域中的科学比在生物学领域中的科学还要落后得多；不仅如此，如果一旦例外地能够认识到某一时代的社会存在形式和政治存在形式的内在联系，那末这照例是发生在这些形式已经半衰退和濒于瓦解的时候。因此，在这里认识在本质上是相对的，因为它只限于了解一定的社会形式和国家形式的联系和后果，这些形式只存在于一定的时代和一定的民族中，而且按其本性来说都是暂时的。”②这里强调的是文化发展的非重复性、暂时性、偶然性和多样性，由此即可合逻辑地提出多样统一的文化观的要求，即按照实际的文化历史发展的本来面貌，来考察和解释各地区、各民族的历史文化的发生、发展与存在的特殊规律。

俄国学者柯瓦列夫斯基曾经把亚、非、美洲各古老民族的社会文化发展与欧洲作机械的比较，认为这些地区的公社土地所有制在不同程度上都经历了与西欧一样的封建化过程。马克思晚年在《马·柯瓦列夫斯基〈公社土地占有制，其解体的原因、进程和结果〉一书摘要》中反对上述看法，提出了东西方文化发展的不同道路的问题，并在《路易斯·亨·摩尔根〈古代社会〉一书摘要》中，提出“不同的部落和族系的发展道路”的问题。在《菲尔〈印度和锡兰的雅利安人村社〉一书摘要》中，马克思严厉批评菲尔把印度农村村社的结构叫做封建的结构。马克思否定印度这样一些国家在被西欧资本主义

① 《马克思恩格斯全集》第19卷，人民出版社1963年版，第268、130页。

② 《马克思恩格斯选集》第3卷，人民出版社1972年版，第128~129页。

列强统治之前的土地制度的变化是“封建化”。马克思晚年具体地、历史地研究了非西欧国家的前资本主义社会形态的问题，丝毫没有后来被斯大林等总结的所谓五种生产方式直线递进的发展模式。在马克思看来，古代日耳曼人的农村公社在罗马帝国的废墟上蜕变出西欧的封建制度，但这并不是世界历史发展的固定模式。他在给查苏利奇的信中，认为亚非国家农村公社的命运取决于它所处的具体的历史环境，例如俄国的农村公社，既可能被资本主义瓦解，也可能在一定历史条件下获得新生。

20世纪50年代，根据东方社会(主要是印度)土地公有制的有关资料，马克思提出了“亚细亚生产方式”的概念，并且指出：“大体说来，亚细亚的、古代的、封建的和现代资产阶级的生产方式可以看做是社会经济形态演进的几个时代。”①马克思晚年通过对大量的人类学、民族学资料的研读，对原始社会的文化现象有了进一步了解，知道与印度古代公社土地所有制并行的还有土地私有制等多种形式，认识到“把所有的原始公社混为一谈是错误的”，“并不是所有的原始公社都是按着同一形式建立起来的。相反，它们有好多种社会结构，这些结构的类型、存在时间的长短彼此都不相同，标志着依次进化的各个阶段”②，从而修正了以亚细亚生产方式概括原始生产方式的说法。

马克思晚年把兴趣转向研究东方社会和东方文化的特殊发展道路问题，并从世界文化的全景上，思考了文化发展的多样统一的辩证法。他批评“英属印度的官员们，以及以他们为依据的国际法学家亨·梅恩爵士之流，都把旁遮普公社所有制的衰落仅仅说成是经济进步的结果”，马克思指出，这实际上是英国人入侵印度以后“主动”造成的。他摘录柯瓦列夫斯基著作中的话：“印度人由于接触欧洲文化，奢侈之风便发展了起来。他们往往耗费自己收入的一半，来举办婚礼等等；他们为此举债，付出高利贷的利息。”他还指出，“在一切实行非资本主义生产并以农业为主的国家里，都可以看到高利贷的发展”③。在马克思晚年笔记里似乎透露了这样的信息，即马克思关于人类社会发展不能仅仅用经济发展来加以说明，人类社会发展规律不能简单地归纳成一个单元或单线模式的思考，是从社会文化的主体——人的积极主动的文化创造活动出发的。不同民族、各不同层次的人的文化创造活动是多样的。

① 《马克思恩格斯选集》第2卷，人民出版社1972年版，第83页。

② 《马克思恩格斯全集》第19卷，人民出版社1963年版，第432、448页。

③ 《马克思恩格斯全集》第45卷，人民出版社1985年版，第300页。

另一方面，从地域文化、民族文化走向世界文化，又是一必然的趋势。物质生产和精神生产的普遍发展，使得任何一个民族、任何一个人，都不同程度地成为世界的人，与全世界发生这样那样的联系。马克思与恩格斯在《德意志意识形态》里说："各个相互影响的活动范围在这个发展进程中愈来愈扩大，各民族的原始闭关自守状态则由于日益完善的生产方式、交往以及因此自发地发展起来的各民族之间的分工而消灭得愈来愈彻底，历史也就在愈来愈大的程度上成为全世界的历史。例如，如果在英国发明了一种机器，它夺走了印度和中国的无数的工人的饭碗，并引起这些国家的整个生存形式的改变，那末，这个发明便成为一个世界历史性的事实。"①民族文化走向世界文化有许多条道路。世界文化也不是一元的文化，相反，世界文化涵盖了各民族的多元文化。这正所谓"道并行而不相悖，并育而不相害"；"天下一致而百虑，同归而殊途"；"百川异源，而皆归于海"。

世界文化或中国文化愈是走向统一，便愈是走向多元。这是文化发展的辩证法。统一总是多样的统一，我国古人似乎很懂得这一点。据《国语·郑语》记载，西周末年的史伯就提出过"和实生物，同则不继"的原则，认为"声一无听，物一无文，味一无果，物一不讲"，意即声音单调不好听，颜色单一无文彩，一种味道就没有滋味，一种东西就无从比较优劣。据《左传·昭公二十年》记载，齐国大夫晏婴也主张"和"(诸差异、诸杂多、诸对立因素的统一)而反对"同"(简单的同一)。他说，"和"好像是做汤羹，加上鱼、肉、佐料，精心烹调，各种味道调和，非常可口。"若以水济水，谁能食之?"音乐讲究的是"清浊、大小、短长、疾徐、哀乐、刚柔，迟速、高下、出入、周疏"诸声音的"相济"和谐："若琴瑟之专壹，谁能听之?"汉代班固作《汉书·艺文志》，指出先秦哲学正是在不同思想的辩论、斗争和融合过程中得到发展的："九家之术蜂出并作，各引一端，崇其所善……其言虽殊，辟犹水火，相灭亦相生也……相反而皆相成也。"明末清初黄宗羲编写《明儒学案》的宗旨就是"是非互见，得失两存"。"此编所列有一偏之见，有相反之论，学者于其不同处正宜着眼理会，所谓一本而万殊也。以水济水，岂是学问?"

我们一度抛弃了辩证法的活的灵魂，致使文化繁荣变成文化贫困，百家争鸣变成万马齐喑，改革开放以后，我国文化全面复兴，走向多样。目前，我国正处在社会主义初级阶段，研究初级阶段文化的多样性与统一性的关系问题是十分必要的。

---

① 《马克思恩格斯选集》第1卷，人民出版社1972年版，第51页。

社会主义初级阶段文化的统一性，即是指人们丰富多样的物质生活、社会生活、精神生活有一个统一的基础，那就是建设一个强大的、现代化的、繁荣昌盛的、人民当家做主的社会主义国家。

社会主义初级阶段文化的多样性，首先表现在经济成分的多样性。目前正在进行的经济体制改革和建立有计划的商品生产新秩序的现代化工程，在公有制为主体的前提下发展多种所有制经济，即国营经济，私营经济、个体经济、中外合资企业、合作经营企业，外商独资企业等，并对部分企业实行股份制或租赁承包经营，等等。

社会主义初级阶段文化的多样性，还表现在各民族、各阶层人们的生活方式的多样性。我国是一个多民族的国家，不同地区、不同文化传统、不同经济、政治地位和不同文化素养的各色人等，都有不同的利益、不同的物质文化和精神文化的需要，因而具有不同的生活方式和价值意识。

社会主义初级阶段文化的多样性，还表现在各族人民宗教信仰、思想意识和政治与学术见解的多样性。我们应当力求创造一种能够容许不同的宗教信仰、思想观点、学术流派存在的环境。一个健康的社会，应当是多种声音的社会，一种正常的文化环境，应当是多种声音共存的环境。

社会主义初级阶段文化的多样性，还表现在人民群众审美需求的多样性。多种审美趣味、多种知识层次和复杂文化背景的并存，使几乎任何一种艺术形式都拥有自己的欣赏者。例如，从最古老的诗形式到最激进的诗形式，从打击乐到交响乐，从扭秧歌到霹雳舞，都有自己的知音或实践者。不同层次人们的精神生活有不同的需求，同一层次人们的消遣、娱乐方式也各不相同。

社会主义初级阶段文化的多样性，还表现在外来各种文化的涌入，引起中外各种文化的撞击、渗透，给国内各族人民的道德价值标准、思维行为方式和审美情趣带来多方面的影响。既带来了活力，使我们大开眼界，汲取各国人民优秀的、丰富的文化；同时又有一些负面的东西，这些东西与我国国民性格中的阴暗面相结合，可能产生一些对青少年和整个社会有害的后果。但我们不能不开放，只有在引进、消化、吸收，甚至撞击、竞争的过程中，才有比较和鉴别，从而繁荣、丰富中华文化，提倡有益的，抵制有害的，打击犯罪的。

文化发展的多元趋向在国内已成为现实，这种多样性统一于发展社会主义中国的现代化和人的全面发展。为达此目的，我们必须确立多样统一的文化观。普林斯顿大学教授余英时先生说：“所谓多元文化观即认为每一民族都有它自己的独特文化；各民族的文化并非出于一源，尤不能以欧洲文化为衡量其他文化的普遍准则。赫尔德并且强调中国文化的形成与中国人的民族性有关，其他民族如果处于中国古代的地理和气候的环境中则不一定会创造出中国文化。这种文化多元论有助于打破近代西方人的文化偏见。”①我们想补充一点，这种文化观同时也有助于打破我们中国人的文化偏见，打破华夏中心论、中国中心观，以多元开放的胸襟，防止中国文化的僵化和退化。

我们提倡多样统一的文化观，是为了改造国民畸形的思维方式。过去，斑斓绚丽的色彩被我们过滤得只剩下“蓝蚂蚁”、“红海洋”、“八个样板戏”。我们的思维方式也变成简单的好坏二元对立的模式，好就是绝对的好，坏就是绝对的坏，生动丰富、多姿多彩的世界判然成为两橛。这种定势，有碍我们对生活的多样性产生出文化多样性的认识。唯物史观要求我们，如实肯定真实的客观的丰富多彩的生活，如实肯定人类自身的发展和人的社会存在的所有多样性和完整性，包括人的需要、人的能力、人的交往形式、人的一切文化创造等。

我国宪法第 47 条规定：中华人民共和国公民有进行科学研究、文学艺术创作和其他文化活动的自由。科技、文艺、教育和其他一切文化学术活动，尤其是社会科学和自然科学的研究、文学艺术的创作的内容、方法、观点及成果的发表，包括公民议政、研政、审政的权利，均应受到法律的保护。因为宪法所保障的公民的学术自由，包括研究现实社会政治问题的自由；宪法所保障的公民的民主权利，包括研究本国和其他各国政治制度、治国经验、现行政策的利弊得失的权利。社会主义国家的文化学术自由与民主政治互为条件，相互促进。

人类文化是多层次、多因素、多过程、多源头、多走向的复合体系，它决定了人类认识上的多样性。这是百花齐放、百家争鸣的客观基础。离开了百花、百家，就谈不上发展文化和科学，就不可能有争鸣和争妍。

总之，我们探讨文化的多源发生、多向发展、多元并存与多样统一，是基于对文化的最高本质的理解而来的。马克思认为，人类创造了文化，而文化生产的社会功用又在于“培养社会的人的一切属性，并且把他作为具有尽可能丰富的属性和联系的人，因而具有尽可能广泛需要的人生产出来——把他作为尽可能完整的和全面的社会产品生产出来(因为要多方面享受，他就必须有享受的能力，因此他必须是具有高度文明的人)……”②从这里我们

① 余英时：《从价值系统看中国文化的现代意义》，载《文化：中国与世界》第一辑，生活·读书·新知三联书店 1987 年版，第 40 页。

② 《马克思恩格斯全集》第 46 卷(上册)，人民出版社 1979 年版，第 392 页。

不难看到，文化的多样性和统一性的根源，在于人类的统一性或同一性，人种、种族、民族及社会人的多样性，人的全面性和完整性，人的欲求、需要、能力、交往关系的丰富性和差异性……人类在丰富多样的活动中创造出丰富多样的对象世界，同时创造了自己，生产出自己的全面性，造就了新的需要、新的语言和观念、新的力量和交往方式。人在他的活动中发展了文化存在的个性形式。同时，在人类文化的多样性中，蕴藏着人类解决现代危机的多重“启示”。人的内在本质的发挥，人的全面性的再生产，是人类文化活动多样性的内在根据。

三、生态共荣：科技与人文　大众与精英

1. 科技文化与人文文化之间的张力

文化的多样性与统一性的问题，同时又是文化的生态平衡问题。运用行政力量强制推行一种风格、一种学派，禁止另一种风格、另一种学派，人为地破坏文化生态，人们干过此类蠢事（如在生物学领域推行米丘林学派，围剿摩尔根基因遗传学派；在意识形态领域中的数不清的批判运动等），造成了极其严重的后果。就像我们曾经填湖造田、毁林开荒、毁草原种粮，因而遭到自然的报复一样。

人类生活的自然环境必须保持生态上的平衡，人类生活的文化环境同样也必须保持生态上的平衡。在创造文化的过程中，把人类与自然对立起来的观点是错误的。从整体、系统的观点考察人的体质与精神的发展、人口生产、自然居住条件、亲属结构、资源的利用、技术的开发、城乡的关系等，是文化生态学的任务。我们这里仅仅就小文化（精神文化）范围内的生态问题发表一些看法。

首先就是科技文化与人文文化的协调问题。产业革命以来，科学技术的突飞猛进改变了全世界的面貌。由于科学技术迅速转化为生产力，使人们有了新的生活方式，改铸了人们的社会存在，给人类生活的各个方面打上了深深的烙印，因而逐渐形成了一种科技文化。

一般来说，科学与技术是有区别的。我国文化深层意识中把科学等同于技术，这个观点是错误的。我们过去比较偏重于引进技术，而不太注意引进科学；在引进科学时比较注重引进科学知识、科学方法，而不太注重引进科学精神、科学思想、科学观念等。

科技文化是人类在改造自然的创造活动中的产物。从远古时代起，每一

项生产工具和工艺的新发明，都会不同程度地导致生产方式和社会结构的变革。而我们所指的科技文化，特指近代科技革命所带来的整个世界的全面的变化。科学革命如16世纪哥白尼的“日心说”使整个自然科学挣脱了宗教的束缚，展开了自己的发展历史；17世纪末18世纪初牛顿力学奠定了近代科学的理论基础；19世纪达尔文的进化论和物理学领域中的热力学理论和电磁理论的建立，促进了人类社会的进步；20世纪相对论、量子力学所引起的物理学革命，以及天文学革命、分子生物学革命等为现代科学开辟了全新的发展方向。自然科学的革命不仅会带来技术的飞跃，尤其会引起思维方式的变革。技术革命能比自然科学理论的革命给社会带来更大的震荡。18世纪末19世纪初是蒸汽机的时代，工业革命即是以蒸汽机的发明和广泛运用为标志的；19世纪末20世纪初是电力的时代，电动机带来了资本主义生产力和科学技术的蓬勃发展；20世纪是信息爆炸的时代，特别是50年代以来，以原子能、电子计算机、激光、空间技术、人工智能、生物遗传工程等为代表的第三次技术革命飞速发展，科学活动日益社会化。

近代以来的科学技术使社会生产、社会生活获得了极大的进步，在人类文化的各个层面上，如劳动对象、劳动资料、劳动手段、能源开发、生产工艺，生产过程及其组织管理方式、整个社会的组织管理手段和方法，以及人的需要和欲望、人的思维方式和方法、生活习惯、审美情趣、道德观念、价值观念等，带来了革命性的变化。

科技文化是打破了地域、民族和语言界限的世界文化。科技手段、方法，信息传播方式，科学价值标准，科学理性思维和科学求实创新精神，都是没有国界的。自鸦片战争以来，随着西方文化的传入，科技文化逐渐在我国推广开来。我国目前正在大力发展科学技术，可以说，科技文化正方兴未艾。为了民族文化的创造性转化，我们急需为科技文化的发展创造条件。

但是，在西方，随着科学权威的增长，科学至上主义或科学万能论或科学信仰化的倾向的流行，高物质、高技术的当代工业社会的文化，日益把人视为自然规律的产物，成为人和人性全面发展的桎梏。于是，科技文化与人文文化在西方发生了矛盾和冲突。法国学者米歇尔·昂利在1987年出版的《论野蛮》一书中，认为科学技术的“野蛮”是现代文化危机的根源之一；认为伽利略以来的近代科技，以客观性抹杀主体性、以理性抹杀感性、以数学的普遍性抹杀人的生命和生活的特殊性，它的进步和超级发展引起了文化的萎缩和毁灭。由此可知，他把科学与文化截然对立起来。

把科技文化与人文文化对立起来是不对的。当然，科技文化与人文文化的确各有不同的特征。如前所述，科技文化是跨民族、跨地域的，而人文文化，例如文学艺术、风俗习惯、宗教信仰、道德伦理、社会形态等，则具有较强的民族性和地域性(当然也可以在传播中流向其他民族和地域，但其民族个性不会泯灭)。如果说科学文化关注的中心是外在客观世界的普遍规律，是理性的逻辑构架和严密的形式系统的话，那么，人文文化关注的中心则是内在的情感世界，是个别殊相，是主体的人。虽然科技活动也离不开主体(科学家及其共同体)的投入，也受到非理性因素的影响，但大体上来说，它是从客体出发而达到主体的，是主体的客体化(人的自然化)；而审美活动、文学艺术的创作、伦理行为、宗教活动、历史和哲学的反思，则大体上是从活动主体的需要、爱好、意念和理想出发去选择和加工客观素材，按照某种价值取向再现客观世界的，或者说是从主体出发而达到客体的，是客体的主体化(自然的人化)。前者偏重于逻辑思维，后者偏重于体验和证悟；前者偏重于抽象，后者偏重于具体。这是它们在行为方式和思维方式上的区别。其实，这两种行为模式和思维方式都来源于人性的深层结构，偏于一端是不可取的。科学技术的伟大成就使得科学文化过分膨胀，从而导致了人文精神的萎缩、人的精神生活的压抑和贫乏；反之，走向非理性，反对工业文明，则陷入了另一种片面。实际上，人类既需要科学技术，也需要文学艺术、道德理想；既需要冷漠无情的逻辑，也需要内心感情的宣泄；既需要科学精神，又需要人文精神。科技文化和人文文化之间所形成的张力及其协调发展，正是人类社会和人类文化进步的动因和必然的走向。①

关于科技文化与人文义化之间的矛盾，从20世纪初以来，西方许多著名的思想家和哲学、史学流派都进行过反思。受其影响，我国在五四以后的1923—1924年间，曾发生过一场“科学与人生观论战”(亦称“科学与玄学论战”)，以丁文江、胡适、吴稚晖、王星拱为代表的科学派和以张君劢、梁启超为代表的玄学派为论战双方，陈独秀、瞿秋白、邓中夏等唯物史观派不久介入论战。这场论战是东西文化论战的继续，其争论焦点是科学与哲学(人生观)，物质文明与精神文明，客观因果规律与人的意志自由等关系问题。这场论战对科学文化和人文文化开始进行双重反省，推动了科学在我国的传播。当时论战三方都把科学当做一种信仰(分歧仅仅在于它是不是万能的)，这也是传统儒家知识分子一元论式的表现。把科学当做信仰，不允许反科学观点的存在；甚至进而把科学作为政治口号，在实际上搞非科学和反科学的事情，说明科技文化、为知识而知识、知识分子的独立人格等在我国

① 参见纪树立：《〈C. P. 斯诺两种文化及其他〉译后》，见C. P. 斯诺著，纪树立译：《两种文化》，三联书店1988年版。

扎下根来是多么不容易！

西方的情况又怎样呢？20 世纪西方文化哲学、历史哲学的主要流派几乎都对科学文化超常发展掩蔽了人文精神，甚至导致了人性异化提出了尖锐的批判。例如弗洛伊德认为，文明不是变得愈发明智，而是变得更具有攻击性和破坏性，并患上了“集体神经官能症”；海德格尔、萨特等则把自我失落的异化存在的原因归结为技术增长和科学主义的渗透。海德格尔把各种异化现象归结为人的技术活动的结果。他认为，技术活动把人的生存方式限制到一个狭窄的线路中，导致人本身和世界万物都变成技术系统中的一个小小的环节。

尤其是西方马克思主义(又称新马克思主义)，如法兰克福学派的文化批判，更集中地揭露了随着科技文化的扩张，当代工业资本主义社会对人的控制和人类被物化或异化的现实状况。他们对自由资本主义文化和当代工业社会的文化作了区别，肯定前者，批评后者。阿多尔诺认为，理性本身随着自然界的被征服，越来越成为“工具理性”，主体逐渐等同于客体。人类对自然的征服所付出的沉重代价就是劳动分工，以及由此而引起的人格分裂的人性异化。阿多尔诺把马克思商品拜物教的概念引入文化，认为“文化工业”即文化的商品生产剥夺了大众的情感、主动性，以及对艺术的超越价值的追求，而成为操纵性的文化，即传播媒介技术化和商业化。文化产品的一律化和标准化，使人们丧失了批判现存秩序的能力而变成单向度的人。这是当代工业社会极权性的表现。

哈贝马斯认为，今天的科学技术正起着控制和支配社会生活，并使现存秩序合法化的作用；技术的进步及其合理性的扩张，已成为保护现存秩序的政治手段，也就是转向了政治合理性，即在工具主义的地平线上展开了一个合理的极权主义。马尔库塞认为，当代的技术与科学取得了合法的统治地位，科技的合理行为取代了人的全部生活，支配了整个人类社会。人变成了工具，变成了“物”；变成了不完整的，只知物质享受而丧失理想追求的，没有创造精神只能被动接受的单向度的人。

西方马克思主义认为，当人依凭科学技术增强对自然的控制时，同时也增强了对他人的控制和对人自身的奴役；人的活动范围的增大，同时也意味着人的自由空间和审美范围的缩小。总之，科技愈进化，人的本性愈退化。当人类步入高科技、高生产力的发达社会时，一方面人的主体选择的自由度大了，另一方面又有“失重”和“失落”的感觉——苦闷、疏离、孤独、浮躁。人们一方面创造了无与伦比的财富，另一方面又受到了极大的压抑和摧残。人的本性、人的尊严、人的使命、人的责任需要回过头去寻找，使人得到自由而全面地发展的、心理上健康的健全社会，有待于重建。也就是说，人和人的主体性在高物质、高技术的社会，面临着新的解放要求。

西方马克思主义对西方现代科技文明限制并束缚现代人的批判是有积极意义的。但是，应当肯定，科技文化曾经并且继续推动着人类社会的进步，改变了社会发展规律和机制，高扬了人的主体性，促进了人的解放和人的全面发展，对人类的生活方式和思维方式产生了巨大的影响。科技文化并不都是掩蔽主体的。例如，相对论和量子力学表明主体在人的认识中的作用是不可忽视的。科技文化正以加速度向前发展，正面的影响是主流。当然，我们也应看到它的负面的影响，如在一定程度上造成人类文化精神的失落，即人之所以为人的道德理想、需求欲望、使命责任、人格尊严、人的价值的失落，反过来束缚或限制了人的自由而全面的发展。

从文化生态上说，任何一个国家或民族，都不可能只有科技文化而没有人文文化，也不可能只有人文文化而没有科技文化。事实上，科技文化与人文文化是互相影响、互相渗透、不可分割的。即使在西方，二者之间的矛盾也并没有如法兰克福学派所说的那样严重，科技文明与道德理性的增长基本上是同步的、成正比例的。就我国目前的状况来说，科技文化的发展是不充分的，人文文化的发展也是不充分的。有一种说法，说中国文化是人文文化，西方文化是科技文化，这种说法是不准确的。似乎中国儒家文化确立了“道德自我”，具有“道德的理想主义”和“人文精神”，只需要以它为本，吸取西方科技文明(叫做“返本开新”)，就能走向现代化。这种持论缺乏理论、历史和现实的根据。

我们学习西方，不仅学习它的科技文化，更要学习它的人文精神，特别是文艺复兴和启蒙运动以来的人本主义的传统，这已为鸦片战争以来，特别是“五四”和改革开放以来的历史所证明。改造中国传统，并使中国传统发生创造性的转化，一方面要学习西方的两种文化，选择吸纳；另一方面要发扬中国的人文文化和科技文化的传统。虽然科技文化只是在近代以后才兴起的，但并不是说各民族历史上没有科技传统。我国科学技术(特别是技术)在16世纪以前一直在世界前列。我国科技有自身的特点，但中国传统科学与牛顿力学之间没有不可逾越的鸿沟。牛顿力学是“质点—轨道力学”，中国传统科学是“系统—周期力学”，两者是可以沟通转化的，传统科学是可以通向近代科学的。我们有的同志因为我国近代科学落后，就把中国传统科学说得一无是处，是不正确的。

从生态上考虑，科技文化与人文文化互补、共荣，才是文化发展的常态。我国当前更突出的问题是发展科技文化。

2. 大众文化、青年文化对精英文化的挑战

从文化的多元的角度考察现代文化，除了前述科技文化与人文文化的生态共荣之外，还有大众文化、青年文化与精英文化的协调发展、多样统一的问题。

大众文化不是指一般的民俗文化，而是指利用现代大众传播媒介(如影视、书刊、时装表演等)传播的，有相当的经济效益(或曰“上座率”，票房价值)，为大众提供娱乐，作为闲暇的消遣的文化，如流行音乐、舞蹈、广告、时装、打斗或言情小说等。按法兰克福学派的看法，发达的工业社会是“文化工业”社会，这个社会是通过“技术理性”和消费至上原则结合起来的“大众文化”来控制个人的。大众文化是与技术的进步分不开的，它寄生于大众传播技术、家庭和闲暇。“它不知不觉地把艺术、政治、宗教和哲学与商业融合起来，使这些文化领域都染上了共同的特性，即商品的形式。在发达工业社会中，大众文化作为一种社会控制的手段具有重要的社会功能，并且是消费社会的结构和活动中的基本内容，概言之，大众文化就是意识形态与社会物质基础的融合，就是资本主义商品制度的组成部分。”①

从以上西方马克思主义的批评，我们可知，大众文化的形成起码有三个条件。第一，人们创造的精神文化产品与满足衣食住行的物质文化产品一样，变成了商品形式，并且有了牟利的性质；文化产品的日趋标准化的大量生产(包括复制)以满足大众文化消费的需要，并形成文化商品市场。第二，以电视为主干的大众传播媒体网络的形成。第三，相当数量的群众有了闲暇，并且有一些共同的消遣需要和消费口味。

大众文化的内容娱乐化、庸俗化、感官化，这是文化商品化的结果。大众文化对精英文化的冲击，甚至引起文化界和学术界关于文化危机的意识，可以说是世界文化面临的一个共同的课题。现在不仅仅在发达国家，甚至在一部分发展中国家，大众文化的冲击也相当突出。霹雳舞、迪斯科、摇滚流行音乐、时装表演和健美表演、牛仔裤、迷你裙、侦探、武侠或爱情小说已经充斥文化市场。商业明星、影视明星、歌星、体育明星、探险家及其作品的影响，大大超过了从事精英文化创作的文化人。严肃的古典名著和古典音乐受到冷落；真善美的绝对价值标准受到歧视。

大众文化反映了当代人的生活、思想及行为模式，特别是青年人的生活、思想及行为模式。大众传播媒介及消费工业造就了青年亚文化。标新立

① 欧阳谦：《人的主体性和人的解放》，山东文艺出版社1986年版，第124页。

异的追求，对父辈排拒的心理和自我认同上的迷失，青年逐渐为大众传播媒介的引导所同化。青年人有青年人的价值观，追求自己的即“青年人的世界”，提出“让我做我所想做”的口号，成了时尚与道德评判的主宰。

大众文化、青年亚文化，有着双重的属性。电视文化使人们对现实失去真确的洞察力，同时也使生命经验的品味能力愈趋钝化。对视听媒介传播信息的被动接受，代替了创造性的阅读与思考；程式化的机械模仿性的娱乐消遣，代替了创造性的文化活动。但是，大众文化、青年亚文化，也并不是完全如法兰克福学派所说，成为资本主义工业社会控制个人的手段，粉饰太平的工具，或者完全是被动的、毫无创造性的。例如20世纪60年代美国青年文化运动，反越战，嬉皮士反战思潮，反都市运动、新宗教运动、学生及妇女运动等，都带有反资本主义社会体制的思想解放的色彩，并进而蔚为全球性大众文化的主流。

就艺术价值来说，娱乐片不等于没有艺术，大众文化的商品价值可以与艺术价值相结合，大众的文化消费的水平亦可以逐步提高。特别是处在改革开放时代的我国文化事业，文化体制改革的关键就是要使文化产品的生产和消费有益于推动社会主义现代化建设的发展。同时，既讲社会效益，又讲经济效益，尤其要注重社会主义精神文明的建设。因此，我们完全可以把上层精英文化与大众文化尽可能地结合起来，满足不同层次的人们的文化需要，创造出雅俗共赏的文学艺术作品，提炼大雅于大俗之中，糅合大俗于大雅之中。

导演谢飞说，我国有的电影不讲究是非曲直、结构规则和电影文法，为了迎合票房价值可以胡编滥造。这不但造就出了一批趣味低下的无文化青年，而且还会影响越来越多有文化的观众，从而导改电影市场的文化品格日趋低下。电视剧的状况则更加令人忧心忡忡。

从文化生态上来说，精英文化和大众文化是可以共荣共存，并行而不悖的。实际上，大众的鉴赏水平正在不断提高；同时，一些文化精英也并不拒绝消费大众文化。例如，我国著名数学家华罗庚教授，不仅能作古体诗词，而且很喜欢阅读金庸、梁羽生的武侠小说。可见，不仅不同人的文化需要和欲望是多层次的，而且同一个人的文化消费也是多层面的。因此，大众文化有其存在的合理性，同时也需要不断精致化。

大众文化、青年亚文化有自身独立的审美观和价值观，有自己的创作者、批评者与欣赏者，以满足大众多样的审美要求。大众文化的内涵具有文化民主的意义，使得青年和老年、大众和精英共同享有一套文化意义与符号象征。大众文化提供了大量生产的、廉价的、标准化、商品化的文化消费品，培养了平起平坐的平等的集体意识；同时，大众文化的消费形态，又提倡个人情感的宣泄和个体自我意志的“提扬”。

我们的文明已由书写符号的文明进入视听符号的文明，已由印刷媒介的文明进入电子媒介的文明。现在有迹象表明，文化生产和消费的方式正在发生变化。因为不少消费者有条件在家里进行自己意义的生产，把不同的录音、录像磁带进行剪接、复制和再创造。这就改变了传统的艺术生产和欣赏形式。今天已是互联网的时代，QQ 聊天、博客写作，DV 自拍小电影、纪录片与歌舞戏曲晚会等已逐渐普遍化。

文化正在下移，同时，文化亦在上升。从改革开放以来的状况来看，不仅大众文化在我国得到发展，而且精英文化在我国也得到很大的发展，并相互影响。一方面，我国对西方著名的自然科学、哲学社会科学、文学、美学、艺术作品或流派和我国古典的传统的上层文化的研究、整理或再现，有了长足的进步。另一方面，大众文化生活更加生动活泼，丰富多彩。社会主义初级阶段商品经济的繁荣和外来的精英和大众文化的刺激，使我国精神文化的生产、交换、消费进一步繁荣。文化消费者已不满足于单一的娱乐方式或单一的学院方式，他们的欣赏趣味和审美要求更加具有不确定性和多向性。文化艺术产品的生产不仅受到价值规律的调节，同时要受到政府的计划与引导。对于纯学术、纯艺术的高雅严肃的作品的出版和演出，国家应予以经济上的大力扶植；对于黄色的、有毒害的东西，应予以严厉的惩罚和制裁。同时应当有意识地提高大众文化水平，加强精英文化向大众文化的渗透。要真正对大众进行文化教育，不能不利用大众传播媒介，躲在精英文化象牙塔里是不行的。

总之，无论是精英文化还是大众文化，无论是科技文化还是人文文化，无论是农村文化还是城市文化，无论是传统民间乡土文化还是现代世界流行的文化，都有存在的合理性，它们之间的关系是相互适应、相互协调、相互促进、相得益彰的“生态共荣”的关系。我们应当在改革、开放中，创造良好的文化生态环境，繁荣社会主义百花园地。

第四章　文化类型与文化模式

人类很早就注意到世界文化的殊相和共相，但把人类文化作为整体来加以研究，并从中了解文化发展的相对性、特殊性、多样性，这是近代以来的人类学、历史学、文化学和社会心理学的功劳。要研究世界文化，显然离不开比较，而比较的第一步，就是认识各民族、各地域文化的殊异性，划分历史文化的类型、形态和模式。

一、文化类型

1. “文化类型”界说

简单地说，文化类型是不同人种或种族生活在不同的地理生态环境(空间)之中，并在长时期历史(时间)上形成的不同文化体系的生活、行为、思维方式的形态特征。

文化类型是通过对世界各种文化进行横向比较所把握的文化表现形态上的差异，由于形态上的差异是其本质属性之差异的表现。因此，文化类型的划分有助于认识世界文化的丰富性、多样性，不同文化的个性、民族性，认识不同民族独特的文化创造能力及文化发展的特殊道路。

人类不同的社会群体，在各自所处的不同的自然环境和由他们逐渐创造出来的不同的社会环境之中进行物质生活资料的生产和人自身的再生产，形成了风格迥异的生活方式，创造了独特的语言符号、工艺技术、风俗习惯、政经制度、宗教伦理、思维方式、审美风格等。不同的文化特质(即要素)在历史发展中，不断实现功能上的整合，建构成不同的文化体系。不同文化体系之结构和功能有很大的差异，表现了不同的文化形态，显示了不同的文化类型。

文化形态不仅指不同文化系统、类型的文化样式、状态，而且指同一文化系统在不同时空条件下的表现形式、状态。文化类型和文化形态既有联系又有区别。我们这里主要讲类型问题，附带也谈谈形态问题。

《简明不列颠百科全书》对文化类型(Culture type)的界定是这样的："在文化分类中，一种以经过选择并互相起作用的各特征或各组特征为主要内容的结构。因为任何文化样式都有分类学上的意义，那些为分类而选择的形象就要以考虑中的特殊问题为依据。……可以按照惯用的价值定向、整合原理或风俗习惯的复杂程度，作类型学的探索。考古学家为了建立时间和空间的序列，已经使用了根据各种典型的人工制品体系所划定的类型。使用这一概念还会涉及许多问题，包括选择比较特征、选择比较点以及确定这些抽象概念在文化领域以外的实用价值等。"①

与考古学家依据典型的人工制品体系(如彩陶文化、青铜文化)划分文化类型不同，人类学家、社会学家、历史哲学家考察文化类型，比较注意各文化体系的风俗习惯层面和文化心理结构层面，比较注意各民族文化的精神、人生路向、价值系统的区别。这大概是由于文化体系相互区别的本质特征，一般不停留在器物文化层面和制度文化层面上，而停留在深层的别具一格的民族文化心理和民族文化精神上。

文化类型学与文化地理学和文化心理学都有密切的联系。

19 世纪末，拉策尔在《人类地理学》一书中，认为各民族文化的不同，是地理环境不同所致，强调地理环境对人类文化的决定作用。I. E. 斯宾塞和 W. L. 小托马斯的《文化地理学》，关注被设想为文化集团的人类，经过一定时间，在地球上的特定地区中所发展的人类技术及文化实践的方式，以及人类占据地球的进化和生态系统化的某些类型。人类是地球表面上的积极代表，通过其不同的文化系统以区域单位进行活动。文化地理学既关心人类占据地区的自然环境对文化类型的影响，又关心人类及人类文化根据文化类型对所占据的环境的反作用。这门学科关心地球表面上历经岁月起作用的、按空间定位和按空间划分的文化，以作为其他研究者深入理解人类行为的手段。

文化类型不仅与自然生态有关，而且与文化生态有关，尤其与民族的性格、民族的文化心态与文化心理有关。赫尔德认为："作为自然的生命，人

① 《简明不列颠百科全书》第 8 卷，中国大百科全书出版社 1986 年版，第 260 页。

便分为人类各种不同的种族，每一种族都和它的地理环境密切相联系着，并具有由那个环境所塑造的它原来的体质的和精神的特征；但是每个种族一旦形成，就成为人性的一种特殊类型，它具有它自己的永恒特征，不以它和环境的直接关系为转移，而以它自身近亲繁殖的特点为转移。不同种族的感受能力和想象能力因此就真正分化了；每个种族都有其自己的幸福观念和它自己的生活理想。”柯林武德说：“就我所知，赫尔德是第一个思想家，以系统的方式承认在不同人种之间存在着差别，而且承认人性并不是一致的而是分歧的。举例来说，他指出使中国文明成为中国文明的，不可能是中国的地理和气候，而仅仅是中国人的特性。如果不同的人种被置于同样的环境中，他们就会以不同的方法开发那个环境的资源，从而就创造出不同的文明来。因此在历史中起决定作用的事实，并不是一般人的特点，而是这种人或那种人的特点。这些特点，赫尔德看作是种族的特点，亦即不同的人种所遗传下来的心理特征。因此，赫尔德就成为人类学之父，所谓人类学是指这样一门科学，(a)它区别人类各种不同的体质类型，(b)对这些不同类型的风俗和习惯进行研究，作为与体质的特点相并行的心理特点的表现。”①

各种不同的区域文化，作为不同的生活方式，和在许多隔离的状态下发展起来的独特的心智系统，是通过不同人的群体在时空中的独特经历逐渐得以存在的。但是，不同的区域文化从未变得完全隔绝，它们仍是整体的世界文化的各个部分。因此，研究文化类型或形态，必须放在世界文化的背景上。

一般来说，人们常常把人类文化的源头划分为三大类型：游牧文化、农耕文化、商业文化。与此相对照，把近世世界文化称为工业文化，把现在和未来的世界文化称为后工业或后现代文化。人们生活的自然环境(这种自然环境又是不断人文化了的)不同，使得他们的生活方式、行为方式不同，由此而引起风俗习惯、观念形态、思考方式不同，其信仰、观念、心智系统、性格特征、文化心理的综合物——文化精神也随之不相同，于是文化类型才得以划分。文化史家主要就工业文化以前各地域有特色的文化加以分类考察。

俄国的丹尼拉维斯基早在一百多年前就出版了《俄罗斯和欧罗巴》一书，把历史文化类型分为十类：(1)埃及；(2)叙利亚、巴比伦、腓尼基、卡尔丹或古代闪；(3)中国；(4)印度；(5)伊朗：(6)希伯来；(7)希腊；(8)

---

①　[英]R. G. 柯林武德：《历史的观念》，何兆武、张文杰译，中国社会科学出版社 1986 年版，第 102~104 页。

罗马；(9)新闪族或阿拉伯；(10)日耳曼、罗马或欧罗巴。他认为墨西哥和秘鲁这两种文明在早生阶段便暴卒了。

人类学家、文化学家对于任何文化的分类，永远都是尝试性的，不是永久不变的，到了新知识、新要素被发现时，便需要根据新的发现和新的观念方法把原来的文化分类加以修正。

马克思从世界文化史发展的纵向上(阶段上)进行文化形态学或文化类型学的比较研究。马克思的文化类型学的比较参照是生存方式的发展水平。他说："人的依赖关系(起初完全是自然发生的)，是最初的社会形态，在这种形态下，人的生产能力只是在狭窄的范围内和孤立的地点上发展着。以物的依赖性为基础的人的独立性，是第二大形态，在这种形态下，才形成普遍的社会物质变换，全面的关系，多方面的需求以及全面的能力的体系。建立在个人全面发展和他们共同的社会生产能力成为他们的社会财富这一基础上的自由个性，是第三个阶段。第二个阶段为第三个阶段创造条件。"①马克思没有平列地铺陈各民族文化的"类型"或"形态"，而是从总体上、人的全面性的发展阶段上，从归根结底的内在本质上勾勒人类文化的三部曲：

前资本主义形态——资本主义形态——共产主义形态。

人的依赖关系——以物的依赖性为基础的人的独立性——扬弃了人的依赖性和物的依赖性的自由个性。

马克思并不认为任何民族都必须严格地依次经过他大体上描述的某种阶段的序列。马克思还对前资本主义的公社所有制的不同形态作过分类比较，研究了亚细亚、古代(古希腊罗马)和日耳曼这三类公社所有制的异同。马克思的人类文明类型比较的关键是社会成员的劳动条件(如气候、土壤等自然环境，迁徙运动及与四邻部落的关系)、劳动方式以及每个人的能力的发挥状况。也就是说，马克思的文化比较是建立在现实的人的实践活动的基础之上的。这是马克思主义文化哲学高于资产阶级文化哲学的地方。

2. 斯宾格勒的文化类型学

斯宾格勒(1880—1936)，德国哲学家、史学家。他的代表作是1918年出版的轰动世界的《西方的没落》。

斯宾格勒的文化类型学是他的文化哲学的一个部分。斯氏文化哲学的基本观点是：

(1)文化的有机性。他认为自然和历史是两个世界，前者是机械的世

---

① 《马克思恩格斯全集》第46卷(上册)，人民出版社1979年版，第104页。

界，后者是机体的世界。文化历史是一个活泼的生命流行的过程，有其生、长、老、死的阶段。每一种文化(或文化民族)都有自己兴盛、衰亡的自我完成的历史，任何理想都不能挽回一种文化(或文化民族)的命定的衰亡。文化的发展遵循着生物的法则，因此不可能拿自然科学的方法机械地加以研究。他反对历史学家把历史看成永恒绵延的历史，讥笑他们“把世界历史看作绦虫一类的东西，把历史时代一节一节地往自己身上增加”；相反，他把世界历史“看成一幅无止境地形成、无止境地变化的图景”，但这是一幅“有机形式惊人地盈亏相继的图景”①，换句话说，是一部一部有着自己的发生期、青春期、成熟期、衰亡期的自圆自足历史的偶然集合。这样，他就有把整个世界历史割裂成几部不同的生灭历史的倾向，同时又含有文化(或文化民族)的宿命论或命定论的倾向。

(2)文化的相对性或差异性。既然历史文化是有机的生命，那么这一生命与那一生命就是有差别的、不可替代的。不同地理环境的人类群体的生存样式、发展路向是各不相同的，因此，衡量世界文化没有绝对的、普遍有效的尺度。斯宾格勒认为，世界上只有具体、特殊的“西方人”、“中国人”、“阿拉伯人”等，及他们的不同命运，而没有抽象、普遍的“人类”及其历史——“世界史”。不同人种、民族、国家、地域具有独特的文化历史，具有各不相同的需求，因而创造出不同的生活方式。斯宾格勒根据文化的这种相对性，反对“西欧中心论”的历史观或文化观，反对把西方文化史当做希腊罗马文化史的继续，反对把狭隘的西方文化史当做世界文化史。

斯宾格勒的文化形态学(或类型学)就是建立在文化的有机性和相对性的基础上的。这一文化形态学还有如下方法论特点：

第一，以整合主义取代单元主义，即充分考虑某一文化的整体特征和内在联系，而不以个别现象或个别特征划分文化类型。斯宾格勒把每一文化系统看成诸要素相互作用的有机整体，主张详细考察“一种文化的各个部门的表现形式内在地联系起来的形态关系”，例如，超越政治的界限去理解“希腊人、阿拉伯人、印度人和西方人关于数学的终极的和根本的观点，他们早期装饰的意义，他们的建筑、哲学、戏剧和诗歌的基本形式，他们对伟大艺术的选择和发展，以及他们的工艺细则和原料选择”，研究“这些事物对于历史的形式问题所具有的决定性重要意义”。斯氏甚至认为，“在微积分和路易十四时期的政治的朝代原则之间，在古典的城邦和欧几里德几何学之

① ［德］奥斯瓦尔德·斯宾格勒：《西方的没落》，齐世荣等译，商务印书馆1963年版，第39页。

间，在对位音乐和信用经济之间”，“有深刻的一致关系”①。但是，斯氏只关注一个文化系统内的整合，而不注意世界上几个文化系统之间的整合。

第二，斯氏文化类型学方法的关键是寻找不同文化团体的“基本象征符号”。在斯氏看来，世界史上有若干个有机的中心，每个中心有一个“基本象征符号”，每一个“基本象征符号”代表一个文化团体的灵魂。区分文化类型的标志，不是反映血统的“种族”，也不是交流信息的“语言符号”，而是“文化民族”。“文化民族”是一个灵魂的单位。一段历史，即是一个灵魂或一个特定观念诞生，实现和衰亡的历史。斯氏认为，历史在活动过程中，使一些游移的族类结合成一体，表现了一个观念，这样，就诞生了一个特殊的文化民族。也就是说，不是历史的差异构成观念的差异，而是观念的差异构成历史文化的差异。正是“观念的差异”和“基本象征符号”的不同，区别了不同历史文化的类型。总之，每一种伟大文化都起源于性灵的最深之处，每一种文化都有基本的象征，并表现于文化的各个方面。

斯氏文化类型学的大致内容是：

世界上有8个独立的、已经发展完成的文化民族，它们是：希腊(古典)、阿拉伯、西方、印度、中国、埃及、巴比伦、墨西哥；此外还有尚未完成的俄罗斯，总共有9个文化团体。它们都有诞生、发展、成熟、毁灭的过程。

斯宾格勒认为，古典的精神是“阿波罗精神”(即太阳神、日神)，而西方的精神却是“浮士德精神”。前者崇尚“接近与现在”(实体)，后者则推许“无穷与玄远”(功能)。“阿波罗是雕刻之神，它的基本特点是清朗明晰，在有限的形体之中去觅取调和的美感，而浮士德的深心却是一个动荡不安的灵魂，在无穷的追求之中，它才能完成自己的生命。细细观察，古典与西方不仅互相分别，并且互成对比。古典的灵魂是一个‘永恒的现在’的灵魂，它标明了自己乃是一支非历史的民族；反之，西方的灵魂却是一个落脚时间历程之内无限流逝的灵魂，而‘历史’，正表明了它的灵魂的特性。”“希腊的代表艺术是造型艺术，西方却是乐器音乐。造型艺术的特点在具体，而乐器音乐的特点在抽象。以此希腊的特色着重当下的‘活动’，而西方灵魂的特色却注重时间关心的‘画像’。画像不仅描绘过去，并且寄望未来，希腊从来没有西方式的对未来关心的圣母圣婴的绘画。故此由壁画至于油画，由油画至于音乐，这是西方无穷功能的艺术灵魂的必然发展阶段。而西方的绘画擅

① [德]奥斯瓦尔德·斯宾格勒：《西方的没落》，齐世荣等译，商务印书馆1963年版，第19页。

用天青色以示长远，希腊的绘画却喜用红黄以表当下。大致说来，希腊的艺术是白天的艺术，接近于大众的艺术，而西方的艺术却是夜间的艺术，玄远的艺术，非大众化的专家的秘密艺术。”①

斯氏认为，希腊文化与西方文化完全是两部历史，并无血缘关系。除前举艺术的例子外，他还举了数学、历史观念上的差异，以表明二者没有继承的关系。他认为希腊的数（无虚数和负数）是实体观念，近代西方的数学却是把数当做功能作用、可以运算的符号的数学，这仍源于前者是“感觉亲近”的灵魂，后者是“无穷玄远”的灵魂。在自然知识上，希腊文化发展了一套“近之物理学”（具体），而西方文化发展了一套“远之物理学”（抽象）。斯氏断然否定了从古典自然科学到近代自然科学的历史发展。在历史观念上，他认为，希腊是非历史的、没有真正的时间观念的民族，而西方是有历史的、有真正的时间观念的民族。前者的命运是“具体的命运”，后者的命运是“无穷的命运”。因此，希腊的悲剧是“场合的悲剧”，而西方的（例如莎士比亚的）悲剧则是“性格的悲剧”。

斯氏认为，介乎希腊文化与西方文化之间的是阿拉伯文化（包括阿拉伯、伊斯兰、伊朗、犹太、叙利亚、拜占庭、摩尼和早期基督教等）。它的灵魂，既不同于古典的“有限”的阿波罗灵魂，又不同于近代西欧的“无限”的浮士德灵魂，而是一种特殊的宗教道德的灵魂，斯氏称之为“昧津”灵魂。其特性是一种光、暗、善、恶对比的二元对蹠的灵魂，又称“洞穴”灵魂。阿拉伯文化的温床是早已湮灭的巴比伦文明。

斯氏认为，中国、埃及与西方一样是重历史的文化民族，中国是一种道德灵魂；埃及是一种“石”（金字塔）的灵魂，木乃伊的保留，意味着现实的生命可以通过死的现象而达于永恒的境地。印度与希腊一样是不重视历史的文化民族，有一宗教灵魂。墨西哥文化及其“玛雅”灵魂中途暴卒，俄罗斯文化及其“平板”灵魂尚未完成。

斯氏文化形态学的另一面是，每一文化都和其他文化一样，具有相同的生命周期，有它的春、夏、秋、冬，生、长、老、死。这样，不管在个性上有多大差异的文化，都遵循盛衰断灭的发展轨迹。因此，每一文化在形态上的循环往复是固定的。历史文化形态的发展周期是：

无史——有史——无史；

前文化——文化——文明——失文化文明；

蒙昧——觉醒——蒙昧。

---

① 刘述先：《文化哲学的试探》，台湾学生书局1985年版，第41、45~46页。

在他看来，历史的本质内容是观念，在没有观念的时代便没有历史，观念经过生、长、盛、衰之后，也没有历史。灵魂由蒙昧中诞生，又复归于蒙昧。埃及、古典、阿拉伯、西方文化，前文化时期是神秘的象征主义和朴素的模仿；文化时期早期以装饰与建筑为基本表现(例如西方的罗马式和哥特式建筑、文艺复兴)；文化时期晚期是艺术大师的时代(例如西方的巴洛克、洛可可艺术、古典油画与音乐)。其文明时期又分三阶段，首先是“现代艺术”，相当于西方的19、20世纪艺术；其次是形式发展的终结；再次是最后的一幕，相当于古典文化的罗马时代的艺术。斯氏预计，西方文化的最后两段，将于2000年开始。每一文化发展到文明的末期无形式的时刻也一样没有历史。

斯氏文化类型和文化形态学打破了“西欧中心论”的单元直线的世界文化观，肯定了在西方之外，还有中国、埃及等同等重要的历史文化的存在和发展。这是应当肯定的。但是，斯氏的错误在于：在文化的发生学和文化的本质论上持唯心主义的观点，以灵魂和观念作为文化历史的本质和成因，把各民族文化的“灵魂”作为文化类型区分的根据；在文化的发展观上持循环论和悲观的宿命论；在文化研究方法上承认文化的多样性、差异性，但否定了世界文化的统一性、继承性、连续性，把世界史割裂成一部部互不连续、自我生死循环的历史。

3. 汤因比的文化类型学

汤因比(1889—1975)，英国历史学家。著有《历史研究》等数十部史学著作。

汤氏历史文化哲学的主要观点是：

(1)批评自我中心论、东方不变论，否定单线进化论。他认为，关于“文明的统一”、“历史的统一”均“统一”到西方的观念是错误的。“当我们西方人把别人唤作‘土著’的时候，我们就等于在我们的观念里把他们的文化特色暗中抹杀了。”“除了由于西方文明在物质方面的世界性胜利而产生的假象外，所谓‘历史统一’的错误概念——包括那样一种推论，认为文明的河流只有我们西方的这一条，其余所有的文明不是它的支流，便是消失在沙漠里的死河——还有三个来源：自我中心的错觉，‘东方不变论’的错觉，以及说进步是沿着一根直线发展的错觉。”所谓“自我中心的错觉”，不仅表现在“西方中心论”，也表现在其他民族的自我中心论，汤氏举了乾隆皇帝以天朝上国自诩，睥睨异邦，妄自尊大的事例。和斯宾格勒一样，汤氏反对把历史发展笼统归结为“古代——中世纪——近代”的公式，认为“把进步看成直线发展的错觉，可以说是把人类的复杂的精神活动处理得太简单化了”，这一公式亦源于西方人的自我中心错觉。①

(2)“文明”可以比较的前提——共时性与等价性。汤因比认为，历史研究的最基本单位是“文明”或“社会”，而不是民族国家。在对各文明进行比较时，汤氏借口人类社会的历史与宇宙、银河、太阳系的存在，与人类在地球上生活的历史相比，只不过是短暂的一瞬，而假定埃及、希腊、中国、西方、印度等文明，都是“同时代的”、“平行的”，在哲学上具有相等的价值。“所谓价值，同时间一样，也是个相对的概念；所有的我们这二十一个社会，如果同原始社会相比，都可以说是有很大的成就的；如果同任何理想的标准相比，它们全部都还是非常不够……我们认为所有的二十一个社会都可以假定在哲学上是属于同一时代的，在哲学上是价值相等的。”②

(3)“挑战与应战”——关于文化和文明发生、发展的规律和动因。汤因比认为，每个文明都可以划分为起源、生长、衰落、解体和灭亡五个阶段。文明发生、发展的动因是“人类对挑战的成功应战”。例如埃及文明、巴比伦文明、玛雅文明是分别对沼泽、海洋和热带森林等自然环境挑战的成功应战的结果。自然和文化环境的挑战，包括困难地方的刺激、未开垦的处女地的刺激，以及遭受到包括人为的突然来临的打击、失败，异民族攻打的压力和统治阶级的限制等不幸的刺激。正是在对挑战的不同的应战中，文明走过了它生命的五个阶段。文明发生和发展在既不太好、也不太坏的环境，环境太好则提不出挑战，环境太坏则人类无法应战。“足以发挥最大刺激能力的挑战是在中间的一个点上，这一点是在强度不足和强度过分之间的某一个地方。”③最适度的挑战刺激人类成功地应战，并积聚力量应付新的挑战，从而有节奏地走向繁荣，否则便会衰亡。文明发展即对环境(自然和人文)挑战的成功应战过程中，个别人和少数人的创造性及多数人的模仿是主要动力；反之，文明衰败的原因是少数人失去了创造性，多数人不再模仿他们，以及继之而出现的作为一个整体的社会丧失了它的社会统一性。

汤因比的文化类型学、文化形态学的主要内容是：

---

① [英]汤因比：《历史研究》(上册)，曹未风等译，上海人民出版社1966年版，第46、47、48页。

② [英]汤因比：《历史研究》(上册)，曹未风等译，上海人民出版社1966年版，第53页。

③ [英]汤因比：《历史研究》(上册)，曹未风等译，上海人民出版社1966年版，第174页。

人类6000年的历史可以分成26个“文明”或“社会”，其中包括5个发展停滞的文明：波利尼西亚、爱斯基摩、游牧、斯巴达、奥斯曼。其余21个“文明”或“社会”是：西方基督教、基督教的东正教(包括拜占庭东正教社会和俄罗斯东正教社会)、印度、远东(包括中国社会、朝鲜与日本社会)、希腊、叙利亚、古代印度、古代中国、米诺斯、苏美尔、赫悌、巴比伦、埃及、安地斯、墨西哥、于加丹、玛雅等。

某些文明之间存在着某种历史的继承性，即“亲体——子体”关系。例如，西方基督教社会和东正教社会都是古代希腊社会的子体，如果我们继续上溯，在古代希腊社会以前还有一个米诺斯社会，只是希腊没有从米诺斯那里继承民间宗教，二者还不算是严格的“亲体——子体”关系。又如，印度社会是古代印度社会的子体，而古代印度社会与赫悌社会、巴比伦社会都是苏美尔社会的子体；远东社会是古代中国社会的子体；伊斯兰教社会(古代伊朗和古代阿拉伯社会的混合)是古代叙利亚社会的子体。汤氏指出，古代埃及社会既无亲体，亦无子体。根据汤氏这种“亲体——子体”关系上溯，起码有6种以上的社会(或文明)是最原始的亲体，即人类文明最早的发祥地。可见，汤因比主张人类文化的多源发生、多元并存和多向发展，也就是人类文化类型和形态的多样性，是正确的。

唯心主义的文化观和历史观，使汤因比把不同文明的生长日益表现出多样化的形式的原因，归结于具有神力的少数人所处的环境不断地向他们提出新的挑战时所不断进行的新的应战过程中的创造能力的不同。汤氏认为，在生长过程中的文明不断施展它的主要能力，不同文明的能力也各自不同：希腊文明的能力是属于美学的；古代和现代印度文明的能力是属于宗教的；西方文明的能力是属于机械科学的。文明生长的过程就表现为处于生长阶段中的文明的不断进展分化与不断增强自决能力的过程。

汤因比的文化类型与形态说遭到一些学者的批评。索罗金(1889—1968)指出，许多历史学家、考古学家和社会学家都认为汤因比关于文明的分类法“是主观的，完全没有什么明确的合乎逻辑的‘分类根据’。他把几个基督教文明都分开了，当成了不同的文明看待；而又把另一些不同的(在宗教方面和其他方面)体系的集合体变成了一个文明。他主观地把斯巴达孤立出来，使它脱离了古代希腊文明的其余部分，而把罗马文明变成了希腊或古代希腊文明的不可分割的一部分。波利尼西亚和爱斯基摩文明或‘次文明’却被列为独立的文明；同时他还把各大陆上所有的游牧民族的文明统一成为一个文明，如此不一而足”。“汤因比和斯宾格勒一样……认为他的每一个文明都有一种占有统治地位的倾向：古代希腊文明的倾向是美学的，古代印度文明是宗教的，西方文明是机械技术的。这样一种概括的说明特点的办法又是非常可以怀疑的。西方文明的这个所谓占有统治地位的特点，一直到了大约公元 13 世纪以前却一点也没有表现出来过：从 6 世纪末到 12 世纪，在这个所谓非常杰出的以技术见长的文明里，其技术发明与科学发现的总成绩可以说是等于零；从 6 世纪到 13 世纪这一段漫长的时期里，这个机械文明却是彻头彻尾地以宗教见长的，甚至比古代印度或印度文明史的许多时期都更富有宗教的特色。那个据说是具有美学特征的古代希腊文明在公元前 6 世纪以前也一点没有表现过它的美学倾向，反而是在公元前 600—前 200 年间表现了一阵非常蓬勃的科学与技术上的生命力。古代阿拉伯文明在 8 世纪和 13 世纪之间表现了强大的科学与技术上的生命力——比这个时期的西方文明强大得多。这一切都说明了那种斯宾格勒——汤因比式的对于这个或那个文明加上一种某些永久不变的特征的做法，完全不管它的历史阶段，乃是容易引起误解和不正确的主因。”①

在文化或文明的比较研究上，索罗金对斯宾格勒和汤因比关于文化或文明类型、形态及其特点的划分或概括所提出的批评是极有意义的，实际上我们现在有些人还在重复这些错误。

汤因比把生物学的方法运用来研究历史规律。他在某种程度上承认历史的前进性而反对历史循环论，但汤的前进性是有限的。与斯宾格勒一样，他承认人类文化发展的多样性是正确的，但否定人类文化发展的统一性则是不正确的。他把历史过程看作是相互割裂的几个部分，忽视了各部分相互重叠、渗透过程的连续性。例如，他认为如果一种文明改变了的话，那它就不再是自身，而是新产生的新文明。事实上，文明之间相互接触、吸取对方长处，保留并克服自身，发展成新形式时仍然是它自身，当然是包含了新内容的文明。

汤氏《历史研究》写作前后用了 27 年，他自己的观点也有了很多改变。在前 6 册，他认定一切文明在生命途程上，只经过一次的循环变化，即是由突创而生长，遂乃进到没落。到第 12 册时则作了反省，认为过去自己持论的错误在于只以希腊文化为模型，为操作工具。这把钥匙虽然可以开启许多文明之门，但不能开启一切文明之门，尤其不能开启埃及史的结构之门。汤因比在文化类型及发展规律的研究上尚有许多毛病，最根本的问题是他的文化观、历史观是唯心主义的、主观任意的。

---

① [美]索罗金：《汤因比的历史哲学》，见[英]汤因比：《历史研究》(下册)，曹未风等译，上海人民出版社 1966 年版，第 468、473~474 页。

4. 研究“文明”的比较类型学及其意义

首先要说明，本书把“文明”与“文化”视作同义的，因此所谓“文化类型”与“文明类型”同指一事。

我们认为，研究文明的比较类型学必须比斯宾格勒、汤因比等人站得更高、看得更远。马克思主义的辩证法不仅承认文化的民族性、个性、特殊性，重视各民族文化长期形成的传统，同时又重视文化的世界性、共性、普遍性；不仅承认文化的多样性，还承认文化的统一性；不仅承认文化的间断性，还承认文化的连续性。

文化特殊性中的人类文化的通性，包括文化发展的普遍规律，各文明之间的渗透与融会等，都是不可抗拒的。尤其是在近代以来，随着工业革命和资本主义的殖民扩张，随着科学技术的巨大发展和人的觉醒，文化的世界性使得任何一种特殊类型的文化(区域的、种族的、民族的乃至部落的)都不可能孤立地、独立地存在。民族文化的世界化和世界文化的民族化是一种双向互流的运动。离开世界文化而谈民族文化，或者离开民族文化而谈世界文化，都是不正确的。

今天，我们研究文化类型或文化形态，理论上的意义和实践上的意义都是很明显的。

从理论上来说，这一研究涉及人类社会和人类文化的特殊与普遍、多样与统一的关系；从实践上来说，这一研究涉及西方文化类型与非西方文化类型的碰撞、渗透、涵化、转型和融合的问题。

冯友兰先生早在1940年出版的《新事论》中即以他的殊相与共相的关系说来探讨中西文化的类型问题。他说：“把所谓西洋文化当成一个特殊的文化看，学西洋亦发生问题。一个个体，是一个特殊；他是不可学的。凡所谓学某个体者，其实并不是学某个体，不过是学某个体之某方，学某个体所以属于某类之某性。……一个国家或民族所有之文化，是特殊的文化，是很复杂的，可以同时属于许多类，有许多性。所谓西洋文化，亦属于许多类，亦有许多性。若从一种文化类之观点，以看所谓西洋文化，则于其许多性中，何者是主要的性质，何者是偶然的性质，我们可以说，可以指出。但若从一特殊的文化之观点，以看西洋文化，则所谓西洋文化，亦是一个五光十色的‘全牛’，于此五光十色中，我们不能说，不能指出，何者是西洋文化之主要的性质，何者是其偶然的性质。”①

---

① 冯友兰：《新事论》，见《三松堂全集》第四卷，河南人民出版社2001年版，第203页。

这个意思很清楚，即我们学西方不是要抛弃我们的特殊性，也不是学习西方的特殊性，而是学习寓于特殊的西方文化中的一些普遍的东西、主要的性质。冯先生从这种殊共关系出发，考察中西文化的类型。他批评全盘西化论者、部分西化论者和中国本位文化论者，都把中国文化和西方文化看成特殊的文化而不是某类型的文化。以一种特殊的文化化解另一种特殊的文化，是说不通也行不通的。

如果我们抓住共相上的区别，冯先生说，那么“所谓西洋文化者，实是指近代或现代文化”。“一般人心目所有之中西之分，大部分都是古今之异。”“若从类的观点，以看西洋文化，则我们可知所谓西洋文化之所以优越的，并不是因为他是西洋的，而是因为他是某种文化的。于此我们所要注意者，并不是一特殊的西洋文化，而是一种文化的类型。从此类型的观点，以看西洋文化，则在其五光十色的诸性质中，我们可以说，可以指出，其中何者对于此类是主要的，何者对于此类是偶然的。其主要的是我们所必取者，其偶然的是我们所不必取者。若从类的观点，以看中国文化，则我们亦可知我们近百年来所以到处吃亏者，并不是因为我们的文化是中国的，而是因为他是某种文化的。于此我们所要注意者，亦并不是一特殊的中国文化，而是一某种文化之类型。从此类型的观点以看中国文化，我们亦可以说，可以指出，于此五光十色的诸性质中，何者对于此类是主要的，何者对于此类是偶然的。其主要的是我们所当去者，其偶然的是我们所当存者，至少是所不必去者。”①

按冯先生的理解，中国文化的改造，是从一个类型转入另一个类型，而不是将一种特殊的文化改变为另一种特殊的文化。这就是说，必须认识共相，认识强盛国家的本质特性。共相是必须学的，也是可能学的；殊相是不可能学的，也是不必学的。这个共相就是社会的性质。冯先生认为，当时西方的社会是“以社会为本位的社会”，当时中国的社会是“以家为本位的社会”。实现文化的转型必须靠产业革命，靠工业化，靠生产力的发展。

冯先生半个世纪以前的这些看法是有积极意义的。他当时考虑的中国文化的转型，是从生产家庭化到生产社会化，从乡下到城里，从中古迈入近代或现代。

但是，冯先生的类型转进说亦有一些毛病。首先，世界化、近代化(现代化)不能与西方化等量齐观，即使是在共相的层面看也是如此。世界上所

① 冯友兰：《新事论》，见《三松堂全集》第四卷，河南人民出版社2001年版，第205~206页。

有非欧类型的文化，都有一个文化发展道路和模式的选择问题。这种选择的参照是双重的：一重是西方现代文化，也就是要吸收现代文明的最高成就，向更高的阶段过渡，把寓于西欧各民族特殊的、五光十色的文化中的普遍性要素，如现代工业文明(包括科学民主精神等)拿过来，加以民族化；另一重是民族文化，也就是要充分考虑传统文化对现代化道路和模式的作用，充分考虑民族的特殊性。因此，这不是一个简单的直线转进的问题。

其次，中西之分不仅仅是古今之异的问题，即使是从共相的层面看也是如此。近200年来，非欧文化要保持自己原来的类型已属不可能之事，但文化的类型反映着特定的社会文化现象的具体的规定性，它不仅仅是一个时代属性的问题，同时又是一个民族属性的问题。因此就有了越是民族的、越具有世界性价值的文化价值和审美判断的问题，于是就有了“全球意识”和“寻根意识”的并行不悖和相互渗透的问题。

从多元的文化价值观出发，我们考虑西方文化类型与非西方文化(如亚、非、拉美文化)类型的问题，似不能使用简单的二分思维模式。有一种说法，从类型学上把欧美和亚非文化一分为二，认为这是由各自社会文化组织的系统构成所确定的：

西方——物的文化，社会物质生产和精神生产中贯穿商品——货币的联结，以物与物的关系占优势。

东方——人的文化，社会关系没有披上物和法律的外衣，在社会生活的主要领域中，人际关系比物的关系更为重要。

西方——过失文化，过失与个人对内心正确性的顾虑相联系。

东方——羞耻文化，由于个性原则不发达，道德原则战胜的是羞耻感而不是过失感，然而羞耻是同别人对他是否体面的评价的顾虑相联系的，这就迫使他竭力掩盖不成功、弱点、依赖性。

西方——二分型文化，基督教经历了广泛而一贯的改革，世俗领域和精神领域之间、彼岸和现世之间、宗教戒律和法律条文之间、伦理原则和经济原则之间有着很大的区别，乃至发生分裂。

东方——整一型文化，儒教、伊斯兰教、佛教和印度教，对信徒的行为和意识的监督由一个无所不包的系统行使着职权，兼任祭祀、法律、道德、启蒙者、导师和美育的职能，调节着宗族兄弟式的关系；而这种关系给整个生活方式打上了烙印，世俗与神圣区别甚微，伦理原则包容了甚至取代了经济、法律原则。

西方——外倾型文化，面对自然，强调自然与人的对立，向外征服，发展了科学技术。

东方——内倾型文化，面向人生，强调自然与人的和谐、协调，向内要求，发展了人性修养。

类似这样的东西文化类型特征比较的例子还有许多，不能说没有抓住几许特点，但大多失之笼统。关键不是东西文化类型的粗略划分和比较，而是这两种类型文化的冲突和交融。事实证明，必须充分考虑传统结构和文化进程深刻的多样性和文化的继承性，发掘社会发展的内在潜力，珍视亚非拉美文化的多重价值，避免全盘照搬西方现代化的经验模式，求得世界文化的多元发展。文化的现代化、世界化并不是文化的单元一体化，各文化类型的特殊性也在发展着。对于发展中国家来说，发展生产，吸取现代文化成就，对民众进行文化启蒙，改造他们由落后的生产方式带来的落后的思维、行为方式和文化心理，都是当务之急，但这并不意味着抹杀各自的文化特点。一个国家、一个民族的文化尚且有不同的类型，千姿百态，百花争妍，世界的文化就更是如此了。无论是把世界文化分成东西两种文化类型，抑或如斯宾格勒、汤因比那样分成几种、几十种类型，都是次要的，因为这种类型学上的划分是没有统一标准的。重要的是，我们可以从中反思文化发展的普遍与特殊、统一与多样的辩证法。

二、文化模式

1.“文化模式”界说

关于文化模式(Culture Pattern)，通行的界定是：“诸文化特征协调一致的组合状态。虽然这一术语的含义因作者而异，一般却是强调文化因素的结构或形式，以别于内容。文化模式是一种文化的诸成员所普遍接受的文化结构，也是长期存在的一种文化结构。诸文化模式的复杂性以及属于各该文化的成员对这模式的认识程度是可以改变的。简单、明显的模式可以在劳动习惯、服装和饮食上表现出来。比较复杂的模式可以在社会制度、政治制度或经济制度上看到。美国人类学家 A. L. 克罗伯将文化模式分为两种范畴，一种是主要模式，曾绵延数千年并起重要作用；另一种是次要模式，稳定性差而易变。一种适用于解释全部文化的模式即诸文化的普遍模式，也曾由克罗伯提出。另一人类学家 R. 本尼迪克特在其所著《文化模式》(1934)一书中以各种文化的成员在感情上对待世界的态度来解释文化模式，她把文化看作是一个一致的思想和行动的整体，具有典型性的目的，而此目的则贯穿于一个社会的行为方式及其全部制度之中。她认为，这些模式由可能出现的人类行为的范围里，选择那些人们所乐于接受的特别类型，而排斥与此相反的东西。”①

可见“文化模式”与“文化类型”有相近之处，又毕竟不同。归纳、比较文化类型，抓住的是外在形态上的特征或以各组特征为主要内容的外在的形式结构；归纳、比较文化模式，抓住的则是文化内部特征的协调一致的组合状态，是文化诸要素组合的内在的形式结构。文化类型学从现象形态入手，把握一些地域、民族文化的个性、特殊性、差异性；文化模式论则更注重地域、民族、部落文化的内部整合状态，尤其着力捕捉其集体无意识的东西，更能抓住各个文化或文明的本质。不过，“文化类型”和“文化模式”的区别有时候并不是那么绝对的。“文化类型”比较从外部形态深入到本质特征，“文化模式”比较则从文化内涵上接触本质特征，都指向一定文化共同体的深层结构，如价值观念、思维方式、心理状态、精神风貌等。

“模式”是借用的行为心理学的概念，是一个予各种行为以意义，并将各种行为包括于文化整体中的媒介。

“文化模式”不是一个孤立的概念，而是一整套概念中的一个。大体上说，这一套概念是：

文化特质(Culture Trait)——指文化的最简单的单位，不是时下有些人指的“文化的特殊性质”，而是类似于化学上的“元素”。文化特质包含物质与非物质的质素。

文化丛结(Culture Complex)——文化特质的表现，常是集合的而非单独的，如我国南方人吃大米的风俗，与水稻的耕耘、栽培、收获和烧饭等行为是联系在一起的。这样一些集合状态，谓之“文化丛结”，或简称“文化丛”。

文化模式(Culture Pattern)——简言之，是一个社会的技术、习俗、思想等在各方面互相适合，形成的一致的体系。例如初民部族，有以战争为生活者，其文化模式便建立在战争的理想之上。做领袖的都是英雄与战士。青年的训练，巫术的形式，都离不开战争的动机。

文化基础(Culture Base)——一个社会的文化丛结和文化模式之总积，构成它的整部文明，而在某个限定的区域内的文化总积，谓之“文化基础”。有人曾把各种民族的文化基础所有的材料，归纳成一种“普遍的文化模式”②。

当然，关于文化结构的这一系列概念，运用得最广泛的还是“文化特

① 《简明不列颠百科全书》第8卷，中国大百科全书出版社1986年版，第260页。
② 参见黄文山：《文化学体系》，台湾“中华书局”1971年版，第72~73页。

质”和“文化模式”。“文化模式”本身又分为初级模式、次级模式(或主要模式、次要模式)和普遍模式等。

2. 克罗伯和本尼迪克特的“文化模式”

我们在第二章第四节和第六节曾分别简单地提到美国人类学家克罗伯和本尼迪克特的“文化模式”研究，这里再略为详细地作一评介。

克罗伯认为，人类学研究倚重于历史——综合的方法，而不是像科学研究那样倚重于科学——分析的方法。文化学家、人类学家、历史学家总是把某一文化现象、历史事件作为一个较大的、复杂的、整体的一个部分、一个元素、一种趋势来加以解释。这个整体构成一特定的模式。所谓模式观念，其实就是避免把文化现象、历史事件看作毫无联系的事物之堆积，而把文化诸现象、要素、部分、趋势看作是有内部联系的、相互协调的体系。

克罗伯相当广泛地研究了埃及、美索不达米亚、印度、中国、西欧(英、德、法、西班牙)、美国、日本的哲学、科学、文字学、雕刻、绘画、戏剧、服饰、文学、音乐，以及民族生长的史料，并尝试建立文化的普遍模式。

克罗伯对文化的主要模式和次要模式(特别是后者)进行了研究。所谓主要模式，是与人们的生存、生计等实际生活有关的文化结构；所谓次要模式，是与人们在满足了基本的生理需要之后的审美活动等有关的文化结构。前者比较稳定，后者易于变动；前者“面对现实”，后者“面对价值”。

这样，克罗伯就把我们通常说的吃、穿、住的活动，物质生产方式、生活方式等作为基本的、现实的文化层面；而把氏族组织、亲属、婚姻与继嗣体系，特别是娱乐嬉戏性的、富于幻想或精心设计的技艺、审美等活动作为次级的、价值的文化层面。克氏把文化体系的次级成分看作是基于具有价值的或以本身为目的，而不只是达到实用目的之手段的“价值文化”。克氏认为价值文化最能表现人们的创造发明的内在驱力。因此，现实文化建立在客观条件上，它在性质上是固定的，反映了人们的现实利益和他们所面对的自然现象；价值文化则受到自身内在的原则的支配，在有限的情况下是独立于外在因素而自主的。例如，艺术形式有依着纯粹美学的价值发展的趋势。北美波姆族发展了一高度精心设计的编篮形式，他们对各种技艺熟能生巧，远超过他们的实际需要，他们把编篮工作变为一种素质很高的艺术形式。

克罗伯把构成次级文化而具有各种风格特征的历史发展模式勾勒为成长、发展顶点与衰落的曲线。克罗伯的成长曲线并没有死板的标准，他拒斥斯宾格勒的“文化必经由基本上平行的阶段而发展”以及“它们自己灭亡”的观点。他认为文明的生命历程远比斯宾格勒想象的更为不一致，更无必然性。

克罗伯研究了几个世纪西方妇女时装（主要是晚礼服）特征的基本模式和演变规律。他发现，裙长与裙宽、腰部的宽度与高度，以及袒胸露臂装的宽与深度等尺寸，几乎以一百年为一周期来回波动。例如，裙长由长至短，再回到长裙为一周期。时髦变动或不稳定在一个周期的特殊点上出现。当钟摆摆到短时装一端时，长时装便显示相当的不稳定，而当流行式样又再度摆回长时装时，不稳定便消失了。同样地，当腰线移得很高，接近胸线时，不稳定会出现；而当腰线下移到接近臀部时，不稳定再度出现；但是当腰线居中，居于正常的解剖位置时，不稳定消失。由此，他归纳出妇女晚礼服的“基本或理想的型式”——直达脚部的长裙；腰部尽可能纤细，腰线居中；上胸部、肩部与手臂的主要部分裸露；腰部以下礼服的轮廓彻底脱离身体的形状，但从腰部以上，身体与礼服的轮廓线则密切地契合着。流行式样可能从左边或右边远离这一基本型式，然后再回到这一基本型式，面料、颜色、配件、镶边亦随时变化。克罗伯指出，妇女晚礼服流行款式并不显示大多数其他独具风格模式的次级文化特征，例如艺术的成长曲线等。他还探讨了陶器式样、建筑、哲学的模式和成长曲线。①

克罗伯的毛病是忽视现实文化、主要模式，偏重价值文化、次级模式；认为环境和生计基础只不过是一限制因素；认为经济体系对于丰富的价值文化的发展是必要的，但价值文化一旦发展就会追求自己的目的，自成一格。

本尼迪克特的研究证明，不同类型的文化有着各不相同的整合形式，这些整合形式证明，文化的各个不同方面之间的关系总是遵循着各种完全不同的模式的，而过分概括化的理论并不能有效地把握这些模式。因此，深刻地体验、把握各个文化的内在精神，认识控制个人和群体行为的各种观念，成为把握文化模式的不二法门。这样，她把文化的内在精神称为“文化构型”，即“文化形貌”。与文化内容的变化相比，文化构型往往具有不同寻常的持久性。“文化构型”（“文化形貌”）与“文化模式”的内涵十分接近，本尼迪克特以这样一些概念表示文化中的支配驱力，这种力量建立在人类经过选择的某些特质上，而使人类其他特质失去作用。但是，“文化构型”不是代表一组固定特质的“文化类型”。世界上任何一个地方都不可能完整地复制某一“文化构型”。

---

① 参见[美]ElVin Hatch：《人与文化的理论》，黄应贵等编译，台湾桂冠图书公司1981年版，第106~119页。

本尼迪克特认为："世界各地习俗的多样性并不是一个我们只能加以汇编罗列的问题。这个地区盛行自我折磨，那个地区则崇尚猎取首级；这个部落强调婚前贞洁，另一个部落则奉行青春期性交自由——所有这些都不是互不相干的事实罗列，好像何处存在或不存在这些习俗只使人感到惊奇。与此相同，有关自杀和杀人的禁忌虽然没有什么绝对的标准，但我们不可以由此认为它们都是偶然产生的。当我们明确地认为，文化行为是地域性的、人所作出的、千差万别的时候，我们并没有穷尽它的重要意义。文化行为同样也是趋于整合的。一种文化就如一个人，是一种或多或少一贯的思想和行动的模式。各种文化都形成了各自的特征性目的，它们并不必然为其他类型的社会所共有。各个民族的人民都遵照这些文化目的，一步步强化自己的经验，并根据这些文化内驱力的紧迫程度，各种异质的行为也相应地愈来愈取得了融贯统一的形态。一组最混乱地结合在一起的行动，由于被吸收到一种整合完好的文化中，常常会通过不可思议的形态转变，体现该文化独特目标的特征。我们只有首先理解了一个社会在情感上和理智上的主导潮流，才得以理解这些行动所取的形式。"①

过去的人类学著作，偏重于文化特质的分析，而比较忽略文化整体。然而，整体总是大于各部分的总和，整体是一新的复合体，具有新的性质。脱离了整个文化背景，就不可能理解文化的任何一种特质。她说："我们可以知道某一部落的婚姻形式、礼仪舞蹈和青春期入社礼的所有分布情况，但对文化整体则毫不理解。而这个文化整体正是为了其自身目的才应用了这些文化元素，并且在其周围地区可能存在的文化特质中选择能为这个文化目的所利用的特质，舍弃那些不可用的特质，同时也改造了其他一些特质，使之合乎文化目的的要求。整个过程从来不必是为人意识到的，但是如果在人类行为模式化的研究中忽视这种过程，那就等于排除了合理解释的可能性。"②

本尼迪克特认为，文化的这种整合毫无神秘之处。艺术风格的形成和盛行过程就是一个整合的过程。例如哥特式建筑，刚开始时不过是出于对高度与光度的偏好，但是由于某些风雅的准则、鉴赏趣味的规范的作用，发展成13世纪独特而同质的艺术。也就是说，在这一伟大艺术形式形成的过程中，存在着某种无意识的选择，剔除、改造一些因素，吸取并新创一些因素，使

① ［美］鲁恩·本尼迪克特：《文化模式》，张燕、傅铿译，浙江人民出版社1987年版，第45页。

② ［美］鲁恩·本尼迪克特：《文化模式》，张燕、傅铿译，浙江人民出版社1987年版，第46页。

之符合一种难以言状的目的。于是，起初不过是地方性艺术形式和技巧中的稍带倾向性的偏好，逐渐整合成一种确定的标准，最后形成了哥特式艺术。本尼迪克特认为："所有各式各样的行为，诸如谋生、择偶、战争和神祇崇拜，都依据文化内部发展起来的无意识选择规范而被融会到了统一模式之中。某些文化就像某时期的艺术一样，没有得到整合；还有许多文化我们所知甚少，以至于还不能理解这些文化的动机(Motive)。但是处于各种不同复杂层次上的文化，即使是最简单的文化，都获得了这种动机。诸如此类的文化或多或少都达到了成功的行为整合，而存在如此众多可能的文化构型(Configuiation)倒或许是一种奇迹。"①

由此我们可知，本尼迪克特的文化模式理论有这样一些特点：强调文化是一个有机整体；强调文化及其模式化的过程是一整合过程；强调文化整合过程的动因是集体无意识。因此，她说："如果我们志在研究文化过程的话，那么，我们只有把握了该种文化中制度化了的动机、情感和价值等背景，并依据这种背景才得以认识具体的被选择行为的意义，这是获得这种认识的唯一途径。"②她主张研究活文化，研究各民族、各部落的思维习惯及其制度的功能，而不必沉溺于死资料的东拼西凑之中。

她借用尼采关于希腊艺术分别反映酒神(狄奥尼斯)型和日神(阿波罗)型的心理特征的说法，把她所研究的原始部落普韦布洛印第安人(以祖尼人为代表)和其他美国印第安人(以多布人和克瓦基特人为代表)的文化命名为"日神型"、"酒神型"和"偏执狂型"的文化。

尼采曾经以希腊神话中的阿波罗神和狄奥尼斯神刻画古希腊的艺术：狂放、激情、豪爽、过度的音乐、舞蹈，象征打破生存的日常束缚和限制而追求生存价值的人；静穆、平和、中庸、适度的史诗、雕刻，象征不涉入破坏性心理状态，即使在狂欢中仍旧依然故我的人。希腊悲剧兼有这两种精神。而源于苏格拉底的理性文化，完全背离了酒神文化与日神文化。斯宾格勒则以阿波罗精神和歌德笔下的浮士德精神分别表征希腊文化和西方文化，并认为它们是两种完全不同的文化，前者安分守己，追求现实，后者动荡不安，追求玄远。本尼迪克特受到他们的启发，以酒神和日神概括印第安人的不同原始文化。文化类型和模式的研究，由此而增加了许多趣味，同时又难免牵

① [美]鲁恩·本尼迪克特：《文化模式》，张燕、傅铿译，浙江人民出版社1987年版，第47页。

② [美]鲁恩·本尼迪克特：《文化模式》，张燕、傅铿译，浙江人民出版社1987年版，第48页。

强附会。

本尼迪克特无意构筑一种文化类型学，正如她的师妹米德在《文化模式》序言中所指出的，“她视人类文化为‘人格的典章性扩大’；在她看来，各种文化，无论多么狭小、多么原始，也不管多么庞大、多么复杂，都可以看作从巨大的人性潜力之弧中选择了某些特性，并将这些特性繁化成愈来愈牢固的、强化的格式……她也不相信可以建立起任何一种适用于过去、现在和将来的所有人类社会的封闭体系。她倒是信奉这样一种观点，她把人类文化视作不断发展的画卷：这些文化没有极限可设，因为所有可能的结合如此之多，如此纷繁，以至于无穷无尽”。所以，本尼迪克特并不欣赏斯宾格勒关于文明的兴盛衰亡的周期性理论，倒是看重斯氏关于西方文明中古典与现代的文化构型即阿波罗型(即日神型)与浮士德型的对比研究，认为这些有价值的、独创性的分析真正触到了文化的内在精神！她认为，正是一种文化的内在精神使人们的生存模式化，并使这些文化中个人的思想和情感固定化。

她强调文化元素(特质)有无限的组合。在一社会里一特殊的文化元素，例如一种艺术形式，可被并入宗教体系内，然在另一社会里，同一特质可被重新规定为一有价值的商品，而成为经济交易体系的一部分。文化特质的流动易变、随机反复的重新组合，看起来是漫无目的的；而实际上受到人的心理、情绪的影响。一定的文化模式是由一定民族的潜意识造成的。

总起来说，本尼迪克特把文化的差异看成人格心理上的差异，把文化看作一组人格心理特征在规范、组织、习俗和制度上的投射。因此，所谓文化模式，不过是一个民族的内在的精神和心理的结构，文化的模式论也就是文化的心理学和文化的人格论。

由此可知，本尼迪克特的主要理论局限在于，她把文化整合的机制建立在主观思想、心理的层次上，撇开了环境的、经济的或社会结构等更为根本的作用。社会心理的研究方法对文化学有很大的意义，但不能把这种方法的功能过于夸张。

3. 改造“文化模式”

我们与博厄斯学派的继承者和改进者克罗伯、本尼迪克特不同，我们认为，文化模式首先是与文化的地理自然环境有关联的，其中心是经济生活方式和社会生活结构，由此才形成民族心理结构的差异。不同文化的内在精神、不同民族的集体无意识对于诸文化特质的去取、选汰和整合，的确有着很大的作用。但是，文化整合的创造力是一种客观的力量，是无数力的平行四边形作用的合力，首先是物质生活方式的制约力，人的蕃衍方式和社会组织结构的制约力。我们不认为文化整合的创造力在个人或群体的心灵里，但同时又承认，与技术—经济相比，文化价值对物质世界具有更大的独立性。我们坚持的是辩证唯物主义的文化观。

按照本尼迪克特的理论，任何一个文明社会中的文化模式都利用了由潜在的人的目的与动机所组成的巨型弧中的某一片断。换言之，文化特质的选择、组合和协调状态，文化诸要素的形式结构，取决于文化主体的性格、人格和心理。《文化模式》有丰富的人类学资料(生动活泼的祖尼人、多布人、克瓦基特人的习俗)，它的缺陷恰恰在于作者一定要把祖尼人的生活习俗置于“日神”精神的笼罩之下，把其他两种人的生活习俗置于“酒神”或“偏执狂型”的精神之下，显得牵强附会。从她所描绘的这三种文化的婚姻形式来看，在根本上是一致的、原始的，并不由所谓中庸平易的日神或狂热暴躁的酒神所决定，而与他们的生产方式同步。其实，文化选择并不完全是由个人或族体的主观标准所致。例如，我们在鸦片战争时面临的文化模式的选择、拒斥与修正，难道是由道光皇帝或慈禧太后，抑或张之洞、林则徐的个人主观标准所决定的吗?

总之，文化模式，作为诸文化特征协调一致的组合状态，作为文化诸特质的形式结构，主要指的是人存在的物质生产活动的方式、社会经济运作的道路、社会组织结构的系统以及人们的思维和情感方式、风俗习惯、社会心理、价值取向的复杂综合体的内在的、统一的结构。我们现在所说的文化现代化的多元模式，如“西方模式”(往往又分西欧、北欧、北美等)、“苏联东欧模式”、“工业东亚模式”等，主要还是看其经济生活方式，同时又将民族文化精神的因素也包含在内。

文化模式是有层次的。一种是普遍的文化模式，是人类在自由自觉的活动中所创造的各民族文明大体一致的文化形式结构。这是人类文化可以进行交流、借鉴和相互渗透、汲取的根据。衣食住行的方式，各民族都不相同，但为满足人们的物质生活需要去创造工具、房屋，乃至语言、科学等，是人类文化共同的基本结构和特征。另一种是特殊的文化模式，一个民族、一个国家，乃至一个地区、一个部落的文化诸特征协调一致的组合状态和构成方式。这里面的确有本尼迪克特等强调的民族(或部族)的心理结构、价值系统上的差异，即民族的心理、性格、精神，民族的潜意识或集体无意识等。但是，特殊的文化模式之间的差异主要是生产方式的差异，如游牧、农耕、商业等。特殊的文化模式，往往在一个国家、一个民族中有好几种并存。捕捉这些特殊模式，有利于发现各民族文化结构上的优劣利弊，推进各民族、各地区文化的多样发展。

一个很现实的问题是我国文化现代化的模式问题。我们主张把这个问题分成两个层次来加以考查。首先是世界文化现代化的普遍模式，其次是中国文化现代化的特殊模式。

美国社会学家帕森斯（1902—1979）在现代化理论中打破了传统与现代对立两极的理论，主张以一种多维的认识方式考察现代化的模式问题。按照他的看法，现代社会体系约在17世纪于西欧开始发展，18世纪西方便向民主化与工业化方向演化。现代化过程起源于西方，通过殖民的扩张而延伸到全世界。但是，社会系统的演变是非常复杂的，是多因素同时相互作用的，而不是单线因果关系决定的。因此，不同民族的现代化模式不可能相同。这里有经济、政治、宗教、伦理等各方面因素的制约。帕森斯批评了庸俗的经济决定论和单维的文化决定论（克罗伯与本尼迪克特都是文化决定论者）。

中国现代化的发展道路和模式离不开世界现代化发展的共同大道，受制于人类文化发展的一般规律。但我们不能不考虑中国文化渊源有自的特殊类型和模式的问题。当然，文化模式不是一成不变的，旧模式是可以向新模式转化的。文化发展的最一般规律通过大量的、偶然的、各民族文化的特殊形态和特殊模式间接地表现出来。社会历史经济形态反映了社会文化发展的本质，揭示了一般必然性，却并没有包含其全部的丰富性。由于发展中国家各民族文化的类型、形态和模式不同，它们走向现代化的途径和模式是多样的而不是单元的。中国现代化的模式，属于社会主义模式的范畴，60年来，特别是近30年来已有了初步的规模。摸索新型的、社会主义的、适合我国特点的现代化道路和模式，是我们面临的艰巨任务。

文化类型和文化模式研究，可以说是世界文明比较的无数种研究之中的两个方面。对文化类型和模式、文化的外在特征和内在结构，可以进行微观、中观和宏观的研究，研究方法也可以是多样的。在一定意义上说，这些属于跨文化研究。这种研究不仅有理论的意义而且有直接的现实的意义。通过切实的民族学、人类学、社会学、历史学的跨文化比较，并且运用社会心理学的知识和方法，取样调查，然后上升到理论文化学的高度，可以得出一些世界范围普遍适用的理论，认识文化发展的共相与殊相、多样与统一的关系。

文化类型与模式研究的另一个现实目的就是促进各民族的了解和沟通。本尼迪克特从族体心理学出发，在第二次世界大战行将结束时对日本文化模式中的矛盾性的揭示（崇尚军刀与礼仪超群），对日本文化（羞耻感文化）与西方文化（罪恶感文化）模式的比较，对于战后改造日本，及美日沟通和日本与世界沟通，都起了很好的作用。与她的《文化模式》一样，《菊与刀》也有不少毛病，但平心而论，这两部文化比较的著作读起来十分有味道，而且可以从中品味到世界文化从过去到现在，从现在到未来的发展问题，特别是横向上的文化形态、结构和内在精神的丰富性、多样性，从而抛弃一些简单化的看法。

综上所述，文化的类型和模式研究最终都涉及民族文化的根本精神和内在价值问题。黑格尔指出："民族的宗教、民族的政治制度、民族的伦理、民族的法制、民族的风俗以及民族的科学、艺术和技能，都具有民族精神的标记。"①但是，民族文化内在精神的差异是如何形成的呢？文化类型和模式比较的关键在哪里呢？马克思主义主张从现实的人的实践活动出发，考察这些活动的自然生态环境、地理历史条件，考察劳动生产活动、经济交往活动、社会政治活动以及精神交往活动，首先是物质生产的自主活动创造出一定的生产力水平和与之相应的个人之间进行交往的条件，即交往形式(经济、政治、精神领域的交往关系的形式，其内核是生产关系)。

20世纪文化哲学和历史哲学一个十分重大的进步是，逐渐摆脱了欧洲中心主义的思维框架和单线进化论，逐渐认识世界文化的丰富性、多样性、殊异性和不同文化的相对性、独特性、民族性，逐渐肯定不同人种、种族在不同地理生态环境下表现出来的独特的文化创造能力及生存方式、行为方式、思维方式、价值取向、审美风格、心理结构形成与发展的特殊道路。一定民族的文化生态环境及在这一环境中陶铸的文化性格，是决定他们在天、地、人、我之间的存在方式的极其重要的因素。风格迥异的习俗、语言符号、工艺技术，维系群体与个体相互关系的制度、规范，安身立命的终极价值，成为文化分类的依据。

马克思主义文化学并不排斥斯宾格勒、汤因比、克罗伯、本尼迪克特等在文化类型与文化模式研究中的贡献，尤其是他们在比较民族文化的性格特征和内在精神方面表现出的睿智。在吸收以上学者的成果的同时，我们不能不强调，民族文化差异与民族生存空间(主要是地理环境)、物质生产方式、社会组织形态的关联。各民族精神文化本质特征的差异性正是建立在这一基础之上的。同时，把马克思主义的文化学歪曲为地理环境决定论、经济决定论或一元单线发展观是错误的。

诚然，地理环境的差异是各民族(特别是古代各民族)文化类型或模式

① [德]黑格尔：《历史哲学》，王造时译，生活·读书·新知三联书店1956年版，第104页。

之差异的前提，但各民族文化毕竟是作为社会的人创造的，这种创造往往突破了地理环境的制约。而且，在人存在的基础条件(地域、性别、种族、语言、宗教)中，地理环境毕竟只是其中的一个要素。民族性格和民族精神的铸造，固然离不开内陆、山地、海洋等自然条件，但是，其间的中间环节甚多，不应当直接画上等号，如说中国文明是一种内陆文明，西方文明是一种海洋文明，中国古文化系统从半封闭的地理环境中获得了特别完备的“隔绝机制”，从而使中国人具有褊狭的“大陆民族意识”云云，还需要充分论证。任何民族精神的形成都是多种因素长时期作用的结果。实际上，中国古人早就开辟了海上丝绸之路，中国文明也是海洋文明。

在民族内在精神与经济生产方式和社会组织形式之间，同样存在着许多中间环节，不能直接画上等号。马克思和恩格斯都曾指出，经济上落后的民族，在文化上(如在哲学理论上)同样可以演奏“第一提琴”。各民族独具风格的文化心理和民族精神固然在很大程度上取决于他们的生产方式(如游牧、农业、工业)和社会组织形式(如印度的种姓制度、中国的宗法制度、欧洲中世纪的等级制度)，但这种联系和关系也是十分复杂的。斯宾格勒、本尼迪克特等人的研究，从另一个角度，说明一种文化的内在精神反过来使人们的生存方式模式化；精神文化、价值文化往往受到自身内在原则的支配，有时候是独立于外在因素而自主的；文化整合过程的动因在一定意义上恰恰是集体无意识。这些研究，都值得我们深入地思考，批判地吸取，把有益的思想成果纳入以现实的人的实践活动出发的马克思主义的文化学体系之中。

第五章　比较文化及其方法论

当今关于文化各门类的比较研究，大有勃兴之势。比较文学、比较美学、比较艺术、比较历史学、比较社会学、比较哲学、比较法学、比较政治学、比较经济学、比较教育学、比较伦理学、比较宗教学、比较语言学的工作，国内都开始有了兴旺的迹象，出现了不少热心者和少量专门家、专门机构。如果说，20 多年以前，人们还局限于盲目地将中外不同的人物、思潮、学派、著作"两两对比"的话，那么，今天，比较的对象和范围就更为扩大了，方法也更加多样了。

一、"比较文化"及笼统、图式化比较弊端的审视

1. 何谓"比较文化"？

"比较文化"，顾名思义，是人类各民族、各部落、氏族或一定社会集团的衣食住行等活动方式、人的蕃衍方式、家族结构、社会组织，政经制度、风俗习惯、价值观念、思维方式、心理素质、性格特征及语言、巫术、宗教、道德、艺术、哲学等相互观照、相互比较研究的总和。比较文化研究，实际上是一种"跨文化研究"，即是把一个文化共同体在一定空间范围(地理生态环境和社会文化环境)和一定时间限断内所产生的文化现象或文化系统，放到更为广阔的时空背景上加以考察，找出一些文化现象和文化系统之间的相互关系。文化比较不一定局限于异同优劣的一一对照。例如，我们把朱熹哲学与黑格尔哲学相比较，把中国传统哲学的"理"、"气"范畴与西方哲学的"形式"、"质料"范畴相比较，固然是一种比较文化的工作；我

们研究印度神话、寓言、童话随着佛经的传入对我国文学史的影响，研究诸如留日学生运动或南洋华侨对辛亥革命的作用，研究彝族、藏族、蒙古族的风俗和语言，其实也是在做比较文化的工作，因为这些研究都不能脱离大的文化背景。

对文化现象和社会历史现象的任何研究，实际上都离不开比较。司马谈《论六家要旨》对先秦各文化区域出现的主要哲学流派的特征进行了简明而准确的概括和比较。更早的《庄子·天下篇》、《荀子·非十二子篇》，清代黄宗羲父子等的《明儒学案》、《宋元学案》等，都是对不同地域、不同文化共同体(人物、师承、门人)、不同思潮、流派的思想进行比较研究的成果。刘勰《文心雕龙·序志》历数魏晋至齐梁各家文论的见蔽得失，显然也是一种比较。我国史家的传统，即所谓“究天人之际，通古今之变”，考察历代“成败兴坏之理”，“原始察终，见盛观衰”，“以古为镜”等，都离不开比较。但严格说起来，这些都不能算“比较文化”。因为他们所进行的比较还很难说是一种以广阔时空为背景的跨文化的比较。由于“夷夏大防”观念的束缚，古人尚不能科学地比较汉民族与兄弟民族的风俗习惯、生活方式，更谈不上与异质文化进行科学比较了。

确切地说，只是在世界各国相互依赖关系不断增长的近现代时期，才有了真正自觉的文化比较。维柯、伏尔泰、卢梭、赫尔德、孔德等对各民族风俗的比较，成为比较文化的滥觞。

比较的目的，是增强各民族之间的了解、沟通和世界不同文化相互间的理解、适应、协调、融合，寻找人类文化发展的普遍规律和不同文化发展的特殊规律。例如维柯(1668—1744)的《新科学》试图揭示隐藏在处于不同发展阶段上的各民族的多种形式活动的不同的思想原则，并通过对各时代各民族宗教、神话、政体、语言、法理、风俗的比较，考察各民族文化的共性，认为人类文化的发展经历了由“神的时代”到“英雄时代”到“人的时代”三大阶段，提出了世界是由人类创造出来的著名思想。赫尔德(1744—1803)运用比较语言学的方法解释语言与思想的关系。他与以普遍的理性原则来衡量一切的启蒙思想家不同，在《关于人类历史哲学的思想》中，考察各民族文化因自然地理环境和文化传统背景的不同所显示的个性和差异，关注印度文化，主张以公平合理的态度承认世界所有民族的存在权利，重视活生生的社会现实、风土人情及历史文化环境的特殊性，试图揭示其个性背后的共性。他提出历史就是人类的文化史的著名命题，把人作为哲学的中心，把文化发展作为人类进步的本质和规律。他认为，人类文化的动力即是人性，是活动着的个体的力量。维柯和赫尔德的文化比较是他们的文化哲学不可分割的部分。不管他们的文化哲学有些什么缺陷，我们不能不肯定，他们真正明确了比较文化的目的，奠定了比较文化的基础。

在20世纪，有影响的文化比较，大体上有这样一些：一种是世界历史上各大文明体系及其文化类型的宏观比较，如历史哲学家斯宾格勒、汤因比和社会学家索罗金(1889—1968)的比较；一种是从微观出发考察各文化共同体生活方式、习俗和民族个性的同异，如人类学家马林诺夫斯基、博厄斯、本尼迪克特的比较；一种是围绕着中国文化近代化(或现代化)而进行的中外(主要是中西)文化的比较，如我国思想家、哲学家蔡元培、李大钊、陈独秀、胡适、梁漱溟、朱谦之、冯友兰、贺麟、唐君毅、牟宗兰的比较；一种是以马克斯·韦伯(1864—1920)为奠基人，包括帕森斯(1902—1979)、列文森(1920—1969)等在内的社会学家、思想史家的比较现代化研究。

我国的文化比较研究，自清末以来，一直就是一个很热门的课题，如果撇开学术性较强的诸如钱钟书先生的《谈艺录》、《管锥篇》等不论，我们不难发现中西文化比较，特别是宏观的比较，与中国走向近代的主旋律十分吻合。这些比较的总目的是唤醒麻木的民众，促使中国走向世界，看清中西文化的优劣利弊及融合趋向。其中自觉或不自觉地涉及文化的民族性与时代性的关系问题，具有深刻的文化选择与重构的意义。

2. 检视近代文化比较的缺陷

但是，如果我们从比较文化的角度检视近代中西文化比较的工作，我们不能不承认，由于理论和方法的缺乏和对中西双方文化成果研究得不够，很多对比的论调，流于肤泛、笼统，实出于主观臆测。例如，关于中西文化的对比，薛福成说是"道的文化"与"器的文化"的对比；严复说是"委天数"、"好古忽今"的文化与"恃人力"、"力今胜古"的文化的对比；辜鸿铭以"自成自乐的世界观"与"物质主义的世界观"对比；梁启超和张君劢以"精神文明"与"物质文明"对比；胡适和丁文江以"真正的唯物文明"与"真正的精神文明"对比。持不同立场的杜亚泉和李大钊均认为是"静的文化"与"动的文化"的不同，梁漱溟认为是"理性的""意欲调和持中的文化"与"理智的""意欲向前的文化"的差异；常乃德认为是"古代文明"与"现代文明"的问题；冯友兰以"生产家庭化"与"生产社会化"对比；钱穆以"孝的文化"与"爱的文化"对比；熊十力以"天人合一"、"体用不二"的文化与"天人两橛"、"体用二分"的文化对比；牟宗三以"仁的文化系统"与"智的文化系统"对比。如此等等，不一而足。

此种抽象比较，以李大钊为集大成者。1918年他发表《东西文明根本之异点》一文，认为东西文明："一为自然的，一为人为的；一为安息的，一为战争的；一为消极的，一为积极的；一为依赖的，一为独立的；一为苟安的，一为突进的；一为因袭的，一为创造的；一为保守的，一为进步的；一为直觉的，一为理智的；一为空想的，一为体验的；一为艺术的，一为科学的；一为精神的，一为物质的；一为灵的，一为肉的；一为向天的，一为立地的；一为自然支配人间的，一为人间征服自然的。"①

近代以来，关于中西体用之争，关于东西文化之争，关于科学与玄学之争的价值和意义，是毋庸置疑的；但是，从思想资源的狭窄、认识方式的局限上来看，如果不作出深切的反省，势必妨碍国民文化意识的进步。实际上，20世纪80年代重开文化大讨论中重新出现的一些简单、浮泛的中西文化比较的论断，多少说明我们对鸦片战争以来特别是五四前后的文化论战和文化比较还缺乏高层次的体认和扬弃。

例如，30多年前，我们经常看到一些论著，说中国文化是封闭式的、大陆型的，西方文化是开放式的、海洋型的；中国文化是单向性的、趋同的、静止的、反创造性的；西方文化是多向性的、求异的、动态的、创造性的。这样一些比较、概括，有多少文化史的根据呢？诸如此类的全称判断的准确性，非常令人怀疑。人们很容易从中西文化史上找到反例，进行证伪。像这样去比较中西文化，当然只能是低层次的。从一定意义上说，并没有超过五四时代的水平。

在五四东西文化论战时期，西化派主将胡适与保守主义主将梁漱溟的笔墨官司颇值得咀嚼、回味。在《东西文化及其哲学》中，梁漱溟把古希腊人、古中国人、古印度人在人生态度上的不同，看作是文化路向的根本差异。他是这样比较中、西、印文化的：西方人持奋斗的生活态度，西方文化以意欲向前要求为其根本精神；中国人持随遇而安的生活态度，中国文化以意欲自为调和持中为其根本精神；印度人持出世的生活态度，印度文化以意欲反身向后要求为其根本精神。梁氏认为："由于问题浅深之不等，其出现于人类文化上实应有先后之序。从而人类文化表现，依之应有三期次第不同。"②因此，现在是西方文化成为世界文化的时代，将来是中国文化翻身成为世界文化的时代，其后则是印度文化翻身成为世界文化的时代。上述思想，曾被胡

① 李大钊：《东西文明根本之异点》，见《李大钊文集》，人民出版社1984年版，第557~558页。

② 梁漱溟：《中国文化要义》，见《梁漱溟全集》第三卷，山东人民出版社1990年版，第260页。

适在《读梁漱溟先生的〈东西文化及其哲学〉》一文中批评为笼统、武断、把复杂的文化问题套入一个“整齐好玩”的简单的公式的“主观的文化轮回说”。

胡先生的批判是有一定意义的。但胡先生的批评，由于方法论上的缺失，却又经不住梁先生的反批评。梁氏在《答胡评〈东西文化及其哲学〉》一文里批评胡氏更为笼统、武断，企图把世界各国文化放在一个类型的文化的历史发展之中，泯灭了不同民族文化的不同类型和特异色彩。他说：“原来胡先生说我笼统，说我不该拿三方很复杂的文化纳入三个简单公式里去；他却比我更笼统，他却拿世界种种不同的文化纳入一个简单式子里去！我正告胡先生，我实在不笼统，因我并不想什么纳入简单公式，我只是从其特著的色彩指出它的根本所在——人生态度，便有例外也无干系。例如印度未尝没有‘顺世外道’之反出世派；西洋未尝没有禁欲主义的旧教。然从西洋文化的特著色彩看去，其根本自是出于向前要求现世生活的态度；从印度文化的特著色彩看去，其根本自是出于反身要求解脱的态度，必不容移易，如是而已。”①

胡、梁二氏的文化比较，都是以他们各自的文化哲学为前提的。梁氏强调民族性格，从不同生活态度上捕捉民族文化的个性。胡氏世界文化观的出发点则是世界各民族文化的共性。他与梁氏一样都认同文化是民族生活的样法，但他认为各民族生活的样法是大同小异的。按照实用主义的哲学，他认为生活只是生物应付环境、适应环境，而人类生理的构造又大致相同，因此各民族的物质生活、社会生活、精神生活，待环境问题同一了，时间到了，自然就同一了。这样，胡氏比较的结论是，中西印三方文化没有各自特殊的气象和色彩，更不承认文化的不同是出于主观上人生态度的不同。

胡、梁二氏的论战，似乎是针尖对麦芒，其实，在一定层次上，他们文化比较的参照系是一致的。梁漱溟和胡适都是以西方近代文化作为单元参照系来比较东西文化的差异，同时又都把中、西、印文化各看成一元整体。有些读者以为梁漱溟是个老古董，其实是一种误会。梁氏也是拿西方资本主义文化中的民主、自由、科学作为尺度衡量并严厉批评传统中国文化的弊病和国民性格的阴暗面。② 他把中国文化划为特殊类型，并主张在现时代“连根拔起”；他又认为科学与民主具有普遍的价值和世界的意义，“无论世界上哪一个地方人皆不能自外”，只能“全盘承受”。面对东西文化冲突，中国人

① 梁漱溟：《漱溟卅后文录》，见《梁漱溟全集》第四卷，山东人民出版社 1991 年版，第 753 页。

② 参见拙作：《梁漱溟的文化比较模式析论》，载《武汉大学学报》1988 年第 2 期。

应取如下态度："第一，要排斥印度的态度，丝毫不能容留；第二，对于西方文化是全盘承受，而根本改过，就是对其态度要改一改；第三，批评的把中国原来态度重新拿出来。"①

梁氏文化比较理论架构的内在矛盾是：一方面承认科学与民主的普遍价值，并且分析了中国传统文化不能开出科学与民主的原因；另一方面又乐观地期待着，如果孔子的真精神得以发扬，"世界未来的文化就是中国文化的复兴"。根据梁氏理论的内在逻辑，文化的发展是有阶段的，西方文化的路向是人类生活本来的路向，是从身体出发，从人对自然的关系出发的，当这一路向发展到极致，产生了严重问题的时候，深思熟虑之士，自觉反省，遂提倡走第二路向。按他对文化历史发展规律的理解，西方文化将从第一路向走到第二路向，这个第二路向，理应是西方文化的第二路向，不是中国文化，不过是与中国文化发展路向相类似而已。诚如美籍华裔学者林毓生先生所说："当梁氏把孔子的真精神——'刚'的精神界定成为本身具有整合第一与第二路向的资源时，他已离开了他的理论架构的前提。"梁氏说中国文化能否复兴，要看孔子的真精神是否可以复兴，这与他的历史哲学正相冲突，只能是一种形式主义的声称或一厢情愿的宗教式的信仰，没有任何论据上或实质上的保证。"当中国传统的文化与政治秩序崩溃以后，进步的保守人士，一方面要接受西方的思想与价值，并设法使之在中国生根；另一方面又想保持他们所界定的传统成分，在这样的情况下，很难从界定传统成分的纯正性的论式中来保守传统的成分，往往是用西方的范畴来界定传统成分的相容性或未来可行性；而西方的范畴，如科学与民主，往往是被认为具有普遍性的，所以传统的独特性很难予以界定，无法保持传统独特性的保守主义当然是无力的。"②

也就是说，梁氏在比较中、西、印文化时，真正起作用的是西方近代文化的参照标准，但他同时又很矛盾。他的理论混乱，乃在于他认为需要有一个区别于西方中心论的价值评价标准，以肯定世界文化的多样性和中国文化之不同于西方文化的特殊价值，尤其是儒家伦理的普遍价值。但这个二元价值(或多元价值)的参照系，他未能明确地建立起来，这可能是因为他与胡适、陈独秀、鲁迅一样，认为解决当时中国政治、经济与文化等紧迫的问

① 梁漱溟：《东西文化及其哲学》，见《梁漱溟全集》第一卷，山东人民出版社1989年版，第528页。

② 林毓生：《胡适与梁漱溟关于〈东西文化及其哲学〉的论辩及其历史涵义》，1987年11月北京"梁漱溟思想国际会议"论文。

题，第一位的是使科学与民主生根。

胡适没有这个矛盾，因为胡适关于世界历史属于同一轨迹的历史主义看法，即单线进化论的看法，其一元论、整体观的思想论式，及对于传统文化的全盘性攻击，比梁氏更单纯、更简化、更稚嫩。

胡、梁二氏笼统、图式化的文化比较弊端，启迪我们必须开创多元式的思想模式来认识中国传统并谋求传统文化的创造性转化，必须建立多维的价值系统观照世界多样的文化现象和文化系统。这恐怕是比较文化科学化的首要前提。摆脱笼统、浮泛的文化比较，进行具体、准确的比较，在今天仍然是一个很大的问题。

二、梁漱溟与马克斯·韦伯的中西文化比较

1. 梁漱溟的文化比较模式

20 世纪 40 年代，梁漱溟在《中国文化要义》里设计了一套中西文化比较的图式，我们把它整理成如下图式：

西方文化：身的文化——人对物（自然）的关系——人心之妙用（用）——理智——有对——向外——人类第一期文化；

中国文化：心的文化——人对人（社会）的关系——人心之美德（体）——理性——无对——向内——人类第二期文化。

在这里，梁氏认为，西方文化只发展出人的功能性的聪明才智，而中国文化早熟地发现了人的类本质，突出了人的生命存在、生活理想的多层意义与价值。他似乎突破西方中心论的价值评价标准，极不满意科学主义对于人类本质的片面理解和对于生动丰富多层面的文化生命的肢解割剖。有趣的是，康德也曾区别过身的文化系统与心的文化系统。

在考察中国为什么没有产生西方近代文化意义上的民主、自由与科学时，梁氏又回到了西方文化的参照系。其极不严谨的比较范型大体上是这样的：

西方文化：宗教氛围——集团生活偏胜——个人本位——民主与科学产生；

中国文化：无宗教生活——家族生活偏胜——伦理本位——不能产

生科学与民主。①

以上图式略为展开即是：中国以非宗教的周孔教化为中心，中国文化的道路是由家族生活而演进为伦理生活的；西方以基督教为中心，西方文化的道路是由集团生活而演进为个体生活的。梁氏认为，中国习惯于长幼尊卑、亲疏远近的家族生活，又“纳人群于伦理”，“融国家于社会”，“遇事召开会议取决多数之习惯制度未立，划清群己权界、人己权界之习惯制度未立……特别是缺乏个人本位权利观念”。“家族生活偏胜，又演为伦理社会如中国者，却天然缺乏政治其事，法律其物。”“政治伦理化”、“权力一元化”，使中国产生不了西方的民主制度；相反，早于古代海国城邦见其端倪，又经破除家长家族间隔，人人在上帝面前平等的基督教文化的陶冶，沿着集团生活偏胜的路子，西方培养出了近代国家，发展了其政治和法律。②

梁先生注意到这样一个文化现象：近代西学大规模涌入中国后，人权自由之观念，并不为中国人所重视——维新家之以为非急务，革命家如孙中山则嫌民众自由太多。梁氏认为，这恰恰说明中国人生活在自由与不自由之间，未尝自由，亦未尝不自由。然而，“害就害在这未尝不自由上”。他说，就“中国社会之为伦理本位那一面来看，它没有象西洋那样的社会形势，先叫人失去自由，再叫人确立其自由”③。西洋中古社会，出世禁欲之宗教笼罩一切，集团生活对个人干涉过强，宗教改革以降的种种运动，无非是对个人感情、要求、思想、意见被压抑被抹杀之强烈反抗，肯定欲望，追求现世幸福，确立人己权界、群己权界。

梁先生认为，在中国，人权自由为温情脉脉的伦理理念所掩盖。“在以个人为本位之西洋社会，到处活跃着权利观念。反之，到处弥漫着义务观念之中国，其个人便几乎没有地位。此时个人失没于伦理之中，殆将永不被发现。自由之主体且不立，自由其如何得立？在西洋近代初期，自由宝贵于生命；乃不料在中国竟同无主之弃物！中国文化最大之偏失，就在个人永不被发现这一点上。一个人简直没有站在自己立场上说话的机会，多少感情要求

---

① 关于西洋民族以个人为本位，东洋民族以家族为本位的思想，陈独秀 1915 年在《东西民族根本思想之差异》一文中就曾指出过。该文还认为，西洋民族以法治、实力、战争为本位，东洋民族以感情、虚文、安息为本位。

② 梁漱溟：《中国文化要义》，见《梁漱溟全集》第三卷，山东人民出版社 1990 年版，第 241~242 页。

③ 梁漱溟：《中国文化要义》，见《梁漱溟全集》第三卷，山东人民出版社 1990 年版，第 248 页。

被压抑、被抹杀。五四运动以来，所以遭受‘吃人礼教’等诅咒。”①在这里，梁氏揭露了不待有我而去讲无我，不待个性伸展而去讲屈己让人，把个体的主体性消融于人伦关系的儒家伦理异化现象。西方有宗教，中国无宗教。宗教异化最终把一切暴露得十分彻底，而伦理异化却是“以理杀人”，不见形迹。② 但梁氏要说明的重心是中西分途。中国的伦理理念与西方之自由理念，各有不同的文化背景。梁漱溟认为，其源盖在于：一则是家族生活，一则是集团生活；一则处于伦理关系中，一则处于宗教组织中；一则乐观向上，一则有原罪意识；一则以为人具有“理性”，至德要道不必外求于神，一则崇拜上帝；一则服从家长，尚贤尊师，一则人人平等，直接对上帝负责；一则政教合一，群己权界不分，一则反逼出了政教分离和个人自由独立。两者走着不同的道路。

关于中国何以没有产生近代科学，梁漱溟的依据仍然是中西文化的分途。他认为，作为精确而有系统的知识的科学是起自人对物的，科学从“理智”来；而从“理性”来的，却不属于科学。中国人“详于人事而忽于物理”，其所谓“人事”也不是今日之社会科学，因为它不是顺着自然科学的路子做纯客观的研究，而是从道德观点或实用眼光与艺术眼光，寓主观评价于其中的。他说，两千年来，伦理本位促成其修己安人之学问，职业分途则划出农工商，即把人对物的问题划出了学问圈之外。“周孔以来，宗教缺乏，理性早启，人生态度遂以大异于他方。在人生第一问题尚未解决之下，萌露了第二问题暨第二态度，由此而精神移用到人事上，于物则忽略。即遇到物，亦失其所以对物者；科学之不得成就出来在此。既不是中国人拙笨，亦不是文化进步迟慢，而是文化发展另走一路了。”③西洋人从身体出发，而进达于其顶点之理智，中国人则由理性早启，其理智转被抑而不申，即便有一些科学的萌芽，也半路夭折。

“中国几千年来学术不分；其所谓学问大抵是术而非学，最为大病。”④中国人不能离用而求知，“恒以浑沦代分明，以活动代确立，亦即是以思想

① 梁漱溟：《中国文化要义》，见《梁漱溟全集》第三卷，山东人民出版社 1990 年版，第 245~251 页。

② 关于伦理异化的论述，详见萧萐父：《传统·儒家·伦理异化》，载《江汉论坛》1988 年第 4 期。

③ 梁漱溟：《中国文化要义》，见《梁漱溟全集》第三卷，山东人民出版社 1990 年版，第 270 页。

④ 梁漱溟：《中国文化要义》，见《梁漱溟全集》第三卷，山东人民出版社 1990 年版，第 272 页。

代知识。物生于知识，知识生于物。中国人不倾向知识，亦就失去了物。……当人类文化初期，争求生存，对物问题居先；即遇到人，亦以对物者对之。一般说：人对物问题是掩盖了人对人问题底；独中国不同”①。再者，自然科学的前身是宗教，“若没有宗教作文化中心以维系其社会，则近世科学之发生发展又是不可想象底。对照中国，则由理性早启而宗教缺乏，与其无科学，亦正是一贯底一回事情”②。由于中国文化的“早熟”，道德代替了宗教，礼俗代替了法律，长于理性短于理智，于是产生不出民主和科学，“文化盘旋不进，社会历久鲜变”，“前进不能，后退不可”③。中国历史上一治一乱是盘旋，经济、学术亦都在盘旋，而且“再不能回头补走第一路(西洋之路)，也不能住下去走第三路(印度之路)；假使没有外力进门，环境不变，他会要长此终古!”④也就是说，西方文化基于向外在自然界的理知探求导出了科学的发展，基于个人的利己态度和明晰的群己权界，开出了民主政治。而所有这些，在一个血缘家族生活浓重的伦理型的文化传统中是不能产生的。

关于中国何以没有产生资本主义，梁氏从“中国社会构造”和价值系统出发，认为：“伦理本位的经济，财产近为夫妇父子所共有，远为一切伦理关系之人所分享。是以兄弟分财，亲戚朋友通财，宗族间则培益其共财。财产愈大者，斯负担周助之义务亦愈广。此大足以减杀经济上集中之势，而趋于分散；阻碍资本主义之扩大再生产，而趋近消费本位。所谓‘不患寡而患不均，不患贫而患不安’。……西洋资本主义，全从个人营利、自由竞争而发达起来，其前提则在财产所有权归于个人掌握，个人能够完全支配其财物。只有这样，才促进人们利己心的活动；只有这样，才增高人们利用其财物的能率。然而这却是由近代法律袭用罗马法，才有的事。罗马法是所有权本位的法律，全副精神照顾在物权债权这些问题上。而中国法律则根据于伦理组织，其传统精神恰好与此相反。……此伦理本位的社会，非独事实上成为一个人在经济上有所进取之绝大累赘，抑且根本上就不利于此进取心之发

① 梁漱溟：《中国文化要义》，见《梁漱溟全集》第三卷，山东人民出版社 1990 年版,，第 274~275 页。

② 梁漱溟：《中国文化要义》，见《梁漱溟全集》第三卷，山东人民出版社 1990 年版，第 276 页。

③ 梁漱溟：《中国文化要义》，见《梁漱溟全集》第三卷，山东人民出版社 1990 年版，第 293、282 页

④ 梁漱溟：《东西文化及其哲学》，见《梁漱溟全集》第一卷，山东人民出版社 1989 年版，第 529 页。

生。黄文山先生曾十分肯定地说，‘我深信中国的家族伦理，实在是使我们停留在农业生产，不能迅速进入资本主义生产之唯一关键’，或即指此。”①

下面我们就将发现，梁漱溟的文化比较的内容和结论，与韦伯的比较，竟惊人地相似。

梁先生的意见是，中国没有产生西方资本主义工商业和近代意义上的科学与民主，因为中国文化不是走的这个路子。他说：“在文化比较上，西洋走宗教法律之路，中国走道德礼俗之路。”“西洋一路正是产生科学之路，中国之路恰是科学不得成就之路。”②也就是说，如果没有外来文化的撞入，按中国文化的路子走下去，永远不可能走向近代；至少必须承认，中国传统文化是中国走向近代化或现代化的包袱或障碍。这几乎是五四时代“新青年派”胡适、陈独秀等人与“进步的保守主义者”梁漱溟等人的共识。而这一点，恰恰又是韦伯的东西文化比较的主要结论，虽然中国的这些思想家并没有读过韦伯在20世纪初发表的《新教伦理与资本主义精神》、《中国的宗教：儒教与道教》等著作。

2. 韦伯关于儒教与清教的比较

中国传统文化的价值系统，特别是儒家伦理，无法开出资本主义工业化的格局。前面我们详述了梁漱溟的论证，现在再来看看韦伯的论证。

韦伯从文化的角度探讨资本主义在西欧发生的原因。他发现加尔文教的教义与资本主义的兴起有关。加尔文教的教义是一种命定论。一个人的命运，完全取决于上帝的安排和选择。上帝的决定是不可更改的。教徒们正是在不知道自己能否被上帝选择(获得上帝拯救)这样一种不堪忍受的心理负担下工作的。每一个教徒都有责任坚信并力求使他人相信，他已被上帝选中；拼命地工作，尽职尽责，真诚地行善，是摆脱受上帝惩罚的特殊的手段。通过不停息地劳作和有条有理地进行世俗活动侍服于上帝，信徒们不仅能逃避永恒的精神疑虑，而且增强了抵御魔鬼诱惑的有力武器——自信力。

另一方面，教徒的命运是上帝定的，牧师、圣经、教会、宗派组织皆无可援手，宽解罪感的私下忏悔也被废止。这样，在上帝面前，人人孤立无援，每个人独立地、直接地与上帝相对，唯有遵照上帝的召唤，建天国于地

---

① 梁漱溟：《中国文化要义》，见《梁漱溟全集》第三卷，山东人民出版社1990年版，第190~191页。

② 梁漱溟：《中国文化要义》，见《梁漱溟全集》第三卷，山东人民出版社1990年版，第291、271页。

下，以荣耀上帝。在上帝召唤之下勤奋地工作是神圣的；由工作获得的财富是上帝的赐礼，为基督伦理予以肯定。教义还规定，人虽可为上帝而努力致富，却不可奢侈浪费，由此而产生了禁欲式的节约之冲动。

总之，被救的渴望使教徒们从一种听天由命的消极态度转变成为一种极其活跃而繁忙的积极态度。这种负责任的态度和劳动精神，使工人为雇主的利益倾尽全力，来确立受到上帝恩宠的证据；使资本家努力获取更多的利润，以完成其天职。这样，宿命论的加尔文教教义，获得了未曾预期的效果，走向了它的反面，变成了人的主动性的高扬，而与资本主义精神正相吻合。新教教义无意识地造就了一种文化环境，使新的经济行为方式被人们普遍接受。非理性的新教伦理不期然地成为理性化的现代资本主义经济生活方式滋生的文化土壤。或者说，加尔文教派反理性、不人道的宿命论衍生出来的“工具理性”，成了近代工业文明的根本精神。从另一方面来看，“工具理性”与“价值理性”是矛盾的，其发展对于人来说是不合理的。

韦伯比较了中国与西欧社会的基本结构和价值系统，发现阻碍资本主义在中国发生的首要因素，是被儒教强化了的家庭、亲属关系(其实质是血缘和人身依附关系)。例如，中国城市之所以不能像西方城市那样获得政治、法律、军事上的自主和独立，城市居民之所以不能形成独立的市民团体，重要的原因在于亲族、故土、宗祠等关系的桎梏，以及很早形成的中央集权制从未被打破。以扩展了的亲属关系群为基础的世袭性地方权力无法形成西方那样联合的等级团体，与中央政府相抗衡。政治权力争夺的重点在官位(意味着财富和名望)的分配，而不像西方那样在土地的分配。中国没有在官僚体系之外形成独立的宗教力量(如教士组成的强有力的等级团体)。由皇帝作为大祭司的国家祭祀，信仰和崇拜的是祖宗神灵。孝、忠、义，祭祀与国家一体化，政治权威容忍较低级的民间宗教的存在，与教会长期控制世俗统治者，统治者和民众信奉同一宗教的中世纪欧洲有着根本区别。资本主义经济为什么没有在这个文明中发展起来？“首先，扩展了的亲属关系群起着一种防护性联系的作用——防护个人在涉及家庭以外的经济关系(如对地主，放贷人、雇主)中遇到的各种不利，这种防护作用阻碍了债务偿还、工作训练这类资本主义经济机制的运行。其次，许多时候出卖土地或是被国家所禁止，或是因家规的反对而很困难。……世袭制的政治结构阻碍着行政管理沿着合理性的路线发展。官员的收入和国家的税收缠在一起，使得官职非常有利可图，官员们为了保护既得的利益机会拼命地维护和加强传统体制。同时，由于通过科举做官需要家族的经济资助，又由于敬祖和孝道给这种经济依赖性增添了精神的基础，官员们对本家族负有各种义务。……上述多种因素连结一起，阻碍了法制的发展。扎根于本乡本土的亲属关系群所具有的天赋特权和自我保护力量，是与自然法的观念和西欧式的法律体制不相容的，在西方，除了其他因素以外，法律的系统化是因为存在着由律师组成的独立的等级团体……而在中国，作为一个等级团体的律师是不存在的。……西方是形式(程序)法，中国是实质(伦理)法。”中国的“牢固的家族连带与祖宗崇拜联在一起，使得宗族关系成为人与神灵关系的牢不可摧的基础。而西方人与上帝的关系是以个人为基础的”①。

韦伯进一步对士大夫阶层的精神气质和儒教伦理进行了剖析，并与清教伦理进行了对比。本迪克斯在《马克斯·韦伯：一幅知识肖像》里归纳如下：

儒　　教

a. 信仰非人化的宇宙秩序；容忍巫术。

b. 适应现世以维护天地和谐；一种关于秩序的理想。

c. 为着面子、身份和自我完善而警觉地自我控制。

d. 缺乏与不可违反的传统相对的宗教倡扬；相信人若合礼行事就可避免神灵的惩罚。

e. 家庭孝道是规约一切人性关系的原则。

f. 亲属关系是商业事务、民间团体、法律和政治管理的基础。

g. 不相信延伸在家庭（按：即直接和间接与本家庭有关系的)之外的任何人。

h. 财产是面子、身份和自我完善的基础。

清　　教

a. 信仰超现世的上帝；拒斥巫术。

b. 不息地追求上帝所嘉许的德行而控制现世；一种关于进步性变革的理想。

c. 为着控制人的邪恶本性、遵从上帝意志而警觉地自我控制。

d. 宗教倡扬认定传统和世界现状是有缺陷的；人不可能凭自己的努力至完善。

e. 使一切人性关系侍服于上帝。

f. 理性法则和契约是商业事务、民间团体、法律和政治管理的

① 丁学良：《韦伯的世界文明比较研究导论》，载《中国社会科学》1987年第1期。下引本迪克斯归纳的韦伯关于儒教与清教比较表，亦转引自此文。

基础。

g. 信任一切人，只要他们是“共信仰者”。

h. 财产是诱惑物，是有德行的生活的非经意的副产品。

这一比较，通过儒教与清教对人和对上帝两种不同的取向，昭示不同宗教世界观对人们现实生活的意义。韦伯认为，儒家伦理与基督教伦理都是理性主义的，都主张清醒节制和自我控制，自觉慎重地处理现世事务，都不反对财富的积累。但是，两者价值取向恰恰相反，儒家的理性主义是对世界的理性的适应，而新教的理性主义是对世界的理性的主宰。

儒家对自然没有严肃的关怀，其对“天人之际”(自然与人事之间)以及人际关系，持有强烈的今世的乐观主义的态度。这种宇宙秩序的和谐平衡论，把人与世界间的紧张感降低到最小的程度，与新教伦理中人与世界间存在的巨大紧张感根本异趣。儒教伦理中没有“原罪观念”，并努力追求一种完美的境界。儒家的目的，是获得和保持一个“有教养的等级地位”；清教的目的，是侍服上帝以达到对现实生活的主宰。儒家的礼乐法度、心性修养，道德自我的完善，讲求孝道，排斥技艺，是为了达到上述目的而对现实世界的理性的适应；而作为上帝的工具的清教徒则有一种发自内在的力量，要控制自身，主宰世界。他们苦行禁欲的行为同强烈的信念和渴望行动的激情统一了起来。韦伯以二者价值系统的比较，揭示了资本主义不能在中国自动发展的主观精神的原因。

3. 梁漱溟与韦伯的比较文化之比较

韦伯的文化比较与梁漱溟的文化比较集中在基督教(特别是改革以后的新教)伦理精神与儒家伦理精神的差异及这些差异对中西经济发展道路的规约上。他们都一致地指陈，个人直接面对上帝(清教)与宗族关系结构体系(儒教)，是不同的文化精神和国民性格的不同源泉。而家族关系网络与儒家伦理本位，不能推动社会经济秩序的变革以开出资本主义的格局。

梁漱溟的文化比较不同于韦伯的地方，就在于他朦胧地感觉到完全用西方近代文化作唯一的参照，似乎有些不妥。梁漱溟游离于两套参照系之间，当他了解当今社会文化的必然之势时，从理智上认同西方近代文化的科学与民主的价值，并以此作为价值尺度衡量、批判中国传统；当他了解到工业文明的弊端的时候，非常自然地在情感上认同儒家的所谓“人文主义”，因而企望儒家伦理在全世界获得普遍的价值。不能认为他对于当今(西学)的认同，缺乏情感的强度；也不能认为他对于过去(中学)的认同，缺乏知性的理据。他的文化比较中充满了混乱不堪且矛盾百出，在于他没有把两套参照系有机地整合为一体——一个多维参照系。

他的这种动摇和彷徨，反映了他在识见上比之陈独秀、胡适、常乃德等略胜一筹。胡适、陈序经等从一元的单线的发展模式出发，认为西方文化是全世界文化唯一普遍的发展方向、道路、模式和标准，认为东西文化问题乃是古今文化的问题。到了20世纪40年代，冯友兰沿着这一思路，申论东西之分，其实不过是古今之异："西化"实际上是近代化，是使"以家为本位的社会"迈进"以社会为本位的社会"的唯一道路。梁漱溟反驳冯说，认为中西文化问题是"中外之异"的问题，不是"古今之别"的问题。他说："有人认为中西思想学术之不同，只不过是古今之别，并无中外之异，显见其不然……在学术上，在文化上，明明是东西流派之分甚早，岂得看作一古一今？""文化之形成，既非一元底，非机械底，因此所以各处文化便各有其个性……中国人的家之特见重要，正是中国文化特强底个性之一种表现，而非为生产家庭化之结果，自亦非生产家庭化的社会之通例，如冯先生所谓'共相'者。"①他在这里强调民族文化的个性、特殊性，试图打破西欧中心主义的锢蔽。

梁氏说："从文化比较上来看，中国文化盖具有极强之个性。"这些个性包括：中国文化独自创发，慢慢形成，非从他受；中国文化自成体系，与其他文化差异较大；历史上与中国古文化相先后的巴比仑、印度、波斯、希腊等，或已夭折，或已转移，或失其独立自主之民族生命，唯中国能从其自创之文化绵永其独立之民族生命，至于今日岿然独存；其文化上同化他人之力量最为伟大，对于外来文化，亦能包容吸收；由其伟大之同化力而融成广大的中华民族，说明中国文化非唯时间绵延最久，抑空间上之拓大亦不可及；中国文化自身内部具有高度调和性，对外则具有巨大影响力。"中国文化之相形见绌，中国文化因外来文化之影响而起变化，以致根本动摇，皆只是最近一百余年的事而已。"②从中国文化发生、形成、发展、整合、转化的历程及其结构与功能来看，从世界几个大的文化系统的比较来看，梁氏的这些看法，应当说是有根据的。

20世纪以来，世界文化出现了"全球意识"与"寻根意识"两大思潮。一

---

① 梁漱溟：《中国文化要义》，见《梁漱溟全集》第三卷，山东人民出版社1990年版，第271~272、41页。

② 梁漱溟：《中国文化要义》，见《梁漱溟全集》第三卷，山东人民出版社1990年版，第11页。

方面强烈地走向世界，全球一体，要国际化；另一方面要寻根，寻找自己民族文化的源头活水。既要是世界的，又要是民族的，几乎一个世纪以来世界各国文化都在这两极之间徘徊。非欧文化地区，如亚非拉美，都存在民族固有文化与外来文化之间，传统文化与现代文化之间的冲突，都出现了要么传统主义，要么西方主义的二元对立。从印度的辨喜(维韦卡南达)、泰戈尔，到20世纪60年代的《泛非主义文化宣言》，都有类似“中体西用”的取向；从日本的福泽谕吉到中国的胡适，乃至20世纪80年代一些青年朋友，都有类似“全盘西化”的取向。双方都有历史的合理性和局限性。这就是20世纪宏观文化比较的背景。

梁先生的文化比较，从哲学方法学上检视，就是徘徊于西方中心主义与民族主义之间，而没有把文化的时代性与民族性、文化的普遍与特殊、共性与个性的关系辩证地加以理解，因而时而以西方近代文化的标准衡量传统文化，时而以传统文化价值的标准衡量西方文化；时而认为中国文化无论走好久，也达不到西方的水平，显得悲观失望，时而对复兴中国文化使之成为世界文化盲目乐观，认为特殊地体现于中国文化的生命、精神、道德理想对整个人类具有普遍的意义。

梁漱溟文化比较中的基本架构和主要毛病，深刻地影响了整个“现代新儒家”。现代新儒学思潮第二代的主要代表牟宗三先生在20世纪50至60年代在台湾观照中西文化，认为“综合的尽理精神”的中国文化过分重视道德理性(即“仁心”)的“运用表现”和“内容表现”，缺少“分解的尽理精神”的西方文化的“架构表现”的环节，“外延表现”不足，只有道统而无学统(科学的知识系统)，只有治道而无政道(民主政治)，这是儒家文化乃至整个中国文化的弱点和不足。牟宗三提出的“儒家的现代化”的构想却是“保内圣，开外王”，“返本，开新”，企望以民主政治作为“新外王”的第一要务，以科学知识系统作为“新外王”的材质条件，充实中华文化生命的内容。牟氏的理想方案是所谓“三统”之说：道统必须继续，以内圣之学为立国之本；学统必须开出，吸纳、融摄西方传统，由道德主体转出知性主体，建立独立的科学知识系统；政统必须认识，即肯定民主政治发展的必然性。其基本思想是，以儒家的道德理想主义为科学与民主立根，以西方的知性和政道补正、扩充和发展儒家内圣之学。但是，牟先生等新儒家无法回答，在内圣外王结构根本不变的前提之下，心性之学何以能转出科学与民主？①

梁先生和牟先生在比较中西文化时，都肯定地论证了儒家伦理决不能开

① 参见拙著：《内圣与外王之间的困局》，载《东岳论丛》1988年第4期。

出科学和民主，但为什么又企望中国传统的儒家符号系统“翻身成为世界文化”(梁)或获得“第三期发扬”(牟)呢?

解释比较文化中出现的这一现象，除了“文化认同危机”，即列文森所说的在理智上认同西方文化价值和在情感上认同儒家人文主义之间的矛盾之外，更为重要的是，还有一个文化的普遍价值与特殊的时空环境的矛盾问题。也就是说，新儒家不仅是对文化危机的回应，更是对中国文化，特别是儒家文化普遍价值的肯认。他们认为，儒家伦理具有超越国界的、超越文化本性的、适用于全人类境况的价值和意义，特别是在工业社会暴露出许多问题之后。这些问题是：人的问题、存在的问题、生命的问题、生活意义的问题、人类产生的种种疏离和困惑的问题，乃至环境污染、生态平衡的问题等。现代新儒家认为，儒家道德主体意识超越不同的社会文化背景来解决上述问题，给人以安身立命的根据。这当然是有意义而且有可能性的。有学者认为，他们用对特殊中国传统具有普遍通性的认定，使儒家伦理道德脱离与之整合着的传统中国的具体的社会政治经济秩序，将其化约为最抽象、最普遍的层次，然后再转移到更为普遍的不分时空的场合(世界范围，现代或后现代)，这个中间，难道不也缺乏牟宗三先生爱说的“中间架构环节”、“外延表现”吗?儒家文化的道德传统，如果不在其基本结构上发生实质的改变，就无法对付历史文化的变迁，对于世界文化的现代化和后现代化也不会产生任何积极效用。① 当然，这需要具体讨论，因为儒学是生命的学问，是生命体验，牟宗三等也并未把儒学化约、抽象为普遍的东西，使之成为放之四海而皆准的原则。另一方面，我们看到，儒学中的仁爱忠恕之道，“己所不欲，勿施于人”等理念，已经作为普世价值在世界上起了积极作用。

从梁漱溟、牟宗三等人的比较文化研究中，我们可以看到，比较参照系的设立，比较主体的思想与情感方式的参与，比较主体的文化哲学模型，是何等的重要。

韦伯的文化比较，通过考察东西方不同文明的主要价值系统与经济行为方式之间的相互关系，来说明现代西方文明的主要特征。他分析了新教伦理如何促进了、儒教伦理如何阻碍了经济生活的合理化(即资本主义文明的兴盛)。他发现了不同地区文化体系特别是其中心价值观念的差异，又在一定程度上看到了不同文化的不同价值，并启发了斯宾格勒、汤因比等人背离西欧中心论的观念。但是，韦伯对于中国的研究，主要是以近代欧洲文化作为

① 参见张灏：《新儒家与当代中国的思想危机》；林毓生：《论梁臣川先生的自杀》，均收入《近代中国思想人物论——保守主义》，台湾时报公司1980年版。

参照标准的，这就使得他不能发现中国文化之不同于西方的特殊价值和贡献。他的宏观、粗线条的，不分时限的比较又非常模糊笼统，不准确、不具体，有许多违背文化史实之处。

人们在反思韦伯的文化比较时，对于他进行比较研究的主要概念工具——“理想类型”(ideal type)提出了正当的非难。韦伯的“理想类型”或“理念型的分析”(ideal—typical analysis)是为展示研究对象某一方面的特性并对其成因提出具有启发性与系统的了解，而把一些有关的因素特别加以强调出来加以统合的分析建构，以便从纷繁复杂的社会历史现象中整理出一套条理。例如，人们的社会行为总是为一些动机所支配，或者为实现自己合理性的确定目的，或者受某种道德价值观、传统风俗习惯、感情的驱使。预设这样一些理想类型作为参照点，分析比较不同社会历史的文化现象，可以理解寓于人们行为中的主观内容，认识社会行为与广阔的社会背景间的关联。运用这种方法，当其展示被解释的对象的特殊性并对其成因提出具有启发性与系统性的分析时，必须满足如下条件：与有关的资料没有冲突，并对所谓无关的资料和与此种分析建构有冲突的例外，作出言之成理的解释。满足了这些条件，“理想类型”的方法才具有有效性。

任何方法都有局限性，韦伯的方法当然也是如此。诚如余英时先生所说：“我们当然无法苛责韦伯，不过我们必须由此领取一个极深刻的教训：即他的‘理想类型’研究方式本身实涵有极大的危险性。无论多么圆熟的理论家或多么精巧的方法论者，如果缺乏足够的知识，终不免是会犯严重的错误的。”①余英时考证中国宗教的入世转向，主要是中唐以来新禅宗和宋以后新道教所影响的宋明儒家伦理的新发展，及其与16—18世纪中国商人精神的关系；研究西方资本主义进入中国之前，传统宗教伦理对于本土自发的商业活动的关系，得出了与韦伯完全不同的结论。

20世纪70年代前后东亚地区(包括日本、韩国、新加坡，以及我国台湾、香港地区)经济起飞的特殊经验，使不少社会学家和经济学家开始注意到儒家伦理的积极功用。他们觉得韦伯对于儒家思想所持的否定看法也许有修正的必要。因此，儒家——或者更广义地说，中国文化——是否曾对东亚的社会经济发展发生了积极的推动作用，目前已引起海内外学术界的重视。当然，东亚地区经济起飞有着诸多政治、经济、军事等复杂的因素，但也确实有其文化的背景。

① 余英时：《儒家思想与经济发展：中国近世宗教伦理与商人精神》，载《知识分子》，纽约，1986年冬季号。

金耀基先生从结构与文化上解释东亚经济的奇迹：从结构上看，东亚优越于西方的主要是其政治安定所造成的可测性——领导层与工商政策，而结构性之根源则来自处于决策层的优秀分子，即包括计划人员、经济学者、银行家和行政人员在内的“职业官僚”，没有他们，东亚的发展将会是散乱的，也就是说，东亚经济发展毋宁是政府的明智的行政工程的结果；从文化上看，东亚社会属中国文化圈，而中国文化的主导成素是儒家，因此，儒家伦理乃成为解释东亚经济奇迹的深层原因，是东亚社会现代化的源头活水。①也就是说，包括韦伯和梁漱溟分析的阻滞资本主义发展的宗族关系体系、儒家伦理精神等都成了资本主义的助生剂。

关于工业东亚与儒家伦理的关系问题是一个非常复杂的问题，我们在此提到这一问题，仅仅是从韦伯比较文化方法论的失误的角度来涉及的。但是，韦伯的探讨是发生学意义上的探讨，不是传播论意义上的探讨。工业东亚不是自生型的，而是传输型的。儒家价值系统在其历史的发展中是不是有一些成素与商人精神吻合，在与西方文化涵化、融合的过程中起着促进的作用，并对以教育、智力开发为基础的发达型经济和高科技的繁荣带来一些正面影响，尚需要认真研究。

但是，有一点是肯定的，韦伯、斯宾格勒、汤因比，或者胡适、梁漱溟、牟宗三等以自身文化或历史哲学的架构，宏观地、图式化地进行世界文明比较的研究，由于预设的理想范型或参照系的主观性、单维性，往往可以给人粗放式的启迪，却经不起文化史实的严格推敲，因而往往前后矛盾，漏洞百出。这样大而无当的比较研究难于严谨、科学，越来越为文化史家所放弃。

三、多维参照与个案研究

1. 建立新的“时空坐标”系统

针对目前比较文化中出现的一些问题，金克木先生提出：“‘参照系’(frame of reference)应当具备‘全局性’，着手点还得是‘深入的个案研究’(indepth case study)。”金先生提出的这两个方面，都很重要。关于前者，金先生根据牛津大学已故社会人类学教授弗利德曼的《社会及文化人类学的主

① 金耀基：《儒家伦理与经济发展：韦伯学说的重探》，见《现代化与中国文化研讨会论文汇编》，香港中文大学，1984年。

要倾向》(1978年联合国教科文组织版)一书提供的材料，明确指出了比较文化的“时空坐标”问题和其他方法论问题：

> “首先是从前从未提出的所谓‘时空坐标’(古今、内外、立足点)问题。人类研究自己，又是以全人类为对象，自己也包括在内，那么立足点在哪里？这个理论问题先不谈，实际问题仍然存在。立足点不同，观察所得也不同，时、空双方都有问题。对象若是人类文化全部，那就广大无边；实地调查的不过是所谓原始社会。怎样算是原始？文化？技术？经济？调查研究的不过是一个小型社会的全部。这社会明明是当时现实存在的，却又被认为是‘古代’的(如摩尔根的书名《古代社会》)；这是用进化论所拟的时间表的‘时’，将‘共时’的当作‘历时’的，将当时作为历史。这是‘时’的问题。历来是欧洲人充当研究者，同研究对象互为‘外国’人。现在的调查研究需要作为参加者观察，要了解对象本身是怎样想的。这就有了‘属外’(etic)和‘属内’(emic)问题。亚、非、拉美现在都在研究自己了。把外人当成自己人(参加在内)和把自己当成外人(客观考察)都不容易做到。‘外部观察’和‘内部观察’利弊如何？这是‘空’的问题。此外，至今都是用西方的一套范畴来整理和分析世界各种文化，用一种文化的‘语言’来翻译各种文化的‘语言’，称为‘科学的语言’。这种垄断是否适宜？要不要打破？打破了会不会乱？新人类学是国际性的，是不是原来的，‘外国性’(exotic)需要打破并超越？”
>
> “比较。都承认要比较，但从认识到方法以至技术并不一致。比较什么？一般的或特殊的？大规模的或具体的？宏观的或微观的？相近的或不同的？时期？‘层次’？怎么比较？有没有‘文化共相’(Cultural universals)？是些什么？”①

今天的比较文化研究，的确是要打破并超越欧洲中心主义的一元参照模式了！如何打破？打破了以后，如何建立新的“时空坐标”系统？

鸦片战争以来，特别是五四以来，我们国家几代知识分子，都是以西方的一整套范畴来整理和分析中国文化，用西方文化的语言来翻译中国文化的语言。借鉴西方的方法研究中国文化，正所谓“他山之石，可以攻玉”，有

① 金克木：《比较文化论集》，生活·读书·新知三联书店1984年版，第210、249~251页。

利于以新的视角揭示中国文化的新层面，这也是一种比较文化，而且今天我们仍在继续这样做。毫无疑问，这种比较文化研究对于中国文化的世界化和世界文化的中国化是有意义的，对于冲破圣贤经传的是非标准和中国中心观、华夏优越论，打破传统意识形态的桎梏，用近代方法研究文史哲经，开创真正科学的社会、人文科学研究，具有决定性的意义。例如，过去我们只有注经的传统，而没有真正科学的哲学史，胡适以西方哲学方法整理国学，其《中国哲学史大纲》(卷上)开风气之先，具有划时代的意义。蔡元培序充分肯定了是书的特长："第一是证明的方法"；"第二是扼要的手段"；"第三是平等的眼光"；"第四是系统的研究"①。

但是，事情还有另一面，由于"时空坐标"的不恰当，胡著很难说深刻地揭示了中国哲学的真谛。金岳霖尖刻地批评那是一部美国商人撰写的中国哲学史；冯友兰曾说那是一部以西方哲学批判中国哲学的书。梁任公的评价较为公允，他说是书"讲墨子、荀子最好，讲孔子、庄子最不好。总说一句，凡关于知识论方面，到处发现石破天惊的伟论，凡关于宇宙观、人生观方面，什有九很浅薄或谬误"②。而在熊十力看来，恰恰是孔子、庄子，恰恰是宇宙观和人生观，才是中国哲学和中国文化的价值之所在，即便是知识论，中国传统哲学也自有其优越于西学的特殊之处。李约瑟说："当希腊人和印度人很早就仔细地考虑形式逻辑的时候，中国人一直倾向于发展辩证逻辑。与此相应，在希腊人和印度人发展机械原子论的时候，中国人则发展了有机宇宙的哲学。"③这种识见显然大大地超过了胡适。近来人们逐渐认识到传统哲学整体综合、智的直觉、意象思维的特征，具有一定的价值。至于中国人生哲学、生命哲学，以及它的生生不息的流动辩证法等，都不是西方近代理性主义哲学所能"诠释"和"翻译"的。

2. 从主观的单元的模式里摆脱出来

这种"时空坐标"的失当，涉及比较文化研究中如何看待文化的多样性与统一性，殊相与共相，个别、特殊与普遍的关系问题。例如，20多年前我国史学界批评苏联科学院主编的《世界通史》把西欧社会封建化作为普遍模式和唯一尺度的弊病，很有代表性。苏联《世界通史》的作者不仅把西欧

① 蔡元培：《〈中国古代哲学史大纲〉序》，见《蔡元培全集》第三卷，中华书局1984年版，第188~189页。

② 梁启超：《饮冰室合集·文集之三十八》，中华书局1989年版，第60页。

③ [英]李约瑟：《中国科学技术史》第3卷，科学出版社1987年版，第337页。

由奴隶制向封建制过渡的过程视为一切国家封建化过程的“典型模式”，而且把西欧封建土地所有制形式(“自由地”、“领地”、“采邑”和“封地”等)也视为一切封建土地所有制形式的“典型模式”，并以此为准绳衡量、比附俄罗斯、中亚细亚、阿拉伯、中国、日本的形式。这样一种思考方式对我国史学界也有不同程度的影响。如在探讨中西封建社会延续时间长短悬殊原因时，有一种意见认为中国封建社会较西欧长的原因在于中国的封建化始终没有完成，始终没有建立起典型的封建制度；另一种针锋相对的意见则认为，中国封建社会之所以较西欧长，主要是因为中国的封建制度太典型了，因而也就太强固了。无论把中国封建制还是把西欧封建制奉为典范，无论是以“从领主制到地主制”还是以“自由农民农奴化”和“封建地产庄园化”的形态作为封建社会的普遍规律和统一模式，在历史比较上都可能发生偏差。庞卓恒教授指出了摆脱以上困境的办法：摒弃那种以一种具体历史形态作为统一模式，并视之为普遍规律的思维方式。“人类社会有统一的规律。但在具体形态上从来没有也不可能有统一的模式。……如果把其中的一类形态指为规律，另一类形态就必定同时被排除于规律之外，而这样一来那规律本身也就不成其为规律了。因此，统一性或同一性只能统一或同一到共同的因果必然性那里，而不可能统一或同一到某一类具体的外在形态那里。”①

这就是说，在文化比较上，我们必须区别具体形态模式(殊相)和普遍发展规律(共相)这两个层次，不能将二者混为一谈。寻求外在形式上的统一模式是徒劳无益的，以它作为参照系去比较其他的多样、丰富的形态，很可能犯削足适履的错误。寻找封建社会产生、发展和衰亡的普遍规律，是一种抽象，是从个案、具体规律到总体规律的抽象；这种抽象还必须回到(上升到)具体研究中去，从总体规律回到部分、具体的规律，乃至千差万别的现象形态。

在中西封建社会的比较研究中，考察各自的发生、发展和衰亡的历史特点和具体规律，是非常重要的。许多比较必须从个案做起，才不至于眉毛胡子一把抓。没有个案研究的前提，比较研究就缺乏坚实可靠的基础，如同建立在冰山和沙滩上的房屋一样。反之，没有开放的胸襟、宏阔的视野，个案比较又会局限于鸡零狗碎地比附。在跨文化的背景下，在大量个案的基础上，我们才能进一步考察如下一些问题：“为什么中国封建社会早中期的经济文化水平长期居于先进地位，而西欧封建社会的经济文化水平直到 15—16 世纪前仍然显得相当落后？为什么人身依附关系在中国封建社会的农民

① 庞卓恒：《比较史学》，北京中国文化书院 1987 年印本，第 150~151 页。

中主要表现为编户、部曲、徒附、佃户等依附形式，而在西欧则突出地表现为庄园农奴制形式？为什么中国封建社会的农民很难把原始公社时期的原始民主制传统保存下来，而西欧封建时代的农民却能够把马尔克公社的一些原始民主制的传统和权利保存下来，使他们‘甚至在中世纪农奴制的最残酷条件下也能有地方性的团结和抵抗的手段’？为什么中国封建社会没有出现过逃亡农民建立的城市，而西欧封建时代却大量出现了‘由获得自由的农奴重新建立起来的城市’？为什么中国封建社会早期就出现了封建专制君主制，而西欧直到封建社会走向解体时期才出现专制君主制，而且那已经是‘瓦解中的封建君主制和萌芽中的资产阶级君主制’？为什么中国的封建专制君主政权实行重农抑商政策，而西欧专制君主政权实行重商主义政策？……最后，为什么中国封建社会由先进变落后，终至成为西欧列强弱肉强食的对象，而西欧封建社会为何能较早地出现比较普遍的简单商品生产，进而导致封建制度的较早解体和资本主义的较早产生？”①

关于诸如此类问题的比较，如前所述，一定要从主观的单元的模式里摆脱出来。以西方的具体形态作为模式，或者以中国的具体形态作为模式，固然都有毛病，选择一种不中不西的理想的类型模式作为比较的参照系，行不行呢？韦伯、斯宾格勒、汤因比都有自己的“理想类型”和“固定模式”。汤因比晚年已作出反省，认为他自己以希腊文化的兴起、罗马文明的崩溃和西欧基督教文明的产生过程作为一套“文明”兴衰递嬗的模型，作为操作的工具，是错误的。他已经觉察到，这把钥匙虽然可以开启许多文明之门，但不能开启一切文明之门，尤其不能开启埃及史的结构之门。他修改了早年的“单数变元说”，以希腊、中国和犹太的文明模式作为“文明”生命途程中的三种不同模式。汤因比是坚决反对以西方为中心的历史观的，他不断地从经验事实中归纳出固定模式，然后拿这一固定模式去进行经验的比较研究，亦不免发生问题，足见比较的“时空坐标”的难求。

法国著名史学家、比较史学大师马克·布洛赫(1886—1944)的比较方法，也是先寻找一个普遍的基本的模型，然后再去区别其同异。例如，他首先归纳出欧洲各国封建社会的一些明显的“类似之处”和“共同的基本特征”，然后以此为模式，去同拜占庭、日本的封建制度进行比较，区别其不同的类型。美国普林斯顿大学国际研究中心主任布莱克教授主持的“比较现代化”研究的方法亦是如此。他认为，“现代化”作为时间尺度，指中世纪以后直到今天的一个相当长的过程；作为价值尺度，则指区别于封建社会的新的时

① 庞卓恒：《比较史学》，北京中国文化书院1987年印本，第152页。

代精神与特征。他们把现代化过程定义为“在科学和技术革命影响下社会已经发生和正在发生的转变过程”，除工业或经济领域外，还包括知识增长、政治发展、社会动员、心理适应等方面一系列同时发生的功能性变化，概括出“现代化”的共同特征：民主化、法制化、工业化、都市化、均富化、福利化、社会阶层流动化、宗教世俗化、教育普及化、知识科学化、信息传播化、人口控制化等。然后再以这些共同特征作为理论框架和模式，对各国现代化进程进行比较和参验。特征的归纳、模式的建立很难说是准确的。这种归纳至多只有分类学或类型学上的意义。实际上他们在具体的比较中也突破了自己建构起来的框架。他们在研究日本和俄国现代化的过程中，发现日本由于受中国的影响很大，建立一个统一的官僚国家的理想保存下来了；俄国由于受拜占庭的影响很深，拜占庭的管理方法也保存下来了。与西欧不同的日、俄传统政治结构成为这两个国家迈进现代化的重要条件，这样一些国家在现代化进程中需要比早发达国家有更大程度的民族团结和控制。布莱克等人发现很难用一个统一的现代化特征模式去衡量每个国家的具体的现代化历史过程，实际上承认各国的现代化由于各国的历史文化传统不同而选择不同的道路和模式，具有不同的特征。他们并没有进一步深究现代化的共相与殊相(普遍规律有没有、是什么，及与特殊道路有什么样的关系等)问题。①

文化比较显然离不开比较主体的主动参与。根据皮亚杰(1895—1980)的发生认识论和伽达默尔(1900—2002)的解释学，我们可知，文化比较活动是主体与客体(比较对象)的交融。客体是由它同主体的关系来规定的；文化比较对象的统一，从一定意义上来说，来源于比较主体自我意识的统一。另一方面，对比较对象的理解，受到历史时间距离等客观条件的制约，不可避免地会产生一些偏见。这些偏见是“合法”的，因为无论比较主体还是比较对象都内在地置身于历史之中，受到历史传统(包括认知条件、思维方式、历史文化环境的积淀)的制约。文化现象在不同的环境中具有不同的意义，不同时代的理解者在理解的过程中不断调整和修正自己的认识。主体把对象看成自我的部分，二者在认识过程中共同发展。因此，理解并不是纯主观的行为，而是理解主体置于传统之中，过去与现在不断地相互融合的过程。在理解之中，解释者自己现在的视界(Horizont)与对象内容包含的诸过去的视界叠合起来了。扩大自己的视界，使之与其他视界交合，是解释者的任务。以这样的观点来看，无论是欧洲中心论的比较参照模式，无论是韦伯、斯宾格勒、汤因比、布洛赫、布莱克的比较预设，还是胡适、梁漱溟、

① 参见庞卓恒：《比较史学》，北京中国文化书院 1987 年印本，第 49~56 页。

牟宗三的理论框架，都有历史的合理性和局限性。在现时代，我们进一步提出比较参照系的全面性和多维性的要求，提出扩大比较研究者的视界的要求，与解释学的理论并不矛盾。

3. 寻找跨文化的共同规律

有的比较文化研究学者提出寻找跨文化的共同规律的设想，值得我们重视。

美籍华裔诗人、翻译家和比较文学学者叶维廉教授指出，不同文化系统决定着不同的“美感运思及结构行为”，形成不同的所谓文学“模子”。因此，在进行不同类型文化背景的文学比较时，不应该用一方既定的文学“模子”硬套到另一方文学之上。比较必须从两个“模子”同时进行，探根寻固，然后才可能进入“共相”研究。他说，我们不应以为，一个“模子”一旦建立以后便是一成不变的。“模子”不断在变化、不断在生长。“文化的交流正是要开拓更大的视野，互相调整，互相包容，文化交流不是以一个既定的形态去征服另一个文化的形态，而是在互相尊重的态度下，对双方本身的形态作寻根的了解。”叶氏参照艾布拉姆斯的“文学理论架构”说，提出六个彼此互相联系的文学理论导向，即观感运思程式的理论、由心象到艺术呈现的理论、传达与接受系统的理论、读者对象的理论、作品自主的理论、文化历史环境决定的理论。他说：“我们在中西比较文学的研究中，要寻求共同的文学规律，共同的美学据点，首要的，就是就每一个批评导向里的理论，找出它们各个在东方西方两个文化美学传统里生成演化的‘同’与‘异’，在它们互照互对互比互识的过程中，找出一些发自共同美学据点的问题，然后才用其相同或近似的表现程序来印证跨文化美学汇通的可能。……我们不要只找同而消除异(所谓获得淡如水的‘普遍’而消灭浓如蜜的‘特殊’)，我们还要借异而识同，藉无而得有。”①叶氏鄙薄那种一般表层的类比和抽象的泛论。他通过具体、个案研究，在比较诗学上颇有创获。例如，他通过对中西山水诗的研究，考察不同文化根源“模式”和不同哲学传统对“山水美感意识”的决定作用。关于中国古典诗与西方现代诗的汇通，他指出，中国古典诗重视让事象具体本然地直接呈现，具有多重暗示、多线发展、诗无达诂、言不尽意等特点，是跟文言对于语法的超脱以及词性自由有关的；而这种作为诗媒介的文言表达方式，又积淀着中国的传统生活风范与审美意识。相比之下，西方

① 温儒敏、李细尧编：《寻求跨中西文化的共同文学规律——叶维廉比较文学论文选》，北京大学出版社1987年版，前言第1~3、14、32页。

重分析演绎的思维特征、语法严谨细分的语言，就很难形成类似中国古典诗的那种特色。20世纪以来英美现代诗打破传统的语法与表现方法，追求中国古典诗那种物象的独立性、视觉性及空间的玩味等特点，从而认为从中也可以看到中西诗歌“美学的汇通”。

寻求跨文化的共同的(文学、史学、哲学等)规律是文化比较中一个非常有深度的问题。从几个不同的文化系统中如何寻找“共相”，“要找这一个‘共相’时，我们应该从亚里士多德以还的逻辑思维系统出发吗？我们现在都深知古希腊哲人的思维方式虽伟大，却有其限制性，不可完全依赖。……柏氏与亚氏极力从全面经验(包括直觉感性经验及理知经验)中只划出一部分而将之视为典范，这一个‘模子’所发挥下去的可靠性便很可疑。所以当结构主义者之一列维-施特劳斯追求各种制度各种习俗各种文化下意识中共分的结构时，我们对其提供的方法便不得不存疑……其所用的方法，仍是西方哲学发展下来的理性主义及科学精神，与无意识的结构活动是相克相冲突的”①。

叶维廉先生与金克木先生的意见是一致的，即是说，在比较文化的研究中，要寻找规律、“共相”，就必须放弃死守一个思维或语言“模式”的偏执，而必须通过多重透视，从不同文化系统本身的文化立场、思想方式和语码出发，寻根探固，观照比较，预设一种全局性、多维性的“参照系”，又从“深入的个案研究”入手，才可能觅得跨文化的某些规律，取得比较研究的新成果。

与叶、金二先生的思路比较接近的《二十世纪文学理论》的作者佛克马和易布思认为：“我们必须研究被文化背景迥异的读者当作文学来接受的那些文本。我们还要研究他们评价这些文本的方法，复原他们的价值系统，同时暂时避免用我们的价值系统去干扰他们的。待那些异国的价值系统已经脉络分明之后，就可以将它们与其它的价值系统(包括我们的)进行比较。经过互相对照，我们就可以发现各价值系统之间的不同点和相似点。这种对照，将揭示出我们自己价值系统的相对性，对于原来很熟悉的问题也将提供一些另外的答案，对于种族中心主义的风习，则是一种动摇的力量。这一方法可以叫做文化相对主义。”②

---

①　温儒敏、李细尧编：《寻求跨中西文化的共同文学规律——叶维廉比较文学论文选》，北京大学出版社1987年版，第6~8页。

②　[美]佛克马、易布思：《二十世纪文学理论》，生活·读书·新知三联书店1988年版，第7~8页。

佛克马认为，对于不同的批评体系和批评方法，人们有不同的好恶和选择，但需要确立一个共同的目的，也就是将一种文化思想系统与另一种文化思想系统联系起来，超越各自的壁垒，设立跨文化的检验批评方法的标准，同时建立一种共识，创造一种“超语言”(即共同的基本理论和概念)。

他把探寻文化的共同规律的基点放在文化相对主义上。依我们的理解，所谓从主观的单元模式里摆脱出来，建立新的“时空坐标”系统和寻找跨文化的共同规律，从根本上来说，是要建立“多样统一的文化观”。它不能归结为文化相对主义，但可以包容文化相对主义。多样统一的文化观是建立在人是文化的动物、不同的人是不同文化的创造主体和不同文化的创造物的基点上的。

四、比较文化的基本方法及其局限

前面我们以大量篇幅谈到比较研究参照系的预设和比较主体的投入的问题。从方法论上来说，这是一个最基本、最核心的问题。比较文化研究，当然不是为比较而比较。如前所述，比较文化的目的之一是揭示各文化系统发生、发展、涵化、转型、整合的规律。欲达此目的，显然必须把一定时空中产生的文化现象放到广阔的时空背景上进行跨文化的研究。这种研究的浅表层次是划分一些文化的类型或者模式，这种类型学上的归纳、比较虽然也不容易做好，但毕竟是初步的工作，而且由于比较主体所处的时空条件及思想识度、操作方法不同，人们可以停留在不断地划分文化类型，寻找这一文化现象与那一文化现象、这一文化系统与那一文化系统的同一与差异，或同中之异与异中之同，并以自己的价值观念衡量其优劣、利弊、得失等。

深层次的文化比较，即是我们前面反复强调的有助于体认文化现象和文化系统之间独立或相互运作的具体规律或整体规律，有助于透视文化殊相与文化共相的关系的比较。这种比较，可以从一个个很小的课题(如某一风俗)做起，小中见大，深入切实，避免笼统抽象、大而无当。我们不反对宏观比较，但缺乏细致的微观研究基础的宏观比较，很可能流于浮浅。

在当今“地球变小”，“地球树”村民的“全球意识”和“寻根意识”同步增长、互成张力的文化背景下，文化比较的参照系只能是多维的、全面的，西方中心主义的或者民族中心主义的参照系都无助于认识各文化系统的特殊性、偶然性，及寓于个别、特殊之中的普遍、必然规律。寻找跨文化的共同规律的前提，是调整我们的参照系(或时空坐标)，防止以一种语码(范畴、思维方式)翻译、诠解各种文化(如以西方近代的思维方式整理非洲、美洲、东方的不同时代的宗教、巫术、文艺、习俗等)。

以上三节我们反复谈的就是这个意思。现在我们对比较文化的一般方法论问题作一粗浅的归纳。

1. 可比性与不可比性

比较文化，不是什么都可以比。只有在可比较事情之间，才有可能进行有意义的比较。比较必须做得适当，起码首先要弄清对象是否可以相互比较。

可比性源于人类及其文化的同一性。人类各民族、部落、氏族的行为方式、风俗习惯等文化现象是独立发生、平行发展的，然后才渐渐有了交往和相互影响。人类文化系统之间有一种合规律的对应性、一致性和类通性。这是人类自身的同一性和人类适应自然、创造文化的规律性的表现。人类学家曾经发现，许许多多的习俗，比如妇女月经期的禁忌，妻生孩夫坐床等，在各地都有发生。人类早期的神话、图腾崇拜、宗教、原始思维，更不用说成熟期的哲学、伦理，都有相互沟通、彼此接近之处。例如，婆罗门教、犹太教、日耳曼民族和古代中国的宗教等，都奉行过一种杀牲献供的礼仪。有同一性就可以进行比较。但是，比较不是比附，比较总是要在一定的层次上进行。这一定的层次，包括一定的时间、空间，一定的内容、形式等。有规范的比较才可能从现象进入本质，由低级本质进入高级本质。比较文学中的法国学派主张异类不比、同类才可相较；美国学派崛起后，打破了这种格局，主张比较的开放、多元。但是，比较仍然是不能随意进行的。

如果要从另一角度考虑这个问题，我们不妨引进当代西方科学哲学中的“不可比较”理论。

法伊尔阿本德(1924—　)批评科学教条主义、沙文主义，回到文化的立场，主张多元主义方法论。法氏认为，从现代科学中抽象出来的合理性标准不能作为原始文化的裁决者。在近代科学出现以前，原始社会就有了关于动物分类、药物疗效的知识和相当发达的天文学，并能解决极度困难的工程技术问题(例如建筑金字塔)。原始的巫术、神话、宗教和形而上学中包含有丰富的知识，而科学家们不能理解，不屑一顾。他主张采用人类学的方法去研究科学的结构，即是在具体的社会历史文化环境中去了解一个完全不同的系统的“关键观念”，而不歪曲它们的非正式的性质、丰富多彩、不清晰性和暧昧性等，这些性质都有重要的功能，但把它们加以逻辑的重建，就会看不到这些功能。法氏在《反对方法》一书中提出一个重要论题：有不可比较的思想(行动、知觉)结构。人类学家所研究的原始部落的文化和语言同近代西方的文化、语言往往就是不可比较的。为了达到不以西方文化、语言来曲解原始部落的文化、语言的目的，人类学家特别强调野外考察。人类学家往往认识到，要把当地人的思想和语言直接翻译为他自己的思想和语言是不可能的，他的观点和他所从属的文化，同他正在开始了解的原始人的观念是不可比较的(或者在某些部分重合而在其他部分不可比较)。他反对预设的宇宙观，反对归纳法，批评逻辑实证主义及波普理论有意忽略了科学发展的历史文化条件和心理因素，即非理性因素，强调在科学中保留并充分利用个人艺术创造的自由。①

主张"科学革命"的库恩(1922—1996)提出了著名的"范式"理论。所谓"范式"就是一个科学共同体、一个学派的科学理论、模型、标准和方法(包括理论的和工具的)、模糊的直觉、明显或不明显的形而上学的信念，决定这一传统的科学家观察、研究世界的方式。"范式"就是一个给定共同体的成员共有的信念、价值标准、技术等的综合。库恩认为，科学发展一般经过了由"原始科学"到"常规科学"到"革命科学"再到"新的常规科学"几个环节。从"常规"到"革命"是飞跃和突变，是旧范式的危机和新范式的取代。他在《科学革命的结构》中提出这一著名思想。他认为，前后相继的范式之间是不可调和、不可比较的。"库恩的立场显然倾向于这个结论：一个范式的取代另一个并不是累积的，而是单纯的变换；既然是'不可比较'，两个范式就不能够按照它们解决相同问题、处理相同事实或达到相同标准的能力来评价。因为问题、事实和标准都是被范式所规定的，对于不同的范式便是根本地、不可比较地不同的。"②

这里不去全面评价科学史家和科学哲学家库恩和法伊尔阿本德的科学革命观和多元主义方法论，我们只是想指出，他们的带有相对主义倾向的"不可比较性"理论是有弊病的，不过有的方面仍然值得文化史和比较文化学者注意。以西方的预设主义科学观和逻辑经验主义的方法论及其价值系统，解释评价从远古到今天的各民族文化史、科学史的有效性，确实令人怀疑。其间一些现象确乎不能以一定的"范式"加以比较和评价。当然，这种"不可比较性"并非如以上二位科学史家夸张得那样严重。

所谓"不可比较性"问题，其实仍是我们上节所谈到的"参照系"或"时空

① 以上详见江天骥：《当代西方科学哲学》，中国社会科学出版社 1984 年版，第 180、203~204、216 页。

② 江天骥：《当代西方科学哲学》，中国社会科学出版社 1984 年版，第 110~114、246 页。

坐标”的问题，是比较主体价值系统的参与问题。例如，我们在介绍文化人类学的社会学派的列维-布留尔时曾经指出，原始思维(前逻辑思维)与逻辑思维确实有一些差异，以逻辑思维诠解、比较前逻辑思维确实有一个“不可比”的问题。近代科学与早期巫术、原始宗教中的科学，时空相距甚远的风俗、艺术、哲学，甚至同一时空中的雅文化与俗文化，都有其“不可比”的部分。我们不反对以老庄与黑格尔作为比较对象，但这种比较必须建立在以老庄的“语言”解老庄，以黑格尔的“语言”解黑格尔的基础上。这两种“范式”是有很大差别的。

跨时空的文化比较是可以进行的，如毕加索的画与远古石窟中的壁画，朱熹哲学与托马斯·阿奎那或黑格尔的哲学，谢灵运、王维与英国华兹华斯的山水诗等。其“范式”、“语码”其实比较接近。由于人类文化现象和文化系统既是差异的，又是同一的，既是多样的，又是统一的，文化比较中的“不可比性”往往可以向“可比性”转化。转化的前提就是调整自己的“范式”或参照系。我们不能像库恩那样，把“范式”之间的对立绝对化，但是，如果看不到不同文化共同体的“文化范式”的差异，比较主体与比较对象的“文化范式”的差异，很可能流于“郢书燕说”、隔靴搔痒。不同文化系统在涵化和汇聚过程中的“郢书燕说”，异质文化移植过程中的变形乃至变质，是正常现象；文化史和文化比较研究中不断以新的视角重新发现和解释对象的新的价值，也是正常现象；但是，作为科学的、有深度的文化比较研究，我们认为还是要防止滥比较或乱比较，也就是首先要考虑“可比性”与“不可比性”的问题。

考虑“可比性”，大体估计比较有没有价值，比较的客体有没有同一性，是不是处在相当的类别和层次上；考虑“不可比性”，其实就是考察比较对象之间，特别是比较的主体与比较的客体之间的差异性，以便调整视差，调整焦距，调整参照系。把二者结合起来，即可初步确定比较的可行性。

2. 垂直比较与水平比较及其交叉

在文化比较中，同比、异比和同异交比，是最常用、最直观的方法，兹不赘述。这里谈谈纵比、横比与纵横交比问题。

把文化现象置于时空系列加以比较是有意义的。所谓垂直比较(即纵向比较)是在时间轴上截取不同断面，将不同时间、不同历史阶段发生的文化现象，进行动态比较，探讨彼此间的同一、差异和历史联系。例如，考察汉末、唐末、明末出现的社会批判思潮的机制和形态特征；比较魏晋玄风振起的人文自觉与明季王学和市民文学掀起的人文思潮及其分别与佛学、西学传入的关系，都是纵向上的比较。同一民族文化在不同时期发生的文化现象具有可比性。这种比较可以说明这一文化系统发展变迁的状况、吸取外来文化的状况，该民族在不同历史环境下的精神特征等。

所谓水平比较(即横向比较)是对发生在不同空间的文化现象的比较，一般说来，也是以某一时间(如一定历史阶段)为横截面，在横截面上进行比较。如战国时期出现的荆楚文化、三晋文化、吴越文化、邹鲁文化的比较，如一定时期基督教、佛教、伊斯兰教、儒教的比较，等等。实际上，垂直比较与水平比较总是相互交叉进行的，如研究基督教、佛教、伊斯兰教、儒教的发生、发展史，不可能不研究它们之间的相互排斥、影响、渗透，这就必须把纵向比较和横向比较结合起来。又如研究明清时期传教士把西方科学文化传入中国(西学东渐)，同时又把中国文化传到西方(东学西传)，影响了伏尔泰等启蒙学者、魁奈等重农学派及莱布尼茨与沃尔夫等哲学家，这本身就是一个纵横交错的问题。比较中日两国走向近代的历程，比较19世纪60年代日本的明治维新和19世纪90年代中国的戊戌变法，就不能仅仅纵比或仅仅横比，还必须研究中日各自的发展及相互关系，如日本是如何从中国传入西方文化的，林则徐、魏源的《四洲志》、《海国图志》对日本的影响，等等。

总之，仅仅以静止的、平面的、横断面的比较不同的文化现象是不妥的，必须上升到动态的、四维空间的比较。仅仅局限于狭窄的比较文学、史学、哲学也是不够的，还要进行全景的、多维时空的文化比较。这里还有一个历史时代的划分问题，进行纵横比较都离不开历史阶段的划分，许多文化比较专家认为，适合于西方文化(例如文学、史学、哲学等)的历史时代划分不一定适合于印度、中国，等等。因此，纵横比较必须建立在翔实的文化史的基础上，避免简单比附。

3. 历时性研究、共时性研究与系统方法

具有“科学”倾向的文化学家注意研究文化现象的“结构”，把对象看作停留于时间上的一点，把历时的问题转化为共时的问题加以剖析，或者说，在共时结构的层次上，使历时结构得到证明；具有“艺术”倾向的文化学家注意研究文化现象的“过程”，把对象看作经历了历史发展的序列加以描述。前者是“共时”研究(或结构比较)，后者是“历时”研究(或过程比较)。①

① 参见金克木：《比较文化论集》，生活·读书·新知三联书店1984年版，第251页。

关于历时研究，即把比较文化作为手段，以确立某些文化现象，或反复发生的文化现象之间的因果联系的研究，在斯宾格勒和汤因比的工作中得到充分反映。他们使用这种方法追溯文明兴衰的周期和典型的阶段。克兰·布林顿的著名的革命比较(英、美、法、俄四次革命)也是用的这一方法，最后抽象出他所谓革命必须经过的几个规范化的阶段。罗斯托则以这一方法研究前工业社会向工业社会过渡的前提条件。研究专家们认为，布林顿和罗斯托的研究基础是狭窄的，没有考虑到西方以外的情况。尤其是，这类比较史学的方法是否充分考虑到了各个有关社会之间，例如 1640 年的英国与 1789 年的法国之间，或 1789 年的法国与 1917 年的俄国之间在基本结构方面的差别。反对罗斯托著作的观点认为，英国或美国经济增长或起飞的各个阶段的模式，不能适用于从整个社会结构来说完全不同的那些国家，例如印度。罗斯托的结论之所以会出现错误，正是因为他简单地提出以西方式的现代工业社会为衡量标准，而不使用比较方法逐个地分析使西方各工业社会具有独特性的结构特征。这些就是为什么今天的历史学家已经抛弃了这类比较史学[有时亦称过程比较方法(Verlaufsvcrglcich)]并且转向采用基础更加广泛的结构比较方法(Strukturvergleich)的主要原因。这并不是说试图建立诸如革命的类型学的这类比较史学，一定要被看成错误的东西，而是说，他们现在运用社会结构比较可以取得更多的成果。①

从探索不同的社会结构入手，可以诠解诸如为什么印度和中国的农民的悲惨遭遇相同，大规模的农民起义和战争在中国频频出现而在印度没有出现等问题。通过不同社会结构的比较，可以研究出个性与共性，寻找超越国界的社会历史文化发展的规律。实际上，马克斯·韦伯没有像斯宾格勒等那么注重历史发生的周期性次序，而是进行不同文明的社会结构的比较，并且在此基础上力求作出对全世界适用的普遍性抽象。韦伯的概括当然并没有如他预期的那样准确有效，但他关注文化结构的多样性的瞬时研究，关注共时性规则，是有助于比较文化的深入的。

共时性研究，不仅着力于比较社会结构，同时也致力于比较观念和价值，即广义的思想和情感的方式。一个民族的基本观念和价值在其所有的文化特质和文化丛结中表现出来。无论是比较社会结构还是比较民族文化心理结构，这种共时性研究能不能离开历时性研究呢？上引巴勒克拉夫的论述，认为结构比较法可以取代过程比较法，这种结论可能有些武断。某种文化特

① ［英］杰弗里·巴勒克拉夫：《当代史学主要趋势》，杨豫译，上海译文出版社 1987 年版，第 273~275 页。

质和文化丛结的整合是否有规则地同时在不同空间存在，与这类整合是否有规则地在不同时间上先后相继，这两方面的探寻都有助于认识人类文化的发展规律，不能相互取代，而是相互补充、相得益彰。如欲研究透制度、宗教、组织、艺术、学派等文化现象的结构，则离不开研究它们的历史发展过程。①

过程比较与结构比较是相辅相成的。结构—功能的比较分析又往往与系统论的方法联系在一起。任何"系统"的结构与功能，以及"系统"本身，都可以归结为某种"模式"。柏林科学中心国际比较研究所所长卡尔·多伊奇倡导"模式"化的比较方法，把各种社会历史现象归属于大小范围不同、层次位置不同和结构功能不同的各种系统；再把各个系统内部的各个组成部分(要素)及其受外部环境影响的诸方面(要素)定义为相应的各个变量或参量；再根据观察到的事实进行实证归纳，得出那些变量或参量之间的因应函数关系或协变关系，从而归纳出某个系统呈良性或非良性运转的特性及其趋势的经验模式。这一模式的特点在于，它可能包括外部的和内部的反馈渠道与反馈过程。运用这一模式，并不断改变其参变量以矫正这一模式，可以对某类社会系统进行历史上的前后阶段的纵向比较分析或同一阶段的横向比较分析，可以把某些社会系统的历史与现实的研究和对未来趋势的预测结合起来。这种由层次、子系统构成的整体系统模式的建构是非常困难的，各种参、变量及其因应函数或协变关系的判断的失误很难避免。②

无论是过程比较法、结构比较法，还是系统方法，都有其可取之处，也有其不足之处。任何方法都有一定的适用范围，超过了这一对象范围，方法也就不灵了。

4. 平行比较、影响比较与阐发比较

平行(Parallel)比较，指在两种互不影响、但又有可比较性的不同传统习俗、生活方式、器物文化、社会制度、价值观念里进行的比较，察异观同，求其会通，研究其特殊规律和普遍规律。例如将中外文学中相类似题材的文学作品进行比较研究，以便从两种不同文化背景的关系中寻找人类精神现象的异同。影响(Influence)比较，指在两种或两种以上相互影响(包括直接影响或间接影响)或单方面受到影响的不同文化特质或文化丛结之中的比

① 参见[美]菲利普·巴格比：《文化：历史的投影》，夏克、李天纲、陈江岚译，上海人民出版社 1987 年版，第 222~227 页。

② 参见庞卓恒：《比较史学》，北京中国文化书院 1987 年印本，第 57~60 页。

较，找出其中的同异，揭示其间的排拒、对立、渗透、吸收、转型、融合等。前者如对不同民族的原始宗教的比较，后者如对世界三大宗教和儒教的人生哲学、伦理思想的比较等。“但是，无论哪种比较研究，都不应是简单的类比，不应是在不同国家(民族、地域)的思想文化中简单的抽出一两句话或一两个孤立的现象进行比较研究，这样的比较研究是支离破碎的比较……在两种不同传统的思想文化中进行比较研究，应该是在对这两种不同传统思想文化的某一问题做比较全面研究的基础上来比较分析，这样才可以找到某些规律性的现象，使我们对人类思想文化发展的规律从未知达到已知，从知之不多达到知之较多，从个别的认识达到一般的认识。”“研究比较哲学和比较宗教学的目的之一是在比较分析中找出不同传统的思想文化的特点，把它的特殊性明确起来，使人们了解这种思想文化在世界历史上占有什么样的地位，有过什么样的贡献。”①运用平行比较和影响比较的方法，可以扩大我们的视野，把这些方法与前述纵向比较与横向比较、过程比较与结构比较的方法结合起来，有助于揭示文化发展的特殊规律和普遍规律，同时可以启发我们拓展新的研究课题。

尤其是影响比较，日益为人们所重视。关于佛教传入并逐渐中国化，关于西学(包括马克思主义)传入并不断与中国文化渗透、融合的问题，非常复杂，需要具体地、历史地加以考察原有文化的结构和运行机制，异质文化引入的背景、条件、社会需要、土壤基础，原有文化与异质文化的比附、依托、矛盾、冲突、结合、畸变等，涉及面非常广博。进行这种比较，意义很大，难度也很大。

平行比较与影响比较也是相互补充的。法国学者艾金伯勒认为，研究文学类型的历史演进(即渊源、影响和交流)与研究不同文化中创造出来的与文学类型相当的每一种形式的性质和结构，同样重要。在他看来，研究所谓“外在”的有关“历史的演进”和“内在”的有关“美学的沉思”是相辅相成的。他主张将偏重于历史方法的影响研究和偏重于美学评价的平行分析，将案卷研究与文本阐释，将社会学家的审慎与美学家的大胆，结合起来。

西方文学和美学中的“接受”理论可以引入影响比较研究。对于外来文化的“接受”，实际上是以本土文化解释、选择、扬弃、改造对方的过程，也应当纳入人类活动的整体背景上考察。20世纪以来，中国读者通过译介接受国外(主要是西方)的哲学、文学、心理学、社会学等的状况，以及翻

① 汤一介：《从印度佛教传入中国看研究比较哲学、比较宗教学的意义》，见《中国哲学》第八辑，生活·读书·新知三联书店1982年版，第296、299页。

译介绍的状况，某一时期某一外国(如苏联)的思想家、作家被我国接受的状况，某一位哲学家(如黑格尔)或作家(如卡夫卡)被我国接受的状况，都是比较文化中有趣的课题。“因为这种在‘历时’的框架内关于‘共时’的讨论，常常帮助我们了解‘视野转变’，‘接受屏幕’与‘接受条件’的变化以及‘历史转折’等有趣现象。”“我国的五四时期，几乎容纳了欧美、俄苏、印度、波斯、日本等各国文化，在短短的时间内，如此众多的不同体系的文化突然涌入，和一个如此古老、统一、广阔的文化相撞击，这种现象在整个文化史上恐怕也是独一无二的。特别是从新的‘接受’理论的观点出发，通过‘事实联系’来研究中国文化对众多外国文化筛选、吸收、容纳、改造的‘接受过程’，这无论对研究世界各国文化的汇合，对研究我们自己(以‘接受’作为一面镜子)的文化特点都会具有重大价值。”①

与平行研究、影响研究相关的，还有阐发研究方法。以西方文化的理论、方法和评价标准阐发中国文化，或者相反，只要不是把一方的模式强加给对方，都可以以新的视角发现对方新的价值。阐发是双向或多向的。在文化比较过程中，人们总是自觉不自觉地阐发。我们提倡以现代意识，自觉地阐发传统文化和外来文化，以开放的心态吸纳、汇聚百家异说，并加以别择去取，以繁荣中国新文化。

5. 避免“方法论游戏”

列宁说：“任何比较都不会十全十美，这一点大家早就知道了。任何比较只是拿所比较的事物或概念的一个方面或几个方面来相比，而暂时地和有条件地撇开其他方面。我们提醒读者注意一下这个大家都知道的，但是常常被人忘掉的真理。”②这里清楚说明了比较的局限性。比较研究总是具体、历史的研究，如果离开了具体历史环境，夸大方法论的作用，就会流于肤浅。

20世纪80年代，西方比较文学出现了脱离作品实际，在抽象理论上兜圈子和“形式主义的分析”的倾向。据乐黛云教授在上引论文中介绍，1985年8月在巴黎召开的国际比较文学学会第十一届年会上，许多学者提出了有关叙事学、互文性、符号学、解结构主义等新理论的探讨，但也有一些权威学者反对这种“方法论的游戏”。著名的美国比较文学专家韦勒克教授批评这种做法是“否认生活的感知的一面”，“否认美感经验”，“无补于实际批评”，反而“瓦解作品”，是“反美学的象牙之塔”，是“新虚无主义”。他强

① 乐黛云：《中国比较文学的现状与前景》，载《中国社会科学》1986年第2期。

② 《列宁全集》第8卷，人民出版社1959年版，第423页。

调文学理论不能不淡评价，不能不评善恶、美丑、丰富与贫乏、思想性与艺术性。正是这位韦勒克，在 20 世纪 50 年代强调“内在的文学性是美学的中心问题”，提出“比较文学的危机”，批判了法国学派的某些错误；在 20 世纪 70 年代提出“比较文学就是意识到一切文学创作与经验的统一性，从国际的视角去研究一切文学”，并认为比较文学所用的方法不能只限于“比较”，而要和运用“比较”一样频繁地去运用“描述、特性刻画、阐释、叙述、解说、评价”等种种方法。重温这些意见，对我国正在兴起的“方法论热”或许是有意义的。我们要破除对于方法论的迷信，过分强调方法论反而会陷入肤浅，因为比较乃是一种实践，是一种非常具体的创造活动，很难用逻辑方法论加以界定和规约。

萧兵教授的著作《楚辞与神话》(江苏古籍出版社 1987 年版)在非常具体的比较中抽象出比较理论和方法。他认为，比较研究所能达到的深刻性和客观性，决定于所比较的不同对象的相互对应性。他的比较，以文化因子为单位。他认为，每个文化区都可以找到大量具有类缘性的文化因子。太平洋文化区具有太阳崇拜、五行观念、四方风神、月兔神话，鸟神崇拜与太阳崇拜的叠合、太阳神鸟与太阳神树的粘连等因子。这些文化因子的相似性、趋同性，提供了建立太平洋文化学的条件。因子群在结构上的对应，在时地背景上的平行，在细节上的密合，是直接反映文化运动规律的三大要素。比较法的原则就在于对这三个要素作细致的、全面的把握。他的理论多少带有播化学派的痕迹，但你是否同意这些理论和方法，只是次要的，你不得不承认萧兵关于《楚辞》的具体研究和神话比较，是有一定道理的。我们可以套用一句话来说，比较创造活动是常青的，而比较理论和方法总是灰色的。

方法是多样的，但方法毕竟是手段而不是目的。比较文化的目的是从国际的角度研究一切文化，探讨各民族文化的特殊规律和全人类文化的一般规律，促进全球文化的沟通和融合。许多比较文化专家把比较与人的本质、与全球“新人文主义”的建树联系起来，颇值得深思。日本著名学者中村元教授指出，“对哲学史作比较研究，不仅具有历史意义，而且对哲学本身来说也是必要的。我们只有对各种不同的哲学观念进行互相比较，并与人类生命的内在本质联系起来进行考察，我们才能可望达到真理”。据中村元先生介绍，法国学者格鲁赛、意大利学者多奇、德国学者雅斯贝斯等，都主张建立一种具有世界性的人文主义。他们认为，“新人文主义”不能仅由地中海文化来建立，如不吸取东方的佛教、婆罗门教和儒教的思想，就不能建立起“新人文主义”。他们希望在理解东方文化的基础上，寻求东西方文化的结合。美国学者莫利斯则主张东西方文化应该完全融合，形成一种新的文化。

他认为，未来哲学不是抹杀多样性，而是要包容多样性，它既是西方的，同时也是东方的。他主张在此基础上建立“人的科学”，使现代化的多样性的哲学与现代化的人，以及有关自然的科学知识和科学方法协调起来。① 法国比较文学专家艾金伯勒于60年代也曾提出比较文学就是“人文主义”，主张把各民族文学看作全人类共同的精神财富和相互依赖的整体，用比较文学促进人类的相互理解和团结。

与人的现代化、与造就具有现代意识的人密切结合的比较文化研究的前景十分广阔。在新世纪、新时期，深入开展中国文化与世界文化的比较研究，对我国的文化建设是有益的。我国的比较文化研究也会获得长足的进步。

① 参见[日]中村元：《比较思想论》，吴震译，浙江人民出版社1987年版，第194、56~57、164~165页。

第六章　文化的系统、结构与功能

我们在第四章论及文化的类型和模式的时候，已初步涉及文化的系统和结构的问题。本章拟专门探讨社会系统与文化系统的关系、文化系统与子系统的关系、文化特质与文化结构的关系、文化满足人类生存需要的诸种功能等，并以小群文化之一的"企业文化"为例，分析文化的系统、结构与功能。

一、文化的系统与结构

恩格斯说："一个伟大的基本思想，即认为世界不是一成不变的事物的集合体，而是过程的集合体，其中各个似乎稳定的事物以及它们在我们头脑中的思想映象即概念，都处在生成和灭亡的不断变化中。"①把世界看成动态的过程集合体，可以说是现代科学的系统思想的萌芽。大家知道，20 世纪中叶以来，奥地利生物学家贝塔朗菲(1901—1972)创立了一般系统论，比利时科学家普里高津(1917—2003)创立了耗散结构理论，以后，联邦德国科学家哈肯创立了协同学，系统科学蔚为大观。由于著名科学家钱学森等人的提倡，系统科学在我国得到广泛的传播与应用。

系统是由元素组成的有机整体。具有确定特性的诸元素组成的整体中存在的有序状态，即是系统的一定的结构。系统的结构不是一成不变的。系统具有层次性，若干系统组合成一个高级系统，这个高级系统很可能又是一个更高级的系统的子系统。它们可以用一组彼此不同而又相互依存的数学模型加以描绘。系统论和控制论的方法，从系统的整体性出发，把分析与综合、

① 《马克思恩格斯选集》第 4 卷，人民出版社 1972 年版，第 239~240 页。

分解与协调、定性与定量研究结合起来，它关于母系统与子系统、系统的结构与功能、系统与环境、动态系统的自调节、自组织、自学习和系统的择优化的研究，对于认识人类社会和人类文化有一定的借鉴意义。

1. 人·文化·社会

人、文化、社会之间就是一个大的系统。人创造文化的实践活动和其他活动都是在一定的群体、一定的社会，即人与人的关系体系中进行的。人是一定社会的人，文化是一定社会的文化，人和文化都随着社会的发展而发展。人与自然的关系，从本质上来说，受到社会、文化及其发展水平的制约。所谓“社会”，指人类在物质生活资料的再生产和人自身的再生产中按一定的生产关系、组织、制度形式结成的各种群体、各种集团——家庭、宗族、种族、民族、阶级、阶层等。这些集团又是文化的主体。同时，社会的产生和发展首先就是一种文化现象，一种最重要、最基本的文化现象。在一定意义上说，文化是社会活动的产物，社会决定了文化；从大文化观出发，文化涵括了社会，涵括了作为实践主体的人们之间的社会联系和关系的全部总和。在许多文化人类学(或社会人类学)家的心目中，“文化”即“社会”，“社会”即“文化”。人、文化、社会之间有着难分难解的关系。

韦伯以后最大的社会学家帕森斯对于人、人的社会行为、人格与文化系统、社会系统之间的关系做了详尽的研究。帕森斯的行动理论的系统分析模型，以“多因素同时相互作用”的原理，取代古典的单线因果关系理论，来解决复杂社会过程的动力学分析难题。学者丁学良先生对帕森斯理论有精到的研究，以下文字和图表摘自他的论著①：

“在帕森斯的系统分层中，最普遍的系统称为行动总系统，因为一切非自然原有的现象都产生自人类的行动；最小的系统是两人间的交相行动；最受重视的是社会系统(行动总系统的四大子系统之一)。行动总系统被两种环境所制约(见图1)。一为外环境，帕森斯称为‘条件性环境’或‘物理——有机环境’，即自然世界；一为内环境，帕森斯称为‘终极真存’，即关涉人的存在之终极意义的形而上世界(对于行动总系统的任一级子系统来说，它们除了间接地处于这两种环境之间，还直接地处于其他子系统所形成的环境中)。因此，行动总系统及其所含的子

① 丁学良：《“现代化理论”的渊源和概念构架》，载《中国社会科学》1988年第1期。

系统始终面临着两类关系(对外环境和对内环境的)及其之间的矛盾。由此，就揭示出任何一个活系统要持续存在所必须解决的四类系统问题或四个方面的机能：A(Adaptation)意思是改变性的适应，即任一系统为达到目标而从环境获取资源的问题。在行动总系统一级上，人的行为的生理方面体现着A；在社会系统一级上，经济方面体现着A。G(Goal—atainment)意思是达到目标，即系统形成和坚持长期目标的问题。在行动总系统一级上，个性子系统体现着G；在社会系统一级上，政治活动体现了G。I(Integration)意思是同和，即系统内各部分间的关联和协调问题。在行动总系统一级上，社会子系统体现着I；在社会系统一级上，社区共同体体现着I。L(Lateney)意思是潜在因素，即：面临着持续的内部变化和外部的新输入，系统保持自己特有形构的深层力量。在行动总系统一级上，文化系统体现了L；在社会系统一级上，制度化了的价值规范(意识形态和法律)体现了L。AGIL之间存在着同时性的、多向的相互交换即相互依存关系(如图2箭头所示)。

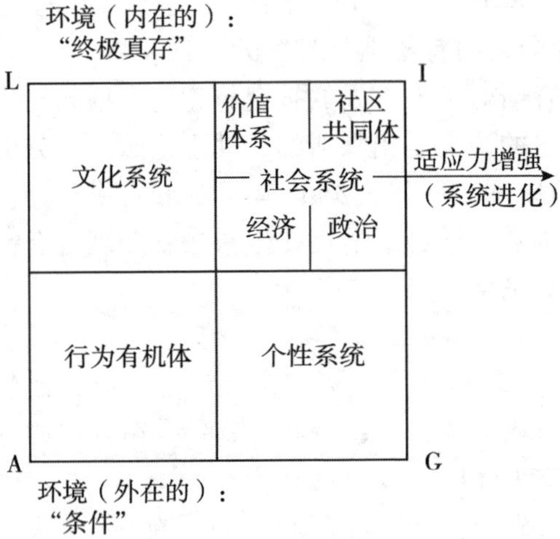

图1 行动总系统

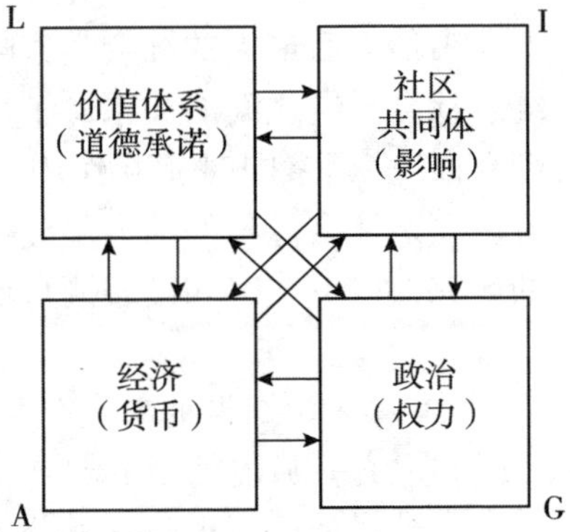

图2 社会系统的分化

对于一个高度分化的现代社会系统来说，它的每一个子系统都有普遍化了的交换媒介(经济——货币，政治——权力，社区共同体——影响，价值体系——道德承诺)。交换媒介越普遍化，系统利用内部和外部的资源的能力就越发达。各子系统通过各自的交换媒介，维持子系统对子系统和系统对环境的源源不断的输出——输入。因此，每一个系统自身机能的实现，都是系统——环境和系统——系统之间多重叠合的相互作用的结果。”

“这里特别需要指出的是，‘系统’和AGIL是帕森斯对社会实体一定方面的分析性的抽象，而非指实体本身。具体的社会实体都融合多种机能(以一种或数种机能为主)，只是在分析的意义上，才可以说某一系统或子系统体现着A或L。比如，贸易公司不但要营业(A)，也要设立公司长远目标(G)，也要搞好内部团结(I)，也要进行职业道德教育(L)。所以，一种机能贯通着多种实体，而一个实体涵括着多种机能。区别抽象系统和经验实体是弄清帕森斯系统分析的一个关键，否则将难以理解为什么本是合在一起的被分开了，而本是分开的却联系在一起。”

“对于行动系统各层次间关系(见图3)的解决，帕森斯由当时新兴的控制论——信息论而获得极重要启发，他因此把自己关于该层次关系的模式称为‘控制论层系’。物理——有机环境处于该层系的底端，表明它为行动设置了限制。越是趋于这一端的活动越具有必然性，因为‘我们必须使自己适应物理世界，否则人类生活都将消失’。越是趋于

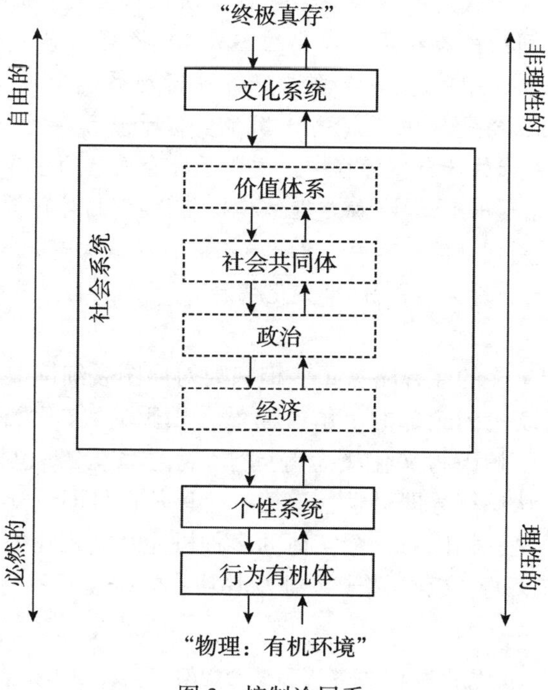

图3　控制论层系

这一端的活动同时也越是理性的，因为面对自然界的是技术——经济活动，以工具理性为原则，具有普遍可验证性。终极真存环境处于顶端，表明它为意义问题提供了背景。越是趋于这一端的活动越是自由的，因为人对存在意义的探索是自主驱动的，与技术——经济相比，文化价值对物质世界具有更大的独立性。越是趋于这一端的活动同时也越是非理性的，因为宗教、伦理是形而上的思考，不具备经验层次上的普遍可验证性。不同社会的人很容易就某种技术的优劣取得一致评价，但很难就各自的文化价值取得一致的评价。在该层系中所处位置的高低，并不等于因果关系的先后，只是表明：越高的系统越是发挥着信息输出源的作用，越低的系统越是发挥着能量输出源的作用。因此，这种控制论意义上的高低并不意味着重要性的大小，而是揭示不同的系统在社会变迁中的不同机能——取向于物质的活动为社会变化设立限度，取向于文化的活动为社会变化标示方向。没有任何单一的因素足以解释全部的社会变迁。无论是单维的文化决定论还是庸俗的经济决定论，都只是‘属于社会科学发展的幼儿园阶段。任何因素都是与其他因素相互依存的’。社会发展是控制论层系中高层因素和低层因素相结合而促成。而多层次上多因素的结合方式会有很多种可能性，所以社会发展的单线论是经不住检验的，不同的民族经历现代化的方式、途径不可能一样。帕森斯还进而用生物控制论中的新遗传学思想解释行动系统中稳定性和变化的关系。文化在社会发展中所起的作用，类似于基因在生物进化中的作用。在一代教化一代的社会化过程中，内化于社会成员的主导价值规范使他们的行动方式呈现出延续性（稳定性结构）。而在面临外环境的新压力、通过调整IG解决新问题的进程中，又会有新的行动结构生成出来。当新结构被逐步接受以后，就会形成新的‘文化基因’，输入到L系统中去。”①

尽管我们把丁文的注释略去了，但只要对照图表细读上文，可以得到关于帕森斯社会系统论的轮廓的了解。当然，帕氏的“文化”概念是小文化的概念。据丁氏注，帕氏将文化概念等同于“符号系统”，包括四个亚类：建构符号即宗教，认识符号即科学，道德——评价符号即哲学，表达——鉴赏符号即艺术。但是，帕氏对社会实体的多种机能及其相互关系的分析，我们不妨看作是对广义的“文化”诸子系统及其功能的相互关系的分析。他充分考

① 丁学良：《“现代化理论”的渊源和概念构架》，载《中国社会科学》1988年第1期。

虑了环境与社会之间的关系，又把社会划分为不同的体系或系统，认为在社会的不断进化中，这些体系或系统不断分化出一些子系统，系统之间、系统与子系统之间、子系统之间相互作用，互为功能，从而构成了多维动态的社会进化模型。这就超越了庸俗的经济决定论者和单维的文化决定论者。他关于行动系统控制论层系的研究和文化“遗传基因”的设想，都有启发新思的作用。

有的论者把帕氏的四对变量模型简化为三对变量的模型，认为：

“帕森斯总爱从四对变量关系中建立自己的理论体系。其实，他所说的行为有机体和人格体系(按即图1的个性系统)仍是一对变量关系，因为我们所说的人，乃是社会的人、文化性的人，而不是生物性的个体，人格体系(个性系统)不过是按照一定文化规范社会化了的人的行为总和。因此，帕森斯的四对变量实质上只是三对变量，即由人、社会、文化三位一体交互影响、交相作用，分别产生出角色、人格、规范。有的学者将它们的关系用等边三角形表示，其模式如下图：

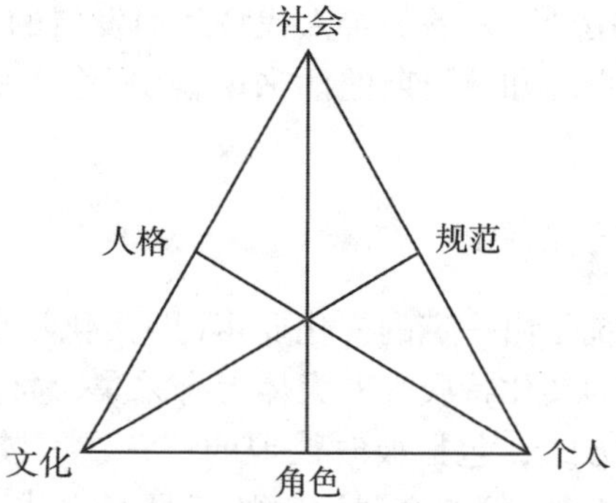

人、社会、文化的变量关系图

文化是社会发展的产物，是人在社会化过程中的一种创造，任何文化都不能脱离社会及社会化的人而存在；同样，社会离开了文化就不能进步，人离开了文化就不能进入文明状态。文化不仅有维护社会体系的功能，也是指导人们社会行为的规范。角色乃是人在社会群体中的地位，人格乃是文化规范的品质和风格。这里，人、社会、文化的交互作用表现为一个复杂的整合过程。”①

① 司马云杰：《文化社会学》，山东人民出版社1987年版，第275~276页。

把帕森斯理论化约为人、社会、文化的三维变量关系，是否符合原意，值得研究。但是，不妨从这一角度去思考问题。

总起来说，考察文化系统，除了文化系统或子系统与外环境直接或间接的关系外，主要是它们之间犬牙交错的关系。“参伍以变，错综其数。”单纯地说社会经济决定精神文化的产生和发展，看不到它们之间非线性的、多种多样、具体历史的联系，看不到它们之间经过若干中间环节的联系，是我们过去常犯的幼稚病。物质生活表现为精神文化产生和发展的基础或手段，但物质生活并不总是导致精神文化的发展，有时候反而会导致精神文化的解体、下降或衰落。生产力发展水平、社会物质利益、经济关系的性质与精神文化之间并没有单线的因果联系。恩格斯说：“政治、法律、哲学、宗教、文学、艺术等的发展是以经济发展为基础的。但是，它们又都互相影响并对经济基础发生影响。”①这种影响又不是简单地说一句“相对独立性”或“反作用”就可以了事的。我们借鉴帕森斯的社会(或置换成“大文化”)系统论，就是为大家提供一个新的视角。

精神文化以多种方式影响社会发展，其主要作用是造就、提高人——社会发展的实践主体。用全面发展的个人代替片面发展的个人，是社会文化发展的根本任务，用马克思和恩格斯的话来说，“每个人的自由发展是一切人自由发展的前提”。

2. 文化系统与子系统

一定的文化子系统是由一定的文化要素(即文化特质)组成的有机整体。那么，有一些什么样的文化特质呢？大体上有采集、狩猎、渔业、游牧、农业、工业等经济生活方式，包括彼时彼地的饮食、服装、房屋、生产技术、操作工艺流程、各种工具(例如交通运输的工具及方式、防御与攻击的武器及方法)；婚姻、家庭制度、亲属关系，物物交易与商业活动，个人与团体的财产关系，政治、法律、经济组织及其活动，邻里、部族、民族、国家、国际机构等社会形式；风俗习惯；语言、文字系统、音像系统等符号、信息传播与储存方式，巫术、神话、宗教信仰与仪式，伦理道德，哲学，科学及各种知识体系；雕刻、雕塑、绘画、书法、建筑、装饰、小说、诗歌、音乐、舞蹈、电影、戏剧等艺术形式等。

整个大文化系统涵括物质文化、社会关系体系、精神文化、艺术文化等子系统，还包括作为上述四大子系统的联结中介的语言符号系统和风俗习惯

---

① 《马克思恩格斯选集》第4卷，人民出版社1972年版，第506页。

系统。

第一，物质文化系统。物质生活资料生产的方式和产品是文化大系统的基本和基础层次。物质文化并不是指纯粹的器物、用具，而是指在内涵和功能上具有物质性的活动，当然也包括它的成果。实际上，物质生产活动的方式、过程和结果里表现了、沉淀了人们的精神、欲望、智慧、趣味爱好等，毋宁说，物质产品是精神的物化。但一般来说，满足人们物质生活需要的各种活动，包括满足衣食住行需要的工艺技术等，都属于物质文化的范畴。物质文化直接反映人与自然的关系，反映人类物质的、自然的、经济的生活，反映社会生产力的发展水平。

第二，社会关系体系。人们的物质生活、精神生活、艺术生活都是社会行为。人们的文化活动都是在一定的社会关系体系和人们的社会化的生活里产生和发展的。反映人类社会的、政治的、集团的生活的这一部分文化，是整个大文化系统的重要层面。这一子系统包括婚姻、家庭制度、亲属关系体系、财产关系，包括经济、政治、法律组织在内的整个社会结构，各种社会形式、社会组织及其活动等。这一部分直接反映人与人的关系。从一定意义上说，社会关系体系，包括家庭、家族集团、区域、民族集团、国家、阶级、经济、政治、宗教集团、教育、科技、艺术组织等是形式；而它们的活动，其中主要的是社会的、政治的、集团的生活，则是内容。

第三，精神文化系统。其实，任何个人、社会组织和社会集团的活动，不仅仅有经济的、物质的生活，也不仅仅有政治的、集团的生活，还有精神的生活。精神生产，包括科学的、宗教的、美学的、伦理的、教育的、哲学的生产等，同时包括对经济、政治、法律活动的理论概括和抽象。这是整个文化大系统的内核。这一部分反映人的内心世界，但又不是一般的情感、愿望、情趣、风尚，而是凝练成信仰、观念、思想的理性的体系。人类的精神生活脱离不了物质生活、社会生活，同时又高于物质生活、社会生活。较之物质文化和社会关系体系，精神文化具有更强的累积性、继承性和独立性。往往在物质文化，随之在社会关系体系发生革命性变革以后相当长的时期内，精神文化仍然保存下来，甚至千古常新。

第四，艺术文化系统。既不同于物质文化，又不同于精神文化，处于二者之间的，是艺术文化。苏联当代著名美学家卡冈认为，在艺术创作中，“精神因素和物质因素不是简单地结合在一起(像物质生产和精神生产的领域那样)，而是有机地交融在一起，互相融为一体，产生出某种第三者的东西、某种性质上独特的现象——被称作‘艺术’的精神——物质价值。艺术创作，例如不同于科学创作或意识形态创作，不应当被解释为思维劳动结果的简单的物质体现，而应当解释为‘物质中的思维’，即色彩、造型和声音关系中的思维。因此，它既不能像电码那样被口头重新译出，又不能译为某种其他的(包括为其他艺术所特有的)符号系统”①。

除了以上四大系统外，还有语言符号系统和风俗习惯系统。语言是一切民族、国家的文化体系的根本，是伴随着物质文化、社会体系、精神文化和艺术文化产生的，并贯注于四者之中的基础的和中介的文化层次。风俗习惯的层次亦具有相对独立性，在物质文化、社会组织和艺术文化中都浸透了各民族、各地域的风俗习惯，在精神文化中亦有它的反映。各文化子系统之间是相互联系的，并形成一种有序的状态，即是结构。各子系统的功能相互反馈，形成复杂的网络。外在自然环境与其他的文化体系又不可能不对它发生作用。可用下图示意文化系统与子系统：

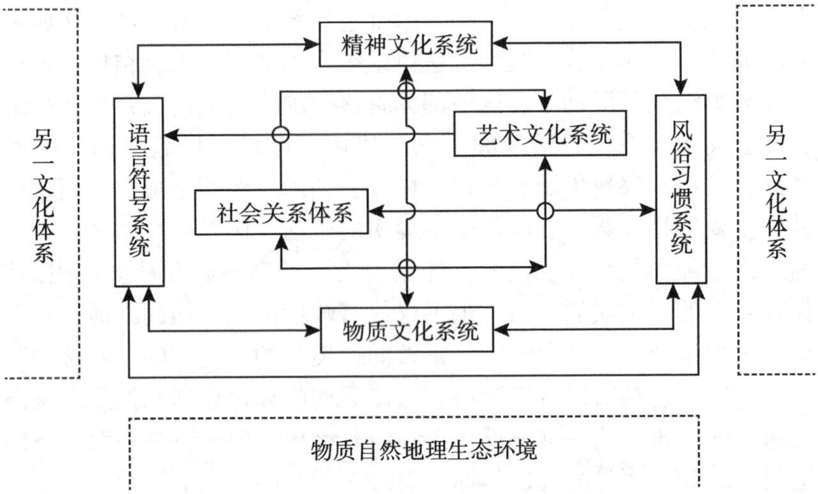

各子系统在整个文化大系统里所处地位和它们之间的相互关系可以从图中略知一二。大体上，从外界自然环境到文化的发生及人与自然的关系，逐渐上升，从下到上，表明文化结构由外层到内核，由低级到高级，由物世界到人世界到心世界，由物质人生到社会人生(人与人的关系)再到精神人生。从两翼到中间，表明其他文化系统的影响可能导致本系统结构的变化。我们充分考虑到各子系统之间动态的、纵横立体交叉的相互作用。

① ［苏］卡冈：《作为系统的艺术文化》，见庄锡昌等：《多维视野中的文化理论》，浙江人民出版社1987年版，第281页。

索罗金曾经认为，只有语言、艺术、宗教、伦理、科学为本质上各不相同的、主要的和基本的文化体系，它们把一切价值和意义的主要范型——真善美都包括起来了；其他体系都是由这五种体系混合或派生的，如宗教艺术体系、科学艺术伦理体系等是混合的，如哲学、经济、政治分别是由科学、法律、伦理所派生的体系。这种关于文化大系统的分析是不确当的。这种分析忽视了文化发展的源头和基础，忽视了文化结构的层次性。事实上，物质文化系统、社会关系体系在外界影响下变化较快，而风俗习惯系统、精神文化系统较为稳定。宗教、伦理、科学、哲学、政治、经济等相互独立的理论活动和思想体系，特别是思维方式、价值观念、民族精神等，作为精神文化系统的主要内容，是文化大系统的内核；而巫术、宗教活动、伦理活动、道德风尚、审美趣味、民间风习等风俗习惯系统则处于文化大系统的中间层；经济、政治、法律的行为，组织制度等社会关系体系处于文化大系统的外层；工艺技术、生产活动、衣食住行等处于文化大系统的最外层。

关于文化大系统的分析，我们认为可以从普列汉诺夫关于唯物主义历史观的“五项论”中获得一点启示。

普列汉诺夫把精神文化解析为社会心理、低级意识形态(政治、法律思想等)以及高级意识形态(宗教、哲学、艺术等)。为了反对对唯物史观的简单化和教条式的理解，他提出了著名的“五项论”公式：“一定程度的生产力的发展；由这个程度所决定的人们在社会生产过程中的相互关系；由这些人的关系所表现的一种社会形式；与这种社会形式相适应的一定的精神状况和道德状况；与这种状况所产生的那些能力、趣味和倾向相一致的宗教、哲学、文学、艺术——我们不愿意说，这个‘公式’是无所不包的——还离得很远！——，但是我们觉得它有无可争辩的优点，觉得它更好地表现了存在于不同的‘一系列环节’之间的因果关系。至于人们惯常非难唯物史观的那种‘狭隘性’和‘片面性’，在这里面是找不到一点痕迹的。”①普列汉诺夫的时代还没有出现系统论，但他确乎有了一点系统观念，尽管在总体上没有摆脱线性关系。他希望对人的生活的一切方面作一个唯物主义的说明，特别是对于人的生活的主观方面、心理的方面，对于人的精神、人的感情和观念给予正确的说明。

普氏把社会意识区分为“社会人的心理”和“反映这种心理特征的各种思想体系”两种基本形式。所谓“社会心理”是在特定时期、特定民族广大群众

① 《普列汉诺夫哲学著作选集》第 2 卷，生活 · 读书 · 新知三联书店 1961 年版，第 186~187 页。

(或特定阶级、阶层、社会集团)中普遍流行的没有经过系统加工的社会意识，包括他们的理想、要求、愿望、情感、习惯、道德风尚和审美情趣等；而思想体系则是经过职业思想家加工改造和系统化了的社会意识。他又把社会心理区分为两种：流行于整个民族中的较为普遍的社会心理，具有民族性和全民性；另一种是仅仅流行于特定阶级，阶层或社会集团中的社会心理，具有鲜明的阶级性。我们不妨将普氏的这些思想看作是他对广义的文化内涵作出的层次分析。

我们的“文化系统—结构”图中的“物质文化系统”比普氏的“生产力”更为宽泛，我们的“社会关系体系”相当于他的“经济关系”、“社会政治制度”两项，我们的“风俗习惯系统”与他的“社会心理”类似且更广泛。他把文学、艺术纳入“思想体系”之中，似不准确。我们更注意各子系统之间横向的、动态的联系，普氏的思路似只有纵向而无横向。我们把他的思想以下图表示出来，以便于大家与上图作比较：

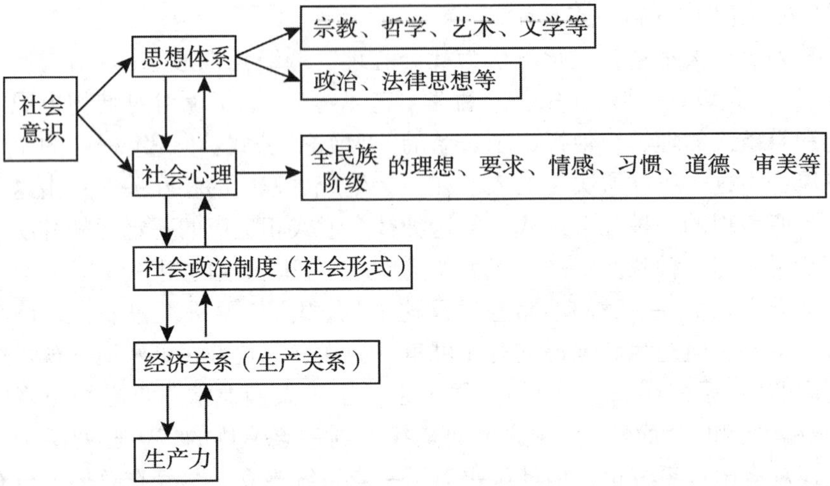

当然，普列汉诺夫与我们的考察角度不同，他没有从广义的“文化”出发，他主要是考虑经济基础与上层建筑中社会意识之间的中间环节问题和社会意识的层次分析问题。

对文化子系统也可以作出更详尽的分析。在这一方面，卡冈关于艺术文化的研究值得借鉴。他首先从艺术文化结构的形态学方面，考察了处于精神文化与物质文化之间的艺术文化的不同层次：

精神文化

"实用"语言艺术的过渡地带

演说艺术	艺术政论作品

纯语言艺术创作地带

音乐创作地带

语言—造型和音乐—造型的表演创作地带

哑剧和舞蹈创作地带

纯艺术的对象—造型创作地带

建筑艺术的过渡地带

在手工基础上	在工业基础上 （工业品艺术设计）

物质文化

卡冈又从艺术文化结构的体制——组织方面考察了艺术文化及其子系统的相互关系。他把艺术文化看作是由五个子系统相互联系和作用的一个完整的统一体。其中有三个主要的子系统：艺术生产、艺术价值、艺术消费；还有两个一般的子系统：艺术批评和艺术文化的科学研究。卡冈指出："艺术活动的第一种形式——艺术创作，即创造艺术作品的过程——作为这样或那样地被体制化的'艺术生产'出现在社会艺术文化中。艺术知觉——艺术活动的最后环节——在艺术消费的前后关系中加入社会文化过程。把艺术生产和艺术消费联系起来的艺术作品，在这里作为艺术价值的体现者，它正是因此获得具体的社会文化意义。"①

他运用系统方法揭示出"艺术生产"的结构：艺术生产需要具备一定的条件，如出版社、印刷厂、剧院、音乐厅、展览会、电影制片厂等，创作者个体或团体的艺术意识的对象化离不开这些条件，因此毋宁说，艺术作品是艺术价值创造过程的社会历史组织的体制形式。艺术生产的另一方面是艺术家培养、教育与训练的系统，即艺术价值创造者本身的再生产过程的社会历史的具体组织。艺术生产的第三方面是艺术观众的生产，即艺术价值内行的消费者的培训和教育，因为人们享受艺术的能力取决于他们艺术修养的水

① 庄锡昌等：《多维视野中的文化理论》，浙江人民出版社 1987 年版，第 286 页。

平。因此，不仅造就一代又一代的艺术创作的主体——艺术家，而且造就艺术上有修养、审美上敏感的欣赏者、消费者，都是艺术生产的内容。艺术生产的第四方面是与艺术家的再生产和与观众、听众的造就同等重要的批评家的培训，因为批评家是艺术价值的消费者和创造者之间的中介人。

仅仅就艺术生产而言，卡冈以系统方法划分出它的基本子系统，其根据是区分艺术生产的客体和主体，在艺术生产的主体中又区分艺术价值的创造者、消费者和批评者。

卡冈还考察了艺术消费、艺术价值、艺术批评和艺术研究。他认为，艺术消费是观众知觉艺术价值过程的组织的具体社会历史形式。这种形式能够在人们同艺术交往的可能性本身的商品货币制约性中表现出来。只有在社会文化组织的某种具体形式的范围内，对艺术价值的知觉才能在社会中实现。艺术作品是艺术价值的体现者，艺术价值把艺术生产同艺术消费直接联系起来。艺术家活动的物质—精神产品的艺术作品和该作品在文化中所具有的价值是有区别的。作品的价值不仅受到其中包含的精神内容和带来这种内容的物质形式性质的制约，而且也取决于社会精神需要的性质，取决于该作品和作品所代表的风格、方法、倾向在什么程度上适应了这些需要。作品的艺术价值具有整体性，除审美价值外，还有道德价值、政治价值、宗教(或反宗教)价值。艺术价值诸要素间可能是矛盾的。作为文化专门机制的艺术批评在艺术消费和艺术生产之间具有反馈联系的功用。批评对于艺术生产来说可以校正思想定向和审美定向，对于艺术消费来说可以指导观众的审美意识和审美趣味。而批评又与艺术文化的科学研究有关。

卡冈以下列图表表示社会艺术文化的组成和结构：

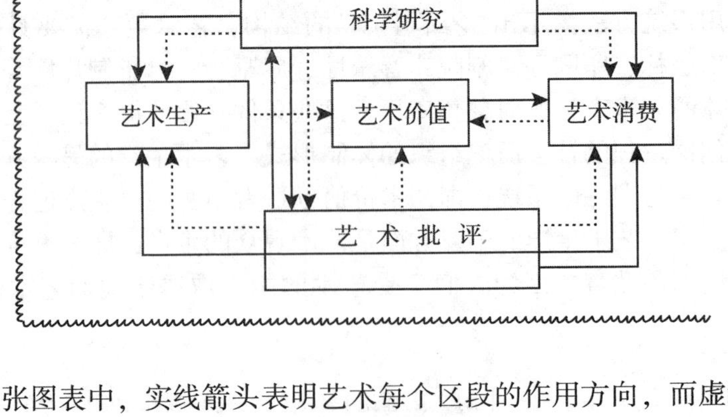

在这张图表中，实线箭头表明艺术每个区段的作用方向，而虚线箭头表

明对认识对象或评价对象的定向性。①

卡冈关于文化系统的分析，与我们关于文化系统与子系统关系的论述不尽相同，但很有借鉴意义。通过卡冈的研究，我们可知，对于同一对象，如艺术文化系统，从艺术文化结构的形态学的角度和从艺术文化结构的体制——组织的角度可以作出不同的研究，可以划分出不同的系统与子系统，子系统与更小系统，并认识它们之间的复杂的关系。由此可见，系统论的方法与辩证法的具体问题具体分析的方法是不矛盾的。

二、文化的结构与功能

从上一节的文化系统—结构图中，我们可以看到，文化大系统的各子系统(要素)之间排列、组合、相互联系和作用是有一定的秩序、顺序的。一般来说，系统有序性愈高，结构愈加严密。文化结构的层次性与等级性是必须加以注意的。文化系统各要素之间有着相对稳定的联系，文化结构具有稳定性。但我们尤需注意的是，文化系统是一种动态平衡的系统，文化结构是一种非平衡结构，因为每一文化体系必然与外界自然生态环境和其他民族的文化体系经常发生密切的联系，一旦外界作用超过这一文化系统的稳定性范围，原系统的结构很可能发生解体，转化成为新的系统。任何文化系统的结构，不仅其内部各子系统、各要素的联系是动态的，而且与外部的能量、信息交换也是动态的，这就决定了文化结构的开放性、变异性。文化系统结构的稳定性与变异性、自调节性与开放性的关系，是文化研究中的一个十分重大的课题。作为高级、复杂的系统，社会文化系统的结构还具有多维性。文化结构的维数、参量，包含文化的时间一维性与空间三维性，文化的时代性与民族性、世界性与地域性、累积性与变异性、统整性与选择性等。

1. 文化结构的诸特性

(1)文化结构的层次性。关于这一点，我们上一节在解释文化系统—结构图时已略有说明。从外层到内核，第一是物质文化系统(或工艺技术系统)，表示的是人的对象化的劳动，包括人们的劳动所创造的器物，即“第二自然”。这一层面是与外界(自然界和异质文化系统)直接接触的，非常活跃，易于变迁。第二层是社会关系体系，实际上是具有客观历史形态的、人

① 以上见庄锡昌等：《多维视野中的文化理论》，浙江人民出版社1987年版，第290~296页。

置身于其中的亲属关系体系、氏族、部落、民族国家，经济、政治、教育制度等社会组织与制度等。第三层是风俗习惯系统和艺术文化系统，反映民族的宗教情绪、审美趣味、道德风尚等感性的社会文化心理状态。第四层是精神文化系统，属最里层，最为保守，不易变迁。这是与第三层密切联系着的思想理论体系、思维方式、行为规范、价值系统等已经“理性化”了的民族精神与民族性格。至于语言符号系统，较为特殊，它与民族的思维方式、艺术风格有密切联系，可以考虑放在第三层与第四层之间。不过，以上四层并不是单线递进的，其立体的、犬牙交错的复杂关系，从大文化系统—结构图中不难体悟。

文化结构由外层到内核是由“器”(物质体系)而“象”(符号体系，如语言、风俗、艺术体系)，由“象”而“道”(制度结构和价值体系)的过程；也可以说是由“物”(物质人生)而“人”(社会人生)，由“人”而“心”(精神人生)的过程。在这里，重要的是文化的创造者、文化的主体——人。文化结构的层次性反映了人自身在文化创造和变化过程中不断升华的阶段性。

关于文化结构的层次性，余英时教授在谈到文化变迁时，曾简略地指出：“首先是物质层次，其次是制度层次，再其次是风俗习惯层次，最后是思想与价值层次。大体而言，物质的、有形的变迁较易，无形的、精神的变迁则甚难。现代世界各文化的变迁几乎都说明这一现象，不仅中国为然。中国现代的表面变动很大，从科技、制度，以至一部分风俗习惯都与百年前截然异趣。但在精神价值方面则并无根本的突破。而且事实上也无法尽弃故我。”①

庞朴先生认为，文化结构可以分为三层面：物质的——制度的——心理的。“文化的物质层面，是最表层的；而审美趣味、价值观念、道德规范、宗教信念、思维方式等，属于最深层；介乎两者之间的是种种制度和理论体系。”即是说，文化结构的外层是物的部分，即对象化了的劳动；中层是心物结合的部分，“包括隐藏在外层物质里的人的思想、感情和意志，如机器的原理、雕像的意蕴之类和不曾或不需体现为外层物质的人的精神产品，如科学猜想、数学构造、社会理论、宗教神话之类；以及人类精神产品之非物质形式的对象化，如教育制度、政治组织之类；核心层是心的部分，主要是文化心理状态，包括价值观念、思维方式、审美趣味、道德情操、宗教情绪、民族性格等等。文化的三个层面，彼此相关，形成一个系统，构成了文

① 余英时：《从价值系统看中国文化的现代意义》，见《文化：中国与世界》(第一辑)，生活·读书·新知三联书店1987年版，第88~89页。

化的有机体。这个有机体，有自己的一贯类型，有自己的主导潮流，并由此规定了自己的发展和选择：吸收，改造或排斥异质文化的要素"①。

无论是余英时的四层次说，还是庞朴的三层次说，大体上主张文化有：表层结构——文化现象的外部关系；深层结构——文化现象的内部关系；中层结构——介乎二者之间的有弹性的媒介。对于表层的文化现象，人们可以感觉；对于深层的文化现象人们只能通过理智加以认识，尤其是通过体悟、体验加以接受或排斥。表层、中层与深层的划分也不是绝对的，制度层面的东西，如政、教、礼、乐等，说它是深层结构也未尝不可，因为制度层面的东西与价值、心理层面的东西有密切的联系。

文化变异与文化结构有一定的关系，例如鸦片战争、洋务自强运动，中经戊戌变法和辛亥革命，再到五四运动，大体上是文化结构由外层(器物)到中层(制度)到深层(文化心理)的逻辑展开。当然，这个说法也不是绝对的。从鸦片战争到甲午战败，固然以器物上效法西洋为主，同时在制度上也有了非质变的适当调整，如同治年间总理各国事务衙门、总税务司的设置，如洋务派在由军工(求强)转入民用(求富)之后，经营企业的方式由全部官办代之以官办、官督商办或官商合办等。至于此期间京师同文馆的建立，留学生的派遣，新闻报刊业的兴起，以及随着开放的商业社会环境的初步形成沿海和通商口岸的市民的文化视野空前开阔，文化心态和衣食民俗等都有了一定变化，中西政治制度、学术思想和民情风俗的比较在《申报》上已开始成为热门话题，凡此种种，都说明了人们的价值观念、思维方式等亦在同步发生变化。

从甲午战败、戊戌维新到辛亥革命近二十年间，固然以怀疑、削弱乃至推翻传统君主制度为主潮，然而没有民族资本的工矿、交通、金融业的长足发展，没有新学堂的兴盛，报业和译述(如严复译《天演论》)的蓬勃，这些政治改革就失去了依托。

是不是可以这样说，在本土文化与异质文化激烈碰撞、冲突，进而发生文化的变异、嬗替、涵化、融合、转型的过程中，确乎从器物、制度，风俗、思想，逐层深入，在历时、纵向上各有重点；但同时，文化结构四层次上的变化，大体上又是同步发展、交叉进行、相互影响的。千百万人谋生方式的变化，必然引起人们社会关系体系和结构的变化，随之而来便是价值系统、民族性格的变化。洋务派张之洞等人，企图把引进西方文化限制在器物层面，只学声光电化，只求船坚炮利，而在根本制度、意识形态、道德价值

① 庞朴：《文化结构与近代中国》，载《中国社会科学》1986年第5期。

上“固守祖宗之成法”，文化史已经昭示这种违背文化变异规律的“中体西用”模式的破产。

(2)文化结构的开放性和动态性。任何文化体系结构，包括中国文化系统的结构，都具有稳定性、整体性和自给自足性，但都不会是绝对封闭和绝对静态的。任何文化系统总是一定民族、一定集团的生存方式和为满足这些方式所创造的物质或精神成果，以及基于这种方式所形成的民族文化心理结构、行为方式、思维方式等。这种文化系统存在于一定的自然和人文环境之中，总要与外部异质文化系统进行能量、物质、信息、精神的交换。系统的结构在这种交换过程中总是由量变达到质变，即由外层的变化到核心的变化，这就是文化结构的开放性。不同文化体系的开放性程度是有差别的，但绝不存在一个结构绝对不变的文化体系。系统结构内部各要素相互作用的动态性和系统结构与环境相互作用的开放性是有密切联系的。

以中国文化系统为例，中国文化即是华夏文化不断地向周边各少数民族文化开放并进行自调节的成果；同时，中国文化从来没有停止过与阿拉伯伊斯兰文化、印度佛教文化和西方文化的接触和融合。在此过程中，从表层到深层，从物质文化到精神文化，包括价值系统和思维方式都发生了深刻的变异。例如佛教文化传入中国后，对我国人民的衣食住行、社会组织、语言、建筑、歌舞、乐器、诗歌、小说、医学、信仰、观念、道德规范、情感体验、对宇宙的看法、对人生理想和人生价值的看法等，都发生了很大的变化，原有的结构显示出不稳定性，并在调节过程中产生了新的结构。这种状况，目前在与西方文化的撞击中仍在发生。当然，文化内核的变异是需要相当长的时间的。有人说我们的黄色的内陆文明由地理环境决定了是封闭的、静止的文明，西方蔚蓝色的海洋文明亦由地理环境决定了是开放的、动态的文明，恐怕过于绝对了。有人说中国文化结构模式是同心圆单向辐射型文化模式，我们在第三章第一节已作过批评。中西双方开放性程度的差别是毋庸置疑的，但从结构上分析和历史上考察，中国文化系统的开放性、变异性也是毋庸置疑的。

(3)文化结构的可分性与不可分性。前面我们说过，每一文化系统是各子系统之间相互制约、相互作用的完整整体。物质文化系统、社会关系体系、语言符号系统、风俗习惯系统、艺术文化系统和精神文化系统处在一种文化“场”之中，难分难解，浑融一体。文化大系统的确是一个复杂而有序的综合体。那么，文化系统的各部分是不是完全不可分割呢？

五四运动以后，胡适、陈序经等“全盘西化派”的方法论是“不可分论”，而何炳松、陶希圣、黄文山等十教授之“本位文化派”（1935 年 1 月曾发表

《中国本位文化建设宣言》)的方法论是“可分论”。过去我们只是从表面上批评这两派，没有注意双方在文化结构方法论上的失误。“整体式地反传统”、“全盘性地学西方”的主张者，认识到文化各要素、部分、子系统相互依赖的关系，“牵一发而动全身”，因此，要反、要学，都不能不是“整体”、“全盘”的，认为本位文化论者的“取长去短”，“存其所当存”，“去其所当去”、“吸收其所当吸收”，修修补补，根本不可能。陈序经说：“文化本身上是分不开的，所以他表现出的各方面，都有连带及密切的关系。设使因了内部或外来的势力冲动或变更任何一方面，则他方面也受其影响，他并不像一间房子，房顶坏了，可购买新瓦来补好。……所以我们要格外努力去采纳西洋的文化，诚心诚意的全盘接受他，因为他自己本身上是一种系统，而他的趋势是全部的，而非部分的。”①从引进技术、器物，到制度、艺术、文化心理、思想、价值观等，都相应发生变异，但这种种变异是不是全盘式的呢？

我们再看看相反的意见。吴景超、张熙若等先生认为，文化是多方面的，是很复杂的东西，它有的地方诚然是分不开的，但是有的地方却是分得开的。例如，男女同校与社交公开这两种文化单位是分不开的，不能一方面采纳男女同校，一方面还保留男女授受不亲的礼教。又如，现代工业与现代科学是分不开的，现代资本主义与现代劳工问题是分不开的，近代社会主义与近代人道观念、人权观念、人格观念是分不开的，因为它们之间有因果关系。但是，不能因为文化在这些方面分不开，就断定它在任何方面都分不开。采纳西洋的科学，并不一定要采纳西方基督教；学习西方人的治学方法，并不一定要学他们的风俗；改变我们的落后习惯，并不一定要废弃说中国话和用筷子吃饭。黄文山先生事后分析“全盘西化派”的错误时指出，文化各单位、各部分有重要与不重要之分，它们之间的联系是有差别的联系。处于主要的、中心的部分的改变，可以引起整个文化体系在结构上产生空前的革命，而处于次要的、边缘的部分的改变，其影响则微不足道。“全盘西化论者似乎只认识文化的联系性，却不曾深深体会文化联系中的这种差别性，因此误认文化是分开不得的。”②

我们的看法是，关于文化要素、部分、系统及其结构的分析总是相对的。强调文化体系不可分的论者，把文化的内在组织结构看成是整齐完备、首尾一贯的。他们机械地、过分地渲染了文化结构的致密性、严整性。实际上，任何文化体系都不是完全整合的，其结构也不是完全一致的。由于文化

① 陈序经：《东西文化观》，载《社会学刊》，1931 年第 2 卷第 3 期。

② 参见黄文山：《文化学体系》，台湾“中华书局”1971 年版，第 649~654 页。

是具体的、活生生的人和人之共同体的创造，文化结构不可能如自然物质体系那样严整，其内部子系统、要素之间的关联不总是合逻辑的、合理性的。文化体系内部总是充满着矛盾的，各子系统、要素总是参差不齐的。一个完整的复合体，只是人类学家们对某一文化的理想化的描述。把公共的、一套象征和意义的文化体系当做个别行动者的认知体系来分析，是条危险的捷径。①

另一方面，强调文化系统可分性的论者，即所谓“本位文化”论者，有的强调了文化系统的随机性，忽略了文化内组织运作的逻辑性的关联；有的则仍然是机械论者，以为文化体系之间的交流可以割裂零售。他们虽然触及文化选择的问题，但把这种选择放在文化外层上。

其实，文化系统及其结构的可分性与不可分性是统一的。林顿在《人类学原理》一书中换了一个角度诠释这一问题，对我们颇有启发。他把文化的元素分成“共相”(Universals)、“殊相”(Specialities)、“选择”(Alternatives)三个范畴。“共相”指某一社会全体成员共有的观念、习惯和对制度的情绪反应，如一个民族的语言、服饰、建筑、伦理观、宇宙观、宗教信仰及支配人与人关系的行为模式等；“殊相”指这一社会部分人所共有的特质，包括手工技巧、技术知识等，随着科学进步，专门化与分工发展，殊相的元素得以产生并与利用自然、造福人类有很大关系；“选择”指这一社会若干人具有的文化特质，包括许多特殊的和非类型的观念、习惯，各派绘画或雕刻等。人们对于特殊的状况有不同的选择，在现代文化中可选择的项目日益增多。

林顿认为，在一切文化体系中，其共相和殊相的元素经过同化作用后，形成比较一致的、不易分的、完整的整体，奠定了这一文化的基本模式，居于文化的“中心”；而选择性的元素有时相互矛盾，是非整体的、流动的、变迁的和可分的，成为环境“中心”的“地带”。由于地带的变动不居，不断生长并吸收新的外来的特质，不断并入到“中心”，给文化系统增加了活力。

林顿认为，每一部分文化对于整个文化体系的关系和比例，在不同时空条件下有很大的变化。在现代文化变动速率增快的情况下，选择性的元素的比例亦跟着增高。选择“地带”的大部分元素不断进入“中心”，与共相与殊相的元素竞争，其失败者被赶入选择地带。文化中心的质素不断发生变化。他认为，初民文化与现代文化的差异，不过是共相与殊相的“中心”对选择

① 参见[美]基辛：《当代文化人类学》，于嘉云、张恭启译，台湾巨流图书公司1981年版，第264~265页。

"地带"的流动性之比例的差异。初民文化的中心几乎构成一个完整的整体，而现代文化进入"中心"的质素不断削弱，选择元素更加丰富多样，变化、流动的速率增快。① 林顿的这一分析方法和思维角度，比我国的"全盘西化"论者和"本位文化"论者显然要高明一些。总起来说，我们对文化结构的认识需要动态地把握，需要具体地、历时态地加以考察；否则，死板地划分一些元素、子系统，机械地确定它们之间的关系，甚至当做个体行动者的认知体系来分析，或者强调文化的整体性、全盘性、稳定性，或者强调文化的部分性、分疏性、变迁性，都可能失之偏颇。关于文化系统的结构及其层次性(等级性)、开放性、动态性、可分性与不可分性，我们作如是观。

2. 文化的人本创造性功能与负熵功能

如果说文化系统内部各子系统、各特质之间相互联系和作用的方式或秩序叫做文化系统的结构，那么，文化系统与外部环境相互联系和作用过程的秩序和能力则叫做文化系统的功能。功能所体现的是系统与外部环境之间的物质的或精神的、能量的或信息的输入与输出的变换关系。

系统的要素和这些要素的组合秩序(即结构)决定了这一系统的功能。我们前面强调的是所有文化系统的一般的、普遍的结构，我们在下面也只能谈谈文化系统普遍结构的一般功能。实际上，初民文化系统与现代文化系统的要素是不同的，结构是有差异的，功能也随之而有差异。同一时代不同民族的文化系统的要素、结构和功能也是有差异的。同一文化系统随着历史的发展和外界影响刺激的加剧，其要素的新陈代谢、要素地位和作用方式即结构的变化，都带来功能的变化。反过来，不同文化系统的要素与结构尽管有一些差异，但也可能获得同样的功能。

文化系统是一个开放的、非平衡态系统，当它要保持自身的某种组织状态时，必须不断地与外界(自然和其他文化系统)发生交换。在交换过程中，外界输入的物质、精神、能量、信息或者被本系统内部结构吸收、同化，或者被本系统内部结构排拒、异化；或者增强、调整自身的结构，或者削弱自身的结构，乃至发生解体。

普里高津的耗散结构理论，对复杂系统的结构与功能动态变化规律的揭示，也可以作为我们的文化研究的方法论之一。热力学第二定律告诉我们，当能量从一种状态转化到另一种状态时，我们会得到一定的惩罚，即损失了能在将来用作某种功的一定能量。这就是所谓的熵(entropy)。熵的增加就

① 参见黄文山：《文化学体系》，台湾"中华书局"1971年版，第654~658页。

意味着有效能量的减少。要把能量转化为功，一个系统的不同部分之间就必须有能量集中程度的差异。当能量从一个较高的集中程度转化到一个较低的集中程度时，它就做了功。每一次能量从一个水平转化到另一个水平，都意味着下一次能再做功的能量减少了。熵是物质系统的热力学态函数，其值和系统间以做功的方式传递的能量有关。能量固定的一个系统，其熵值等于零时，可以转化为功的能量等于它的全部能量；其熵值等于最大值时，可以转化为功的能量等于零。耗散结构理论指出，一个开放系统通过与外界交换物质和能量，可以通过从“外界”输入负熵来避免熵的最大值，抵消自身的熵的产生，使系统的总熵保持不变或逐步减小，实现从无序向有序的转化，从而形成并维持一个低熵的非平衡态的有序结构。

所谓耗散结构，指一个远离平衡态的开放系统，当某个参量的变化达到一定的阈值时，通过涨落，有可能发生突变，即由原来的无序状态转变为一种在空间、时间或功能上有序的状态。这种稳定有序状态的宏观结构，就叫做耗散结构。系统的这种自行产生组织性的行为，叫做自组织现象。产生耗散结构，除了要求一个远离平衡态的系统从外界吸收负熵流以外，还需要系统内部各个要素之间存在着非线性的相互作用。这种相互作用会使系统产生协同作用和相干效应，通过随机的涨落，系统就会从无序转为有序，形成新的稳定的结构。

如果我们把普里高津理论运用来分析文化系统、结构和功能的话，就不难发现，文化系统的自组织、自调节，常常是一种从无序到有序，从远离平衡态到耗散结构的运动。而文化系统的首要功能，也就是这种负熵功能。

文化的负熵功能，是从人类的工艺技术和能源利用的活动的层面上发挥的。我们在第二章第七节曾介绍了新进化论者怀特的文化进化的能源说。怀特认为，每一次新能源的掌握本身就是一项文化成果，而且一旦融入文化，更将促成无穷尽的反馈效益，促成新的文化演化的连锁反应。每一次能源控制的重大突破，都掀起重大的文化革命和偕与俱来的社会革命。这是有文化史以来的事实可以证明的。文化本身是负荷能量的某种机器。怀特强调，文化进化的基本功能，就是使人类可利用的能量逐渐增加。苏联著名文化学家马尔卡良进而提出了一种工艺学的文化观，强调了文化的负熵功能。

马尔卡良用“人的活动方式”的概念代替“生产方式”的概念。他把人们的社会关系、人们与活动手段相结合的社会方式和这些手段与机制混在一起，认为调节社会发展和人们行为的主要因素既不是生产关系又不是生产方式，而是文化，是活动本身的手段和机制。与强调文化是人类活动结果的论者相反，马尔卡良强调文化是人类生存的手段，是活动的特殊方式，是手段和机制的特殊体系，由于这种方式和体系，个人可以积极地对待周围世界。他根据结构—功能方法把文化视为活动的反映，把人类社会的多维性和文化系统结构的断面分解成三方面——一是活动的主体、个体及其在群体中的关系和群体间的关系；二是人的活动的目的性，即通过不同的形式和方面的活动表现人的能动性；三是活动的方式，即怎样实现人的活动和形成活动的总体效果，各种非生物的生产手段与人的活动机制之间的关系调节和实现着人们的活动，人们活动方式的特殊性和文化的多样性得以表现出来。总而言之，“文化”是社会的功能，这种功能应理解为社会活动的特殊方式，这种方式包括超生物的制造工具和机器的体系。文化作为活动的人造工艺学的观念，把文化的功能概括为这种负熵功能；也就是通过人的活动从外界输入负熵，从而维持社会系统的有序结构。

文化的另一功能，可以称为文化的人本创造性功能。从技术工艺和人类能源利用、生产力发展、生产手段与人的活动机制的调节等角度所考察的文化的负熵功能，其实可以包涵在文化的人本创造性功能之内。从工艺学的角度考察人类文化是非常有必要的，但毕竟是低层次的。苏联另有一批文化学家如麦茹耶夫、兹洛宾、凯列等提出了区别于旧人本主义的“新人本主义”的文化观，他们认为，作为包括一定社会关系体系的活动主体的人的文化，不仅存在于凝固的对象形式之中，尤其存在于积极表现人类活动能力的动态形式之中。他们把文化当做现实的人的动态的创造活动加以解释。兹洛宾认为，“文化是人的创造性的、建设性的活动——包括过去的活动（固定的、实体化于文化价值中的东西）和现在的活动（以掌握和扩展这些价值为基础的活动）”。麦茹耶夫认为：“文化是人在自己的社会改造活动（物质的和精神的）的各种具体形式中的自我创造和自我生产。”他们认为：“马克思所讲的文化，常常是指潜在于历史的、对象的现实之中的人的东西。文化概念可以披露这些对象所具有的人的特征和人自身的对象性特征。”①这一派学者与前述马尔卡良的自然科学倾向有很大的不同。他们常常回避“功能”一词。其实，如果把文化定义为人的自我生产和自我发展，那就得承认文化的人本创造性功能是主要的。与之相反，马尔卡良认为文化的主要功能是负熵的、具有适应性的。负熵功能即是在同自然相互作用过程中，人类社会的自我保存和发展。

以上两派苏联文化学家关于文化的定义和文化的功能的认识看起来互不

---

① 参见［苏］麦茹耶夫等：《文化哲学问题》，莫斯科思想出版社 1984 年版；［苏］瓦维林等：《历史唯物主义与文化范畴》，雷永生等译，河北人民出版社 1987 年版。

相容，而实际上是可以相互补充的。就作为完整构成的社会关系而言，文化的负熵功能只有通过人的活动手段和方式的完善才可能履行，由于社会本身即处于社会关系中的人本身，“因此，文化的负熵功能同时也是既作用于社会，又作用于人的人本创造性功能。对于社会，文化在塑造能够对相应社会关系实施扩大再生产的人”①。

笔者认为，人的塑造、人的全面性的再生产是文化的第一位的功能，它涵括了文化在人与自然关系上体现的负熵功能。能源利用和开发、生产工具、技术和工艺的创新，所有具体的社会物质财富，一切被人的活动或劳动(活动范围比劳动范围更广泛)创造的现实性的对象，或一般地说，所有“第二自然”，不过是文化的人，即历史地发展和社会地形成的人自身的能力、智慧和知识的体现。文化的学习可以把人类遗传基因所规定的开放性潜能完全发挥出来。文化创造了人与人类社会，不断提高了人与社会的质量，推动了人与人类社会的全面发展。这就是文化的人本创造性功能。文化的人本主义功能是两个彼此对立而又不可分割地联系在一起的过程，在个人的社会化和个人的个性化的统一中表现出来。在社会化过程中人把握社会关系，把它们变成自己个人的内在本质，变成自己的社会性质。但是，每一个人又是按照自己的方式，在独特的个性形式中去把握这些关系。因此，在社会主义条件下，社会化过程同时也是个人个性化过程，是个人发现本身的“自我”的过程。文化是一种特殊的社会机制，它实现着个人的社会化，同时又保证着个人个性的发现。②

或者可以说，文化的人本创造性功能是从总体上来说的，如果从部分上考察，它可以表现在负熵功能上。

以上是就大文化的功能而说的，如果要说小文化(即精神文化)的社会功能，可以列举许多，如文化具有记录、储存、交际、传播与认识等功能，这是文化自身得以累积和交流，人和社会得以进步的基础；文化的教化和凝聚功能，是形成文化民族、塑造民族性格和民族精神的根据；文化的社会调适和社会控制的功能，是规范人的行为和社会道德，维持社会平衡的保证；文化的涵化和融会功能，是促进并强化自身的需要。各文化子系统和子系统的各部分，如巫术、神话、宗教、哲学、科学、教育、语言、伦理、政治、经济、习俗等都有不同的功能，如艺术文化具有丰富人民生活、陶冶人民情

---

①　[苏]科鲁格洛娃：《文化理论的迫切课题》，载苏联《哲学科学》1986 年第 6 期。

②　[苏]阿尔诺利多夫等：《马列主义文化理论》，莫斯科 1984 年版，转引自邱守娟：《苏联学者论文化的社会功能》，载《理论信息报》1988 年 9 月 19 日。

操和审美、鉴赏的功能等。这都需要分别加以研究。

3.“企业文化”及其结构与功能

前面我们论述了文化的一般要素、系统、结构与功能，现在我们再稍微具体地谈谈企业文化的要素、系统、结构与功能的问题。

企业文化属于小群文化。所谓小群文化，是指不同的社会基础组织单位的文化，如工矿企业、农村、林场、牧区、渔乡、机关、学校、邻里、家庭的文化。小群是指小的社会群体，相对应的则是大的社会群体，如血族、民族、国家、阶级、阶层等。小群又分为制度性群体(如家庭、学校、工厂)和非制度性群体(如不是按社会合法文化规范组织起来的行帮、社团或松散的联盟、沙龙、朋党、圈子等)。

西方的企业是一个比较纯粹的经济实体，但既然它是由企业家、经营者和蓝、白领工人等组成的社会群体，必然要形成自己独特的文化。我国现有的企业(如同我国现有的农村、机关、学校一样)，本身就是一个职能远比西方企业复杂得多的实体，实际上是一个无所不包的小社会，形成了更为独特而复杂的文化。

什么叫“企业文化”呢？笼统地讲，“企业文化”是企业的主体——经理或厂长、科技人员、工人的具体活动过程和活动结果，是企业为取得经济效益、巩固自身在商品竞争中的地位，在经营活动中形成的企业环境、物质基础、技术手段、管理制度、组织机构、人际关系、经营哲学、价值观念、发展目标、群体意识、企业精神、物化产品及伴随着生产、销售活动的人的素质及其发展状况的复杂的综合体系。

企业文化的要素非常多，从物质层面来说，有厂房、机器设备、技术工艺、原料、产品等，包括产品的质量规格、设计包装，是企业文化的物化表现；从制度层面来说，有分厂、车间、工段、班组等生产组织形式，有党、团、工会等组织，特别是生产秩序、生产管理方式、规章制度、纪律约束等；从风俗习惯层面来说，有相沿成习的厂风、厂训，复杂的多重的人际关系网络，不同人的角色地位，不成文的规章等；从思想和价值的层面来说，有企业各色人等的思维方式、伦理精神、价值观念(时间观念、效益观念、竞争意识)等。企业的经营哲学、群体意识是企业文化的灵魂。一个企业的现状与前途，主要是由以上相互制约的各层面所决定的。

企业文化系统结构的核心层面是企业文化的价值系统，包括企业精神、思维方式和行为方式，企业成员在生产经营活动过程中形成的行为规范、价值观念和群体意识。从目前情况来看，我国企业管理重大的缺憾，是没有注意企业管理中的软件，即形成一个企业独特的精神取向、群体意识和经营哲学(企业道德、效益原则、市场意识)。企业上层领导必须通过各种途径培养全体员工的向心力，为本公司、本企业奉献的精神，追求成功的信念和意志力，以及开拓、创新、求实的原则。日本、美国一些有名的公司，都具有强有力的文化意识，有为全体员工普遍接受的丰富而多重的价值体系。为本公司在竞争中的成功而奋斗，是全体员工的信条和行为准则。

每个企业都有自己独特的经营哲学和文化个性。例如，美国丹纳公司的价值观是——“效率由人创造”，经营者列举各层级员工降低成本和提高产品信赖度的观念和实践之道，来支持公司的竞争策略。这个公司在竞争中不是以大量资本投资、复杂的工程研究或制定管理加速措施获得成功的，而是靠让基层员工都有发挥能力的实际机会，倾听员工的构想并不断履行这些构想和奖赏成功者而获得成功的。百事可乐公司则是以培养竞争价值观作为他们的经营哲学的。只要他们满足于第二位的现状，那他们就不是可口可乐公司的对手。“但在今天，百事可乐的新进员工已经很快有所领悟，他们知道打败公司内外的竞争对手，才是成功最稳当的路径。因为在百事可乐，胜利是最重要的价值观，失败则应接受处罚，连续拿亚军的人会发现工作已经砸了。员工知道只有获胜才能保住饭碗——必须打败迎头而来的竞争者。”美国电话电报公司的口号是“全民服务”，以对潜在顾客提供高质的标准化服务为长久以来的方针，目前又被重新塑造成与竞争性市场有关的价值观。“服务至上，顾客第一”已不是停留在字面上的口号，而是有充实、丰富的内容的行为范式。这一价值观已深入每一位员工的心里，并付诸行动。如世界上最成功的汽车推销员乔·吉拉德的信条是用心地回答顾客的抱怨，务必使顾客的问题得到解决，甚至在圣诞节和顾客生日时给顾客寄送祝贺卡。总之，这些公司对如何经营自己的企业有极清晰而明确的哲学；经理人员付出极大的心力去塑造及调和这些价值观，以求符合经济及企业环境，并使这些价值观和组织互相沟通；这些价值观为公司所有员工共知。①

日本本田公司是世界首屈一指的摩托车公司，它的经营者追求的是技术与人的结合，而不仅仅是生产摩托车。该公司重视人的因素，提出了“人要有创造性，决不摹仿别人；要有世界性，不拘泥于狭窄地域；要有被接受性，增强互相间的理解”的经营战略、精神信念和文化价值取向。著名的松下电器公司总经理松下幸之助的名言是：“松下生产人，同时生产电器。”他

① 参见[美]特伦斯·迪尔、艾伦·肯尼迪：《企业文化——企业生活中的礼仪与仪式》，李原、孙建敏译，中国人民大学出版社2008年版，第23~25页。

建立了一个庞大的培训中心，每年可以轮训五万员工。日本一家文具店的老板要求全体店员都必须做到"3S"：Smile(微笑)、Speed(迅速)、Sincerity(真诚)，将用户的表扬称为"最好的奖励"。杨振宁博士认为，日本有一种能在"质量"上发现很高价值的精神结构。它也可以说是一种美学或者鉴赏力。这种价值观，可以说是日本产品质量高、日本经济获得成功的秘诀。

将文化的价值观人格化，培养全体员工学习的榜样和典型，如对本企业作出重大贡献的企业家、发明家、工程师、技术工人、推销员等英雄人物，仍然是很重要的一环。企业员工上下一致的积极性、创造性、责任感、荣誉感、是非观、羞耻观，即由此而形成。

企业文化系统结构的中间层面中的一部分，如讲求效率的管理体制、组织系统与行之有效的制度法规建设已引起了我国企业管理人员的重视，此外，还应当重视另一部分，即非组织系统、非正式的沟通方式。企业员工是企业最伟大的资源，管理他们(或她们)的有效方法并不是或不完全是组织、制度、法规，或者电脑报表等，而往往是微妙的文化暗示。每一社会群体中总是有复杂的、非正式的所谓"小道消息"的传播渠道，我们把它看作是一种文化网络。蠢笨的企业经理人员非常厌恶这一文化网络，聪明的企业经理人员则善于运用它来了解实情，传达公司、企业的价值观及英雄意识。通过礼仪、通过社交活动、通过传言，可以沟通思想、反馈信息、寻求友谊，强化经理人员所关心的价值观。

企业文化的外层中的物质技术系统受到普遍的重视，同时，还应当重视企业外部文化环境，即社会文化与企业文化的关系，企业与竞争者、顾客、政府的关系等。

企业文化具有多重功能，主要有导向功能、调适与凝聚功能、约束与控制功能、推动生产力发展和培养一代新人的功能等。

企业文化的导向功能与企业文化的排异性是相联系的。一是对企业员工个体的心理、性格、行为起导向作用，二是对企业整体的价值取向和行为方式起导向作用。企业文化的调适与凝聚功能即通过企业文化信息的正式与非正式渠道的传播，协调各部门的关系，排解矛盾，积极疏导，形成企业的向心力和凝聚力，使每一名员工自觉防止内耗，积极参与，充分释放自身的能量，与企业同呼吸，共命运，增强群体竞争意识。经理人员充分尊重每一名员工，放手让每一名员工积极参与决策。经理人员的平等民主意识不仅表现在以各种仪式或生日馈赠联络与从业人员的感情上，更主要的是充分尊重每一名员工的创造性。美国企业塑造的一些英雄人物往往是很有个性的人，公司经理对其特殊对待，创造条件，果然有了不少发明创造。日本企业注意让员工在不顺心时有渠道发泄自己的不满情绪，如在休息室挂上经理形象的橡皮人，不满的职工通过猛揍橡皮经理发泄一通，获得心理平衡。我国改革时期出现了不少改革企业家与落后员工矛盾激化的悲剧事件，除了法制不健全等别的原因之外，不重视企业文化无形的调适与凝聚功能，也是重要原因之一。

企业文化对员工的心理、情感、性格、观念、行为有着平衡或规范的作用，对上至经理下到门卫有一种约束力和控制力。一个企业的风俗正不正、法纪严不严，很大程度取决于这个企业的文化意识强不强。当公司的价值观不能被员工广泛理解时，企业内部的次文化就会左右行为，实行反控制。这就会引起企业文化系统的失调。由于企业内部经营职能不同，企业员工的性别、年龄、资格和社会、经济、教育背景不同，企业出现了不同的次文化(或亚文化)并发生冲突。这种摩擦(如销售部门与生产部门，技术部门与财会部门)并非都是坏事，如果整个企业文化坚强有力，这种冲突可能产生健康的紧张感，引导企业向新方向拓展、改革、转型；但如果企业文化不够坚强有力，这种文化战就会使生产力停滞不前，极具破坏性。有的经理鼓励各种次文化，并促使它们相互了解，次文化的丰富和冲突使文化强有力的公司的整体文化更为丰富，各群体之间更为团结。

文化具有一定的惰性。当企业面临改革旧的生产方式和经营方式，以适应环境的变化时，企业员工原有的文化心理、价值观念和组织、制度可能成为阻力。但从总的情况来说，企业技术工艺文化可能先行，经理人员通过反复恳谈可以逐层与所有员工建立共识，相互信任，重塑新的英雄人物，求得整个文化的改革和转型。企业改革的成功要素是：要有一位视野开阔、头脑冷静、具有自我牺牲精神和不屈不挠毅力的英雄人物及其精明的智囊团推动整个改革过程；要使企业员工真正感到外来的威胁，有一种危机感和紧迫感；改革必须稳重妥帖地进行，要使员工有安全感，注意员工的心理承受能力；适当的时候请外来的和尚来念经；对新价值观和新行为形态提供转型训练。这样，可望将旧的企业文化转换为新的企业文化。①

企业是一个活生生的组织。我们有的企业经理常常抱怨员工素质低下，实际上员工的生命和他们所扮演的角色以及企业的生产发展，很大程度上取决于企业文化“场”的塑造。强有力的企业文化可以导向企业的成功——生产的发展和新人的培养。在我国的改革型企业家偏重于科学管理、计量分析

---

① 参见[美]特伦斯·迪尔、艾伦·肯尼迪：《企业文化——企业生活中的礼仪与仪式》，李原、孙建敏译，中国人民大学出版社 2008 年版，第 157~159、164~166 页。

的时候，我们建议他们辅之以人文管理、心理调整，使整个企业文化的发展更为健康、成熟。这将有助于我们考虑机构设置的合理性、规章制度的科学性、生产经营的有效性、运行机制的协调性、厂风厂貌的严谨性与活泼性和人际关系的融洽性。

建设企业文化不能盲目照搬，一定要注意特殊性。首先是社会主义的特性。我们要总结改革开放以来企业物质文明与精神文明建设的经验，使之系统化、科学化、制度化，丰富社会主义企业文化的内容，探讨它的新形式、新结构和新功能，有效地推动社会主义现代化建设。其次是民族文化的特性。我国传统文化在道德价值自觉、群体意识、人际关系调整、领导艺术和管理哲学、整体与流动的思维方式等方面，具有不少精华，可以使之转型重构，为现代化服务。再次是不同所有制的各个企业自身的个性。企业文化没有固定模式，每家企业都有自己独特的经营哲学、价值观念、英雄人物、行为规范。

第七章　文化变迁中的涵化与整合

我们在上一章主要论述某一文化系统内部诸子系统或要素之间的相互关系，在本章则将主要围绕某一文化系统与另一文化系统的相互关系而展开，拟论述文化的时间性与空间性、累积性与变异性的特征，以及在文化传播、文化变迁过程中，文化体系之间的调适与冲突、涵化与沟通、整合与融会等问题，以期从不同侧面窥探文化发展的辩证法。

一、文化的时间性与空间性、累积性与变异性

1. 文化的时间与空间

任何文化体系总是一定时间和一定空间的人群所创造的。衡量任何文化系统或特质，都不能没有时空参照系。我国古人，如春秋时的尸佼即以“宇”指空间，“宙”指时间，所谓“时空”也就是“宇宙”——“上下四方谓之宇，古往今来谓之宙”。以三维空间和一维时间密切联系的四维坐标系考察文化系统间的运动，是很有必要的。

所谓文化的时间性，是就文化发展中的持续性、绵延性或阶段性、间断性来说的。文化总是生生不息、变动不居的，它的流转、运动、变化的过程，如果没有时间的参数，则无法加以描述。没有无时间的文化，任何文化特质(如独木舟、青铜器、对偶婚制等)和文化系统(如西方文化、中国文化、印度文化等)都是有时间性的。我们往往习惯于笼统地说“中国文化”、“西方文化”，至于是哪个时期、哪个地域、哪个群体的中国文化或西方文化却不加以细究，这样的文化分析就缺乏起码的科学性。

文化的时间性的内涵包括：(1)文化在量上的累积和延续；(2)文化在质上的变异与区分；(3)文化特质在流变过程中的暂时性或长久性。从时间维度上考察，文化体系发生、发展、成熟、衰亡、复兴、重构、再生的过程即是量上的累积(连续性)和质上的变异(阶段性)之矛盾的统一过程；也就是旧特质的衰亡与新特质的增加的过程，其间亦不乏由量到质的转化、飞跃，即渐进过程的中断。例如，从人类科技史上看，从常规科学到科学革命，再到常规科学和科学革命，展示了无限的运动过程。从文化特质的绵延与变异来看，有的易于变迁，如服饰款式，如劳动工具；有的则难于变迁，如宗教信仰，如哲学理论。

所谓文化的空间性，是就文化发展中的广延性、扩拓性来说的。文化的流转、运动、变化的过程，如果仅仅有时间的参数，而没有空间的参数，也是无法加以描述的。既然文化是人的活动方式及其结果，而人总是生活在一定的空间之中的，因此，也没有无空间的文化。文化特质或文化系统通过商业、战争、宗教等活动在空间传播、流转。

文化的空间性内涵包括：(1)文化体系发源、生存的空间位置，一定的文化与一定的地理生态环境和社会人文环境的关系；(2)文化特质和文化体系在空间的传播；(3)物质文化的成果占据一定的空间，而神话、语言、艺术、风俗、精神文化的地域性不是指直接占据空间而是指被一定地域的人们所创造、沿用或采借。

文化的发展，不仅在时间上从过去到现在到未来，而且同时在空间上由此及彼，由某一区域到另一区域，由这一民族到那一民族，乃至全世界。文化的时间属性、空间属性与文化的运动变化是不可分割的。尽管每一具体的文化特质、文化体系的变迁、发展之时空都是有限的，然而，相对而言，整个人类的文化活动的时空却是无限的。

古代埃及、中国的陶俑，古代希腊的雕塑，都十分讲究比例和对称。但是，非洲的雕塑却非常特殊，人的雕像的头部不成比例的大。在加蓬的芬格族人祖先的圣骨盒上面站着的木刻人像有巨大的头、躯干和弯曲不成比例的瘦小腿部。这种艺术品表现了婴儿与祖先的特征，隐然暗示着生殖与增产。假若芬格族人祖先的雕刻仅仅是一个老人或一个婴儿的造型，而不同时拥有矛盾的特性，势必缺乏一股颤动的生命力。在万巴的诺克文化中所发现的陶土头像，也表现了同样的象征意义，它的脸有胡子，而头型却是婴儿式的。原始艺术就是这样以一种不合理的形式，用矛盾与夸张的手法来强调“生命力”。另一种解释是，非洲芬格族人在雕塑中同时表现婴儿与祖先的相互矛盾的特质，隐喻着他们对宗教及宇宙的诠释：新生命凭借着祭祀，在时间的消逝中逐渐脱离人类世界，接近已亡的祖先。

非洲人形雕塑头部不成比例的大，是这一艺术形式的空间特征；但它与欧、亚、美洲的艺术品一样，都具有教育等社会功能。在宗教氛围之下，非洲艺术特别重视信仰的教化、虔敬之心的培养的功用，非洲艺术家通常在雕刻工作进行时也举行仪式。只是在祭祀的时候，非洲人的雕像、面具才有神灵附着，面具舞也是为神灵而跳的。这里又有区域性的差别，西方艺术品是公开陈列的，而非洲雕刻只有在特定仪式时才能看到，一般的人、一般的场合是看不到的。即使是放在家里的神龛上的神灵雕像也是被遮掩的，一般雕像都被藏匿起来。

文化的空间特性并不是永恒的、绝对的。人同此心，心同此理，当不同空间的人在相类似的自然环境进行文化活动时，具有相当多的普同性。例如，在旧石器时代，当埃及与欧洲还不可能有任何文化交流时，人类的祖先却在两地同时发明了两侧打薄的双刃的石器。打猎和搜集食物的生活方式需要这种工具——手执钝端，可作手斧用，手执尖端，可作杵用。在普同性中又充满着差异性，这种差异首先就是空间上的差异，尔后还有时间上的差异。例如，到了新石器时代，埃及本土的燧石器渐具特色，有别于欧、亚、非文化区的工具。用来削刮箭杆或茅柄的削刮石器就是上埃及底比斯一带的典型器物。这一时期，专门收割谷物的燧石镰刀，也首度在埃及出现。在公元前 4100 年至公元前 4000 年间左右，埃及王朝的先祖巴得里安人能制作红陶、黑陶，稍后的恩拉丁人则能建造茅舍的永久基地。与此相对应，我国的半坡文化则有了彩陶和村落建筑群。

我们说文化的空间特性不是永恒的、绝对的，更重要的理由是文化在空间的传播与采借。在埃及先祖巴得里安人的墓地里，考古学家发现了他们的大、小麦的良种是由西亚移植过来的，这说明他们在公元前 4100 多年即与外域有了文化交往。他们不分男女，都爱佩戴手镯、臂箍、项链及腰带。这些饰物上的色泽鲜艳、形制奇特的珠宝，有的是天然产物，有的是手工制品，但多数材料都不是尼罗河谷原产，珊瑚与贝壳来自红海，土耳其玉或许出自西奈半岛，杉木则来自地中海东部。足见当时就已经有了贸易行为。

小麦、棉花、马铃薯、西红柿、葡萄、核桃、石榴、蚕豆、豌豆、胡椒、菠菜、蓖麻、芝麻、橄榄、刀豆、胡萝卜、水仙花、茴香、桂皮、玉米、番薯等都是借助文化的空间移动传入中国的。我国的冶铁和穿井技术、养蚕和丝织技术早在汉代就开始西传，到宋元时期，我国的陶瓷通过海上交通风靡全球。从汉代到明代，我国的四大发明——纸和造纸术、雕版印刷术、航海罗盘、火药和火器等，通过陆地和海上丝绸之路陆续传向外域，推动了世界文化的发展，对人类社会的进步起了不可估量的巨大作用。另一方面，从汉代以来，佛教文化的传入，对我国的音乐、舞蹈、建筑艺术、文学创作、语言和思维方式又产生了深刻的影响。例如，我国文字的声韵(特别是切音)来自印度五明之一的“声明”，我国的文体，特别是逻辑结构受到印度五明之一的“因明”(逻辑)的影响，我国的文法受到梵文的影响，诗歌、弹词、章回小说、传奇、故事亦受到佛经的极大影响。至于我们现在的白话文，即取法于宋明儒者的语录，而宋明儒者的语录是模仿唐代禅师语录而来，唐代禅师的语录则是取法于“变文”，“变文”即源于佛教经典。

考察文化的空间移动一定不能离开文化的时间性。世界古代科技成果经常是发明——湮灭——再发明——再湮灭。文化传播也是如此。只是到了近代，科技和商业活动才大踏步地挣脱了文化传播的空间屏障，获得了空前的发展。近代资本主义制度的建立，“第一次证明了，人的活动能够取得什么样的成就。它创造了完全不同于埃及金字塔、罗马水道和哥特式教堂的奇迹；它完成了完全不同于民族大迁移和十字军东征的远征”①。我们现时代文化的空间移动不必借助民族大迁徙、十字军远征那样的形式了，也不必如法显、玄奘去印度取经那样艰难了。人造卫星及音响图像符号的传递以及人类的太空活动使得文化的运动速度和空间拓展获得了空前的进步。文化的空间性随着时间性的变化而变化。例如，在西方资本主义对亚洲、大洋洲、非洲、中南美洲殖民的过程中，许多土著居民的文化发生了质变。新几内亚部落的土人，十年前还以为月球是个图腾精灵，而十年后便听说人类已经在月球登陆了；五年前他们处处受巫术控制，五年后却拥有了卡车并投票选举国会议员。他们的文化心理在短短时间内经历了剧烈的震荡，飞跃了几千年。这当然是一个极端的例子。我们无非是要说明，对任何文化现象和文化系统的考察，都要放到时空坐标系内，都要具体地、历史地分析，这样才能得出科学的实事求是的结论。

不分时空、囫囵吞枣、笼而统之地说中国文化如何如何，西方文化如何如何，难免以偏概全。从来没有纵贯各个时代的、几千年一贯制的某一文化系统。我们常常爱犯简单化的毛病，例如把中国文化看成亘古不变、广被于全国的、一统天下的儒家文化，忽视了中国文化的时代差异和地区差异。印度教和佛教在印度，伊斯兰教在伊斯兰教国家，基督教在欧洲各国都不是一成不变、铁板一块的，都有它们的时空差异。在这一方面，我们应当向严肃的考古学家、人类学家学习，把任何器物、任何文化现象放在本民族文化发

① 《马克思恩格斯选集》第1卷，人民出版社1972年版，第254页。

展的时空坐标系上，放在全世界的文化发展的时空坐标系上，透过具体的研究对象(一种习俗或一件文物)，考证彼时彼地人们的活动，人们的生产方式、生活方式、行为方式和思维方式。这是唯物主义文化观最起码的要求。研究任何一种具体的文化及其变迁，都离不开时空参照系。关于文化的时间性与空间性的考察，是研究文化的殊异性与普同性，文化的民族性与世界性，以及文化运动变化规律的基础。

2. 文化的累积与变异

我国古代齐梁时的著名美学和文艺理论家刘勰在《文心雕龙·时序》里说，“文变染乎世情，兴废系乎时序”；“歌谣文理，与世推移”。在《文心雕龙·变通》里又说：“黄唐淳而质，虞夏质而辩，商周丽而雅，楚汉侈而艳，魏晋浅而绮，宋初讹而新。从质及讹，弥近弥淡。何则？竞今疏古，风末气衰也。”这里论述了文气、文风、文体在时间序列和空间位置(不仅是自然环境，特别是文化环境)中的变迁。文化的“与世推移”即文化的发展或变迁，一般有两种基本形式：一种是量的增减，即累积性；一种是质的飞跃，即变异性。这两种形式不是割裂的，而是统一的。累积性指文化缓慢地自然发展，保存旧的或引进新的文化特质、或淘汰一些旧的文化特质；变异性指文化特质的增减促使文化体系的结构模式发生了全局性的变化，如文艺复兴和启蒙运动在西欧、“五四运动”在中国所发生的文化突变即是。实际上，文化突变或变异不单单指这种浩大的文化运动，文化变异往往也悄然发生。

从物质文化来说，工具、器物、技术、工艺的进步既是一种渐进的过程，同时也有渐进过程的中断。从石器到陶器、青铜器、铁器，从蒸汽机到电动机、电子计算机，人类文化在累积中变异，在变异的基础上重新累积，循环往复，以致无穷……人类从简单地利用自然资源到改造、控制自然，综合地利用自然资源，并开发新资源，乃至向太空进军，曾经经历了漫长的、随着时间的绵延而逐步累积的过程，其间也有一个一个阶段的变异，通过一次又一次科学技术革命开辟新的方向和道路。

量的累积和质的飞跃的辩证统一同时也是精神文化的发展过程和发展规律。一方面是旧文化因素的保存，另一方面是新文化因素的增加，文化的生长通常靠的是这样一种累积的方式。这种累积的速率，在古代非常缓慢，而且由于文化传播和保存工具的落后，常常使一些发现和发明不能流传后世，或者流传不久又失传。经过文字的发明特别是纸的发明的漫长岁月，人类终于摆脱了结绳记事的愚昧状态，克服了用龟甲、泥版、竹简、帛书或羊皮书写的困难，使得文化的累积或知识的累积方式发生了革命性的变革，为人类文化的飞速发展奠定了基础。今天，文字书写符号与音像符号并用，纸的载体和电子载体互补，文化知识和信息的传播、储存手段和累积方式更加令人瞠目结舌，甚至达到所谓知识和信息“爆炸”的地步。

可见，文化的累积不仅与文化的载体有关，而且与文化的传播及其方式有关。从世界范围来看，文化的累积是没有地域界限的。文化累积的水平和速度在一定程度上取决于文化交往的水平和速度。马克思和恩格斯在《德意志意识形态》里说：“某一个地方创造出来的生产力，特别是发明，在往后的发展中是否会失传，取决于交往扩展的情况。当交往只限于毗邻地区的时候，每一种发明在每一个地方都必须重新开始；一些纯粹偶然的事件，例如蛮族的入侵，甚至通常的战争，都足以使一个具有发达生产力和有高度需求的国家处于一切都必须从头开始的境地。在历史发展的最初阶段，每天都在重新发明，而且每个地方都是单独进行的。发达的生产力，即使在通商相当广泛的情况下，也难免遭到彻底的毁灭。关于这一点，腓尼基人的例子就可以说明。由于腓尼基民族被排挤于商业之外，由于亚历山大的征服以及继之而来的衰落，腓尼基人的大部分发明长期失传了。另外一个例子是中世纪的玻璃绘画术的遭遇。只有在交往具有世界性质，并以大工业为基础的时候，只有在一切民族都卷入竞争的时候，保存住已创造出来的生产力才有了保障。”①这是我们在讨论文化累积时不可不注意的。

文化的生长不仅仅是量的增减：新文化要素的自生或采借，加入现存的文化；旧文化要素的衰亡、淘汰，或者暂时在现存文化中不起作用。文化的生长在延续或累积的基础上，还有非延续或突变的一面。在科学理论和人类宇宙观的发展史上，人们往往可以看到累积与变异、延续与非延续的互渗和互补的状况。古希腊人曾提出地心说的宇宙观模式，亚里士多德认为，各个天体分别嵌在一个天球上，天球围绕地球旋转，各个天体亦随之围绕地球旋转。阿利斯塔克的日心说则认为地球应围绕太阳旋转，对地心说理论提出挑战。托勒密对日心说提出批评，回复到地心说，又克服亚氏同心天球层模型的毛病，用异心的圆周体系模型说明宇宙。在托氏体系中，地球已离开了正中心，其理论本身蕴含着自我否定的因素。以后，亚里士多德——托勒密体系不断遭到批评，到近代科学的奠基人哥白尼、布鲁诺和开普勒，人类对于天体的认识才真正进入科学的层次。哥白尼的日心说、布鲁诺的地动说和开普勒关于行星运行规律的研究尽管有许多缺陷，但毕竟成为古典天文学过渡到近代天体力学的中间环节。伽利略以实验方法开近代力学之先河，并用望

① 《马克思恩格斯选集》第1卷，人民出版社1972年版，第60~61页。

远镜观测天象，发现了新宇宙。牛顿继承了伽利略的天地统一的思想，把自由落体运动、抛物运动和天体的运转联系起来，提出万有引力理论。牛顿力学和微粒说的理论和思考方式统治世界科学界长达300多年，一直到19世纪末和20世纪初的物理学革命，量子力学创立，才克服了经典力学的弊病，科学地说明了微观粒子的运动规律。爱因斯坦的相对论以新的时空观、宇宙模型和思考方式包含、超越、扬弃了牛顿经典力学的模式。

从这里我们看到，新旧理论、范式之间有着密切的联系和继承关系，同时，每一次科学革命“都迫使科学界推翻一种盛极一时的科学理论”，改变科学所要探讨的问题，变更原来所遵循的原则和思维方式，甚至彻底改变科学的形象。“科学革命在这里被当做是那些非积累的发展事件，在其中，一套较陈旧的规范全部或局部被一套新的不相容的规范所代替。”①库恩的科学史观承认在科学发展过程中的一般的累积过程（常规科学）与打破传统的非累积的发展阶段（科学革命）之间的渗透和补充，他的毛病是抬高了质的间断而贬低了量的积累，明确了阶段而忽视了连续，有见于否定式的继承而无见于肯定式的继承。

实际上，不论是科学史还是哲学史，其发展的道路都是累积与变异、延续与非延续、逻辑与随机的辩证统一。

我们可以从极其丰富、复杂的中国、印度、西方哲学史的史实中找到其前后相继的线索。因为任何时代的哲学家毫无例外地都要从先行的思想资料出发，继承前人的研究成果、研究课题或研究方法。但是，每到一定阶段，总有人出来怀疑甚至推翻前人的成果，变更其课题，否定其方法，开创哲学的新生面。以中国哲学史而论，典型的就有魏晋玄学代替两汉经学、晚明思想家批判宋明道学，等等。著名的哲学史家汤用彤先生认为，王弼、何晏、向秀、郭象等魏晋玄学家取代两汉经学家，使中国哲学的主题和运思方式都发生了重大的变异，宇宙构成论发展成为本体论，中国哲人的抽象能力和思辨水平提高了一大步。这一场巨大的思想解放运动实肇始于汉代的严遵、扬雄、桓谭、王充，正是他们发动了反传统的净化运动，“极力排除主流思潮之荒诞繁琐与不合理，而成为促进主流学术思想变动之势力”②。汤先生从魏晋哲学的转型中看到了它与汉代哲学的否定之否定的关系。

---

①　［美］库恩：《科学革命的结构》，李宝恒、纪树立译，上海科技出版社1980年版，第5、76页。

②　汤用彤：《汉魏学术变迁与魏晋玄学的产生》，载《中国哲学史研究》1983年第3期。

黑格尔的哲学史观为说明哲学发展史上的延续性、累积性或肯定式的继承性提供了方便。它善于从纷然杂陈的思潮、流派和哲学体系的外表底下找到其内在的逻辑联系，从而把整个哲学史看成首尾连贯的因果系列。黑格尔并非不讲哲学史上的变异、革命、否定和渐进性之中断，然而针对着他以前的哲学史家把哲学史看成彼此反对、相互推翻的“分歧意见之堆积”和“不断地全部更新和变化的戏剧”的错误，他不能不过分强调哲学史上的范畴、命题、体系、方法的同一性和继承性。黑格尔提到第一位的是范畴的继承性和范畴的和解式的“扬弃”，而不是一些学说“扬弃地”推翻另一些学说。他不能容忍哲学体系之间的悲剧式的斗争、不可调和的对立和相互易位，因为他所恪守的原则是哲学体系的历史连贯性必须服从于辩证逻辑范畴的连续性。按照这一原则，后来的哲学必定高于先前的哲学，这当然是违背史实的。汉代哲学绝不高于先秦，即在黑格尔自己的《哲学史讲演录》中，中世纪哲学并不高于希腊罗马，伊壁鸠鲁远逊于亚里士多德。

哲学史上不同时期哲学家集团之间在哲学倾向、思维模式、研究方法上既有区别又有联系。我们既要从它们的相互否定中把握其相互肯定的方面，又要从它们的延续和统一中把握其本质的差异和阶段性的变化。例如，从康德到黑格尔等德国思辨哲学家尽管在哲学倾向、研究对象、思维方式乃至写作风格和社会作用等方面，与法国百科全书派迥然相异，然而，如果没有继承洛克唯物主义传统的法国哲学彻底摧毁神学殿堂，奠定了科学认识论的前提，德国古典哲学就不可能公开探讨思维与存在的关系，并在认识论诸问题上作出划时代的贡献。它们之间既是延续的，又是非延续的。在《神圣家族》中，马克思和恩格斯一方面说明了法国唯物主义的两重起源，即起源于笛卡儿的物理学和英国的唯物主义；另一方面又说明了法国唯物主义同17世纪的形而上学，即笛卡儿、斯宾诺莎、马勒伯朗士和莱布尼兹的形而上学的对立；还说明了18世纪法国唯物主义与17世纪英国唯物主义在民族形式等方面的差异，及其与19世纪英法空想社会主义的联系。① 根据普列汉诺夫的研究，空想社会主义者是直接继承18世纪法国百科全书派的，可是在社会组织和对宗教的态度上，两者有根本的区别。普氏认为，每个特定时代的思想体系之间有着密切的肯定的或者否定的联系，“或者追随着自己的先辈们的足迹，发展他们的思想。采用他们的手法，而只允许自己和它‘竞

① 《马克思恩格斯全集》第2卷，人民出版社1972年版，第165~170页。

争’，或者它们起来反对旧的思想和手法，和他们发生矛盾”①。恩格斯说过：“每一时代的理论思维，从而我们时代的理论思维都是一种历史的产物，在不同的时代具有非常不同的形式，并因而具有非常不同的内容。”②总起来说，哲学理论思维的内容和形式的累积和变异，构成了一部哲学发展史。在哲学发展规律的研究中，抹杀质的飞跃和阶段性的变革，显然是错误的；看不到量的累积和理论上的渊源关系，也是不正确的。

以上我们考察了科学史和哲学史上的累积与变异的关系问题，整个文化，特别是风俗与宗教的延续与非延续的关系，更为复杂。在风俗史和宗教史上，既有对变迁呈现强大阻力的时期，又有发生剧烈变化的时期。而所有文化变异的发生，都与文化系统的内部机制和此一文化系统与彼一文化系统的相互作用有着密切的关系。

我们在本节所说的文化的变异，是相对于文化的累积性、延续性而言的，不是指的文化的畸变，不是指的社会文化心理的变态，那是另一个问题。例如，在纳粹统治时期，许多德国官员都被其邻居和同僚们看成非常正常的，然而，他们却干着惨无人道的勾当，所有反法西斯战士和世界各国人民都认为他们是一群疯狂的罪犯。又如，我国在“文革”时期，社会心理亦发生了畸变。我们用青春、热血、忠诚和愚昧构筑成了丑和恶，而当时并不自觉这丑这恶，反而认为是美是善。

最后我们还要强调指出，文化变异不等于文化发生了“断裂”，因为变异离不开累积，非延续性与延续性是统一的。文化的变异与累积，用孔子的话来说，叫做“因革损益”。“因”是继承、“革”是变革、“损”是减少、“益”是增加，所有的文化系统都是不断地因革损益、运动发展的。

二、文化传播：冲突、选择与涵化

1. 文化的调适与冲突

“文化调适”又叫“文化适应”，指一定的时空条件下的人们的行为模式与特定的自然生态环境和文化环境的适应性的关系。“文化调适”又包涵不同阶段、不同地域的文化在相互接触、碰撞过程中的调整和适应状况。

---

① 《普列汉诺夫哲学著作选集》第1卷，生活·读书·新知三联书店1961年版，第734页。

② 《马克思恩格斯选集》第3卷，人民出版社1972年版，第465页。

人类学家非常重视文化习俗的适应性与非适应性的问题。例如，各地都有不同的育儿习俗，而育儿习俗在很大程度上是为了适应环境。一个社会所产生的人格特性一般与该社会为了生存下去所必需的活动最相适应。农业和畜牧业社会环境需要培育顺从的儿童，这里的生活方式不允许人们背离既定的常规；狩猎——采集社会则需要培养儿童的自信心和主动性，他们的生活不允许墨守成规。在现代西方社会，工人阶级的父母育儿时看重顺从和整洁，中产阶级的父母育儿时更看重主动性、好奇心、欢快、体谅及自制。育儿习俗与生存环境大体相适应。

让我们再看另一类例子：印度教徒是不允许屠宰母牛的，“圣牛”在印度的大街上横冲直撞，人们对它却退避三舍。这种习俗具有适应性吗？马文·哈里斯认为，母牛四处寻找食物，不会给食物生产经济增加任何负担，反而为社会提供了非常丰富的资源：首先，一队阉公牛和一架犁对于印度许多小农场来说是必不可少的。印度人可以用较少的母牛来生产多得多的阉公牛，但要做到这一点，他们就不得不把一些粮食产品供给这些母牛。而在现行的习俗系统中，他们不必给母牛喂粮食。即便这样会使母牛的生殖力降低，公牛(阉割后就成了阉公牛)仍然在不用付出任何经济代价的前提下不断地生产出来。其次，母牛粪是必不可少的燃料和肥料。据印度国家应用经济研究学会估计，印度每年烧的牛粪相当于4500万吨煤。在可供选择的燃料(如木柴)既稀少又昂贵的情况下，不用花费任何成本就有牛粪送上门来，实在是一件幸事。此外，每年约使用3.4亿吨牛粪作为肥料。这对于一个在精耕细作的土地上不得不一年三收的国家来说是必不可少的。第三，虽然印度教徒不吃牛肉，但低种姓的人却吃自然死亡或非印度教徒屠宰的牛。假若高种姓的人没有吃牛肉的禁忌，低种姓的人可能就得不到这种为身体所需要的蛋白质了。第四，印度大量的皮革厂使用死牛的皮和角做原料。由于圣牛本身并不消费为人们所必需的资源，而且无法以其他方式来提供廉价的牵引力、燃料和肥料，所以，屠宰牛的禁忌可能是非常具有适应性的。①

让我们再来看一个产后性禁忌的例子。林登鲍姆1972年研究新几内亚和美拉尼西亚各地对妇女不洁的禁忌的结论是：这一习俗是节制人口的象征方法。在新几内亚的许多社会里，两性的关系形成尖锐的对立。男子的许多集体活动都禁止妇女参加。夫妻分住在不同的家屋，甚至发生性关系的次数也极不频繁，而且是在紧张和危险的气氛中进行的。在有些社会中，男性的

① 参见[美]C. 恩伯等：《文化的变异》，杜杉杉译，辽宁人民出版社1988年版，第450~451、500~501页。

同性恋是制度化的，这就加强了两性的极化。两性极化的表现常常(但并不一定)就是在于妇女的身体是不洁的这种信仰上。这种信仰可能会造成夫妻在婴儿断奶前避免性交的结果，也就是在产后两年或两年以上不性交。文化的解释可能是精液和母乳必须分开，但将产婴期隔开可能具有适应的效果，因为在一个蛋白质匮乏的社会，这样一来可能确保婴儿获得较多的蛋白质供应量，而免患赤道地区常见的蛋白质缺乏症。

林登鲍姆发现，妇女不洁禁忌和与之伴随的两性极化现象，在人口压力最大的地方特别普遍。她认为，这是一种意识形态上的生育控制。她的分析所阐明的是一个民族如何轻淡地或拐弯抹角地体察到生态的问题，然后透过象征手法表达出来或提出解决办法，并且探索了这些过程的彼此关系。

基辛认为，这种解释文化的方式，即视信仰活动为生态适应所塑造修正而成的，无疑有部分是正确的。但如果将任何仪礼、信仰、风俗等细节统统视为生态适应的策略，则可能犯简单化的错误。他认为："必须非常仔细地去检查适应活动的机制。如果一个民族的文化是借着一套特别适应于其特殊环境的风俗和技术来补充并完成生物性机能，那么一定有两个过程在进行：第一，一定有某些机制产生出一连串风俗、信仰、行为等，其中有一些适应于其生态系统；第二，一定有某些机制铲除或改变不具适应性、或不利于适应后果的风俗、信仰、行为。第一种机制一定是某种类似基因突变的文化过程，第二种则一定是自然选择的过程。"①

一般说来，文化是具有适应性的。对一种环境适应的习俗，对另一种环境不一定就能适应。同时，一种特定的习俗代表了一个社会对特定的自然和文化环境的适应，但并不代表所有可能的适应。不同的社会对同样的情况可能选择不同的适应方式。例如，在南美洲人们食物中蛋白质含量极低的地区并没有长期的产后性禁忌，而据报道，人工流产却是那里的一种常见习俗。这个习俗同样起到拉开婴儿出生间距，避免过早地给孩子断奶和控制生育的功能。在今天已经有了先进的有效的节育方法的情况下，长期的产后性禁忌的习俗就不可能再存在下去了。②

不同的民族在不同的时空条件下创造出令人眼花缭乱的各种风俗信仰，并且加以制度化，例如：岳母避讳(女婿不能与岳母见面)、拔门牙的习惯、

---

① [美]基辛：《当代文化人类学》，于嘉云、张恭启译，台湾巨流图书公司 1981 年版，第 319~320、325 页。

② 参见[美]C. 恩伯等：《文化的变异》，杜杉杉译，辽宁人民出版社 1988 年版，第 43~45 页。

巫法和园圃巫术以及飞行巫术的信仰、视雷电为神怒，行割礼风俗(男孩子进入成年期时举行的割阴茎包皮的仪式)、象征性的仪式性的食人风俗、繁复的宇宙观和神话体系等。这许多的风俗是不是都与生态相适应(或不相适应)呢？许多民族并不清楚自己的风俗信仰所产生的适应或不适应的后果，风俗的产生、选择、淘汰仅仅与自然生态环境有关吗？仅仅靠自然的选择吗？

实际上，文化的适应不仅仅是生态的适应，更重要的是心理的适应。马林诺夫斯基曾经指出，园圃巫术可能具有心理学上的适应性而不具生态学上的适应性。面对着焦虑、无常、悲患等，人类心灵渴求安全感和解释，因而投射出幻想。而人类童年时期的恐惧、欲望、幻想等投射到宇宙观上，而不是投射到生态适应上，它们可能创造并塑成一个民族的超自然现象和仪式活动。此外，适应过程中不仅有自然的选择，同时有人为的选择，因为自然选择并不会自动淘汰不良的风俗(如食人俗，如缠足等)，而必须由人类主动地去移风易俗。①

文化的心理适应在不同文化系统的相互碰撞过程中显得格外重要。佛教文化传入我国的过程中，双方相互冲突、排拒又相互适应、协调，其间经历了大约800年的时间。佛教在两汉之际传入之初，中国人把它当做与黄老之学相类似的思想，在东汉时又把它与我国本土宗教——道教的道术方士相结合，这是最初的诠释与相互适应。紧接着，魏晋南北朝分裂战乱、动荡不安的社会环境为佛教文化的进一步渗入提供了最佳土壤。当时在社会下层俗文化中传播开来的是因果报应、业报轮回论和神不灭论，在社会上层精英文化中盛行的是否定事物真实性的般若学的“空”论，精英文化与佛学相适应的过渡环节是魏晋玄学的思想。从一定意义上说，般若学正是在与玄学的结合中进一步中国化，并由玄学的不同流派派生出“六家七宗”的。这些最初的中国佛教宗派是由于对“空”的不同诠解而形成的。佛教的真正中国化是在隋唐时期，在这时经济发达、文化繁荣、社会安定，产生了一大批著名的佛学翻译家和创造者，形成了颇有创见的中国式的佛教哲学宗派——天台宗、华严宗、禅宗等。这个时期是儒、释、道三教调适得最好的时期，例如三教首领在朝廷面对皇帝坐而论道，虽然难免相互指责。

佛教文化与中国文化在相互吸取、相互适应的过程中同时伴随着相互冲突。其中最著名的有“三武一宗法难”，即北魏太武帝、北周武帝、唐武宗

---

① 参见[美]基辛：《当代文化人类学》，于嘉云、张恭启译，台湾巨流图书公司1981年版，第328~330页。

和后周世宗的灭佛事件。灭佛事件其实是对佛教文化的外在批判，主要是寺院经济与国家政权的矛盾日益尖锐，逃到寺院避役的人越来越多，影响了国家的财政收入。包括韩愈著名的《谏迎佛骨表》在内的排佛思想和运动，有很大的情绪化的成分，即在深层心理上不能允许外来的文化（如佛教学说等）凌驾于中国传统的先王学说之上。这就是心理上不相适应的反映。

所谓“文化冲突”，就是在文化变迁过程中出现的两种文化矛盾剧烈的表现。文化冲突通常表现在异质文化相互接触之后。明代耶稣会士把西方文化传入中国以降，特别是清代末年帝国主义的坚船利炮轰开封闭的中国以降，中西文化的冲突较之佛教文化传入时的冲突要严重得多。其原因是中国文化的势能已不能与汉唐相比。“汉唐气魄”——容纳、吸取、消化、改铸外来文化的恢宏气度是与国力、国势、民族文化在世界文化中的地位成正比的。因此，虽然中印文化融合的过程中有冲突，有排佛现象发生，但总起来说有相当的自信心，心理上的适应性要强得多。而在中国文化处于劣势的时候，中西文化的反差愈强烈，冲突就愈大，社会心理就愈不能适应。民族危机和文化危机相互投射。近代中国社会上层的顽固派和社会下层的“义和团”如何排外的状况，读者耳熟能详，兹不赘述。

文化冲突并不专指不同文化系统的碰撞。实际上，任何文化都不是一元的，都不可能完全整合，文化各子系统、各要素之间不可能达到完满的调适。文化结构自身充满着矛盾。文化生态、文化心态不可能绝对平衡。

文化冲突还表现为社会不同利益集团的冲突。阶级的冲突、党派的冲突，各种社会集团的冲突，都是广义的文化冲突。在一定的历史阶段，精神文化是有阶级性的。阶级社会里，精神文化有差异、矛盾和冲突。至于我们常说的“代沟”——父辈与子辈、青年文化与老年文化之间的冲突，也是一种文化冲突。

但是，我们不能把文化冲突与文化调适割裂开来，无论是地域的、民族的、时代的冲突，还是阶级的、阶层的、集团的冲突，总是伴随着彼此之间的协调和统一的。因此，我们不能把文化冲突绝对化，正如不能把文化适应绝对化一样。冲突与调适是一个事物的两个方面，彼此相互作用。

2. 文化的选择与规范

关于文化的选择性的问题，实际上是人与文化的关系问题。是人选择文化呢，还是文化规范了人呢？

在一定意义上说，任何个人或群体是无法选择自己所生存的自然生态环境和社会文化环境的。当一个婴儿呱呱落地的时候。甚至还在他的母腹中的时候，他就是被一种文化所选择、所规范的。一定民族(特别是早期)生活的地理空间，与地理空间密切联系的生活方式、生产方式，既存的语言文化系统，风俗习惯系统，制约着、影响着他们的物质文化生活和精神文化生活。

地理环境对于人类活动的限制和影响是存在的，尤其是在生产力低下的时候。非洲沙漠水源不足、北极冰封蔬菜匮乏，极大限制了当地人的活动，并对他们的衣食住行、风俗习惯产生极大的影响。爱斯基摩人的胃可以容纳足以撑死我们每一个人的海豹肉，又可以多少天不进食。由于他们交替地在海岸和内陆生活，当在海岸时，只能捕捉海豹不能猎获驯鹿，在内陆生活时则恰恰相反，这种生活模式变得根深蒂固，以致他们产生了一种禁忌：绝不允许在同一天里食用驯鹿肉与海豹肉。他们还有一种习俗，即把重病的老人拖到冰天雪地里冻死。所有这些，都与地理环境、生产方式、物质生活条件有着密切的联系。

文化环境对于人类活动的限制和影响也是很大的。文化人类学中有一派人主张文化决定论，认为全体人类的行为都是由文化传统的各种特点所决定的。文化决定论最初为博厄斯所创，以反对当时流行的种族中心说，即对人类的多样性进行种族主义的解释的学说。博厄斯认为，人类学习而不是创造文化，人类的行为与信仰所反映的不是他与生俱来的智慧，而是他所生活的文化传统。他用文化对人的制约和规范来解释民族精神和社会间人格的差异，而反对将精神的差异视作种族的差异。博厄斯早年受到狄尔泰等德国历史决定论学派的影响，而支持他的文化决定论的是他所研究出来的语言决定论。他认为，各种语言，包括原始民族的语言都有各不相同的分类系统，这些分类系统可以决定说话者的概念世界，从而决定了各自不同的思维方式乃至各不相同的思想体系。博厄斯认为，民族的政治变迁，基本上受该民族所拥有的观念，而非受其社会结构、权力分配或经济结构的性质所限制。他把大多数文化，包括社会结构、经济与工艺技术化约为一个民族的文化观念。与此相反，后期进化学派的怀特则认为，文化动力背后的指导原则，蕴涵在工艺体系里，而文化的观念要素，基本上是工艺技术结构的派生现象。

根据文化决定论的理解，文化是通过学习得来的，是前辈传递给后代的习得行为。文化的累积与变异，文化的运动和发展过程都是超个人的，不以人的意志为转移的；相反，每个人的行为，都为文化习俗所规范，所限制，没有选择的余地。个人的行为、心理、人格都是由历史上积累的语言与思维方式、风俗习惯所造就的。

我们认为，地理环境决定论、文化决定论都有部分的真理，但又有很大的局限性。其中最主要的毛病是对人的主体性和创造性的抹杀。自然和文化诚然在某些方面规范着、制约着人，但人并不是无所作为的。文化主体有很强的选择性，根据自己的目的、需要去选择最合目的的必然与偶然、可能与现实的联结方式。甚至在一定的意义上，可以说，我们周围的自然环境、社会环境都是人类在历史上不断选择的结果。选择的过程是一个漫长的历史过程。在各个民族的两种生产——物质生活资料即衣食住行、生产工具的生产和人自身的生产即种的蕃衍的活动中，所以出现迥然不同的方式，除了地理环境和文化传统的原因外，还有文化主体的主动选择的原因。选择使得历史带有随机性、不确定性和多样性。一个民族的习俗和习性是这样而不是那样，一个民族的艺术风格、宗教信仰、道德规范是这样而不是那样，是历史上多次选择的结果。

人类为满足自己的物质和精神的需求而活动，人们的行为都有很强的目的性。在多种目的中或为实现某种目的的不同手段中，人们总是自觉或不自觉地作出某种选择。弗洛伊德曾经论证过，所有人类行为之前，都有一个有目的的选择过程，甚至当行动者本人没有意识到自己的动机时，也是同样的。

在不同的文化相互接触的过程中，文化主体的选择更为重要。所谓选择，包含着排拒和吸纳。一般来说，一个文化体系容易吸纳与自己同质和一致的文化特质，而排拒异质的和非一致的文化特质；容易吸纳器物、制度层面的特质，而排拒风俗、思想、价值观念层面的特质。比方说，丝绸、瓷器、四大发明，易于传播并被域外各文化系统吸收；所谓“胡琴”、“番茄”、“洋芋”、“洋枪洋炮”等，很快进入中国文化体系，为我们所采择。文化系统核心层面的相互吸纳比较困难，在吸纳过程中往往伴随着排拒。

但是，文化选择，特别是一个文化集团、一个社会、一个民族国家的文化选择并不是绝对自由、绝对自主的。如果说，个人的生活道路、生活方式的选择尚且要受到现实的物质与精神文化环境、个人的生理和心理特点、所受教育和生活经验等多重因素的影响的话，那么，一个民族，特别是有着悠久历史的民族的文化选择，就要受到更多的更复杂的因素的制约。有时候，人们并不自觉自己的选择其实是被规范、被制约的。例如我国近代洋务派李鸿章、曾国藩等人的选择是：引进技术、兴办实业、改革兵制。他们的选择只能到这个程度。文化选择的自由度是有限的，或者说，选择总是有条件的。

我们常常讲多样选择，讲现代化道路的抉择。一方面，我们要以一种现代文化意识，很强的主体意识，面向未来，发扬主动性和创造精神，从表层到深层进行自觉地文化选择，求得中国文化的健康发展；另一方面，我们又不能不看到，文化发展的每一种选择、每一个决策，离不开民族文化的基因和民族文化历史发展过程、现实状况的规范。在文化选择的问题上，我们是有为的，同时又是无为的；是自由的，同时又是必然的。在中国文化走向现代化的道路上，从戊戌维新到20世纪40—50年代，我国走上社会主义道路，所以那样曲折艰难，这都可以从文化选择与文化规范的辩证关系上得到解释。

我国现时文化的发展正处在选择和繁荣的变异时期，在改革开放的形势下，我们的抉择自然不能脱离历史和现实，但目前更需要的是自觉意识，是有选择、有针对性地吸纳我们社会文化心理结构中所缺乏的特质和环节，使之成为社会主义新文化中的有机组成部分。对外来文化诸要素的传入，一方面以开放宽容的心态对待，另一方面也需要分析、筛选、比较、扬弃，科学地对待，而不是盲目地效法。有选择与没有选择是不一样的。19世纪德国工业化过程得到加速发展，原因是它通过充分利用技术借取而避免了它的两个竞争者英国和比利时所犯的很多错误。以后日本的工业化也做到了这一点。有选择地借取其他文化系统中的有益成素和发展过程的经验，可以绕过暗礁，避免某些失误。文化传播的过程本来就是一个选择过程，即主动地接受一些又主动地排斥一些文化特质的过程，是吸收过来又加以改造并融会贯通的过程。与此同时，对自身传统也有一个有选择地保留的过程。总之，我们既承认文化环境对人的规范，又承认人创造文化的主动性和选择性，以期把现实和理想结合起来，推进中国文化的变迁和革新。

3. 文化的涵化或潜移

在文化传播、变迁过程中有一种十分重要的形式，即是文化的潜移或涵化(acculturation)。关于“文化的涵化”的定义，人类学界也是众说纷纭。有的认为是和西方文明接触后在未开化民族一方产生的显著的文化变化；有的认为是在较广的范围内，与其他文化接触受到影响产生的东西，并且在它的背后有某种力量存在，或这种接触必须是持续的、直接的。

美国人类学家C. 恩伯、海·恩伯夫妇合著的《文化的变异——现代文化人类学通论》(1985)认为，涵化指的是不同文化群体深入接触时所发生的变化，这种变迁过程似乎包括了我们在传播的名目下所论述的大部分内容。但是，他们强调指出：“人类学家在使用涵化这个词时却往往描述的是相互接触的多个社会中，有一个比其他社会要强大得多的这种情形。因此我们认为，把涵化看成是不同社会处于支配——从属关系环境中的广泛的文化借取是恰如其分的。这种借取有时可能是个双向过程，但一般说来都是从属的或不太强大的社会借取的最多。传播的概念可以用来专指文化要素的自愿借取，相形之下，涵化的特征却是在外部压力之下的借取。"①从这一定义看来，"文化涵化"的研究，不以某一文化要素从一民族传播到另一民族这一文化移动为对象，而是分析这一移动的过程，即伴随文化接触产生的接收、选择、对抗、统一的过程。这个过程是双向对流的，但尤其是指弱小、从属社会对强大、支配社会的在外部压力下的借取。最有代表性的，是近几百年以来殖民地或其他落后民族向西方文化采择、吸取的过程。

R. L. 比尔斯等人的《人类学导论》(1977)则认为，"文化涵化"是既区别于"文化抗拒"(Culturalresistance)，又区别于"文化同化"(assimilation)的文化影响形式。比尔斯等人把涵化过程看成一种温和的、渐进的文化接触、传播、影响、移入的过程，表现为两种或多种文化之间的交流、互渗，不致引起文化之间剧烈的冲突和对抗。他们把涵化过程的作用看成相互的，即既不像同化那样一边倒，又不像抗拒那样分立。涵化的结果，应当促进双方文化的共同发展，或共同发展而形成一种新的文化。他们认为，"文化抗拒"(如我国明清时期有的时候曾实行闭关锁国政策，试图全面抗拒西方文化那样)和"文化同化"(如非洲、南美某些民族或殖民地被入侵者或宗主国的文化所同化那样)只是暂时的或局部的现象，而"涵化"才是文化交流中正常的、普遍的现象。他们的例证是墨西哥文化的缓慢、和平的涵化过程。当西班牙人进入墨西哥之前，那里已有一个兴盛的阿兹台克王朝。西班牙人到达以后，受到当地人的友好接待。后来，一小股西班牙人的后裔推翻了原来的王朝，通过印第安人的地方官员实行间接统治。由于西班牙人定居以后学习墨西哥文化，与当地人通婚，在推翻原来的王朝后又未变更其政治、经济制度和生活习惯，只是在相当平缓的条件下传播西班牙的语言和文化习俗，并以基督教和平地取代自然解体了的本地宗教。直到 18 世纪后，殖民政策改变，统治者残酷压迫当地人。当地人在忍无可忍的情况下，举行反抗，努力恢复早期西班牙人到来之前的生活习惯。这时他们才突然发现，几百年前的生活方式已被遗忘，一个新的、既非西班牙又非印第安人的文化已经形成并很难改变了。他们的民族的、地方特色的文化并未消亡，欧洲文化也已经扎根。今天的墨西哥仍保持着多元的、稳定的文化传统。比尔斯等人的另一个例证是：太平洋美拉尼西亚群岛的玛努斯岛人从未见过完整的西方文化，只是在

① [美]C. 恩伯等：《文化的变异》，杜杉杉译，辽宁人民出版社 1988 年版，第 546 页。

第二次世界大战期间，该岛成为美国西太平洋战场的中转站，时常有一些美军在这里略作休整。玛努斯人只是从这些匆匆过客的精神面貌、技术设备上了解了美国人，并决心对自己的文化进行改革，果然，这个小岛的面貌很快焕然一新。以上事例说明，涵化过程不一定导致社会动乱和文化失调。①

文化涵化既是对外来文化、异质文化系统吸收、改造和重建的过程，又是对本土文化重新估价、反思和改铸的过程。在这一动态的历史过程中，两种文化系统相互对流，相互作用。从以上人类学家的研究看来，文化的势差在文化交流、移入的过程中有很大的作用，基本流向是从文化势能高的一方走向文化势能低的一方。有人据此认为文化势能高的一方在文化交流中总是主动的。其实，未必尽然。

关于文化势能在文化涵化中的作用，需要作具体的分析。例如，我国唐代文化光辉灿烂，文化成果远播四方，各国留学生和商人云集长安。繁荣的唐代文化是当时世界上最高的文化，然而唐代文化与外来文化的涵化过程却不值得嘉许。有的专家认为，正因为唐代文化处于巅峰，唐代封建社会的层序结构又处于高度平衡状态，结果使得它在文化交流中很少受益。也就是说，唐代中外文化的交流尽管非常频繁，但却不是平等的交流。当时有一种试图将外来文化因素认同于自身文化体系的倾向，一种尽量使外来文化因素“俯就我范”的趋势，因此导致了在差异中求一统，而不是导致在一统中鼓励发展差异。这种中国中心观就削弱了异质文化的启示作用给唐代文化所带来的新鲜活力。② 其实，不仅仅在唐代，即便在文化衰落之后的明清两代，我国的文化势能由强转弱，但文化心理却依然故我，以老大帝国自居，不能以平等的心态看到异质文化对我们的促进。只是在清末以后，这种状况才有所变化。看来，用外来文化给本土文化带来的活的机制来创造一个新的现代文化是一个很复杂的问题，仅仅注意文化势差是远远不够的。

在文化涵化过程中，我们要注意一个重要的现象，即接受了外来文化系统中的某一特质的社会，首先是以与自身的文化传统相和谐的方式来加以诠释、消化、吸收的。在文化接触和转换过程中，很多翻译都不一定是准确的（渗入了自身的理解），但恰恰是这些不准确的“译本”适应了社会需要，又适应了本土文化习惯，便很快传播开来。人们的文化传统的熏陶不至于阻隔对外来文化的感通，相反，一经获得某种启示便借题发挥、各取所需，并很

---

① 参见张猛等：《人的创世纪》，四川人民出版社 1987 年版，第 285~289 页。

② 参见张广达：《唐代的中外文化汇聚和清末的中西文化冲突》，收入《中国传统文化的再估计》，上海人民出版社 1987 年版。

快取得效应。人们总是根据自己的传统习惯和社会需要，来吸收自己所需要的营养。文化传播过程中常常发生“郢书燕说”、“种瓜得豆”的现象。其实，人们获得文化的启示，不是靠精确的译本，也不受社会发展阶段不同的限制，而是根据社会的需要。如佛教与中国文化的融合，严复对赫胥黎、斯宾塞等的改造，马克思主义在中国的传播，鲁迅、郭沫若等对于叔本华、尼采的吸取等都是这样的。“文化大革命”使人的尊严和价值丧失殆尽，长期的禁欲主义亦使人的自然本性受到窒压，于是，在“文革”结束之后，萨特的存在主义和弗洛伊德的性心理学便自发传播开来，即便没有准确的译本（弗洛伊德的东西在20世纪30—40年代就有人译介），也照样传，而且根据中国人的需要加以理解和改铸。经过这一阶段之后，人们才能从准确的译本中真正认识并深入、准确地批判吸取对方。文化接触中常常要经过这些不同阶段。

在文化涵化或文化潜移方面，最为成功的是日本。日本文化与中国文化的长期涵化是一个例证，日本在近代与西方文化的涵化更是一个典范。日本了解西方最初是通过我国传过去的。魏源的《海国图志》等著作，在19世纪50年代传入日本后，为日本的知识精英启蒙。日本很快就在明治天皇统治时期实施西方化的方针。1888年开始的明治维新成功了，同年泰国朱拉隆功大帝发动的改革和30年后中国的戊戌变法都失败了。比较中日泰三国维新运动的得失，是跨文化研究的一个十分有意义的课题。我们在这里只能从“涵化”的角度十分简略地谈谈日本近代化的经验教训。日本的近代化大体上经历了从“欧化主义”到“日本主义”到“和洋折衷化”的正反合的过程。维新运动的头20年是日本知识精英强烈主张“全盘西化”的20年，但当时主要是在外在形式上模仿西方，以后又出现了复古主义的“武政论”和“国粹保存”论，再以后才走上“西方文化日本化”的道路。日本官方和民间的经营者在引入欧美科学技术和机器设备时，与日本产业界的资本和技术力量结合起来，并根据日本工场手工业尚不发达，闲散的廉价劳动力多且文化水平不高的实际状况，对欧美设备、技术加以改革，使之简单化、国产化，刺激社会就业，避免了欧洲国家产业革命时出现的大批工人失业的现象。在经营方式上，也没有全盘照搬先进国家的办法，而是根据日本的特点，例如不采用西欧各部门的专业化经营方法，而采用总合经营方法，使企业多样化。日本虽然后起，但在设备、技术、工业原动力方面都超越了西欧产业革命的某些阶段，避开先进同家走过的弯路，直接使用最先进的手段，增强了竞争力，实现了后来居上的目标。日本善于有选择地汲取和改造外国的文化思想（包括价值观念）、技术设备，在古代通过朝鲜半岛引进中国的炼钢造型技术和从中国引进佛教(特别是禅宗)时便是如此，这也是日本文化的传统。政府在明治初期推行一阵欧化主义的西方生活方式以后，又转而鼓励保存传统的日本生活方式。直到今天，日本人的衣食住等用品都有两套(西服与和服、西餐具与日餐具等)，形式上是过着双重性的生活，实际上既不是纯西方式的又不是纯日本式的生活，而是和洋结合的日本化生活方式。

日本在古代没有被“汉化”，在近代没有被“欧化”，在现代(第二次世界大战后美军占领)又没有被“美化”，保持了民族特性。但保持民族性不是目的本身，更为本质的是，日本文化在各个时代都与当时世界上最先进的文化涵化、融合，使自己这个小小的民族立于世界民族之林的前列。① 这是非常值得珍视的经验。我们认为，日本文化的涵化是一个典范，比前引墨西哥、美拉尼西亚的例子更能表明“涵化”的意义和功能。要之，不失其民族性。

据说日本人并不忌讳说日本文化是“酱缸文化”、“杂种文化”。准确地说法是，日本文化处在东方文化与西方文化的交接点上，是一种主体选择、多向融合型的文化。日本人的价值观是多维的，既有功利主义的层面，又有道义主义的层面，并把它们结合在一起。有人不无讽刺地说，日本人出生时像基督教徒那样要到教堂做洗礼，结婚时要到神社去举行婚礼，死后要请和尚念经以求超度。这则笑话倒是形象地表达了日本文化的多元融摄模式。总之，日本文化与外来文化涵化(或潜移)的经验是值得借鉴和深入研究的。

三、文化的整合、沟通与融会

1. 文化的整合机制

我们在前面介绍人类学中的文化与人格学派、介绍本尼迪克特的文化模式论时，曾多次涉及文化整合的问题。在这里我们专门谈谈这个问题。

整合(integration)原本是一个生物学和心理学的概念，通过新心理学派引入人类学和文化学领域。所谓文化整合，指构成文化的诸要素(特质)、诸部分、诸子系统的相互适应、和谐一致，及它们以某种决定性方式的综合。也就是说，构成文化的社会组织、风俗、信仰等乖离迥异的元素，包括通过有意或无意的传播从其他文化系统借取的元素，并不是随机拼凑起来的。文化有一种整合的原创力，把这些元素修正、黏合成一个多多少少一致的思想与行动的模式，一个具有协同功能的、结构严密的、相对完整的

① 详见刘天纯：《论外来文化与“日本化”》，载《社会科学战线》1988 年第 1 期。

体系。

美国《社会科学国际百科全书》指出，文化整合有六种形式：构型整合或主题整合；联系整合；逻辑整合；适应整合或功能整合；风格整合；调节整合。

构型(Configuration)整合或主题整合是本尼迪克特提出的。她认为，文化是一种各个行为要素的构型，一种整体，一种格式塔。她通过分析北美西南部印第安人的守护神灵观念而发现，每种文化都有一种主题、一种主导观念。各种文化自觉或不自觉地依照这一主题对各个分散的文化要素加以取舍(或强化或抑制)，然后组合起来，形成某种社会模式。也就是说，一种特定文化中的所有项次具有意义的一致性，遵奉共同的行为模式，体现共同的生活主旋律。

所谓联系整合，顾名思义，指文化各部分的直接连接。结构比较松散的文化的特点是不稳定、强烈的自我意识和经常的不幸；而高水平的文化项次的连接，意味着一种文化生存图景中较出色的功效，也说明生活方式的持久性和较深刻的世界观。

所谓逻辑整合，指文化的各项次倾向于互相对抗和冲突的整合形式。这种形式的整合，不能用上述一致性或连接性加以解释，而应当用逻辑上的连贯性来加以说明，这个标准主要反映在生存信仰和规范系统上。从一定义上讲，这种形式的背景是人对理性的要求。

所谓适应整合或功能整合，指一切习俗、制度在满足需要、适应环境的前提下的整合。功能主义学派和文化适应论者认为，文化各部分的一致性倾向不是一种纯粹逻辑的一致性。不管从纯理性看一种文化的矛盾如何地大，一致性在习俗中却是真实而自然的。

所谓风格整合，指以满意的方式真实地表达经验的美学动机的整合形式。这种整合，既不源于寻求逻辑上的连贯性的理性冲动，也不源于寻求手段的有效性而具有的实用目的。这种整合形式的本质在于自发性和创造性。它通常与优美的艺术相联系，而这种艺术形式同社会思想、政治和经济行为、科学和哲学相一致，也就是风格上的一致。

所谓调节整合，指文化中各个项次通过整合机制来直接消除可能导致崩溃的社会冲突的形式。

以上我们介绍了整合的定义和整合的形式，现在我们再来看看整合的动因。首先，是文化对环境的适应。文化的适应性使文化各特质相互和谐，以适应特定的生存环境。其次，是人类的认知逐渐趋于一致的倾向。人类倾向于改变那些从认知和概念的角度看来与自己的实践经验不一致的习俗、行为或信念。可见，文化整合的动力是人类的创造力。通过对环境的适应和认识能力的提高来选择、拒斥、修正并重新组合文化特质。

文化整合机制，使得文化移植、文化变迁、文化发展得以实现。也就是说，文化涵化、融摄是建立在整合的基础上的。从一定意义上说，每个民族的文化都是历史上文化传播不断累积的结果，即不断地从异质文化中获得营养和活力的结果。每获得一个新的文化特质，就被改造来适应新的文化环境。这种修正或涵化的动力是整合，即一文化体系内在的使各特质、各部分协调统一的趋势。一旦文化的某一方面适应了某种新的环境的变化而发生改变，文化的其他方面也很可能发生相应的改变。例如器物的变化所带来的制度、习俗和价值观念的变化，或者价值观念的变化带来器物、制度、习俗的变化，如此等等，起作用的即是文化内在的整合趋势。整合使得文化变迁得到了合理的解释。同时，由于对不同的或相似的内外环境可能产生不同的或相似的文化反应，各民族文化的差异性与普同性，文化的类型与模式，亦得到了合理的解释。在"整合"这一内在动力的驱使下，人们的文化行为、观念、价值逐渐适应新的环境，发生新的变迁。

这里，我们可以考虑文化移植的可行性的问题。文化移植不是机械搬运，甚至也不是植物栽培学上的"橘生淮南则为橘，生于淮北则为枳"。植株的移植只需考虑与土壤、水质等地理、气候的外部环境的关系，而文化移植除考虑外部环境外，还必须考虑系统内部结构的适应问题。文化移植类似于人体器官的移植，当某一异体器官移入时，首先遭到本体组织结构的排斥，然后相互适应，逐渐融合成新的本体。在这里面，起作用的也是整合机制。民族渊源不同、价值体系不同的文化，经过接触、拒斥、涵化、协调，彼此修正、吸取，整合成一个适应新的环境的文化体系。一个民族的文化体系愈是整合了不同的文化特质，就愈丰富，愈有生命力，它的整合能力就愈强。这是一种良性循环。

人类学家研究了文化的人格整合的问题。心理人类学家卡迪纳认为，文化模式通过对儿童的培养影响人格的发展，而作为结果的人格特点反过来又对文化产生影响。例如，家庭组织和生计技术这类基本制度产生了某些特定的人格特征，而一旦人格形成之后，就会对文化产生一定的影响。在卡迪纳看来，像宗教这类社会衍生制度是由基本的人格特征所塑造的，这些衍生制度很可能与社会的适应性需要没有多大的联系，但却反映和表现社会典型成员的动机、矛盾和焦虑。内在整合秩序大体上是：基本制度（家庭组织和生计技术等）→人格特征→衍生制度（宗教、艺术等）。人格特征成为基本制度（物质文化、社会关系体系）与衍生制度（艺术文化、精神文化）的中间环节。

因此，了解了一定社会的典型人格特性的产生和发展原因，就可以理解诸如为什么某些类型的艺术会与某些特定类型的社会体系相联系的问题。“文化的人格整合”即表示对人格的理解会有助于说明基本制度与衍生制度之间的差异。人们把自己的人格——他们的情感、矛盾和牵挂等投射到宗教和艺术中去。人格可能会起到整合文化的作用。例如，有的社会严厉地培育儿童顺从的训练会引起矛盾和焦虑，这些矛盾和焦虑往往在这个社会特定的游戏类型的文化偏好中，比如下象棋或围棋等策略性游戏的小型争斗中得以发泄。这是育儿方式与游戏偏好的整合。又如，在男孩向成年人转变时对他们的生殖器施行割包皮仪式的成年礼(或叫割礼)的习俗，通常存在于男婴最初只与母亲睡在一起的社会中。这些社会的成年礼是用来解除性别认同的矛盾的。这些男孩最初只与母亲认同，当他们发现是男子统治的社会时，就会与父亲认同。这种性别角色方面的矛盾通过成年礼得到解决。在成年礼上表现了男孩的男性刚毅品质，从而强化了第二次认同。这也是人格整合的例子。①

整合是文化的最重要的机制。整合的重要意义在于它表现了人类的创造力。学习、继承、累积，并从其他民族借取，然后聚合成新的适应新时代要求的文化整体，是文化主体——人的创造力的体现。文化整合不是某种神秘的客观力量使然，而是人的主动性的表现。

当然，我们也不能把文化整合绝对化。每一文化体系，甚至是最孤立、最稳定的部落社会，其文化系统内部都是有矛盾的、前后不连贯的，没有一种完全整合、绝对严密的文化系统。正因为文化体系内部有矛盾，有不适应、不协调的一面，才需要借取外来文化、继承固有文化，组合成适应人的新的需要的，适应内外环境的新文化综合体。上面所说的文化系统具有协同功能，是结构严密的完整体系，文化系统某一部分的变化可能引起其他部分乃至文化整体的变化，都是相对而言的。

整合过程是一个动态的历史过程，是逐步走向相对均衡的过程，是不断地综合化的过程。整合不是一次完成的，而是永远不断地进行的。

2. 文化的沟通与融会

继海德格尔、伽达默尔之后，西方当代最重要的哲学家要数哈贝马斯了。哈贝马斯(1929—)是联邦德国人，法兰克福学派的后起之秀。他提

---

① 参见[美]C. 恩伯等:《文化的变异》，杜杉杉译，辽宁人民出版社 1988 年版，第 461~463 页。

出了“沟通”的理论。沟通的对象，一是指各不同的学科，二是指各不同民族的文化。哈贝马斯主张跨学科研究，主张建构关于科学、社会和历史相互整合的多元化新理论，取代只迷信“精确科学”的实证主义、只重视实利的技术主义和脱离现代科技实践的历史主义。

所谓沟通，必须以理解为前提。这种理解，是批判式的理解。从一定意义上说，沟通就是突破各自的(各学科的、各民族文化的)规范和界限，突破各学科体系或各民族文化体系的“自我设限”。怎样从相对完备的、日趋老化的学科体系或民族文化体系中跳出来呢？关键是要找到一个新的参照系，在与参照系的比照中，用一种“非我的”、“陌生的”眼光来重新审视自己。这就是哈贝马斯所说的“互为主观”。哈贝马斯说，沟通是和谐、融会的开始。沟通意味着超越自我、扩大自我，接纳非我，融摄非我。例如东西文化的相互投射、互为比照，打破各自的壁垒，即是沟通的范例。这就是打破中国中心观和西方中心论，使中西文化互为参照、“互为主观”。

沟通的基础是理性的和文化的批判。有学者说，理性的批判和文化的批判是两个层次的批判。中国传统文化需要经过理性的洗礼，需要有理性法庭，需要民主、自由、正义、公平的原则，需要科学的知识系统，需要概念的精确性、逻辑的严密性；同时，中国传统文化又需要经过现代文化意识的洗礼，需要以现代的人文价值透视传统，摒弃其中扼杀人的个性自由、束缚人的全面发展的成素，发掘其中包含的有关人与自然、人与人的有机和谐关系和人的道德价值等合理的层面。中国文化要与西方文化沟通，必须经过理性的批判。从严复到胡适、金岳霖等好几代知识分子都是做这个工作的。以笛卡儿为代表的法国的理性精神，主张怀疑一切(除理性本身)，主张用理性判断一切，甚至以理性的权威来建设一切。这对于摆脱中世纪的蒙昧状态是很有必要的。不过，我们应当看到，理性本身必须以文化为依据，理性的功能包括在文化之中。理性的力量是有限的，滥用理性将会适得其反。

古代的汉语是有自己特殊语法的。我国古代虽有过墨家的形式逻辑，但很快就失传了。从大的趋向说，中国文化要与西方文化沟通，就必须了解西方语法与逻辑。因此，近代几代知识分子引入西方逻辑，改造文言为白话，重建汉语语法，为转化中国人的思维方式和生存方式打下了基础。相反，西方，特别是欧洲大陆的人文哲学家百多年来所做的一项重要的工作，是使西方文化从逻辑和语法的束缚中解放出来。双方都在寻找自我改善的出路，双方都在以对方为参照，审视自己的传统。

怎样穿透到逻辑、语法的背后呢？怎样达到洞观与神契呢？怎样消解语言的逻辑功能，增强语言的隐喻、多义、丰富的内涵呢？怎样理解先于逻辑的神话思维、宗教思维呢？欧洲大陆的哲学家为此伤透了脑筋。他们显然企图背离西方文化的“逻各斯主义”的传统。这就不能不与东方文化，与老庄、与禅宗发生共鸣，也就是与东方文化相沟通，取得共识。老庄玄禅、陆王心学的文化价值和美学价值是多方面的，欧陆的人文哲学家似乎特别欣赏那种“不立文字”、“除祛言筌”的内省或顿悟“人心之本体”的思维方式，当然他们并不停留在这一点上，他们是在肯定语言、逻辑功能的基础上，超越语言、逻辑的局限。20世纪西方哲学，从存在主义到阐释学，从结构主义到解构主义，主要趋向是把西方文化的逻辑思维方式这一主流传统暂时悬置起来，去深究那些先于认识、先于逻辑、先于主体的东西。

这种流向，与中国近代以来的把传统的生命、人文哲学悬置起来，引进、吸取西方的逻辑分析方法的流向，正好相对。与此相应，中国学术界在近代以来一直强调科学知识和技术进步的作用，有的甚至强调到唯科学主义的地步；西方知识界却重新发掘出渊源有自的反科学传统、非理性传统，对控制不了的技术进步表示担忧，同时认同东方文化中的人与自然统一的“天人合一”论、道德理想主义的人生哲学。综观百多年来中国与欧洲大陆生活方式、思维方式的流向，我们不难发现，这种对流、沟通都不是学理上的，而是实际存在着的。同时，这种对流、沟通，又不是简单地认同对方，而是通过了深刻的自我反省、自我批判，即通过了理性的或文化的批判的。

沟通本身并不是目的，沟通是为了融会或重建。双方通过跳出自己体系的“自我设限”，以“非我的”、“陌生的”眼光重新审视自己，在批判与沟通中，相互融会，重建新的文化体系。

文化体系之间的融会是长时间、多方面的。我们中华文化就是远古许许多多少数民族文化融合而成的。所谓夷、狄、戎、蛮等与夏人融合为华夏民族。到春秋战国乃至秦汉以后，这种融合仍没有停止。例如魏晋南北朝时期对鲜卑、乌桓、匈奴文化的融合，五代至宋对契丹、女真、西夏文化的融合，以及东晋、中唐、南宋时期北方文化三次南移时与南方各少数民族文化的融合。海纳百川，有容乃大。中华文化又是长期以来与阿拉伯伊斯兰文化、印度佛教文化、西方文化不断融合的产物。

陶孟和先生曾经说过：“每个民族在长久的历史演化中，除了逐渐的多少改变了自己的文化形式以外，还不断的吸收了许多外来的文化。所谓中国的文化，如果从言语、生活方式、用器、思想诸方面仔细考究，乃是一种混合物，乃是由汉族、苗族、西域、波斯、印度、蒙古族、通古斯族，还有间接的希腊罗马，或者还有其他的民族所融化而成的文化。同样，所谓英国文化包含有盎格鲁人、撒克逊人、诺斯人、希腊、罗马、犹太、克尔特人，以及其他文化的传统(连中国的影响都是)。在现在世界大通的时代，没有一个国家可以自诩他有固有的国粹，最多只能说各国文化有独具的风格。”①

各民族文化其实是经过了多次整合，融化其他民族文化的产物。古代埃及文化与巴比伦文化相互影响、融合，而巴比伦人本身就是苏美尔和阿卡得人的混合。17、18 世纪风行欧洲大陆各国的洛可可(Rococo)艺术，以其生动、优美、轻倩、自然为特色。这种艺术风格，其富丽新奇的艺术情绪是从中国艺术中获得的灵感。中国文化给予洛可可艺术的影响，不是通过文字，而是通过浅色的精美瓷器、色彩飘逸的闪光丝绸、漆器家具、糊墙的花纸等。中国的绘画和庭园建筑此时也深深影响了欧洲，以至于到 19 世纪，法国印象派画家也都间接地受到中国画风的感染。艺术上的感染是互相的，在中国瓷器大量外销的时候，外销瓷在制法、类型、画法和图样方面都受到欧洲工艺的影响。通过传播，各民族文化不断地融合，是文化变迁的主要方式和文化生长的主要规律。相反的例子是，塔斯曼尼亚人之所以在 1877 年绝种，是因为他们没有与外来的世界交往，没有接触因而更不可能融摄外来文化。

不同文化体系的融会，总是从自发的阶段不断发展到自觉的阶段。美国著名中国思想史家列文森教授认为，中国近代的文化认同和文化创新都落空了，如张之洞以来的顽固派、国粹派的认同是凝固的、抱残守缺的认同；而胡适、陈独秀的创新是一种浮面的引进，蜻蜓点水式地把西方表面的东西引进过来，实际上他们对西方文化的了解非常有限。列文森的批评有一定道理。不过，抱残守缺的认同和浮面的引进，在文化涵化、交融过程的开始阶段是不可避免的。

今天，西方文化大量涌入，虽不能说中西文化的融会已达到十分自觉的阶段，但大体上已超越了洋务运动、辛亥革命和五四时期的封闭式的认同与浮面式的引进，超越了附会比拟的中西文化异同论与入主出奴的中西文化优劣论，突破了“自我设限”，审视自己，扬弃对方，通过融会贯通，达到了繁荣中国新文化的目的。

融会必须建立在对中西文化的精髓和弊病的深切了解的基础上。这样，才不至于被动地，奴隶式地模仿，也不至于抛弃自家的宝藏，而是自觉地选择、借取、吸收、融化、批判、创造，取精用宏，含英咀华，组成适应新时代要求而又不失民族文化特色的新中华文化体系。我们主张在社会主义中国的文化母体上，深层次地融会外来文化。在对待传统文化的看法上，把文化

① 陶孟和:《国粹与西洋文化》，载《独立评论》1935 年 151 号。

视为过分整合、不可分析的整体的看法是不正确的。上层建筑与经济基础、主体意识与客观社会之间，伦理——宗教意识、社会政治理论本身，都有可析离性，可以成为超越时空的人类共同财富被吸收，并与其他新的或异质的文化因素融会，但结果往往并非融合成一有机的不可分析的整体，而是一种既融合渗透又相互冲突，甚至并存不悖的松散杂陈但又非完全无序的复合体。

第八章　文化传统的认同与创造性转化

在前一章，笔者谈到文化变迁过程中的涵化与整合的问题。这个问题如果换一个角度看，其实就是文化传统的继承与创新的问题。本章将围绕传统而展开，专门诠释传统。传统总是当代的理解者内在地置身于其中的历史。传统有大的与小的、死的与活的、新的与老的之分。传统的蒸散与重构、传统的批判式认同与创造性转化，都是与现代化密切相关的课题。而要讲清文化传统的问题，不能不首先厘定文化的民族性、世界性与时代性，文化的普遍性(共相)与特殊性(殊相)及其辩证关系。

一、文化的民族精神与时代精神

1. 文化三棱镜：民族·世界·时代

在上一章，我们讲过文化的时空属性的问题。但空间性并不等于民族性或世界性，时间性也不等于时代性。我试图把这几个概念分疏一下。

什么是文化的民族性呢？文化的民族性是一定民族在历史上所形成的区别于其他民族的特殊的生活方式、习俗，特殊的气质、行为偏向，特殊的语言、思维方式，特殊的生存原则、情绪、心理、性格，乃至特殊的巫术、宗教、礼仪制度、艺术风格等。文化的民族性与该民族生存的空间即地理生态环境有关，地理、气候确实影响民族的生存方式，语言文字、风俗习惯、艺术特色等，但文化的民族性并不等同于文化的空间性、地域性，因为同样的地域或空间，可以有不同的文化模式存在。文化的民族性又与一定民族所属的人种、种族及其体质特征有关，身材、肤色、体质确实影响到行为模式，但在文化的传承上，人的生物学基因遗传比起人的文化学基因遗传的作用要小得多，不同种族的人可以在文化上趋同。可见文化的民族性不是建立在地理或生物学的区别上，而是建立在历史的和心理的基础上。

文化民族性的核心内容是民族的语言、心理、性格，以及在一定意义上规范人格的文化模式。民族的语言是共同的心理与性格的基础。民族的文化心理、情绪产生于他们的生存经验。不同的生活方式、生存经验，产生了不同的饮食、衣饰、游戏、礼法、宗教、艺术、哲学，并陶养了民族的心理和性格。反过来说，民族的文化心理与文化性格又深刻影响了他们的生活方式和行为方式。民族的语言、心理与性格使民族文化有了“血缘”关系，不断地累积、承传。民族之间的矛盾与战争、民族之间的竞争、外侮的危机，往往容易强化民族的内聚力。民族性，不仅仅指形式，同时指内容，内容与形式是不可分的。

文化的民族性是一个历史范畴，没有一成不变的民族性。方言、社会组织、政治制度、禁忌、巫术、礼仪、艺术、宗教信仰等都在不断发生变化，整个民族文化的模式不断变迁，文化的民族性也随之变化。实际上，在远古时代，在现代民族形成之前，就只有“部族”的特异性。部族的特异性虽是民族的特异性的“根”，但毕竟还谈不上民族文化。在现代与后现代，文化的民族之间的差异虽然继续存在，但共同点越来越多，渗透与融合不断加强。摇滚乐、迪斯科、霹雳舞的原始形态可以追溯到古代非洲，但却风行在现代西方。超短裙(“迷你裙”)起源于20世纪60年代的伦敦，70年代风行欧美，与“甲壳虫”音乐、迪斯科舞蹈紧密相连。这种表现青春气息，摆脱大家闺秀、名门淑女形象的服饰很快流传到我国，成为一种时尚。这都说明文化的民族性并不是绝对的。或者说，文化的内容与形式，除了具有民族性的属性外，同时还具有世界性的属性。

任何一种文化既是民族的，同时就是世界的。有的论者把文化的各组成部分或因素加以区分，认为一部分内容或实体是世界性的文化，另一部分内容或实体是民族性的文化。这些论者把文化体系截然分为两橛。有的说，政治制度、教育设施、交际礼仪、生活习惯，是民族性的文化，如英美同属盎格鲁撒克逊民族，而英国采用内阁制，美国采用总统制；自然科学、工业、交通、医药等是世界性的文化，如火车、轮船、电灯、药品，一经发明，全世界均采用。有的则说，“文明”是世界性，“文化”是民族性的。前者如物质工具、自然科学，是发现或发明的，可以从此民族传至彼民族，上一代传到下一代而不失其特性；后者如艺术、宗教、哲学，是创造的，是一个地方一个时代的民族性的表现，只有在一定时间与空间内才能保存其原有的意义，别的地方的人抄袭过去，便可能失却原意。按照这种看法，“文明”是世界性的、可以借取的；“文化”是民族性的、不能模仿的。

这些看法有一定的合理性，但有很多漏洞，政治、教育制度固然有很强的民族性，同时又有很强的世界性。例如，我国隋唐兴起的科举制度在元代以后日渐衰朽，但传到西方却成为现在全世界效法的西方文官制的基础；有的论者说，医药是世界性的，但是，即使中医的针灸方法或部分中草药被世界普遍采用(这种可能性不大)，仍不能说中医的辨证施治不是民族性的东西。艺术更是如此，中国画的某些技巧可以与西洋画的某些技巧互相采借，但各自的特征似不能抹掉。

所以，笔者的看法是，文化的民族性和世界性，不是两个实体，而是一个实体的两个方面，两种属性，犹如一枚硬币的两面，不可分割。一种文化(不仅仅指一种艺术风格)同时具有民族性与世界性。前者是就它的内容和形式与其他文化系统的差异来说的，后者是就它的内容和形式与其他文化系统的同一来说的。虽然习俗、宗教、艺术、哲学更能体现民族的气质、心理、性格特征，它的精神风貌，它的生存体验，也就是更具有民族的特殊性，但同时，习俗、宗教、艺术、哲学也有普遍性的要素，可以相互传播、理解、采借、沟通。实际上，许多宗教、艺术都是跨民族的。

文化的世界性即是指任何一个特殊的民族的文化中所寓有的普遍性的品格，它能够为世界各民族所采借或理解；同时，人类有超越民族界限的、共同的需求、利益、理想和文化价值。文化的世界性的另一重含义是指一个民族的文化中最有生气，最能代表它的生活经验、精神风貌的，最有生命力的要素，反而最能引起世界各族人民的瞩目，作为世界文化的这一特殊的部分，它更具有世界性的价值和意义。鲁迅常说的“越是民族的，越是世界的”，就是指的这个意思。

人类文化与民族文化从来都不是绝对对立的，文化的民族性与世界性也是相互依存、相互联系的。具有浓厚的民族色彩的文化都是人类文化的一部分，有着超越地域、语言、民族、国家界限的力量。禅宗是中国化的佛教，是对印度佛教的改造，传至日本、朝鲜，蔚为大观，现在传到欧美，又大受欢迎。宋元时代，伊斯兰教(回教)传到中国，与中国人生哲学相互发明，据说张载的“民吾同胞，物吾与也”的思想，除渊源于早期儒学外，又可以从伊斯兰教的“可兰经”中找到思想酵母。基督教也自明末清初传到我国，得到一定的发展。这些都是人类有感通、共识的表现。世界文化是民族文化交流、接触、沟通、涵化的结果，文化的世界性是文化交流、接触、沟通、涵化的前提。

国际化是目前世界各国发展的必然趋势。从国际化的眼光来看民族文化，不仅可以预见各民族文化的共同性将会日益增多，交流融会日益加强，逐步汇聚成丰富多彩、多样统一的世界文化。而且也不难回溯各民族文化里都有其他民族文化在历史上不断影响、渗透的痕迹。因此，我们在考察文化问题的时候，似不必把民族文化与外来文化、传统文化与西方文化的界限划分得那么清楚。读者周围的物品、读者的生活、衣食住行的状况，更不用说精神风貌，有多少是纯而又纯的民族的、传统的呢?

如果我们不站在更为长远宽广的时空角度，立体地、多侧面地揭示传统与现代的多重关系，那就难以作出准确的价值判断。把民族文化(例如中国文化)放在世界文化的背景上加以考察，从世界的角度来评价它，充分重视文化的民族性与世界性的关系，是揭示传统与现代多重关系、作出准确的价值判断的一个方面。另一个方面，我们又必须看到，民族文化和世界文化总是与时俱进的，每个时代对传统文化和它的某些成分都能发现新的意义和作出新的诠释。因此，文化传统研究的另一对重要范畴是文化的民族性与时代性。

文化的时代性是文化的又一重属性。同一个文化特质或文化系统，不仅仅具有民族性、世界性，而且同时又具有时代性。这三重属性构成了文化的社会本质。文化的时代性指文化的形式和内容随着时代的变化而发生变化的特性。物质文化变化得快一些，意识形态变化得慢一些，但都在发生变化。石器时代、铜器时代、铁器时代、蒸汽机时代、电动机时代、电脑时代，各有不同的器物、制度、风俗、文化心理和思想意识。举一个很小的例子，我们可以从给孩子取名这件小事来透视文化发展的时代性或阶段性。在物质生活资料的生产极不发达的时代，由于科技、卫生、医疗条件差，孩子成活率很低，我们中国人曾有过取贱名的习俗。做父母的越是把孩子看得珍贵，就越是取低贱的小名，仿佛叫贱则易长，称贵则难成。两晋南北朝时期的士族取小字，一般用家畜或“奴”、“婢”、“客”(当时奴婢、田客的身份与牲口一样)等，如南朝大将张敬儿原名“狗儿”，其弟张恭儿原名“猪儿”，以奢侈、斗富著称的西晋石崇因生在青州，小名“齐奴”，南朝刘宋第一个皇帝——武帝刘裕小字“寄奴”，东晋南朝显赫的门阀府第谢、庾家的谢石叫“石奴”、谢琰叫“末婢”，谢灵运叫“客儿”，庾爰则被唤作“园客”。这种取贱名的习俗反映了生产力低下的中国人的生活方式和生存经验。但是到了今天，由于物质生活相对丰富，婴幼儿成活率高，年轻父母给孩子取乳名，唯恐不娇不贵，如称“珏珏”，呼儿为玉中之玉；或叫“兰兰”，唤女为花中之冠，取贱名的习俗已不复存在了。

人名很能反映人们的时代特征。例如，在近代中国，当帝国主义列强瓜分中国的时候，严复翻译了《天演论》，以物竞天择，适者生存，不适者被淘汰的进化论思想给当时的中国人以发聩震聋的启蒙影响，唤起了人们救亡图存的爱国热忱。当时，以“自强”、“自力”、“自立”、“自存”、“自治”、“自主”、“竞存”、“适”、“适存”、“演存”、“进化”等取作自己或子弟的名号的，不计其数。这个小例子也说明了人们的观念随着时代的变化而变化。

维特根斯坦说，时代的病要用改变人类的生存方式来治愈，哲学问题的病则要以改变人类的思维方式和生存方式来治愈。文化的时代内容与时代形式使文化的发展变化显现出不同的阶段。文化的时代性是文化变动不居的根据，文化的民族性是文化相对稳定的根据。但是，诚如庞朴所说：“时代性的内容中寓有不变的永恒性内容，民族性内容中寓有通行的人类性内容。因此，文化才可以积累、可以传播，使后一时代胜过前一时代，从这一民族传到那一民族。”文化的时代性与民族性，是“同一内容的两种不同性质，并非有两个内容或一个内容分为两个实体的部分。民族性就包含在时代性内容之中，时代性亦包含在民族性内容之中”；“文化的时代性内容中，那些代表历史进步方向的内容，形成时代精神。文化的民族性内容中，那些表现民族生命力的内容，形成民族精神。时代精神对于更高的时代来说，可以成为时代局限性；民族精神对于其他民族文化来说，可以成为民族局限性；如果它们自我满足、自视不凡的话。更不用说那些非时代精神非民族精神的内容了”。“以时代性论，各个不同的文化可以比较，也可以评价，可以评出文化发展上的先后。以民族性论，各个不同的文化可以比较，却不可以评价，不能评出民族文化的孰优孰劣来。因此，文化的价值既是绝对的也是相对的。”“由于文化有时代性，所以有文化的现代化问题；由于文化有民族性，于是有文化的传统问题。由于任一文化都既有时代性又有民族性，所以任一文化的现代化，都是自己传统的现代化；任一现代化的文化，都饱含着它自己的传统在内。”①这位学者以凝练的语言概括了文化的时代性与民族性的关系。

黑格尔曾经探讨过“民族精神”与“时代精神”的问题。黑格尔认为，某一特定的哲学出现于某一特定的民族里面，“这种哲学思想或观点所具有的特性，亦即是那贯穿在民族精神一切其他历史方面的同一特性，这种特性与其他方面有很紧密的联系并构成它们的基础。因此一定的哲学形态与它所赖

① 庞朴：《近代以来中国人的文化认识历程》，载《教学与研究》1988年第1期。

以出现的一定的民族形态是同时并存的：它与这个民族的法制和政体、伦理生活、社会生活、社会生活中的技术、风俗习惯和物质享受是同时并存的。而且哲学的形态与它所隶属的民族在艺术和科学方面的努力与创作，与这个民族的宗教、战争胜败和外在境遇——一般讲来，与受这一特定原则支配之旧国家的没落和新国家的兴起也是同时并存的”。也就是说，民族精神贯穿在民族生活的各个方面。民族精神把民族在技术、物质生活、风俗习惯、战争、国家兴亡、艺术、科学、政治、法律、伦理、宗教等“多方面的全部丰富内容发挥出来，宣扬出来”。民族精神“构成了一个民族意识的其他种种形式的基础和内容”，是“各个显然不同的领域的总和”。①

如果说，民族精神是民族生活和民族意识之种种形式的基础和内容，是各不同领域的总和的话，那么，时代精神则是政治史、国家的法制、艺术、宗教等的“一个共同的根源”，是各文化部门特定的本质和性格。黑格尔说：“时代精神是一个贯穿着所有各个文化部门的特定的本质或性格，它表现它自身在政治里面以及别的活动里面，把这些方面作为它的不同的成分。”这里所说的“特定”，指特定的历史阶段。黑格尔认为，一个民族的丰富的精神，它的各文化形态，是一个有机的结构，哲学则是精神的整个形态的概念，是整个客观环境的自觉和精神本质，是时代的精神、作为自己正在思维的精神。这就是说，哲学是对时代精神的本质的反思——“哲学并不站在它的时代以外，它就是对它的时代的实质的知识”，“它只能满足那适合于它的时代的要求或兴趣”；另一方面，“哲学也可以说是超出它的时代，即哲学是对时代精神的实质的思维，并将此实质作为它的对象”。②

表现在每个民族的语言、习俗、宗教、思维方式中的特殊的精神，是在一定的自然条件和历史条件下产生的，是民族生活方式的反映和折射。民族精神中确有稳定的、不断累积的民族心理、民族性格、民族的生存体验等。民族精神决不是一成不变的，它随着社会生活的变化而变化。当社会生产发展到一定阶段，不同文化系统发生碰撞的时候，人们有了新的需求、新的希望、新的思想、新的体验，形成了新的时代精神。时代精神与民族精神并不是互相孤立、互相脱离的，而是相互涵摄、相互包容的。同样的时代，各个

---

① ［德］黑格尔：《哲学史讲演录》，贺麟、王太庆译，商务印书馆 1981 年版，第 1 卷，第 55 页；［德］黑格尔：《历史哲学》，王造时译，生活·读书·新知三联书店 1956 年版，第 93 页。

② ［德］黑格尔：《哲学史讲演录》，贺麟、王太庆译，商务印书馆 1981 年版，第 1 卷，第 48、56~57 页。

民族的精神中有同一的东西，这是特定时代对于各民族的普遍要求；但同样的时代精神在不同的民族中有不同的表现，这是特定的文化传统、民族心理和性格的特殊作用的结果。

人类文化发展所以有共同的东西，所以能相互借取和理解，沟通和融会，是因为一切文化中寓有永恒性的、人类性的成分，这就是我们所说的文化的世界性；人类文化发展所以有共同的东西，还因为社会发展到特定的阶段、特定的时代，对于各民族文化有着客观的、普遍的要求，而一切文化中寓有适应时代而变迁的机制，这一机制又使得同一民族在不同的历史条件下创造出不同的文化，并借取其他民族的文化，这就是我们所说的文化的时代性；人类文化发展所以呈现百花齐放、姹紫嫣红的多元状态，即使在同一时代，同一社会历史发展阶段、同样的自然环境中也有千差万别的表现，是因为各民族有不同的体质、不同的生活经历，创造了包括不同的语言、宗教、心理、性格、思维方式在内的各不相同的文化传统，这就是我们所说的文化的民族性。同一文化同时具有以上三重属性，犹如一个三面体含有相互衔接的三面一样。反过来说，透过文化三棱镜，我们可以把一个整全的文化现象或文化系统解析出它的民族性的、世界性的、时代性的要素来。但由于这三个方面是交叉涵摄的(三面体的比喻还嫌笨拙)，在抽象、肢解的时候，千万要注意文化的整体性、整合性。以上三性可以升华出三种精神，一种是文化的世界精神，一种是文化的时代精神，一种是文化的民族精神。限于学识，笔者在上面只谈到了时代精神和民族精神，至于世界精神，即人类的普遍性和文化的共同价值，由于研究不够，暂付阙如，敬祈读者驳难或补充。

通过对文化的民族、世界、时代三性的分析，我们不难看出，每个时代总有一种或数种民族的文化站在世界的前列，代表了人类的趋向，成为那个时代世界文化的中心。在人类文化史上，这种各领风骚数百年或数十年的状况是经常发生的。人类文化就是在这种此涨彼落、参差不齐的不平衡状态中取得平衡的。没有哪一种民族的文化永远居于世界的领先地位，如果真是这样，那人类的文化就停滞了，不发展了。文化的民族性没有什么先进落后之分，但从文化的世界性来看，从文化的时代性来看，哪一个民族的文化更多地代表了人类文化发展的趋势，占据了时代的中心的一环，它就是先进的。先进与落后，彼此转化，彼此取代，这就是文化发展的辩证法。历史的进步，历史的必然总是通过大量的偶然的事件或人物表现出来的。有血有肉的活生生的人创造的人类文化的历史没有什么刻板的公式，机遇往往使得某一民族的事件和人物成为楷模。英国的工业革命、法国的政治革命，或者从意识形态领域看，法国的启蒙运动、德国的古典哲学、俄国的民主主义，都曾经成为时代的中心，然而，时过境迁，它们又为新的事件、思潮和人物所取代。如此看来，说什么西方文化从一开始就是开放的、先进的，中国文化从一开始就是封闭的、落后的，并且这都是与生俱来，由海洋或内陆的地理环境所规定了的，就完全没有什么历史的根据了。我们提出文化有其自身内在的民族性、世界性、时代性，并由此而生发出民族精神、世界精神、时代精神，无非是想给大家分析人类文化史提供一点工具，以便具体地、历史地、辩证地思考文化发展问题。

2. 文化的普遍性与特殊性

我们把上面所谈进一步作一些哲学“提扬”，便不能不涉及文化的共相(普遍性)与殊相(特殊性)的问题。这涉及人存在的基础条件：地域、种族、性别、语言、宗教。

据有关专家研究，各地神话和民间故事中有普遍性、重复出现的若干主题：大灾祸(一般是洪水造成的)、杀死怪物、乱伦、同胞竞争(一般是弟兄之间的)和阉割(有时是实际阉割，但象征性的阉割更为常见)。

我们中国古代神话中有鲧禹父子治水的故事，其他文化中也有以洪水为主题的神话。巴比伦史诗中有一神话故事：吉尔伽美什得到神的指示，建造一条船，在洪灾来临时，他和一些动物靠这条船得救。“诺亚的故事写在吉尔伽美什的故事之后，它们十分相似，可以认为是文化传播的一个实例。但是，传播却解释不了亚洲和美洲同样古老的洪水神话。相反，这种神话的广泛分布可能是在世界许多地区人们有过共同经历的结果。比如说，毁灭和再生的主题似乎是具有普同性的，这也许是因为人们在很多地区都经历过洪灾，而且对此万分恐怖。”

“乱伦是一个普遍的主题，其中兄弟姐妹乱伦似乎是最为流行的类型：希伯来传说中的押沙龙在听到他的一个哥哥同他们的妹妹睡了觉之后就把他哥哥杀了。但他便因此自负起来，又接着想篡夺其父大卫的王位，结果反而因为这目空一切的行为而被杀了。在希腊神话中，宙斯和赫拉既是兄妹又是夫妻。”①

这些神话反映了人类早期生活的共同性，如在险恶的自然环境里生活和群婚制等。但是，不同的社会或地区又有各不相同的、特殊的民间故事或神话，即使有相同的主题，它们的隐喻和结构也各不相同。据说北美印第安人

---

① [美]C. 恩伯等：《文化的变异》，杜杉杉译，辽宁人民出版社 1988 年版，第 524~525 页。

流传一个“星星丈夫的故事”：“两个姑娘在房外睡觉，希望星星能成为她们的丈夫。在睡梦中她们被带上了天空，觉得自己与两颗星星结了婚，一个是小伙子，一个是个老头。星星告诫她们不要挖掘，但她们不听星星的警告。一不小心，出乎意外地把天挖了个洞。在无人帮助的情况下，她们沿着绳子从洞里降落下来，安全地回到家中。”有人从结构上分析，认为印第安人民间故事的结构特点是摆脱不平衡状态的动向。在这个故事中，两个姑娘没有丈夫，通过与星星结婚而得到调整。在这个故事里还可以看到另一个在北美印第安人的故事中带有共性的结构——禁止、限制、犯禁和结局。也有人对这个故事作了弗洛伊德式的解释，认为它的潜在主题是乱伦的性关系，特别是表明女儿对同父亲交合的渴望。星星是父亲的象征，在孩子们眼中父亲是像星星一样高高在上的。“在对这个故事的 84 种变体进行研究之后发现，大草原印第安人社会在美国印第安部落中具有表现交合意象的可能性最大，包括通过天空的一个洞(很可能是阴道的象征)放下绳子或梯子(很可能是阴茎的象征)的意象。”①

以上例子说明，人类文化的内容、结构和表现形式既有普同的一面，又有差异的一面。一般来说，寓于不同文化之中的世界性的、时代性的要素、结构和形式，即是文化的普遍性的东西；而不同文化的民族性的内涵，即是文化的特殊性的东西。文化的普遍性与特殊性主要指的是，文化内容的同一与差异、文化结构的同一与差异、文化表现手段和方式的同一与差异。没有脱离特殊的普遍，脱离殊相的共相，普遍就在特殊之中，共相就在殊相之中。人类文化的普遍性与特殊性，根源于人类生活的自然生态环境、人的生理的、心理的普同和差异，根源于人类生存经验、历史文化创造活动的普同和差异。

每一文化现象或文化系统都是特殊，其中寓有普遍性因素，但不是普遍性本身。文化研究不能没有抽象，不能不注意人类文化发展的一般的、普遍的道路、原理、模式、规律；但这种研究，必须从特殊或具体出发，通过跨文化的比较研究，了解、掌握一般规律、普遍原则之后，还必须再回到殊异的、具体的文化现象或文化系统中去。过去有两种偏向值得我们省视，一种是否定人类文化普遍性的偏向，一种是否定民族文化特殊性的偏向。前者是“本位文化”论者，后者是“全盘西化”论者。更有甚者，既否定人类文明的普遍发展道路，又否定民族文化传统的具体、特殊的存在，流于庸俗、浅薄的文化虚无主义。这种虚无主义在国际共产主义运动中屡屡出现。

---

① [美]C. 恩伯等：《文化的变异》，杜杉杉译，辽宁人民出版社 1988 年版，第 525~528 页。

俄国十月社会主义革命成功以后，布尔什维克内部出现了以卢那察尔斯基为代表的“无产阶级文化派”。他们鼓吹文化的党派性高于一切，企图凭空创造出所谓“无产阶级文化”——否定人类几千年文明的成就，企图脱离世界文明发展大道，排斥学习西方文化，拒绝继承俄罗斯传统。他们的主张遭到列宁的批判。但 40 多年之后，中国又爆发了声势浩大的“无产阶级文化大革命”的运动，更加疯狂地否定、“扫荡”一切文化遗产，不管是西方的还是东方的，全人类的还是中国的。这种狂热的虚无主义文化观对于文化的健康发展危害甚大。

以上所说，当然是极端的情况。从五四前后的文化论战和 20 世纪 80 年代围绕传统与现代化关系的论战来看，多数情况是，或者偏重于强调文化的普遍性的侧面，或者偏重于强调文化的特殊性的侧面。如何具体、历史地考察、预测文化发展的规律、道路，辩证地处理普遍与特殊的关系，对于我们来说，既是一个理论问题，又是一个实践问题。关于现代化的道路和模式的探讨，从根本上来说，就是人类文化发展的普遍性与民族文化发展的特殊性的关系问题，文化的世界性、时代性与民族性的关系问题。这个问题，并不是我们中国走向近代或现代才遇到的，各个民族都有类似的问题。

18 世纪末 19 世纪初，法国的启蒙运动和法国大革命处于世界的中心，代表了时代精神。当拿破仑的马队把启蒙思想家确立的科学、理性、自由、民主、真理、正义等“普遍价值”观念带到保守的、落后的德国时，遭到德国知识精英的反对。德国学者认为，法国启蒙派提出的“普遍文化”观点，企图把法国文化变成为一种“普遍形式”，使世界文化同化于法国文化。同样是启蒙思想家，德国的赫尔德却提出“民族精神”的观念来保卫德意志文化传统。正是这位曾与歌德一起发动，领导和积极参加了德国资产阶级反封建的社会运动和文学运动，即所谓“狂飙突进”运动的浪漫主义作家赫尔德提出，没有什么普遍的人类，只有特殊形式的人类；没有什么普遍价值与永恒原则，只有区域性民族性的价值和偶发的原则。这就意味着，没有什么“一般文化”，而只有“我的文化”。在这里，实现近代化(或现代化)并不意味着一定要全盘地否定传统文化，弘扬“民族精神”不一定意味着拒斥“时代精神”。当然，德国人反对的是拿破仑的称霸欧洲，德国知识精英实际上接纳了法国启蒙主义精神。他们打着保卫德意志文化的旗号，不是要守旧，而是要革新，但坚决反对把法国新文化作为普遍的模式，从而泯灭了德国文化的个性。

当然，民族个性是不容易泯灭的。19 世纪，英国人曾经惊呼德国古典哲学侵入英国，他们说，“莱茵河流进了泰晤士河”。英国人尽管惶恐，他们的泰晤士河并没有就此变成一条莱茵河；英国的黑格尔主义虽然承认来自外国，是外国引起的，却分明是英国哲学，尽管它的英国色彩不像洛克哲学和休谟哲学那样鲜明。

世界诸文明的发展有它的普遍性，也有它的特殊性。今天我们学习西方，是学习那些寓于西方各民族文化在近现代的多样发展中的普遍的东西、共相的东西，如工业化、科学、民主等，而不是学习西方各民族文化的特殊历史形态、民族个性。西方文化也不是铁板一块，西方各民族之间的差异颇大，西方各国走向现代化的道路也各不相同。西方各国的现代化是人类走向现代的具体的道路、特殊的形式；这些具体的道路、特殊的形式基于它们有各不相同的、千差万别的文化传统。这些具体的道路和特殊的形式是不必跟着模仿的，因为各国的现代化都是自己文化传统的现代化，没有放之四海而皆准的模式。我们需要采借、吸取的，是这些具体道路、特殊形式之中寓有的普遍性因素。西方文化现代化的道路是符合于西方文化传统的，并不具有普遍的通性。现代化不等于西方化，走向现代化的道路是多元的。但这丝毫不意味着我们可以拒绝西方近现代文化的普遍价值和时代精神。恰恰相反，中国学习西方的过程所以如此曲折，正是因为我们既要学习西方近现代文化的世界性的、时代性的、普遍性的要素，又要避免盲目照搬其具体的内容和形式。然而，世界性或时代性与民族性，普遍性与特殊性并不是两张皮，它们是一个东西的若干属性、若干方面，浑融一体，难以分割。究竟哪些东西是应当学的、可以学到手的；究竟哪些东西是不该学的或根本不可能学到手的，需要经过长时期的摸索，加以疏离、辨析、选择。

中国文化的发展离不开世界文化的发展大道，不能超越商品生产阶段，不能没有科学技术革命和民主政治的建设，尤其是中国人不能没有现代文化意识，但这并不意味着我们必须抛弃几千年来形成的中国文化区别于其他文化的特殊的素质和特殊的价值。文化的变迁是多因素同时相互作用的结果。当今出现了国际化的新趋势，超越民族的文化共性日益增多。文化的相互接近，共同文化价值的形成，并不泯灭各民族的文化个性，反而会促进各民族文化更加丰富。辩证地思考中国文化现代化发展道路中的普遍与特殊、时代性与民族性、现代化与传统等诸种关系的问题，是非常有必要的。①

① 详见拙作：《论熊十力的中国文化观》，载《孔子研究》1987 年第 3 期；《贺麟前期的中西文化观与理想唯心论试探》，载《天津社会科学》1988 年第 1 期；《梁漱溟的文化比较模式析论》，载《武汉大学学报》1988 年第 2 期；《简论牟宗三的文化比较模式》，载《现代新儒学思潮论集》，中国社会科学出版社 1988 年版；《唐君毅与熊十力》，1988 年香港“唐君毅思想国际学术讨论会”论文。

二、释“传统”

1. 何谓“传统”？

什么是传统呢？传统其实就是理解者内在地置身于其中的历史。有什么样的时代，有什么样的理解者，就有什么样的传统。元好问诗：“鸳鸯绣得凭君看，莫把金针度于人。”(《论诗》)我们取其前句来解释传统，意思是，传统是不同时代或同一时代的不同的人所理解的历史。人们常说，“有一千个人，就有一千个哈姆雷特”，这一千个哈姆雷特是对莎士比亚的再创造，观众的主体意识注入了对象。“横看成岭侧成峰，远近高低各不同”，人们对同一文化历史现象可以作出完全不同的理解。这不仅与理解者所处的时代有关，而且与理解者的知识结构、认知方式、情趣、爱好、心理状态、生存体验有关。希伯来神话中的天堂，原来只有一个男子亚当在那里，直到出现了第一个女人夏娃并偷吃了知识禁果时为止。对于这个世人皆知的故事，精神分析学家认为，它反映了男性心理深处埋藏的对女性性欲冲动的惧怕；历史学家则认为，这表明在妇女发明农业之前，男子一直生活在极乐的愚昧之中，夏娃的“知识”的作用导致人们得依靠挖掘而不是依靠采集为生。对于同样一部《红楼梦》，鲁迅先生说：“单是命意，就因读者的眼光而有种种，经学家看见《易》，道学家看见‘淫’，才子看见缠绵，革命家看见排满，流言家看见宫闱秘事……”

人们往往把自己的人格、自己的情感、自己的命运投射到他所理解的传统中去。这就是所谓“一切历史都是当代史”(克罗齐)；“人们是在历史的行动中理解历史的”(萨特)。对于每一个谈论传统的人来说，他既是旁观者，又是参与者；既是观众，又是演员；既是侦探，又是罪犯；既是食客，又是厨师；既是主体，又是客体。

在马克思主义的发展中，由于马克思的思想非常丰富，他在不同时空条件下的认识各有所重，加上后世的马克思主义者所处的时空条件不同，接受的文化传统不同，对马克思主义的诠释、理解、选择、运用的内容和形式往往是千姿百态的。各国的马克思主义者，从各国的具体情况出发，对马克思主义的理解就不尽相同。马克思主义在未来的发展中，其内涵和形貌肯定会有相当大的变化，这是不言而喻的。我们坚持的是马克思主义的根本原则和精神，并结合具体条件加以创造性地发展。

如何从理论上解释这些现象呢？新康德主义认为：“我们所说的世界是

我们所理解的世界。”这就接近了这样一个真理，理解在本质上是理解主体的历史性与认识对象的同一。现代解释学(又叫阐释学、释义学、诠释学)认为，历史性是人类生存的基本方式，真正的理解即是以自己固有的历史性去消融异己性。海德格尔所说的“前理解”(即理解的“前提条件”)就是理解者因袭的、无法超越的历史文化传统，包括理解者所处社会的价值系统。伽达默尔认为，所谓传统，是在一切历史变化中主动的、有选择的保存。对传统的继承是两种“视界”之交融。“视界”是人的前判断，特有的陈见式判断，及对意义和真理的预期。“视界”是不断形成的。理解者和他要理解的东西都有“视界”。传统在两种“视界”中是主动地有所保存；传统是理解者内在地置身于其中的历史。只要一说到传统，就有主体参与到其中去。理解者向被理解的对象(如艺术品、文本、传统、他人的观点)开放，倾听他们，参与或分有对象，使对象处于理解者的观念体系中；或者说，理解者使自己处于同对象的关系之中。一方面，我们必须倾听对象，撇开自己，让对象对我们说话，接受它们对我们讲的真理；另一方面，我们不可能用胡塞尔的悬置法把我们一切前判断和成见都用括号括起来或忘掉。相反，正是这些前判断的“游戏”(作用)，我们才能理解“事物本身”。我们的前判断和成见本身在历史的进程中不断地变化，因此，理解始终是不同的理解，理解的过程绝不会最终完成。虽然我们应当始终以正确理解“事物本身”说的东西为目标，但“事物本身”所说的东西将按我们变化的视界和我们问的不同的问题而不同。

诠释学认为，文本的真正意义与作者的原意或心理特征无关。因为它部分地也是由解释者的历史处境所决定，因而是由历史客观进程的总体性所决定的。但历史的客观进程实际上是永无止境的，一段文本或一件艺术品的真正意义的发现永远不会结束，事实上它是一个无限的过程。因此，文本在历史上表现出来的东西要比原作者想要表达的东西多得多。理解的积极的、建设性的可能性，意义发现的无穷过程就是通过它来实现的。这一点我们不难理解，如尧、舜、禹、汤、文、武、周公、孔子等古代圣人的思想、道德、事业，历代都有人不断地附会、创造，累积起来，叠加起来，才是后世所理解的圣人的“原型”(其实早就变形了)。

传统不只是我们理解的前提，我们自己也产生传统。我们固然有许多无法控制的成见，但我们必然要调整、修正、剔除和补充成见，在此基础上达到新的理解，这新的理解马上就构成传统的一部分，传统就是这样发展的。只要我们理解，我们就参与了传统的进化。传统决定我们，我们也决定传统。按照伽达默尔的看法，人作为有限的存在，是处于传统之中的，不管他是否了解这个传统，也不管他是赞同还是反对，他都不可能超越传统观念——历史意识。我们始终只能在传统中进行理解，不管意识与否，传统总是影响并形成我们。但传统并不是像自然一样的相对给定的东西，它始终是我们的一部分。伽达默尔认为，真正的历史对象根本不是一个客体，而是自身和他者的统一，是一种关系。在这关系中同时存在着历史的真实和历史理解的真实。伽达默尔提出了“作用历史”（或“效能历史”）的概念，他认为一种正当的解释学必须在理解本身中显示历史的真实（或历史的有效性）。

总之，历史传统是主客观的交融和统一，它既不是主观的，也不是客观的，而是一种涵盖一切的过程和关系。理解一开始，理解者的视界就进入了他要理解的那个视界，随着理解的进展不断地扩大、拓宽和丰富自己。我们在同过去相接触，试图理解传统时，总是同时也在检验我们的成见。我们的视界是同过去的视界相接触而不断形成的，这个过程也就是我们的视界与传统的视界不断融合的过程，即“视界融合”的过程。理解者和对象，交互作用，你中有我，我中有你，融为一体，成为我们置身于其中的新的传统。①

传统本来就是多元的、多样的、变动的，人们对传统的理解更加多元、多样和变动不居。人们总是不断地改铸历史、改铸历史人物的形象，创造一种新的传统，或者从新的认识方式、价值判断出发，反观并发现新的传统，但这种改铸、发现或创造又只能在一定的传统、一定的社会历史条件和文化环境里进行。我们只能在传统中理解传统、创造新的传统。解释者与他的文化遗产的关系绝不是纯粹的主客体关系，“主体不是一个绝对的自我；一切别的东西，包括他的语言和文化，也不是他单纯的认识客体；他也不是一个天生备有一些确定不变的直观形式和知性范畴的先验意识。他是一个具体的、历史的主体。他的概念、信念、观念、标准和规范都源自他希望解释的传统，在这个意义上，他与他的文化遗产的关系就构成了他的释义学处境；他本身以某种方式属于他所研究的那个对象领域。‘我们始终处在传统中——这不是对象化的过程，即我们并不觉得传统所说的是别的、异己的东西。它始终是我们的一部分。’主体属于传统并参与传统，是理解和解释的本质条件，人存在的这种本质的历史性，乃是一切科学和理论的基础”。伽达默尔的这些看法主要见之于他在1960年发表的《真理与方法》一书（有人认为，此书应译为《是真理，还是方法?》）。这里确有不少洞见，但它的主要缺陷是缺乏对传统本身的反思和批判，因而容易导致政治保守主义和历史

① 以上关于伽达默尔解释学的理解，据张汝伦著《意义的探究——当代西方释义学》一书，辽宁人民出版社1986年版。

相对主义。哈贝马斯 1967 年发表《为了社会科学的逻辑》一书，起而批判伽达默尔的一些观点，揭开了他同伽达默尔论战的序幕。“这场争论的中心问题是对传统本身能不能加以反思和批判？反思能不能将它自己从它的历史条件中解放出来？……哈贝马斯承认传统和成见是理解和解释不可避免的必要条件，但这并不意味着解释者对制约他理解和解释的传统无所作为，全盘接受，而不能对之进行反思和批判；虽然这种反思和批判不能取消它们，但却能影响和改变它们。”哈贝马斯攻击伽达默尔过于强调了传统而忽视了反思的力量，但是，伽达默尔从来不认为人们对于传统是不加改变地全盘接受。伽达默尔回答哈贝马斯的批评时强调指出：“如果传统不只是人们知道是在的东西，并且还意识到它是自己的起源的话，传统就无法保存在一个充分的历史意识中。改变已经确立的形式像捍卫已经确立的形式一样，也是一种同传统的联系。传统只存在于不断的变更中。”他们双方互有误解。实际上，批判理论同意诠释学关于人类存在的历史性和语言性是理解的基本条件的理论，并不认为批判和反思可以割断与传统的一切联系。他们的分歧仅仅在于，诠释学认为，理解的可能性的条件是不可超越的，一切认识论和方法论的考虑必须以此为前提；而批判理论则认为，在认识论和方法论的层次上，反思的力量应能相对地摆脱或削弱一点这种本体论的环境束缚。①

从诠释学和批判理论与它的争论中，我们可以更深地理解传统的多元性和传统的时代变迁。任何人都摆脱不了传统文化的规范和约束，包括反思和批判本身，也脱离不了传统。但反思和批判可以获得对于成见的某种程度的控制。人们在传统中创造出新的传统，这种种创造在很大程度上归功于不断地反思和批判。

总之，人是文化的动物。所谓文化，就是在历史中形成的约定俗成的习俗、规范、社会生存的秩序等。文化环境对于人际交往，对于个体意识的形成、表达及辨识，起着决定性的作用。“在理解历史时，鉴别历史真理的标准是这种文化环境，解释历史、理解历史之可能性也寓于这种文化背景中。共同的文化背景会给生活于其中的人提供共同的东西，也可称之为文化环境中的共同规范。理解历史的客观性，就是由这些文化上的共同规范保证着，它们范围着共同的心理、理解，提供解释的标准。当解释的标准发生变化时，它们便不再被视为是相对主义意义上的任意的主观选择，文化环境的改变为解释标准的改变提供了解释。……历史不能再直接解释自己，而历史却

① 张汝伦：《哲学释义学，还是意识形态批判？》，载《现代外国哲学》第 10 辑，人民出版社 1987 年版。

在我们对历史的理解中再次解释自己。……解释历史的人总是历史之一部分。历史与理解者之间的对话，是在解释者的文化背景上开展起来，这个文化背景是由历史来提供。这样，历史解释自身，表现为解释者理解与解释历史。”

“哲学解释学所说的‘解释的境况’，即指人的历史文化中的这种存在状态。我们属于传统，远远大于传统属于我们。我们有不理解传统的自由，但我们没有不生活在其中的自由。前一种是认识上的自由，后一种是存在上的不自由。”这样，解释传统不会再误以为是仅在解释过去的东西，解释死去的东西，解释个人的身外之物；解释传统不再会去担心传统是否会在解释的批判中死去；解释传统不再会迷信崇拜传统。“传统一旦在个人理解中存在，它的意义便被逐渐地阐发出来。传统的新生因此开始。……传统的意义本不属于它自己。没有人的现在和将来，传统也失去了意义。解释传统意在解释现在，并揣测传统能给将来提供什么。理解就在过去、现在、将来三者之间以各种方式摸索沟通的道路，理解可以采取直接批判传统与现在的方式；理解也可以以超脱的学术姿态，在考证诠释传统中，无意透露出对现在和未来的真正关切。正像传统必然会向每一时代的不同理解敞开大门，每一时代也必会以不同的方式去重新理解传统。传统以过去的名义面向解释，而解释以现在的方式接纳过去。无论传统从正面或负面成为帮助我们理解生活的途径之一，传统便有了共同属于过去、现在、将来的意义。在过去、现在、将来三者之中，没有任何一方能独享传统的意义。同样的过去，永远被不同的现在和将来理解成不同的过去。”①

2. 扬弃关于“传统”的传统观念

前面我们所说的，也就是莎士比亚曾经说过的：“每个时代对传统历史都能发现新的意义和作出新的解释。”在对传统的认识上，笔者主张扬弃对“传统”的认识的传统观念，具体地说，也就是四破四立：

破传统是凝固不变的观点，立传统是因革损益、与时俱进、不断变迁的观点；破传统是单元的观点，立传统是多源、多样、多向、多元的观点；破传统仅仅是惰性力的观点，立传统是活力与惰力的统一体的观点；破对传统不加分析的观点，立传统文化是复杂的，有精华、有糟粕，精华与糟粕集于一身，传统中的很多因素既非精华又非糟粕的观点。

---

① 殷鼎：《理解的命运》，生活·读书·新知三联书店 1988 年版，第 161～162、168、170 页。

首先，“传统”是一个动态的、历史的、涵盖面很广的范畴。从来没有什么一成不变的传统文化或文化传统。中华文化是在农耕文明与游牧文明、华夏族与夷狄族的文化长期撞击、融合而形成的汉文化的基础上，继续与蒙、藏、苗、满、彝、壮等各兄弟民族文化拒斥、碰撞、涵化、融合的结果。不唯如此，今天的中华民族文化，又是华夏文化、汉文化与人类其他民族的文化，如巴比伦、埃及、波斯、印度、阿拉伯、西方和俄苏、日本文化直接间接交融的结果。说中国文化是“封闭型”的，并不符合事实。恰恰相反，华夏文化、汉文化具有兼收并蓄的开放传统，不断引进、吸收、融合域内外各民族文化。明清两代有部分帝王实行过“闭关自守”的政策，但这在中国文化史上只是短暂的一瞬，而这个时期中国文化与外来文化的相互渗透也没有完全中断。不仅中国，世界各民族的文化传统都是流动的、有累积有变异的，借用《易传》中的话来说，“为道也屡迁，变动不居，周流六虚，上下无常，刚柔相易，不可为典要，唯变所适”。

其次，从来没有什么单一的传统文化。传统是多元素的综合体，又是多个时代不断淘汰、选择、附会、积淀而成的。传统文化中除了要区分时代的差异，还要区分民族、地域、学派的差异。例如，春秋战国时期出现了风貌迥异的邹鲁、三晋、燕齐、荆楚、吴越文化，在此基础上形成了后来作为汉文化基因的阴阳、儒、道、墨、法、名、兵、农等诸子百家文化。尔后，又有了道教、佛教、回教的传统，这些文化在两汉、魏晋、隋唐、宋元、明清各代均发生了重大的变化。此外，中国传统文化中，除了汉文化，还有少数民族文化；除了上层精英文化，还有下层民间文化。总之，无论从纵向还是从横向考察，传统文化总是具体的、历史的、丰富的、多元的，是多层次的立体网络。这为我们发展新文化提供了多样的选择性，也为吸取、融合外来文化提供了广阔的背景。把中国文化等同于“儒家文化”是过于褊狭了，而“儒家文化”本身也是多元的、发展变化的。

再次，传统文化是流动的、多样的，在流动之中有没有常住的一面呢？在多样之中有没有统一的一面呢？尽管每个时代的、不同民族和地域的文化都在不断吸取新鲜血液，新陈代谢，改变自身的内容和形式，然就整个中华文化而言，仍有一个亦革新亦恒常的东西在其中，这就是中国文化的民族精神，是中华民族的凝聚力或本质特征。诚如我们前面所说，这一民族精神又不是与时代精神脱节的东西，但民族精神总是相对恒常的，时代精神总是相对变动的。中华民族有一种自强不息、刚健奋进、礼让互助、和平相处、克己奉公的精神，这一精神在不同的时代(不同历史阶段)又有不同的内容和形式。固守了前一历史时期的民族文化的内容和形式，便形成了民族的局限性和时代的局限性。这就是传统所具有的惰性力的一面。但传统除了有惰性力的一面之外，同时又有与之密切相联系的充满着活力的一面。现代化就萌生于活的传统之中。传统中的确有一些要素由于历史的发展而失去了存在的理由，变成了历史的包袱；另一些要素则可能成为潜在的现代化，即现代的胚胎；还有一些要素与文化的历史变迁根本不相干；更有另一些要素可能会成为“新大陆”，不断被人们发现、开掘、回采。总之，不能简单化地把传统与惰力、包袱画上等号。

最后，传统中的精华与糟粕必须进行具体分析，但有的时候，传统是集精粹与糟粕于一身的。它的优点可能正是它的缺点，它的精华可能正是它的糟粕。一体两面，相互涵摄。从另一个角度看，传统中大量的成素既非精华又非糟粕。因为说精华或糟粕，就带有价值评价的意味。从时代性考察，可以评价各文化的优劣，而从民族性考察，文化的优劣精糟是不可比的。有人也许会说，缠足、抽鸦片烟、娶小老婆是不是糟粕，要不要剔除？这些当然是糟粕，每个时代所出现的窒息人的全面发展的东西、摧残人性的东西，如中世纪的宗教裁判所，如明清的文字狱，如现代的酗酒、毒品走私、恐怖活动、卖淫等，当然要剔除，这是不言而喻的。我这里所说的不要强分精华糟粕，要看到它们之间的转化，要看到更多的东西既非精华又非糟粕，不是指这些表层的东西，而是指文化深层次的东西。任何文明都具有多方面的价值，有一些过去看来是很辉煌的而现在看来恰恰是有弊病的东西，例如在历史上起过很好作用，后来衰亡、变质，走向反面的所谓“大一统”、“九品中正制”、“科举制”等。还有很多要素在今天看来是不合时宜的，在将来很可能又会受到重视；或者在此一民族失去了效力，然传至彼一民族却又产生了奇迹。在儒学已经走下坡路的时候，它的一些思想传到欧洲，经过启蒙思想家的诠释，竟对 18 世纪的西欧思想界产生了一定的影响。这些“化腐朽为神奇”的例子不胜枚举。

特别是有些属于民族文化特点的东西，粗率地加以褒贬都可能失当。例如，对我国传统的、整体流行的、自然与人事不二(“天人合一”)的宇宙图式；自强不息、积极入世的人生态度；重义轻利、以理节欲的道德规范；中庸平衡、圆熟和谐的处世原则；注重意境、情景合一的审美情趣；综合体悟、知行合一的道德实践取向；血亲伦常、等级有序的社会管理方式等，评价它们都必须特别慎重。

金岳霖先生曾指出，中国语言文字的特点是朦胧、模糊，它的涵盖面几乎无边无际，暗示性几乎无边无涯；而西方语言文法的结构比较准确、分明。如果要写法律条文，当然是越准确越好；但如果要写诗，或写哲学著作，太直太露就没有诗意或哲学味道。西方文化的传统是很早就特别注重准确，如希腊的几何学、形式逻辑、理智思维就比较发达。而中国文化的传统趋向整体、模糊、直观，比较向诗意和宏博的哲理方面去发展，如中国的大哲学家都没有受到理智的款式的束缚，庄子的哲学诗意盎然，汪洋恣肆，生机勃勃，读起来令人赏心悦目，既要用理智，又要用感情。西方也有这种哲学，如柏拉图哲学和尼采以后的诗化哲学等。但从总体上说，亚里士多德以来的西方哲学主潮是理智的、条理分明的哲学，而不是像中国哲学这样不分明的、暗示性很强的哲学。暗示性强的哲学生命力很强，千百年来人们不断注解、诠释，这又使得许多独创冲动必须披上古代的外衣。

中国传统文化的这个特点反映在医学上是讲气，讲经络，讲辨证施治，而反对头痛医头、脚疼医脚；反映在绘画上即是讲意境（直到19世纪西方才突然发现中国画从来都是印象派的，他们觉得很了不起）。中国的几何学、逻辑学和理智思维不够发达，成为导致中国近代科学未能及时发展的潜在因素。当然，中国古代科技有自己的特点，它在明代以前一直走在世界前列。

总而言之，对传统文化的分疏，对比较复杂的文化传统，均须用马克思主义的观点，具体情况，具体分析。

三、批判地继承与创造地发展

1. 传统中活的与死的、认同与创新

前面我们说过，传统是五光十色的，传统是与时俱进的，传统是因人而异的，不一定全体人都接纳同一种传统。传统不是死物，它具有活力。传统有大传统与小传统，即精英文化传统和民俗文化传统。有汉民族的传统，也有各兄弟民族的传统；有几千年沉淀下来的老传统，也有百多年、近几十年来的新传统；新传统不等于外来传统，外来传统不一定反对固有传统。我们考察起传统来，需要有所分疏，不要胡子眉毛一把抓。

传统不是单线递进的。随着社会的日趋复杂，传统也在花样翻新。人们对于传统的借取、发挥，对于某一种传统的回应，因人而异，因时而异。因此，不论中外，常常有“以复古为解放”的例子。如文艺复兴，名义上回归到某一种古老的传统，求助于亡灵，但并非发思古之幽情，而是利用和转化某种传统，推陈出新。一方面吸收新的、创造新的；一方面继承旧的，突破旧的。新旧之间，继承与创新之间，又很难划出明显的界限，方生方死，方

死方生，如明清之际大哲学家王船山所说："新故相资而新其故。"新的与旧的，相互凭借、依托，然后推陈出新。船山先生对待传统的态度是十分值得学习的。他决不取简单抛弃的态度，而是博通古今，极深研几，通过他的阐释发挥，旧学变新颜。他有一种"推故而别致其新"的才干，有锐利的批判精神，善于"入其垒，袭其辎，暴其恃而见其瑕"，入木三分，深彻透底。他的批判的前提是对"先我而得已竭其思"的前辈思想资料反复研究，并加以熔铸改造。郭嵩焘为思贤讲舍船山祠书楹联："笺疏训诂，六经于易尤尊，阐羲文周孔之遗，汉宋诸儒齐退听；节义词章，终身以道为准，继濂洛关闽而后，元明两代一先生。"郭嵩焘在这里阉割了船山先生大胆的怀疑批判精神及在哲学、史学、文学、政治诸方面的创造性贡献，但从学养上来说，从继承的侧面来说，此联也反映了部分的真实。

在文明史上，从传统中解脱出来，也是一种传统，而且也是我们文明史上的一大业绩。我们不必杞人忧天，担心老传统会被彻底抛弃，因为传统以不见形迹的，以"百姓日用而不知"的方式扩散、渗透、积淀在每个人的心灵中。实际上，我们每个人都摆脱不了传统文化的心理结构的影响和制约。

有的学者对传统进行分疏，把传统理解成两部分："传统文化"与"文化传统"。朱维铮教授认为，"传统文化"是属于历史的东西，是一定社会的物理世界和心理世界的中介物，虽因物理世界或心理世界的变化而变化，处于生成、定型、破裂与转化的永恒运动的过程之中，然而却是这一过程的定型样态，其中蕴含着促进自身破裂的因素。当然，在中国历史上并无同一的共时性文化的定型样态，也无同一的历时性文化的定型样态。"文化传统"则属于现实，是历代相传、至今不绝的某种根本性的东西。他认为，必须辨别现实中有无所讨论文化传统的踪影，区分死文化和活文化。"传统文化"是死的东西，而"文化传统"则是人们不断创造并流传下来的活的东西，至今还在我们的社会中起着这样那样的作用。"在历史上存在过，兴旺过，但在现代社会文化生活中已消逝了的传统，自然失却存在的依据。体现这种传统的文化形态，无疑都属于死文化，例如著名的玛雅文化、金字塔文化，以及我国古代的东夷文化、铜鼓文化等。它们是考古学家、人类学家、文化史家感兴趣的对象。相反，先辈曾经认定是合宜的行为规范，以后继续被认为合宜的，被认为往古社会所累积的最佳经验，体现这种传统的文化形态，属于历史的遗存，却在现代社会文化生活中依然存在，尽管已经变了位并且变了形，那就是活文化。后者就是人们习称的文化传统。它属于现状，例证俯拾即是。人所共愤的家长制、独断专行和官僚主义的领导方式，不是起码由明清以来就成难以撼动的积习么？”①

庞朴也同意这一分析。他说，传统文化如果说是外在于主体地、历史地凝固了的种种文化成果，是一些死的“物”的话，文化传统则是内在于主体之中、支配着民族认知和行为的习惯势力。“文化传统与传统文化不同，它不具有形的实体，不可抚摸，仿佛无所在；但它却无所不在，既在一切传统文化之中，也在一切现实文化之中，而且还在你我的灵魂之中。如愿套用一下古老的说法，可以说，文化传统是形而上的道，传统文化是形而下的器；道在器中，器不离道。文化传统是不死的民族魂。它产生于民族的历代生活，成长于民族的重复实践，形成为民族的集体意识和集体无意识。简单说来，文化传统就是民族精神。”②庞朴认为，传统文化，像一切对象物一样，人们可以阐释它、批评它，给出种种自己的理解；可以表彰它、否定它，为了现实的种种需要。而对于文化传统，人们往往无力超越，而只得通过它去认识世界与改造世界，并在认识与改造中，推动文化传统的变化。

上述分析尽管还有不尽如人意的地方，但对传统作出一些分疏，比笼而统之地谈传统还是要科学一些。当然，传统中的活的与死的并不是绝对对立的，事实上，一些已死的传统，也是可以在相当长的时间之后复苏的。而且，活的文化传统也是可以阐释、评价的，并在阐释、评价中批判地继承。

我们批判地继承传统，创造性地发展传统，主要还是指的活文化、活传统。我们在反思传统的时候，要站在很高的层次上，用一种多维、动态的透视，把握传统。五四以来，我国知识分子有一种简单的一元的两极对立的思考方式，即把传统看作可以被抛弃的包袱来看待。这样来理解传统，就低估了传统的流动的意义和多面的作用(正面的、负面的、不正不负、亦正亦负的，今日正面明日负面的等)。用好坏二元对立的价值观看待传统是很不够的。即令要批判我们今天深恶痛绝的所谓“封建主义意识形态”，除了引进西方观念外，还有一个如何吸取我们传统中的源头活水的问题。

这就涉及“文化认同”的问题。所谓“认同”，在英文里和“同一性”是同一个词。作为专有名词，新弗洛伊德学派用它描述青少年在人格发展过程中危机感特别强烈的阶段，即“认同危机”的年龄。“认同”一词于20世纪60年代在欧美学术界广为流传，学科、社群都有认同危机。这是关于文化的世界性和普遍性的基本价值的要求，即是特殊的民族文化向世界化认同的问

① 朱维铮：《传统文化与文化传统》，载《复旦学报》1987年第1期。

② 庞朴：《文化传统与传统文化》，见《庞朴文集》第三卷，山东大学出版社2005年版，第265页。

题；关于一个特殊文化的基本价值取向的探寻，即是这个特殊而具体的文化个性的认同的问题。“文化认同”一般发生在“文化危机”的时候。杜维明教授说，它是知识分子群体的、批判的自我认识。认同不是一般的民族自我意识，而是知识分子群体的、批判的自我意识。认同是创新的基础，创新是使认同成为活的认同而不是死的认同的一个原因。①

“文化认同”既然往往发生在文化危机的时候，既然不是抱残守缺的死的认同，说明“文化认同”有一个时代取向的问题。各民族文化在走向现代的过程中要适应时代的要求，要认同现代化的普遍性，从而发生批判传统，转化传统的运动。文化的“认同”既是一个民族的课题，又是一个时代的课题，是民族精神与时代精神的巧妙结合；既要对现代走向的普遍性要素认同，又要对民族文化的特殊个性认同，而使它们协调起来，则是克服文化危机的“文化认同”复杂性之所在。

在文化变异过程中，暂时出现抱残守缺或浮泛创新是避免不了的。在我国走向现代化的过程中出现过的“西学中源”、“中体西用”、“全盘西化”的错误思潮，不符合文化涵化的规律。我们中国文化的价值系统是一种整合型的价值系统，和19世纪以来西方价值系统的取向有很大程度的不同。如西方在理论上出现了排斥性的二分法，一切都可以分成两者：理性和感性、创造者和创造物、科学与宗教、灵魂和肉体、心与物、物质与精神、唯心与唯物。用这样的二分模式来理解中国传统的繁杂性，特别是理解中国内部价值系统的模糊和整合性，是非常之不够的和片面的。19世纪以来，基于西欧中心主义而发展起来的就是这样一种理解模式。

如果我们把传统理解成一种多维的、变动的，而且是历史上人们不断参与进去的传统的话，我们就好对传统进行认同。有了这样一种全新的认同，我们就不会停留在所谓好的、坏的，精华、糟粕的简单二分模式上，而是去建树一种群体的、批判的自我意识，达到对于传统的全新的理解，并且创造新的传统。这样，我们的文化创新不是浮面地引进西方文化，而是经过了自己的创造性的选择、理解、诠释的，在文化变迁中与民族传统涵化与整合的新的文化。

现代世界是一个多极的世界，现代化的过程是一个复杂的过程。在现代化、世界化的过程中，各国共同的东西越来越多，同时也越来越有个性。因此，对于各民族传统文化价值（它本身是多元的）的认同，既是一种批判地

① 参见杜维明：《中国文化的认同与创新》，收入《中国传统文化的再估计》，上海人民出版社1987年版。

有选择地继承，又是创造性地推陈出新，使得民族文化个性在新的时空条件下获得再生。

2. 传统的解构与重构、离异与回归

传统是多元的、流动的。传统的更新、文化的发展，其实是不断地吸纳外来文化并创造性地推进、转化传统的过程。换一个角度看，也是不断地解构与重构的过程。

光讲传统的流动性，不讲传统的凝固性，也是不全面的。传统是动中有静、静中有动的。没有凝固性、惰性、排他性，也就没有传统。因此，完全抛弃传统，企图全盘否定、推倒重来，固然是不现实的(不可能的)；任凭传统自发地流动，被动地在外界冲击下忽东忽西地随波逐流，也是错误的。文化既然是人们主动地创造的生活方式，主体就不会是无所作为的。文化创造者们的自我批判，积极主动地开放、引进，迎接新的挑战与冲击，是防止民族文化僵化、萎缩的必要条件。

沟通中西文化，为传统注入活力，有一个解构与重构的问题。在这里，不仅要发现隐藏在双方表层结构下的深层结构，发现真正可靠的沟通线索；而且必须主动消解双方的原结构，在消化、吸纳外来文化，创造性地转化本土传统的过程中，重构新文化结构，也即重建新的传统。

我们说过，传统与现代的对立只有相对的意义，传统与现代之间，既有冲突，又有回应、交叉、衔接、结合和转化。那么，传统与现代的结合，是不是中西新旧诸种文化要素的机械拼凑呢？重构不是机械拼凑。传统与现代结合的过程是一个自然历史过程，又是一个人们主动参与的随机过程。这种结合，是多样的传统与多重的现代文化要素的结合，是多点、多线、多面的结合。传统是多源、多向、多样并经过世代选汰的，现代文化也是多元的，人们对双方的理解、诠释、借取、发挥也是多样的。甲把他所理解的《孙子兵法》、《三国演义》、《管子》等与他所理解的欧美、日本的企业管理方式结合起来，这是甲的结合；乙把儒家伦理中的某种群体意识、家族意识或义利观念与他所理解的现代社会学之一二结合起来；丙把道家或禅宗的思维方式与现代物理学的思考模式结合起来；丁所理解的现代派艺术实际上是某种传统的复归……所有这些，都不是互相排斥的，而是相互补充的。传统与现代的结合就是这无数的平行四边形组合成的合力。这种结合是动态过程中全相的互涵。

由于社会成员所处环境、生活经历、情趣、教养、知识结构、认识问题所依据的参考架构的差异，即他们所接受的文化器物、制度与价值层次的熏

陶不同，价值判断有着霄壤之别。整个社会价值呈现出多元化的趋势。传统的诠释定位，除了与时代有关外，还与同一时代的价值多元有关。因而，人们在实际上发挥、借取各人所理解的某一时期、某一学派的传统或某一地域、某一民族的传统都各不相同，这就使得传统与现代的重构呈现出多元的趋势。这种多元的趋势，又由于异质文化的冲击而越变越复杂。与异质文化的调适是现代化过程中必然遇到的问题。这个调适的过程，就是边解构边重构的过程。单方面地被同化，是不可能的，特别是在价值层面上。

历史上有些最激进的反传统人物，如马丁·路德、费希特、谢林、康有为、梁启超、严复、孙中山、王国维，也包括20世纪80年代文化大讨论中的一些反传统的人，后来都趋向于保守。他们思想上从离异传统到复归传统，似不能简单地用所谓“阶级本质决定的”，或“文化深层结构的惰性”来加以解释。传统通过这样一些反传统的人物开辟了新路，同时又随着这些人物从不同层面上回归传统而显示了它的复杂性。反传统、批判传统为回归传统和重建传统提供了过滤、筛选机制；对本土文化和外来文化诸元素的重构，实际上就在这种正—反—合的过程中进行的。不仅以上人物，而且从鸦片战争到今天的历史上，经常发生着“离异—回归—离异—回归……”的簸荡。一张一弛，文武之道。具有现代文化意识的中国青年，在创造中国新文明中似乎应当理会价值的多元。这个过程，不能简单地贬为“不是‘东倒’就是‘西歪’”，民族个性与世界潮流的结合就是这样的奇妙。当然，有些思想家的“回归”传统，在人生诸层面的低层次上，如政治生活、经济生活上乃至知性探求上并不回归，而在生活趣味、审美理想、人伦道德等高层次上“回归”，如林语堂等人就是这样的。他自诩“两脚踏中西文化，一心评宇宙文章”，在两极对立中保持必要的张力。

章开沅教授以孙中山、张謇等人为个案，研究了中国文化近代化过程中“从离异到回归”这一有价值的课题。以张謇为例，他作为农民出身的士人和商人当中的儒者，因袭了沉重的传统文化的负担；他作为文化现代化的早期开拓者之一，创办实业，兴办新式教育，领导立宪运动，在中国经济、教育、政治近代化的过程中作出了应有的贡献。中国近代有一大批思想家在推动中国文化近代化过程中起了一定的历史作用，同时经历了离异与回归的发展轨迹。东方文化的离异首先表现为向西方文化模仿、学习与趋近，回归则主要表现为从传统文化中寻求本民族的主体意识，以求避免被外来文化所同化。但是，离异与回归不是两个孤立的过程，而是一个过程的两个方面，交织上升。在龚自珍、林则徐、魏源、冯桂芬、王韬、容闳、郭嵩焘、洪仁玕、徐建寅、盛宣怀、康有为、谭嗣同、梁启超、陈天华、邹容等人身上都可以看到这种流向。

章开沅认为："文明的演进是一个有积累继承、有革新创造、有借鉴引入、有吐纳消化的综合的连续过程。自 19 世纪以来，文化认同出现了十分复杂的状况。简单地说，一是以'离异'为标志的东西方文化的对逆流向，即双方都有一部分人背离了自己的传统文化，又都向被对方所扬弃的传统靠近；一是以'回归'自我的疏隔流向，即各方都各自以重建民族文化为目标，用现代意识重新省视、解释并肯定自己的文化传统。"①

在解构与重构过程中，在离异与回归的过程中，新旧文化要素被蒸散、被凝结、被重新综合，从而创造了、推进了中国近代和现代文化的建设。因此，解构或离异，重构或回归，都是自然而然的事。离异不是简单地抛弃，回归也不是简单地复旧，其中融进了每位思想家个人的人生体验，情况十分复杂。中国文化的近代化或现代化显然是不可能直线上升的。我们看待离异与回归的文化现象，需要有一个正确的文化心态。

3. 文化遗产的继承性问题

对"传统"的解释学理解，使我们对文化遗产的继承性问题获得了新的方法论，从而摆脱过去僵化的、简单的、二元对蹠的思想模式。文化遗产的继承性问题，它与新文化建设过程中的解构与重构、离异与回归，与现代文化和现代人的价值观密切相关。

文化发展，特别是精神文化发展的相对独立性、特殊性的问题，从它的历史发展的角度来看，其实就是文化发展的继承性问题。这个问题非常复杂，但在左的教条主义的文化氛围里，我们老是纠缠在"继承什么"和"如何继承"上，由于方法论的局限，这两个问题也不可能得到正确解决。

1957 年，冯友兰先生提出了后来被人称为"抽象继承法"的思想。他认为，任何哲学命题，既有它的具体意义，又有它的抽象意义。具体意义在现代可能没有多大用处，不需要继承；抽象意义在现代还有价值和意义，可以继承。比如《论语》说"学而时习之，不亦说乎"，具体意义是叫人学诗、书、礼、乐等传统的东西，这些东西现在不需要再继承了，抽象意义指无论学习什么，都要经常温习，这仍然是正确的，有用的，可以继承。②

---

① 章开沅：《从离异到回归》，收入《东方的黎明》，巴蜀书社 1988 年版。

② 详见冯友兰：《关于中国哲学遗产的继承问题》，载《光明日报》1957 年 1 月 8 日；《再论中国哲学遗产的继承问题》，载《哲学研究》1957 年第 5 期。均收入《三松堂全集》第十三卷，河南人民出版社 2001 年版。

一个哲学命题，也就是一段文本，被冯先生析解为二。实际上，任何文本，例如一部哲学著作或体系、一部法典、一段语录、一首诗歌或一篇小说、一个梦或一个神话，都不只有两重性、两重意义；其中的抽象意义必然寓于具体意义之中，而不在具体意义之外、之上；具体意义的涵盖面很广、包容性无穷，在不同的时空里可以由不同的解释主体发掘出不同的隐喻，赋予它不同的含义。从现代解释学的观点看，文化遗产及其继承都是多元的。

但是，在冯先生提出"抽象继承法"的时候，我国文化界完全接受了日丹诺夫的一些意见，似乎文化遗产只能一分为二，要么是"民主性的精华"，要么是"封建性的糟粕"。这种二分法是比较武断的，因为文化遗产中尚有既是精华同时又是糟粕的，也有既非精华又非糟粕的因素。而且精华不一定仅仅指它的政治性、思想性，文化遗产应当还有它自身的评价标准，如艺术性、技术性、科学性、真理性；即便是政治性、思想性，也不仅仅指人民性、民主性或封建性。文化遗产还有彼时彼地的其他含义和不同时空的后人借取、引申或附会的含义。评价文化遗产，使用要么进步要么反动，要么精华要么糟粕，要么唯物主义要么唯心主义，唯物主义等于进步，唯心主义等于反动等标签，不一定妥当。

冯先生当年提出的这个思想遭到不少人批判，其实批判者和冯先生本人都没有跳出二分模式，没有摆脱静态的、浅层次的分析方法。似乎传统只有两面，继承传统只能在两面中选择一面(这是指继承对象即继承什么的问题)，继承的方法，按冯先生的说法，也只是分别文本的一般性和特殊性，抛弃特殊性，保留一般性(这是指的如何继承的问题)。所谓"抽象继承"，当然还隐含有这样的意义，即在"批判继承"中，对批判对象似不必一笔抹杀，其中还有抽象的一面是可以继承的，例如道德的继承性问题，不能说只有阶级的道德，应当还有全社会各阶级共同的道德，这一部分也是可以继承的。这大概是冯先生的苦心。冯先生所说的抽象意义，是一个哲学命题具有的真理性的颗粒，而他所说的具体意义，其实是很不具体的，按他所举的例子，难道传统的诗、书、礼、乐在现代完全没有价值和意义了吗？真的不需要继承或者在事实上没有继承下来吗？

无论是"精华"、"糟粕"的二分法，还是"抽象"、"具体"的二分法，对于解决"继承什么"和"如何继承"的问题，都显得过于狭隘、过于简单了。文本的解读，并非只能抽绎出封建性和民主性，或者一般性和特殊性；继承并不意味着只是舍弃一方("糟粕"或者"具体")、保留一方("精华"或者"抽象")，继承有时候恰恰是兼收并蓄，有时候恰恰是继承其特殊性。何况不同的评价主体所理解的精华和糟粕、抽象意义和具体意义，不是相同的。看来，我们需要借用解释学的方法审视文化遗产的继承问题。过去对于历史上统治阶级的文化的评价是有毛病的，其实，统治阶级文化并不专属统治阶级，同时，统治阶级带给文化宝库的许多成就和价值，都可能具有全人类、永久的意义。

我们常常爱说“批判地继承”，但有三种误解。在“左”的文化氛围的熏陶下，人们把对传统、对文化遗产的批判继承理解为：第一，批判一部分，继承一部分；第二，先批判，后继承；第三，只批判，不继承。实际上，在笔者看来：第一，批判和继承的是一个东西、一个对象，不能割裂成两块，肢解成两片，似乎这一部分是批判的对象，那一部分是继承的对象。第二，说批判和继承的是一个东西、一个对象，并不是说它是身外之物，因为我们正是在某一种传统中批判这一传统的，在某一文化历史遗产的影响下解释、评价这一文化遗产的。因此，毋宁说是先继承而后批判的，是边继承而边批判的。第三，继承中就寓有选汰，就寓有批判，就寓有扬弃(既保留又克服)。因此继承就是批判，批判继承也就是创造发展。在一定意义上，文化遗产的继承往往是“先立后破，立中有破”，而不是“先破后立，不破不立”的。

如果借用解释学的理论，传统不仅指向“过去”，而且指向“未来”。传统中的“新的”与“旧的”、“死的”与“活的”的划分并不是一成不变的，这些因素相互作用的过程即是批判继承的过程。过去我们常说，要创造出“根本不同于旧文化的新文化”来，这是绝对不可能的。新与旧是相对的，任何新文化都离不开旧文化的资源和土壤。承继旧的、突破旧的，同时也就在吸收新的、创造新的。反之亦然。

传统不是单线递进的。传统文化在传递和累积中，外来文化在与本土文化的涵化和整合中，不可能不经常地变形、变质或易位，“死去”的传统，可以死灰复燃。社会文化日趋复杂多样，人们对于文化遗产的评价、欣赏、借取、发挥，日趋多元。“横看成岭侧成峰，远近高低各不同。”现代人的价值观，使得文化遗产的评价标准逐渐多样化了。因此，对于继承什么、如何继承的问题，都不可能一概而论了。

文化继承性的另一个十分重要的问题，是不同门类的文化的继承特殊性问题。物质生产方面的继承性比较简单，技术的继承性、科学的继承性、哲学的继承性、文学艺术的继承性，各不相同，越来越复杂。苏联文化哲学家认为：“对遗产的需要根源于现在的生活，艺术传统的创新发展虽说依赖于艺术的内部资源，却更依赖于社会生活的影响。因此，艺术史的最重要的‘合力’是非艺术的作用。这种‘合力’是由一般社会关系和特殊创造关系的冲突构成的。在艺术史上积累的大量的范本和样式在文化发展的不同层次上，都可能被赋予现实的意义。因此，旧的东西与新的东西、艺术本身继承的东西与创新的东西是相互作用的。文化艺术继承性的特点在于，作为现实的价值和现时代创作的参照物而被继承下来的，不是个别的语言成分或内容丰富的情节结构，而是完整的艺术作品。过去的艺术遗产之所以能‘参与’现在的艺术生活，是由于它们既具有时代的特征，又具有全人类的价值。作为艺术体系的个别成分是可以扬弃的，但作为完整的作品又是不能扬弃的。过去时代的作品既具有永恒性，同时又以完整的形式在后来的文化史中发挥作用。这是具有普遍意义的东西与具体历史的东西的辩证法的基础。同一个旧的艺术体系的成分，既以扬弃的和单纯的形式介入今天的艺术生活，同时又继续出现在被保留下来的完整的艺术作品中。过去的艺术作品是以完整的形式参与现在的艺术生活，作品的原文甚至没有丝毫变化，而作品的内涵却发生了变化，并且作为组成部分进入了对世界和艺术的现代接受体系，被赋予了同今天的艺术探索相一致的性质。艺术史的一般特征是它的发展的‘非直线性’，即后一时代并不是对前一时代成果的直接继承。艺术史也不能图解成‘螺旋线’，图解成对以前时代的不断否定。”①

文化继承性中，不仅有我们熟知的扬弃的形式，即此前的文化成果以既克服又保留的形式保存在新的文化成果和发展阶段上，而且还有我们不熟知的非扬弃的形式。例如，哥白尼和牛顿在科学史上是不可磨灭的，但今天人们却很少去问津他们的原著，因为普通的物理学教科书已经包含了他们学说的精粹；文学艺术则不然，莎士比亚不能代替但丁，但丁也没有掩盖过去的作品，《西游记》就是《西游记》，《红楼梦》就是《红楼梦》，毕加索是毕加索，齐白石是齐白石。著名的文学艺术家及其作品作为特殊的个体或珍品，是永恒的，而科学家的创造只是作为科学发展史长链中的一环保存下来。前者共时性强，后者历时性强。哲学家的创造则兼而有之。

继承的多样性，促使我们具体历史地研究个别的文化遗产或不同门类文化的历史，避免不分对象地、千篇一律地把文化史、艺术史、文学史、哲学史、思想史、科学史、教育史等，图解成“直线上升形”或“螺旋曲线形”。

每一个人对于包括现代资产阶级社会的文化价值在内的所有人类文化遗产的掌握，是个性得到全面发展的必要前提。这是马克思列宁主义的最起码的要求。

---

① 对前苏联文化哲学家的这一观点的概括，见汪国训、郭齐勇：《文化哲学问题》译序。可惜该书未能正式出版。

四、中国文化的现代化建设

关于这个问题，学术界展开了热烈的讨论。20世纪80年代中期，笔者个人既不同意“全盘西化”论、“西体中用”论，又不同意“儒学复兴”论和“彻底否定传统文化”的观点。笔者曾经指出：“探寻中国现代化的道路，必须跳出简单化的中西两极对立和体用割裂的思想方式；中国文化的前景，既不是传统的连根拔除、全盘推翻，又不是传统的自我复归、卷土重来，也不是西方的简单移入、全盘照搬，而是中外文化在初步结合的社会主义中国的母体上，更加广泛、深入地相互渗透、补充和融合。”笔者认为，“全盘西化”、“本位文化”诸说“既不能概括19世纪末以来中西文化交融的历史，也不能预测下世纪中国文化发展的前景”。正确的方法是，必须把发达国家、发展中国家走向现代化的各种经验、教训、模式、道路，认真地鉴别、有选择地汲取，并使之与我国社会主义现代化建设的实际和中华民族的文化传统结合起来。①

1. 现代化是一个大系统

考察中国文化的现代化道路和模式的选择，一定不能脱离鸦片战争以来一个半世纪的历史和中华人民共和国成立60多年的历史。社会主义的经济、政治、文化有多样的模式。改革开放30余年，我国的社会主义现代化建设充满了活力，充满了希望，为祖国的繁荣昌盛和人民的物质文化、精神文化生活的丰富展示了广阔的前景。

中国文化的现代化建设，同时又不能离开中国的文化土壤，不能脱离传统文化的影响。有些同志一听到传统文化就发憷，就咒骂，这不是唯物主义者的态度。我在前面说过，传统文化的影响是“剪不断，理还乱”的，是想摆脱也摆脱不了的。传统文化的影响又是多方面的，有正面的(积极的)作用，也有负面的(消极的)作用，以及不正不负、亦正亦负的作用，这需要具体分析。

什么是现代化建设的现实基础呢？传统文化的积淀、社会主义祖国的文化现实，以及我国的国情。我国的国情也是多方面的，其中不可忽视的是经济底子薄弱、人口负担太重、文化素质太低、文盲充斥等。纵然有再美妙、再理想的现代化方案，我们也不能闭眼不看现实国情。所以，现代化只能一

① 详见拙作：《现代化与中国传统文化刍议》，载《武汉大学学报》1986年第5期。

步一个脚印地实现。主张硬性地、盲目地照搬西欧北美的，或者日本东亚的现代化经验，都是不切实际的。

中国现代化建设不能离开中国的现实，必须具有中国的特色，但同时，现代化又是全人类的“共业”。这里面也有一个普遍与特殊的关系问题。笔者认为，中国的现代化绝不能照搬西方的或日本的道路或模式，同时，对于西方的世界观、人生观、价值观、历史文化观和方法论，我们也不能全盘照搬，必须加以分析批判、剔择去取。

“现代化”不仅是“物”的现代化，同时是“人”的现代化，是人的全面发展。既然如此，现代化的内涵，就不是科学和民主所能概括的，不是西方近代文化甚至现代文化所能取代的。“现代化”的内涵不断发展着。现代西方文化起源于伟大的文艺复兴时代。当时兴起的科学主义和人文主义，其本质正是追求剔除了中世纪迷信、愚昧之后的基督教文化的精髓，并加以创造性地转化和发展。科学主义追求宇宙外在的自然本质，人文主义追求人类内在的自然本质。这两种自然本质本来是从一个统一的基础出发的。但是，科学和工业化的发展，使这两者之间的剪刀差愈来愈大，人发生了异化，科学对人性进行了肢解。人性的自我撕裂，使得近两个世纪以来的文化学家、或“反文化”论者、文化批判思潮等，开始深叩“现代化”的意蕴。

现代化是一个多层次、多侧面的复杂的系统工程，现代化有各种不同的模式，英美、西欧、苏联、东欧、日本、东亚、南美、澳洲等。20 世纪 80 年代文化讨论所以引起纷争，是因为同具有强烈的使命感和责任感的知识分子衡量“现代化”的尺度不同，设计现代化的模式不同，有的立足现实，有的着眼未来，有的强调补启蒙文化的课，有的则主张考虑后现代的问题。

《现代化的动力学》一书的作者布莱克认为，知识的追求和理性化的科学方法是现代化过程的重心，现代化大体需要经过四个阶段：首先是科学技术进步作为原动力带来的“现代性的挑战”，因袭着传统知识架构的社会与各种现代思想和制度发生碰撞，产生现代性的拥护者；其次是“现代化领导的巩固”，即政权过渡到现代化领导阶层手中；再次是工业化和城市化，“经济和社会的转变”；最后是“社会的整合”，经济和社会的转变导致整个社会结构根本重组。布莱克以现代性的挑战是来自内部还是来自外部，国家向现代政权转变的早晚，建立民族国家的任务是否分散了现代化的注意力，是否经历殖民统治和国土、人口是否发生大的变化为标准，划分了七种模式：英，法模式；美、加、澳，新(西兰)模式；瑞士、丹麦、德国、荷兰模式；俄、中、日模式；阿尔及利亚、朝鲜、印度、埃及模式；加纳、中非模式。

亨廷顿根据城乡关系的演变，把现代化过程分为六个阶段：传统安定期——现代化起飞期——都市突破期——绿色觉起期——现代化巩固期——现代性安定期。亨氏认为，一个社会要进行现代化建设，必须具备既能采取革新措施，又能承受新增加的政治参与的制度。前者要求集中，后者要求分散。政权分散的传统体系，其现代化过程可能不会很快完成，但也不会出现剧烈的动荡；权力高度集中的社会，如法、俄、中，最有条件进行革新，但最不容易承受不可避免的政治参与。其结果，这些社会也最易发生革命。

小巴灵顿·摩尔则认为，一个社会要成功地实现现代化或工业化，就必须将农业所生产的资源导入工业建设，即实现农业的商品化。而要做到这一点，又必须有一个新的政权和法律基础。因此，哪一个阶级扮演了农业商品化的主导角色，便成为决定各国走向现代化的不同道路的根本因素。由此，他分析了走向现代世界的三条道路：第一条是“资本主义民主道路”，通常出现在一些有强大商业和工业资产阶级的社会，这些社会的地主，有的自身转向资本主义农场经营(如英国)，有的则直接被推翻(如法国)，从而实现农业的商品化。第二条是“法西斯主义道路”，走这条道路的国家(德、日)，在城市资产阶级的力量还没有壮大到足以建立自己的政权之前，已经由上层地主阶级自身进行向现代资本主义农业生产的过渡。第三条是“共产主义道路”，出现在俄国和中国，这里没有发生过地主或者城市资产阶级所掀起的现代化、商业化浪潮，而由农民阶级和其他这样那样的社会集团一起，发动现代化。①

数十年来，涵盖现代化理论的发展社会学得到飞速发展。“发展”反映了人类生存状况的变化。“发展”概念包括经济转型、社会转型和文化转型。“经济转型”指持续与快速地增进国家生产，决策中心成功地制造工业，使国家有办法自主地决定未来的成长。“社会转型”指收入平等分配，人民能普遍取得社会财货，如教育、健康服务、舒适的房屋、娱乐设备等和参与政治决策。“文化转型”指重新肯定国家意识与传统，无论是社会领导者或民众都能有一个新的自我形象，并驱散二等国民与屈服于外人的感觉。

20世纪60年代，发展社会学流行的是“两极社会论”，即把人类社会划分为传统社会与现代社会，现代化就是从前者转变为后者的过程。以后，有的学者打破了两极论，提出了三阶段说(原始的、中间的、现代的)和五阶段说(传统社会阶段、为起飞创造前提的阶段、起飞阶段、成熟阶段和高额

① 以上参见李怀印：《比较史学与现代化理论》，江苏省社联《社科信息》，1988年第9、10期。

的大众消费阶段）。现代化理论强调价值观的转变在社会现代化中的作用，认为经济能否取得成就和进步，在很大程度上取决于人的能力和态度（其中，追求业绩的精神最为关键），取决于根据能力和态度而建立的社会政治制度和采取的组织措施，还取决于历史经验；而外部联系、市场机会和自然资源等因素的作用则是次要的。

20世纪80年代，自主化理论在发展社会学取得新的进展，尤其是"替代发展"的战略构想日益受到重视。所谓"替代发展"，就是选择比西方发达国家已经和正在进行的大规模工业化的资本主义方式更好的第三种方式。这种理论认为，工业无节制的增长是有害的，应以中间技术代替已有的大规模工业化，以自力更生模式代替发展中国家对发达国家的依赖模式，反对为了利润而生产那些奢侈的、无用的、对环境有害的产品。①

2. 现代意识的培养

著名科学家钱学森说，20世纪80年代，全世界范围内出现了改革调整潮流，推动这一潮流的最深层的动力乃是社会生产力发展的要求。不遵循这一历史大趋势，就会被淘汰出世界性竞争的格局。在20世纪与21世纪之交，在未来的几十年中，世界将发生巨大的变化。一场世界性的经济科技大竞争将愈演愈烈，如果我们不全力以赴参加国际经济竞争，如果在竞争中跑不出速度和效益，我们真有可能被"开除球籍"。这个问题已在人口、粮食、能源、环境、交通等各方面显出咄咄逼人的态势。

由于我们没有重视对公民的权利和义务意识的培养，人的价值意识结构远远不能适应现代化。在我们这一代人的文化心理结构中，怀疑批判、探讨争鸣、科学理性、求实务实精神；通过自身的职业对社会尽责的精神；民主意识、法制意识、平等意识、自由意识和市场观念、公平竞争观念、效益观念，开拓进取观念，都没有真正扎下根来。淡薄、贫弱的公民意识是官僚主义的温床，奴隶性格和思想的惰怠与官僚机构的低效运转，给现代化造成了重重障碍。而文盲和新的"读书无用"论无疑会加剧这一危机。

因此，笔者认为，优化社会心理，培养公民意识，改造国民的思维、行为方式等，并逐步形成群体的、全民族的文化自我批评精神，树立健康的既不虚骄又不自卑的民族主体意识，激励同心同德、振兴中华的士气，是改革成功、实现现代化的重要条件。

---

① 参见宋林飞：《当代西方关于国家发展的理论研究》，详见江苏省社联《社科信息》，1988年第5、6期。

树立现代文化意识，不能不批判“一元论式”、“单向思维”、无序的行为、“单打一”的行为。西方有科学的地位，同时允许反科学与伪科学相比较而存在，中国的唯科学主义者却把科学尊崇到迷信的地步，一讲科学就要罪宗教、罪民俗，其实科学与宗教、民俗并不是绝对对立的。胡适等人要树立科学的唯一权威，然而科学存在的前提恰恰是怀疑权威。不懂得自由、民主的真正含义就可能把自由讲到不自由的地步，把民主讲到不民主(例如文革)的地步。所以，从一元论式的思维传统里跳出来是十分必要的。例如所谓“矫枉过正”就是一种思想误导。政治、经济生活的无序与思维的一元论式有密切关系。这恰恰是一种“国粹”。

对外来文化冲击的戒备心理、恐惧心理，对传统文化的厌恶情绪、排斥情绪；对西方传入的衣饰、歌舞、各种流派的学说盲目崇拜或盲目排斥，与现代文化意识格格不入。我们为什么不能少一点形式主义、情绪化的东西和僵硬、单维的思考方式呢？为什么不能辩证地、具体地、历史地分析问题呢？

现代化建设不仅仅指经济建设，同时又指现代意识的建设。现代意识，是在工业化和后工业化社会形成的，与中世纪的封闭、愚昧、平庸、褊狭、陈腐完全不同的意识。在我们看来，现代意识包括群体的自我批判意识、民族的主体意识和超前意识。所谓群体的自我批判意识是与民族自大(华夏中心或中国中心)格格不入的开放心态和自省能力，能自觉反思民族文化的偏弊。所谓民族的主体意识是与殖民地心态、民族自卑感迥然有异的自我主宰、自我建树、在竞争中自立于世界民族之林的意识，有自信、不自欺，奋勇拼搏，乐观向上。所谓超前意识，即不囿于眼前任务的完成，充分考虑全民族和全人类的长远利益，尊重人的全面发展和人类文化的价值，不断革除工业化带来的弊病的意识。自觉建立民族的现代意识是非常重要的。

总之，一个成功的现代化应该是有选择的现代化，它是一个双向的过程，即现代化对传统挑战，传统也在其本身条件之下向现代化适应。西方现代工业社会的东西并不是一切都好，需要筛选。传统的东西也不是一切都坏，需要扬弃。急功近利、单纯求富的模式和追求短期行为的做法，目前在国内非常盛行，必须引起警惕。我们在民主革命和社会主义革命与建设过程中经常犯急性病，头脑发热，瞎折腾，原因是我们缺乏现代文化意识，缺乏几代、十几代人长期艰苦奋斗的思想准备。我国的现代化，我国的富强和政治民主化都不是一朝一夕可以成功的。我们必须发扬鲁迅提倡的“韧性”精神，确立全面的发展理论，提高民族的文化素质，慢慢地、一点一滴地、一步一步地推动现代化进程。我们既不能没有危机感、紧迫感，又不能把危机感、紧迫感渲染太过。

中国文化的前景既不是、也不可能是传统文化的复归，或者传统文化的中断；既不是、也不可能是以中国文化为主体吃掉西方文化，或者以西方文化为体、为质，而以中国文化为用、为形。用动态的观点看，没有绝对对立的中国文化与西方文化，自 17 世纪以来，中国文化西方化和西方文化中国化已有了一定的成就。中西文化的融合已经并且必将是充满矛盾纠葛、历时颇为久远、不断重新理解和发现对方的新的价值，并最终浑融无别的。

文化的新的综合是一种世界文化发展的趋势，是国际化和民族化的更加深广的多元融合的发展走向。可以预计，中国的现代化过程，是中国文化更加世界化亦更加民族化的过程。20 世纪 80 年代，中国人民开始以健康的心态在改革和开放中作出自己的选择，摸索一条既不脱离人类文明大道、又不脱离民族文化传统和社会主义建设实际的新的发展模式，即中国式的现代化道路。

文化多样化是人的多重本质的表现，亦是人的全面发展的需要。笔者认为，马克思主义文化理论的精髓是多样统一的文化观和人的内在本质充分发挥、人的需要、能力、享用、交往形式，人的精神生活和物质生活全面发展的思想和人的社会存在的全部丰富性、多样性、完整性的观点。这些观点，是马克思主义中有生命力的内容，与马克思主义诞生以后的自然科学、社会科学和人文科学的发展相适应的内容，并且具有长久的价值的内容。

马克思说过："要探索整个自然界，以便发现物的新的有用属性……因此，要把自然科学发展到它的顶点；同样要发现、创造和满足由社会本身产生的新的需要。培养社会的人的一切属性，并且把他作为具有尽可能丰富的属性和联系的人，因而具有尽可能广泛需要的人生产出来——把他作为尽可能完整的和全面的社会产品生产出来(因为要多方面享受，他就必须有享受的能力，因此他必须是具有高度文明的人)，——这同样是以资本为基础的生产的一个条件。"①资本主义发展的历史证实了马克思的这个判断。资本主义生产方式，如马克思在同一著作中曾经说过的，使得"生产者也改变着，炼出新的品质，通过生产而发展和改造着自身，造成新的力量和新的观念，造成新的交往方式，新的需要和新的语言"。但同时，马克思又指出，"在资产阶级经济以及与之相适应的生产时期中，人的内在本质的这种充分发挥，表现为完全的空虚，这种普遍的物化过程，表现为全面的异化，而一切既定的片面目的的废弃，则表现为为了某种纯粹外在的目的而牺牲自己的目

① 《马克思恩格斯全集》第 46 卷(上册)，人民出版社 1979 年版，第 392 页。

的本身”。从这一方面来说，“稚气的古代世界显得较为崇高”，“根据古代的观点，人，不管是处在怎样狭隘的民族的、宗教的、政治的规定上，毕竟始终表现为生产的目的，在现代世界，生产表现为人的目的，而财富则表现为生产的目的”①。如果抛弃狭隘的资产阶级形式，财富正是人的自然力的充分发展、人的创造天赋的绝对发挥，是个人的需要、才能、享用、生产力等的普遍性。正如马克思所强调的，人不是在某一种规定性上再生产自己，而是生产出他的全面性。马克思的上述思想辩证地说明了资本主义生产对人的全面性的发展的伟大作用，同时又限制了人性的完善化，使人异化为工具。

我们的现代化面临双重的挑战，要解决两个方面的问题。一方面要借助工业文明使人的创造天赋得到充分发挥，生产出自己的全面性；另一方面又有责任回答西方工业文明对人的全面发展的窒压，给人类带来的疏离和困惑，要注意克服人性的异化，克服西方民主制的弊病，克服高科技膨胀对人性的肢解，考虑人的生命存在和心灵境界、人生的价值和意义的问题。用牺牲人的整全性的代价，用破坏自然生态环境的代价，获得短期的效益，有时候是不可避免的，但人们终究会发现，单纯的求富求强模式是一条欲速不达的途径。中国现代化的运作可以而且应当更尊重人的全面发展和长远的文化价值，这就要考虑中华文明传统和社会主义的特点。既要实现工业化，又面临后工业化的问题，这是中国现代化的“两难”。

根据我国文化发展的实际状况，考察人的全面发展的问题。发展商品经济，发展我们的教育与文化，这两者是相辅相成的。不消除愚昧和野蛮，商品经济的发展以道德沦丧和民族文化素质的下降作为代价，是非常危险的。

国际通行的现代化发展的基础条件和结果是：都市化程度；识字率和职业训练；报纸发行量；政治民主；自由企业；世俗化(理性化作为主导地位的行为准则)；社会流动；职业分化；自愿团体的数量；核心家庭模式；独立的司法制度。这是社会从传统走向现代的一般标准。日本、联邦德国、亚洲四小龙的经济起飞和拉美第三世界国家的发展经验，说明不同文化背景、经济基础和社会条件的国家有着自身的走向现代化的特殊的道路和模式。也就是说，中国的现代化既有国际社会现代化的普遍性的准则，又有不同国家发展的特殊道路作为参照标准。问题在于，中国的现代化是社会主义的现代化，这是一个前提。我们必须认真考察国情和国际环境，因地因时制宜，选择出最佳发展模式。发展中国家现代化中起重大作用的因素与发达国家相比

① 《马克思恩格斯全集》第46卷(上册)，人民出版社1979年版，第494、486页。

有所不同，政府、政策、意识形态、组织运行机制等往往对这些国家的现代化起步及成效起着决定性的作用。简单地移植西方市场机制及与之相适应的政治体制，拒绝从传统因素中找到可现代化因素，很可能会造成经济、政治全面的滑坡。在这里，革命的思维定势，危机感、紧迫感、焦灼感和实用理性、近期效应相结合，很可能忽视现代化理论的探讨，妨碍中国现代化的建设。

现代化的重要任务，还在于在中外文化多向融合的基础上凝聚中华民族的新的价值系统和民族精神。这就是我们前面淡到的民族的主体意识，与封闭、狭隘、“天朝自大”的心态和奴颜媚骨的殖民地意识格格不入的主体精神，在文化大汇聚中升华出来的新的国民性格和民族精神。我们需要以此作为中华民族新的内聚力。

现代化不是一般地提倡科学、民主、自由和个性解放。考虑到我们民族的文化素养，我们在提倡这些价值时，还要防止它们发生畸变。离开了人而讲科学，就会导致反人文或非人文，离开人的精神上自作主宰而言自由人权，离开道德意识、人格平等而言民主，并不能有助于人的文化创造和独立人格的形成，政治民主化也不可能走上健康的道路。在商品经济的建设中，我们不能离开社会生产力的发展侈谈社会道德风尚，甚至把务实求实之举也看成堕落；但同时，我们任何时候不能放弃社会主义精神文明建设，不能放弃道德的理想主义，不能放弃经过“五四”以来的启蒙思想家的选汰、洗刷而保存下来的几千年来的文化意识和道德理性。文化、教育事业的发展固然受到经济规律的制约，但它们自身还有自己的特殊规律。我们要防止文化、教育和道德大滑坡。

新的文化建设是全面的，它肯定并高扬人存在的个人价值、社会价值和终极价值。人的整全的物质生命、精神生命和文化生命活动的诸层面，人的生命存在、生活体验和心灵境界的诸多问题，人的安身立命之地和终极关切，都是20世纪文化与哲学的中心，也是中国传统文化精华之所在。现代化不能把这些东西排除在外。

我们不妨以多角度来透视民族的前途，追寻精神理念和民族文化的新的内聚力。这与关切国计民生一样，是一个民族国家生存的不可或缺的部分。国家与民族需要有一些文化学者坚持改革的方向，凭着对人类哲学和文化的考察，打开一条探寻价值的新路。

中国文化的现代化需要有一个开放、和谐、安定、健康的社会文化环境。为国民文化素质的提高，为社会主义祖国的文化建设，我们应当做一些切切实实的工作。文化人要与民众密切相连，共同开创新世纪文化的未来。

笔者在这本小书中反反复复地阐发马克思主义以人的全面发展为中心的文化学理论，就是为了中国现代文化建设的目的。世界的未来和中国的未来都将迎接新人文主义的诞生。

“路漫漫其修远兮，吾将上下而求索。”

第九章　中国传统文化及其特质

中国文化博大精深，源远流长。中国文化多元一体，多样统一。中华历史、民族、文化是在多样化的发展中逐渐统一的，在五千多年甚至更长时期内，中华多民族融合，多文化融合，多宗教融合。中华各民族文化长期融合形成了相对可以兼容的心理、思想与行为方式、价值取向、民族性格，形成了中华民族的向心力、凝聚力，共同的信仰信念。它是维系协调各民族的润滑剂，自强不息的原动力。

从文明比较的角度来看，世界几大古文明，只有中国文明一以贯之，延续至今，没有断裂，没有在外来文化的冲击下发生大的变异。雅斯贝斯所说的轴心文明时代(指公元前 8 世纪到公元前 2 世纪)，世界原典文明勃兴，最有代表性的文化典范人物诞生。但从彼时至今，从人种与文化两方面来说，只有中华人种与中华文化一以贯之地延续下来了。其中的机理是："和而不同"，保留差异，多样统一。

中国文化以"人文"为中心，在自身文化的基础上，不断消化、吸收外来的、不同的民族、宗教、文化，丰富、壮大自己，逐步形成新的文化。中华文化的消化力、融摄力很强。在中国史上，游牧民族给农业民族带来活力，甚至入主中原，但最后仍然融合为一，一方面征服者在文化上被征服，另一方面中华文化又吸收了新鲜血液。

汉字"文"的本义指纹路。古人说，"物相杂谓之文"，"文"是事物多样性的表称。所谓"人文"，指人与人、人群与人群相处出现的复杂的现象及社会人间事务的条理。血统血缘不同、种姓各异的民族并存，各色人等相异相安相处，这即是民族可以共存、文化可以交流融通的意识。中国古人的"天下"观，即在融合过程中比较容易超越狭隘的民族与国家的界限。中原与周边，农业民族与游牧民族的民族间、国家间、文化间、观念间有冲突、排斥与战乱，但总体趋势是不断整合与融会，相互学习与补充，不断扩大。

长期以来，汉民族与匈奴、鲜卑、突厥、吐蕃、回鹘及百越等民族不断交融，共同造就了中华文化。即使是用汉字表达的传统文化典籍中，其实已经包含了历史上各民族文化的智慧，是多民族共同创造的产物。今天，汉、蒙、维、藏、乌孜别克、哈萨克等五十六个民族共同创造着中华新文明。

一、中国文化的特点与根本精神

1. 草根的中国文化

中华传统文化包括中华各民族从古代到今天的语言、文字、蒙学读物、衣冠文物、习俗、礼仪、家训、宗教信仰、天学、地学、农学、医学、器物、工艺、建筑、数学与数术方伎、音乐、歌舞、戏剧、绘画、书法、思想、心理等，其中包含有大量的各地域、各民族的社会、民俗、制度、生活世界的内涵。中国文化是开放的，包含历朝历代消化吸收了的外来的各种文化(包括物质层面的、习俗制度层面的与精神价值层面的)。

中国文化不只是汉民族的文化，它还包含历史上少数民族的语言、文字、各种文化形态及其与汉民族的交流史。中国文化不只是上层精英传统，还包括小传统，如民间民俗，各时段各地域各民族的传说、音乐、歌舞、技艺、建筑、服饰、礼仪、风俗、宗族、契约、行会、民间组织等，有如今天的某些物质与非物质文化遗产。中国文化还包括历史上中外地域文明的交融。

所谓“忠孝传家久，诗书继世长”，两千多年来，农家、平民子弟通过宗族祠堂与家庭教育(有言之教与无言之教，但更多的是无言之教)世世代代传承的精神信念，其主流的价值仍然是友善、仁爱、孝慈、正直、良心、忠信、为人着想，堂堂正正地做人做事。老百姓接受的并影响他人的生活哲学，是带有儒家文化密码的忠臣义士的故事及蒙学读物、家训、治家格言、善书与民谚民谣中的仁慈善良，廉洁勤谨，忠于职守，与人为善，德福一致，“勿以善小而不为，勿以恶小而为之”，“积善之家必有余庆，积不善之家必有余殃”，“老吾老以及人之老，幼吾幼以及人之幼”等，例如《三字经》、《百家姓》、《千字文》、《千家诗》、《弟子规》和《四书》中的一些内容。这些价值通过唱戏的、说书的人之口，通过三老五更、家人乡亲口耳相传，耳濡目染，逐渐在民间扎根。这些东西在中国起的作用，如同基督宗教在西方的作用。

仁义礼智信等我国的传统美德，至今仍是活着的、有生命力的价值理念。普通平凡的老百姓，例如蹬三轮捐钱给贫困生的白芳礼老人，奋不顾身救学生的最美女教师张丽莉，道德模范吴天祥，防治艾滋病的专家桂希恩，信义兄弟孙水林、孙东林，以及一些青年志愿者朋友，仍然继承并实践着中华文明的精华，以一颗仁爱之心，诚朴信实，时时处处为他人着想，爱利他人，服务社会。

近七八年来，在我国大江南北的民间，有关王善人的故事广泛流传，不胫而走。王善人即王凤仪老善人(1864—1937)是位东北农村的长工，因笃行忠、孝，自诚而明。王善人讲道，语似俚俗，而意境深远，均由自性中所流露，不拘经教，权宜说法，活泼自然，要旨在教人尽忠孝之道而化性立命。他没有念过书，却成了一位有影响的教育家，办了大量的女子学堂。原香港凤凰卫视的主持人梁冬在介绍王凤仪时，称他为“儒家的慧能”。王善人悟道颇有点传奇色彩，由民间团体，特别是带有神秘性的、与健身、养生、治疗疾病联系在一起的民间宗教团体自发推动了学习王善人的运动，他们四处赠送有关王善人的书、护身符(正面是王善人的像，背面是王善人讲“三界”语录)与光盘，还有现代人讲王善人的书与光盘，办了有关王善人的网站。笔者以为这是我国善人、善事、善书传统的现代版，颇值得我们重视。此即笔者所说的民间儒学。

近20年推动民间儒学的特点是海峡两岸三地互动，佛道教团体与民间团体互动，例如港台佛教界人士在大陆推动了《弟子规》的学习运动等。现在《弟子规》已成为流传最广的蒙学读物，乃至成为企业管理的宝典。他们又在推动《群书治要》的学习与普及。

与释道教合流互补而以民间宗教形式发展的民间儒学，古时即有，如太谷学派即是。它产生于清代嘉庆、道光年间，至抗日战争爆发时止，长达一个多世纪。太谷学派创始人为周太谷(1764—1832)，该学派广泛传布于江苏仪征、扬州、泰州、苏州一带，百余年间，盛行于江湖，全盛时徒众达万余人。这一学派仍以儒家学说为主，但又吸收了道、佛两家的一些思想，是传统儒学与现代儒学的中间环节。

但是，五四以来，作为中国人的国民性的负面的或所谓丑陋的中国人等等的揭露，有些过头，伤害了我们的民族性。尔虞我诈，内斗内耗，我们出现过一些丑恶的现象(其实西方也有)，但人们往往就会把账算在国民性上，或要中国文化、儒家文化承担责任。我们要把中华民族文化的真髓，养育、凝聚老百姓的真诚的理念，作为中华民族这样一个多民族国家的族群认同、文化认同与伦理共识的仁爱思想，浩然正气，正道直行，人格修养等，大大地弘扬出来。这并不是高头讲章。比方说，老百姓中，其实有很多相互关爱的品格与事例，我们要把这些百姓日用而不知的，在民间留存的孝悌忠信、礼义廉耻等道德资源加以保护、拓展。例如，客家人在民族大迁徙中由北方到南方再到世界各地，他们继承的做人做事之道，是普通中国人的勤俭持家、吃苦耐劳、将心比心、友善他人等。同时，他们非常聪明、能干，在物质与精神文明的发展中，创造了辉煌的成就。就拿民间的饮食文化来说，其成就就非常了不起。

中国智慧在东亚现代化的过程中起着越来越巨大的作用。20 世纪 20 年代至 40 年代，中国老一辈工商界的创业者，例如荣德生先生、宋棐卿先生等沪津实业巨擘，提倡和实行传统文化精义，特别是“儒工”、“儒商”的做人之道和管理之道，将“己立立人”、“己达达人”、“以诚待人”、“以德服人”、“己所不欲，勿施于人”等儒家信条，融进他们的经营原则。这种以自我管理为中心，调动人的积极性，协调各种人际关系，形成公司群体的企业精神，从而达到全系统管理的做法，曾使他们获得极大的成功。在日本、韩国、新加坡、东南亚一些国家和我国台湾、香港地区，儒家经典《周易》、《论语》、《孟子》、《大学》、《中庸》、《荀子》，道家经典《老子》、《庄子》，兵家经典《孙子兵法》，法家经典《管子》、《韩非》，还有《左传》、《国语》、《吕氏春秋》，乃至佛教禅宗的公案，甚至属于民俗文化的《三国演义》、《菜根谭》等，日益受到企业家们的青睐，诸子百家的智慧在现代社会管理和企业管理中获得了新生命。台湾四大佛教圣地在台湾民间起着良性的作用，台湾民间宗教也很兴盛，如一贯道所办的企业也很不错，这些企业的理念融合了儒、释、道、耶等五教的核心价值。

2. 重新发现中国

重新发现中国，需要我们探讨古代天、地、数、医、农学之奥秘。

在物质层面的文明上，过去说中国古代有四大发明(指南针、火药、造纸、印刷术)，这是不错的，但这是沿袭培根的说法。四大发明很了不起，还有比这四大发明更重要的发明：漆器、青铜器、丝绸、瓷器等，其精湛高超的制造工艺，无一不体现了中华文明的博大精深。此外还有茶叶、算盘等。中国古代诸多科技发明，至少有二百种伟大发明，都是中华民族的智慧结晶，曾经贡献给全人类，起着改变世界的作用。据考古学家们确证，我国有一万二千年的水稻的栽培史。早在汉代的时候，就有丝绸之路连接了东西方，中国的瓷器、丝织品、漆器陆续传往欧洲并大受欢迎，冶铁、穿井、养蚕、缫丝、丝织、造纸等技术也相继西传。到宋元时期，我国的陶瓷通过海上交通风靡全球。

在社会层面的文明上，中国古代社会大而政府小，有很多自治组织，士绅阶层的作用很大，社会基本自治。传统中国是儒家式的社会，社会管道、中间组织很多，例如以宗族、家族、乡约、义庄、帮会、行会(到近代转化为商、农、工会)等为载体，以民间礼仪、节日与婚丧祭祀活动，村社活动，学校、书院讲学活动，士农工商的交往等为契机，在一定意义上就是社会自治、地方自治。传统中国绝非由政府包打天下，而主要靠血缘性的自然团体及其扩大化的社会各团体来治理社会，这些团体自身就是民间力量，它们也保护了民间社会与民间力量，包含家庭及私人空间。它们往往与政权力量相抗衡又相协调，在平衡政权力量的同时，又起到政权力量所起不到的多重作用，如抑制豪强，协调贫富，保障小民生存权，教化民众，化民成俗，安顿社会人心等，又起到慈善机构的作用，扶助、救济贫弱，以“学田”等形式支持并资助农家、平民子弟接受教育、走上仕途等，乃至对抗专制政府的恶法与法家以国家权力破坏亲情及私人领域的若干做法。

在制度层面的文明上，中国古代的行政、司法制度，土地、赋税等经济制度，征辟诠选制度(荐举、考试)，文官制度，教育制度，开放教育，平民子弟通过接受教育参与政治甚至最高政治，荒政、赈灾的制度，优待老人与弱势群体的制度，这些制度文明中有不少实质公正的内涵与制度设计的智慧，对人类文明的贡献极大。我国汉代的文官政治、文治政府，相对于罗马的武人专政不知要文明多少倍！由儒家推动、建构的君相制、三省六部制，一直到谏议制、监察制、回避制等，至今仍有意义。中国古代的官制是十分丰富的宝藏，不乏对权力的制衡与监督等制度建构。儒家通过天神崇拜、天命论与革命论、民间舆论的震慑，特别是文治政府及其制度，来批评、监督、限制君权。西方的文官制度主要来自英国，而英国的文官制度是以中国科举制度为榜样建立起来的。这是中国的制度文明对世界的贡献。

在观念与价值层面的文明上，儒家“仁爱忠恕”，墨家“兼爱非攻”，道家“道法自然”，佛家“慈悲为怀”，宋明理学家“民胞物与”等理念，成为圣人贤人，成为真人至人，成为菩萨佛陀的理想人格追求；一系列修养工夫论等，都是了不起的调节身心的安身立命之道，也是对世界文明的伟大贡献。例如，儒家思想在欧洲启蒙时代起过重要作用，深刻影响了莱布尼茨、沃尔夫、伏尔泰、魁奈及百科全书派的狄德罗和霍尔巴赫等。孔子的“己所不欲，勿施于人”的思想经伏尔泰的推崇，被写入人权宣言等政治性文件，深刻地影响了西方的人权与伦理思想。法国1789年由制宪会议通过的《人权和公民权宣言》是人类历史上第一部正式的人权宣言，其中即引用了孔子的这一理念。孔子的精神在美国1776年的《独立宣言》中也有所体现。《独立宣言》第二条为：“人人获得天赋的若干规定而不可移的权利。”杰弗逊解释说“此段之精神得自孔子”。1946年，罗斯福总统的夫人领导的联合国人权委员会在起草《世界人权宣言》的过程中，人权委员会副主席、中国代表张彭春先生把儒学的原则、孔子的智慧贡献给这一“宣言”，并促成了“宣言”的形成与被通过。1993年在美国芝加哥召开的世界宗教会议上，来自几乎所有宗教派别的6 500名宗教领袖通过了由孔汉斯先生起草的《世界伦理宣言》，孔子的“己所不欲，勿施于人”作为全球伦理的基石。孔汉斯是生于瑞士的德国图宾根大学教授，著名神学家。由此可见中国的精神文明对世界的贡献。

关于中国文化之基本精神，胡秋原先生总结了七条：

第一是自由平等的精神，无宗教战争之残杀，重平等，有世界最古之自由主义、民本主义，强调民贵君轻。

第二是尊重劳动的精神，尊勤俭，戒佚逸，鄙视不劳而获。

第三是正义自尊与坚毅精神，以仁义为最高价值，崇尚君子人格与富贵不淫、贫贱不移、威武不屈的大丈夫精神，弘扬至大至刚的正气，舍我其谁的抱负，民胞物与的理想，知其不可而为之的气概，自强不息，弘毅任重而道远，守正不阿，气节凛然，甚至杀身成仁，舍生取义。

第四是现世与实务精神，悲天悯人，经国济世，兼重文事武备，明理致用，反对空谈高调。

第五是博爱与和平的精神，反对以力服人，孔子讲“远人不服，则修文德以来之”，倡仁爱，泛爱众，墨子讲兼爱非攻，孙中山讲“中国人有一极好道德，就是爱和平。中国人几千年爱和平，都是出于天性，论到个人，便重谦让；论到政治，便说不嗜杀人者能一之”。中国的海上与陆地的丝绸之路或瓷器之路开辟甚早，对所有原住民从来都是和平友好的，从没有殖民的思想与行为，更没施行过西方人到美洲大陆对土著印第安人斩尽杀绝的暴行。

第六是不主张屈辱的和平，以自卫国家为大义，从不侵略他人，但对侵略者一定要予以严惩，民族之忠义英雄的奋斗，史不绝书，民族精神，赖以不坠。

第七是中国文化独立创造的精神，中国古文明拔地倚天，戛戛独造。其中，汉语言文字自成系统，简单合理，是世界上最有优势的语言文字。绵绵流长之泽，泱泱大国之风。①

我们应该借鉴传统文化的优秀部分，使之成为培育核心价值观的重要源泉，这对于提升文化软实力有重要作用。

3. 中华人文精神

国学大师钱穆先生谈中国文化精神，认为中国传统人文精神源于“五经”。首先是包含终极信仰的人文精神。周公把远古宗教转移到人生实务上来（主要是政治运用上），孔子进而完成了一种重人文的学术思想体系，根据理想的教育来建立理想的政治。经周、孔的改造，“五经”成为中国政（政治）教（教育）之本。经学精神偏重在人文实务，同时保留了古代相传的宗教信仰之最高一层，即关于天和上帝的信仰。

中国文化中充满了对天地自然的尊重。中国传统哲学有着天、地、人、物、我之间的相互感通、整体和谐、动态圆融的观念与智慧。一直到民国时，民间的春联有：“古往今来，神人共岁”；“天长地久，物我同春”。中华各民族长期的生存体验形成了我们对于宇宙世界的独特的觉识与“观法”和特殊的信仰与信念，那就是坚信人与天地万物是一个整体，天人、物我、主客、身心之间不是彼此隔碍的，即打破了天道与性命之间的隔阂。

中国人文精神是人与人、族与族、文与文相接相处的精神，是“天下一家”的崇高文化理想。中国文化是“一本相生”的，其全部体系中有一个主要的中心，即以人文为中心。传统礼乐教化代替了宗教的功能，但不与宗教相敌对，因此不妨称之为“人文教”。中国文化精神，要言之，只是一种人文主义的道德精神。

中国传统注重历史的精神源于“五经”。周孔重视人文社会的实际措施，重视历史经验的指导作用。尤其孔子具有一种开放史观，并在新历史中寄寓褒贬，这就是他的历史哲学与人生批评。孔子促使了史学从宗庙特设的史官专司转为平民学者的一门自由学问，倡导了经学与史学的沟通。中国人对历史的重视，对史学的兴趣及史学之发达，特别是“经世明道”、“鉴古知今”、“究往穷来”、求其“变”又求其“常”与“久”的精神，来源于儒学。

中国传统注重教育的精神源于“五经”。钱穆认为，中国古人看重由学来造成人，更看重由人来造成学。古代有官学与私学，孔子开放教育，使教育平民化了。老百姓有受教育的权利，有教无类，教育公平。平民由受教育

① 参见胡秋原：《哲学与思想：胡秋原选集第二卷》，台北东大图书公司1994年版，第91~95页。

到享有参与政治权，机会公平。中国传统教育重心性教育，重君子人格的养成。中国古代文化及其精神是靠教育薪火相传、继往开来的。中华民族尊师重道的传统由来已久，而儒家则把教育推广到民间，扎根于民间，开创了私家自由讲学的事业，奠定了人文教育的规模和以教立国的基础。

中国文化有重实践、重习行的精神。讲通经致用，明体达用，使理想与现实统一。经学即做人之学，成圣之学。圣人学于众人，凡与圣是统一的，在实际人生、社会(家国天下)中去做人，此即经学中的人文精神。

中国传统注重融和合一的精神源于五经。中国古人的文化观，以人文为体，以化成天下为用。五经中的“天下”观，是民族与文化不断融凝、扩大、更新的观念。中国文化的包容性、同化力，表明中国人的文化观念终究是极为宏阔而适于世界性的。这源于儒家的一种取向，即文化观念重于民族观念，文化界限重于民族界限与宗教界限。中国文化与中国人的性格中的“和合性”大于“分别性”，主张宽容、平和、兼收并蓄、吸纳众流，主张会通、综合、整体、融摄，主张中庸之道，这些基本上都是儒者所提倡和坚持的价值。中国文化反对人与自然、人与社会、人与人、人的身心之间的绝对对立，强调彼此的共存、互补、调剂、和谐。

钱穆先生说：“要接受此种人文精神，必该通历史，又该兼有一种近似宗教的精神，即所谓天人合一的信仰。必该博闻多识，对一切自然界人生界的知识能贯通合一，而从此寻求出一套当前可以活用的学问来真实贡献于社会。此是中国经学所理想追求之大目标。”①

以上我们借助于钱穆先生的研究成果，表明丰富多样的中华文化中最根本的精神、智慧的根源与根据在五经之中。

前面我们说过，中华民族、文化是在多样化的发展中逐渐统一的，在五千年甚至更长时期内，多民族融合，多文化融合，孕育了中国古代文化精神。关于中国传统文化的基本精神与特色，学界见仁见智，笔者综合张岱年、胡秋原等前辈的论述，提出如下六点，请朋友们指教：

第一，和而不同，厚德载物。重视人与自然之间，各族群、民族之间，人与人之间的和谐统一的关系。所谓“天人合一”是经过区分天人、物我之后，重新肯定的人与自然的统一，强调的是顺应自然而不是片面征服自然。在观念上形成了“协合万邦”、“天下一家”的文化理想，既重视各民族及其

① 以上详见钱穆：《中国学术通义》，台北台湾学生书局 1984 年版，第 2~6 页；《民族与文化》，第 3、29、48 页；《中国历史精神》，1964 年香港增附三版，第 136 页；《中国文化史导论》，上海三联书店 1988 年影印本，第 19、120 页。

文化、宗教的分别性、独特性，又重视和合性、统一性。在人与人的关系问题上，善于化解与超越分别与对立，主张仁爱、和为贵与协调性，有民胞吾与的理想，厚德载物，兼容并包，爱好和平，从不侵略别人，反对以力服人，主张“远人不服，则修文德以来之”。

第二，刚健自强，生生不息。中国文化凸显了积极有为、自强不息的精神，强调“苟日新，日日新，又日新”，革故鼎新，创造进取。所谓“发愤忘食，乐以忘忧”，“天行健，君子以自强不息”，就是指人要向天地学习，以“刚毅”的精神，生生不息，奋斗不止，绝不懈怠。中国人因此而创造了世界上独特的文明，而且是世界上唯一未中断的文明。无数的仁人志士奋发前行，不屈服恶劣的环境、势力与外来侵略者的凌辱压迫，刚健坚毅精神代代相传。

第三，仁义至上，人格独立。我们以仁义为最高价值，崇尚君子人格，肯定“三军可夺帅也，匹夫不可夺志也”，“富贵不能淫，贫贱不能移，威武不能屈”的大丈夫精神，弘扬至大至刚的正气，舍我其谁的抱负，乃至“不识一个字，亦须还我堂堂的做个人”，强调人人都有内在的价值与不随波逐流的独立意志，以“知其不可而为之”的气概，守正不阿，气节凛然，甚至杀身成仁，舍生取义。

第四，民为邦本，本固邦宁。强调“天视自我民视，天听自我民听”，“民之所欲，天必从之”，“人无于水监，当于民监”，“民为贵，社稷次之，君为轻”。民本主义肯定人民是主体；人君之居位，必须得到人民的同意；保民、养民是人君的最大职务。

第五，整体把握，辩证思维。中国古代不缺乏抽象思维，有明确的概念、范畴。古代辩证思维发达，这属于理论思维，包含了抽象过程。中国思维有两大特征，一是整体观，二是阴阳观。前者从整体上把握世界或对象的全体及内在诸因素的联系性、系统性，反对头痛医头，脚痛医脚；后者重视事物内在矛盾中阴阳、一两关系的对立与平衡。

第六，经世务实，戒奢以俭。我国有现世与实务精神，强调知行合一，践形尽性，经国济民，兼重文事武备，明理致用，反对空谈高调。又有尊重劳动的精神，倡导勤俭节约，力戒骄奢淫逸，鄙视不劳而获。笔者以为，以上六条为今天的中国精神打下了厚实的历史文化基础。

中国人文精神在今天仍有意义与价值，可以批判继承、创造转化为今天的精神文明。五四以来，强加给中国文化的、有很多相沿成习的看法，似是而非，需要我们拨乱反正，正本清源。对于中国文化，我们要有文化自觉与文化自信。

二、儒释道的人生智慧与心理调节

儒家、道家、佛家是我国文化史上三种重要的思想资源与思想传统。中国人文精神，尤其表现在人生智慧上。先秦儒家孔子、孟子、荀子的人生智慧是德性的智慧，礼乐教化的智慧，通过修身实践的功夫，尽心知性而知天。先秦道家老子、庄子的人生智慧是空灵的智慧、逍遥的智慧，超越物欲，超越自我，强调得其自在，歌颂生命自我的超拔飞越，肯定物我之间的同体融合。中国佛教的人生智慧是解脱的智慧、无执的智慧，启迪人们空掉外在的追逐，消解心灵上的偏执，破开自己的囚笼，直悟生命的本真。中国的诗人，杜甫近于儒，李白近于道，王维近于禅。我们读杜甫诗，可以理解儒家情怀；读李白诗可以理解道家情怀；读王维诗可以理解佛禅的情怀。儒释道三教的哲学，在历史上相互补充，成为士君子的精神支撑。三教充满了普遍和谐、圆融无碍的智慧，在今天仍有其价值与意义。

1. 儒家的人文关怀与价值信念

孔子揭示了中华文化的价值理想，肯定人的文化创造，尊重历史上积累的文化成果。这首先表现在他对周礼的维护。周“文”源于宗教并取而代之。周代礼乐教化是中华先民长期伟大创造的结晶。礼乐文化促进社会的秩序与和谐。礼让为国，安定社会，消弭争夺战乱，节制骄奢淫逸，是使人民得以安居乐业的前提。“有子曰：礼之用，和为贵。先王之道，斯为美；小大由之。有所不行，知和而和，不以礼节之，亦不可行也。”(《论语·学而》)一个稳定和谐的人间秩序总是要一定的礼仪规范来调节的，包括需要有一定的等级秩序、礼文仪节，这是古今中外概莫能外的事情。试问，在二千五百年至三千年前，人类的哪一个文明有如此辉煌的制度文化建设？

《中庸》中记载孔子答鲁哀公问政的一段话说：“仁者人也，亲亲为大。义者宜也，尊贤为大。亲亲之杀，尊贤之等，礼所生也。”这就是说，“仁”是人的类本质，是以亲爱亲人为起点的道德感。“亲亲为大”，是说亲爱亲人很重要，不是说把爱只局限于家人。家庭是学习“爱人”、学习待人接物、学习参与社会活动的最早的学校。习得、体验这种爱心，慢慢地推己及人。“义”是合宜、恰当，尊重贤人是社会之义的重要内容。“亲亲之杀”是说“亲亲”有亲疏远近等级上的差别，“尊贤之等”是说“尊贤”在德才禄位上也有尊卑高下的等级。“礼”就是以上“仁”和“义”的差别的具体化、形式化。

孔子重礼、执礼，主张仁礼并重、文质并茂，但主要是想通过礼的形式，复兴其所内蕴的文化价值理想。孔子是把周代文明作为我们民族深厚的文化传统和人生与文化的根源、理想来信从、坚守、承担、自任的。孔子对礼乐的继承、传授大有益于他身后几千年世道人心的维系和民族的大融合、文化的大融合。

孔子人文观的核心是“仁”。孔子重“礼”，是对春秋时期乃至春秋以前的文化成就的继承。孔子赞扬子夏由“绘事后素”而悟及“礼后”（礼的形式之背后的人的真性）。没有仁的礼乐，只是形式躯壳、虚伪的仪节，这正是孔子要批评的。孔子说：“人而不仁，如礼何？人而不仁，如乐何？”（《论语·八佾》）“颜渊问仁。子曰：‘克己复礼为仁。一日克己复礼，天下归仁焉。为仁由己，而由人乎哉？’”“樊迟问仁。子曰：‘爱人。’问智，子曰：‘知人。’”（《论语·颜渊》）“仁远乎哉？我欲仁，斯仁至矣。”（《论语·述而》）这里指出了礼乐形式的背后是生命的感通和人的内在的道德自觉。“仁”的内涵包括物我之间、人人之间（包括陌生人）的情感相通、痛痒相关，即社会普遍的同情心和正义感；孝悌是“仁”的基础，“仁”是把孝敬父母、敬爱兄长之心，把父母子女兄弟之亲情往外一层层推扩，推己及人；“仁”不仅是社会的道德标准，更是作为道德主体的人的道德理性、道德命令、道德是非判断、道德情感、道德实践和道德行为。孔子在这里突出了道德的主体性、自律性原则（“为仁由己”、“我欲仁，斯仁至矣”与“克己”）、道德的普遍性原则（“爱人”、“复礼”与“己所不欲，勿施于人”）和道德的实践性原则（“为之难，言之得无讱乎？”）。道德是真正显示人之自我主宰的行为，道德是自己对自己下命令，是“由己”，而不是“由人”，即不是听任他律的制约或他力的驱使。孔子是世界上最早认识道德主体性和道德自由的文化伟人之一。

孔子仁道是人文主义的价值理想。孔子说：“夫仁者，己欲立而立人，己欲达而达人。能近取譬，可谓仁之方也已。”（《论语·雍也》）什么是“仁”呢？仁就是自己想要站得住，同时也想让别人站得住；自己想要通达，也想使别人通达。这当然是造成一定的氛围，以爱心帮助别人，让人家自己去立，自己去达。人们可以从当下的生活中一点一滴地去做，这是实践仁道的方法。“子贡问曰：‘有一言而可以终身行之者乎？’子曰：‘其恕乎！己所不欲，勿施于人。’”（《论语·卫灵公》）君子终身奉行的“恕道”是：自己所不想要的东西，绝不强加给别人。这不是指物质层面的东西，而是指人格尊严。例如我们不希望别人羞辱自己，那我们绝不要羞辱别人。尊重别人，是别人尊重自己的前提。这里强调的是一种宽容精神，设身处地地为别人着想。这也是民间常说的“将心比心”。什么是孔子的一以贯之之道？曾子说：

“夫子之道，忠恕而已矣。”(《论语·里仁》)“忠”就是尽己之心，“己欲立而立人，己欲达而达人”；“恕”就是推己及人，“己所不欲，勿施于人”。综合起来就叫忠恕之道或絜矩之道。实际上，“忠”中有“恕”，“恕”中有“忠”，“尽己”与“推己”很难分割开来。这就是人与人之关系方面的仁道。推而广之，这也是国家与国家、民族与民族、文化与文化、宗教与宗教的相互关系的准则，乃至是人类与动植物、人类与自然之普遍和谐之道。

仁道的价值理想，尤其体现在人在道义与利欲发生冲突的时候。孔子不贬低人们的物质利益要求和食色欲望的满足，只是要求取之有道，节之以礼。“君子喻于义，小人喻于利。”“富与贵，是人之所欲也；不以其道得之，不处也。贫与贱，是人之所恶也；不以其道得之，不去也。君子去仁，恶乎成名？君子无终食之间违仁，造次必于是，颠沛必于是。”(《论语·里仁》)发大财，做大官，这是人人所盼望的；然而不用正当的手段去得到它，君子也不接受。君子没有吃完一餐饭的时间离开过仁德，就是在仓促匆忙、颠沛流离的时候，都与仁德同在。人生存的价值就在于他能超越自然生命的欲求。“君子食无求饱，居无求安，敏于事而慎于言，就有道而正焉，可谓为学也已。”(《论语·学而》)“君子谋道不谋食”，“忧道不忧贫”(《论语·卫灵公》)。孔子提出的道义原则、仁爱忠恕原则、仁、义、礼、智、信等价值理想，是中国人安身立命、中国文化可大可久的依据。这些价值理想通过他自己践仁的生命与生活显示了出来，成为千百年来中国士人知识分子的人格典型。他终身所忧的是：“德之不修，学之不讲，闻义不能徙，不善不能改，是吾忧也。”(《论语·述而》)他的快乐，是精神的愉悦。他赞扬颜渊，穷居陋巷，箪食瓢饮，“人不堪其忧，回也不改其乐”(《论语·雍也》)。“饭疏食饮水，曲肱而枕之，乐亦在其中矣。不义而富且贵，于我如浮云。”(《论语·述而》)

孟子提倡弘大刚毅、坚定不移的气节和情操，崇尚死而后已、无所畏惧的任道精神。在生死与道德发生冲突时，“生我所欲也，义亦我所欲也；二者不可得兼，舍生而取义者也。”(《孟子·告子上》)这种冲突，实质上是人的自然生命与人的德性尊严之间的冲突。孟子所倡导的道德选择表现了超乎自然生命之上的善的价值之极致，表现了人为人格尊严而牺牲的殉道精神。孟子笔下“立天下之正位”、“行天下之大道”的“大丈夫”的行为标准是：“得志，与民由之；不得志，独行其道。富贵不能淫，贫贱不能移，威武不能屈。”(《孟子·滕文公下》)这种任道精神和崇高人格曾激励了我国历史上无数的志士仁人。

在利益和仁义发生冲突时，孟子主张把“仁义”放在首位，提倡先义后利。孟子提倡独善其身与兼济天下的统一。他主张做官要“求之有道”。“古之人未尝不欲仕也，又恶不由其道。不由其道而往者，与钻穴隙之类也。”(《孟子·滕文公下》)“吾未闻枉己而正人者也，况辱己以正天下者乎？圣人之行不同也，或远，或近，或去，或不去；归洁其身而已矣。”(《孟子·万章上》)在自己遭受侮辱时，怎么能匡正别人、匡正天下呢？圣人的行为，各有不同，有的疏远当时的君主，有的靠拢当时的君主，有的离开朝廷，有的身居巍阙，归根到底，都得使自己廉洁正直，不沾染污泥。“得志，泽加于民；不得志，修身见于世。穷则独善其身，达则兼善天下。”(《孟子·尽心上》)这都是说，人不论处在什么样的境遇、场合中，选择道德还是非道德，如何选择人生道路，怎样保持独立的人格和气节，终究是自我做主的事。这就是孟子“仁义内在”的要旨。

孔子说，“获罪于天，无所祷也”(《论语·八佾》)；“道之将行也与，命也；道之将废也与，命也”(《论语·宪问》)；“不知命，无以为君子也”(《论语·尧曰》)；“君子有三畏，畏天命，畏大人，畏圣人之言”(《论语·季氏》)。周公、孔孟的人文理想不是寡头的人文主义，其背后有深刻的终极理据，有对“天”、“上帝”、“天道”、“天命”的敬畏和信仰。“天”关涉到人的类本质和类特性，首先是宗教性和道德性。人不能没有超越的形而上的关怀。孔子对上古宗教的改造，正是把超越与内在结合起来，建构了道德的宗教观。“吾十有五而志于学，三十而立，四十而不惑，五十而知天命，六十而耳顺，七十而从心所欲不逾矩。”(《论语·为政》)如果说“命”只是外在的命运的话，那么“天命”常常关系到内在。一个能够驾驭生活、驾驭世间外在力量并全面发展人的内在本性的人，一个积累了一定的生命体验(例如五十岁左右)的人，才能逐渐体悟到天所禀赋给人的本性本分，直接面对每个人的命运或局限，并对天道、天命和道德人格典范有所敬畏，而又积极地去追求生命的意义和死亡的意义，勇于承担自己应承担的一切，包括救民于水火，博施济众，修己安人，杀身成仁。

孔子提倡追求人生修养的意境，游憩于礼、乐、射、御、书、数六艺之中：“志于道，据于德，依于仁，游于艺。”(《论语·述而》)“兴于诗，立于礼，成于乐。”(《论语·泰伯》)“智者乐水，仁者乐山。”(《论语·雍也》)孔子的“吾与点也”之叹(详见《论语·先进》“子路、曾皙、冉有、公西华侍坐”章，曾点之志：“暮春者，春服既成，冠者五六人，童子六七人，浴乎沂，风乎舞雩，咏而归。”)，表达了儒家在入世情怀中，也有潇洒自在的意趣。儒者的从容气象，胸次悠然，自得其乐，随遇而安。

儒学所倡导的仁爱思想与西方基督教义的博爱精神既相沟通又有区别。

爱人从爱自己的亲人开始，这是人之常情常理，然后将心比心，推己及人，关爱他人。仁爱思想不远乎吾人，我们从小在家长的耳濡目染下，在家庭与社会生活中就有如何体谅、关爱他人的实践。孔子的忧和乐在哪里呢？他忧的是族群生活的价值与意义的旁落，他的乐是理性的愉悦。儒家有强烈的世间关怀，而背后是终极性的关怀在支撑着，因此能承受各种横逆与苦难，以健康的心态面对客观限制，知其不可而为之，从而彰显了人格尊严与精神的自由。所谓“富贵不淫贫贱乐，男儿到此是豪雄”，乐天知命，正是具有终极承担的人的一种豪情与放达。六艺之学与社会人生理想不断陶冶、滋润着生命，乐以天下，忧以天下，这表明儒者的人文关怀的背后有深厚的背景。

总之，孔孟之道在今天仍然可以作为我们安身立命的精神依据，仍然没有失去它的意义和价值。孔孟之道经过洗汰和转化，在21世纪必将发挥更大的作用。值得我们警醒的是，今天、明天、后天的建设者，也是为人父母者，离开我们的道德资源越来越远。我们人文学者应当做一些工作，把民族的宝贵精神财富传扬下去。

2. 道家的理想人格与超越精神

“道，可道，非常道；名，可名，非常名。无名，天地之始；有名，万物之母。故常无欲，以观其妙；常有欲，以观其徼。此两者同出而异名，同谓之玄。玄之又玄，众妙之门。”(《老子》第1章，后文所引均只写章次序号)这里涉及“道”与“名”、“道”与“有”“无”、“道”与万物的关系。“徼”指边界，即事物间的界限，也可引申为端倪。“玄”谓幽深难测。“道”是整体性的，它在本质上既不可分割，也不可界定、言说。“道”是无限的，不可以用有限的感观、知性、名言去感觉、界说或限制。可以言说、表述的“道”与“名”，不是永恒的“道”与“名”。“无名”是万物的本始、源泉；“有名”是各种现象、事物的开端。这表明，“道”也是先于语言概念的。无欲之人才能体悟“道”的奥秘，利欲之人只能认识事物的边界或表层。“道”与“无名”是同一个东西的两个不同的名称，都叫做“玄”。“无名”是无形无限的宇宙本体，“有名”是有形有限的现象世界。通过两者之间的变化，人们可以探索深沏幽微的宇宙本体和奥妙无穷的现象世界的门户。

“天下万物生于有，有生于无。”(第40章)道家的道体具有超越性、绝对性、普遍性、无限性、圆满性、空灵性。道家之“无”在道德哲学上具有无限的意义。道家之“道”是有与无、神虚与形实的整合。“有”指的是有形、有限的东西，指的是现实性、相对性、多样性；而“无”则是指的无形、无限的东西，指的是理想性、绝对性、统一性。“有”是多，“无”是一；“有”

是实有，“无”是空灵；“有”是变，“无”是不变；“有”是内在性，“无”是超越性。

“道”又被形象化地比喻为“谷”、“谷神”、“玄牝”：“谷神不死，是谓玄牝。玄牝之门，是谓天地根。绵绵若存，用之不勤。”(第6章)“道”如山谷一样。山谷是空虚的，唯其如此，才能永远存在并具有神妙莫测的功能。“牝”是雌性牲畜的生殖器，泛指雌性。玄牝，意为万物最早的始祖，也即是“道”。“谷”、“牝”的门户，是天地的发生、发源之地，绵绵不绝地存在着，其作用无穷无尽。

道家认为，宇宙万有、现象世界、人文世界及其差异变化，这些存在的终极根源在寂然至无的无限的世界。人们洞见、察识富有万物、雷动风行的殊相世界，需要摆脱诸相的束缚，直探万有的深渊。然而习气的系缚、外物的追索，小有的执着，会导致吾身主宰的沉沦、吾与宇宙同体境界的消亡。因此，老子主张“挫锐解纷”、“和光同尘”、“谷神不死”、“复归其根”、“为学日益”、“为道日损”、“无为而无不为”、“无用而无不用”。这些话语表明滞留物用、执着有为对于心体的遮蔽，启发人们体验摄心归寂、内自反观、炯然明觉、澄然虚静的意义，着重强调了人生向道德和超越境界的升华。

“反者，道之动；弱者，道之用。”(第40章)意思是，向相反的方向变化发展，是“道”的运动；柔弱，是“道”的作用。举凡自然、社会、人生，各种事物现象，无不向相反的方向运行。既如此，柔弱往往会走向雄强，生命渐渐会走向死亡。老子看到事物相互依存、彼消此长的状况。

“天下皆知美之为美，斯恶矣；皆知善之为善，斯不善矣。故有无相生，难易相成，长短相形，高下相倾，音声相和，前后相随。”(第2章)人们都知道美之所以为美，善之所以为善，那也就知道丑恶了。有无、难易、长短、高下、音声、先后都是相对的，相比较而存在，相辅相成，相互应和。“贵以贱为本，高以下为基。”(第39章)“曲则全，枉则直，洼则盈，敝则新，少则得，多则惑。”(第22章)受得住委屈，才能保全；经得起弯曲，才能伸直；洼下去，反而能盈满；凋敝了，反而能新生；少取，反而能多得；多得，反而迷惑。《老子》书中特别注意物极必反的现象：“祸兮，福之所倚；福兮，祸之所伏。孰知其极？其无正？正复为奇，善复为妖。”(第58章)“物壮则老”(第30章)；“强梁者不得其死”(第42章)；“甚爱必大费，多藏必厚亡”(第44章)。

“人之生也柔弱，其死也坚强。万物草木之生也柔脆，其死也枯槁。故坚强者死之徒，柔弱者生之徒。是以兵强则不胜，木强则折。强大处下，柔弱处上。”(第 76 章)老子认识到事物发展的极限，主张提前预测设计，避免事物向相反的方向发展，防患于未然，因而提出了“不争”、“贵柔”、“守雌”、“安于卑下”的原则。他主张向水的品格学习：

> “上善若水。水善利万物而不争。”(第 8 章)
>
> “天下莫柔弱于水，而攻坚强者莫之能胜，以其无以易之。弱之胜强，柔之胜刚，天下莫不知，莫能行。……正言若反。”(第 78 章)
>
> “知其雄，守其雌，为天下溪。为天下溪，常德不离，复归于婴儿。知其白，守其黑，为天下式。为天下式，常德不忒，复归于无极。知其荣，守其辱，为天下谷。为天下谷，常德乃足，复归于朴。”(第 28 章)

柔弱之水可以冲决坚强之石，弱可以胜强，柔可以克刚，新生的、弱小的事物能够战胜腐朽的强大的事物。老子看到强大了就接近死亡，刚强会带来挫折，荣誉会招致毁辱，因此安于柔弱、居下、卑辱。他提出“去甚、去奢、去泰”(第 29 章)的主张。老子所谓“玄德”和“常德”，即深远、永恒的本性，如山谷、沟溪、赤子，乃在于它具有超越性和本真性，即超越了一定社会的等级秩序、道德准则和善恶是非，摆脱了人为的沾染，真正回复到人的本然的纯粹的性状，这才是人应持守的本性或品德。

“为学日益，为道日损，损之又损，以至于无为。无为而无不为。”(第 48 章)减损知、欲、有为，才能照见大道。“损”，是修养的工夫，是一个过程。正如方东美所说，我们面对一现象，要视之为表相；得到一真理，要视之为相对真理；再进而层层追寻真理的内在意蕴。宇宙、人生的真谛与奥秘，是剥落了层层偏见之后才能一步步见到的，最后豁然贯通在我们人的内在的精神生命中。我们学习知识，要用加法，要积累；我们体悟“道”，则要善于用减法，要减损掉日常的知识、规范、伦理、价值。“无为而无不为”，即不特意去做某些事情，依事物的自然性，顺其自然地去做。

“致虚极，守静笃。万物并作，吾以观复。夫物芸芸，各复归其根。归根曰静，静曰复命；复命曰常。知常曰明；不知常，妄作，凶。知常容，容乃公，公乃王，王乃天，天乃道，道乃久，没身不殆。”(第 16 章)意思是说：致力于“虚”要经常要彻底，也就是不要让太多现存的、人云亦云的知识、规范、利害、技巧等充塞了头脑，要用否定的方式排除这些东西，激活自己的头脑，使自己保持灵性、敏锐，有自己独立运思的空间。“守中”也是“守虚”、致虚。“守静”即保持娴静的、心平气和的状态，排除物欲引起的思虑之纷扰，实实在在地、专心地保持宁静。这也是随时排斥外在之物的追逐，利欲争斗等等引起心思的波动。“观复”，即善于体验万物都要回复到古朴的老根，回复到生命的起点、归乡与故园的规律。“观”就是整体的直观、洞悉，身心合一地去体验、体察、观照。“复”就是返回到根，返回到“道”。体悟到“道”的流行及伴随“道”之流行的“物”的运行的这一常则的，才能叫“明”(大智慧)。反之，不识常道，轻举妄动的，必然有灾凶。体悟了“道”的秉性常则，就有博大宽容的心态，可以包容一切，如此才能做到廓然大公，治理天下，与天合德。与“道”符合才能长久，终身无虞。通过“致虚”“守静”到极致的修养工夫，人们达到与万物同体融合、平等观照的大智慧，即与“道”合一的境界。

道家强调无用之用；儒家强调有用之用。儒家之“有”“用”，即建构人文世界，以人文化成天下；道家之“无”“用”，则要从人文世界中超越出来，回归到自然而然的自然境界。道家的逍遥无待之游，是自我真实的自由人格之体现，以“适己性”、“与物化”为特征；儒家的刚健自强之道，是自我真实的创造精神之体现，以“人文化成”为特征。

道家之“无”在道德论、道德境界及超越境界的慧识是值得发掘的。尽管道家以虚无为本，柔弱为用，削弱了“有”之层面(人文、客观现实世界)的能动建构，但在人生境界的追求上，我们对于道家破除、超脱有相的执着，荡涤杂染，消解声色犬马、功名利禄的系缚，顺人之本性，养心之清静方面，则不能不加以肯定。虚、无、静、寂，凝敛内在生命的深度，除祛逐物之累，正是道家修养论的一个重要方面。这种“无为”、“无欲”、“无私”、“无争”，救治生命本能的盲目冲动，平衡由于人的自然本性和外物追逐引起的精神散乱，也是道家道德哲学的基本内容。而道家澄心凝思的玄观，老子“涤除玄览”的空灵智慧意在启发我们超越现实，透悟无穷，然后再去接纳现实世界相依相待、迁流不息、瞬息万变、复杂多样的生活，以开放的心灵破除执着、创造生命。因此，他与孔子儒家相反相成，相得益彰。

老子推崇如下美德：见素抱朴、少私寡欲、贵柔守雌、慈俭谦退、知足不争、致虚守静、清静无为、返璞归真。老子以此为至圣与大仁。这是老子对人生的感悟，特别是对春秋末年贵族阶级奢侈生活的批判，对贵族社会财产与权力争夺的沉思，对财产与权力崇拜和骄奢淫逸的警告。老子通过冷静观照，提示了淡泊宁静的生活旨趣，看到逞强、富贵、繁华、暴利、暴力、权势、浓烈的欲望、奢侈、腐化、夸财斗富、居功自恃、骄横等负面效应。故老子的解构与孔子的建构有异曲同工之妙。

庄子及其学派提出了“逍遥无待之游”——“至人无己，神人无功，圣人无名”的理想人格论。我们在这里着重讨论《庄子》内篇中的《大宗师》、《齐物论》、《逍遥游》三篇文章的主旨，一般认为这是庄子的代表作。

《大宗师》指“道”或“大道”。大是赞美之词，宗即宗主，师就是学习、效法。篇名即表达了“以道为师”的思想。也就是说，宇宙中可以作为宗主师法者，唯有“大道”。既然道的生命是无限的，那么在一定的意义上我们也可以说万物的生命也是无限的。所谓生死，不过如昼夜的更替，我们不必好昼而恶夜，因而勿须乐生而悲死。这才算领悟了生命的大道，也可以说是解放了为形躯所限的“小我”，而成为与变化同体的“大我”了。

“何谓坐忘？颜回曰：堕肢体，黜聪明，离形去知，同于大通，此谓坐忘。”(《大宗师》)该篇假借孔子与颜回的对话，通过颜回之口表达修养工夫。“坐忘”即通过暂时与俗情世界绝缘，忘却知识、智力、礼乐、仁义，甚至我们的形躯，达到精神的绝对自由。“坐忘”的要点是超脱于认知心，即利害计较、主客对立、分别妄执，认为这些东西(包括仁义礼乐)妨碍了自由心灵，妨碍了灵台明觉，即心对道的体悟与回归。《大宗师》作者认为，真人或圣人体道，三天便能“外天下”(遗弃世故)，七天可以“外物”(心不为物役)，九天可以“外生”(忘我)。然后能“朝彻”(物我双忘，则慧照豁然，如朝阳初起)，能“见独”(体验独立无对的道本体)，然后进入所谓无古今、无生死、无烦恼的宁静意境。庄子的意思是去心知之执，解情识之结，破生死之惑，顺其自然，不事人为，以便与道同体，与天同性，与命同化。与“坐忘”相联系的另一种实践工夫是“心斋”。“若一志，无听之以耳，而听之以心；无听之以心，而听之以气。听止于耳，心止于符。气也者，虚而待物者也。唯道集虚。虚者，心斋也。”(《人间世》)此处也是假“孔颜对话”，托孔子之口表述作者之意。以耳来感应，可能执定于耳闻，不如听之以心。以心来感应，期待与心境相符，尽管上了一层，仍不如听之以气。气无乎不在，广大流通，虚而无碍，应而无藏。所以，心志专一，以气来感应，全气才能致虚，致虚才能合于道妙。虚灵之心能应万物。心斋就是空掉或者洗汰掉附着在内心里的经验、成见、认知、情感、欲望与价值判断，自虚其心，恢复灵台明觉的工夫。

《齐物论》与《大宗师》相辅相成，互为表里。《齐物论》表述了庄周的“天地与我并生，而万物与我为一”的思想，强调自然与人是有机的生命统一体，肯定物我之间的同体融合。“齐物”的意思即是“物齐”或“‘物论’齐”，即把形色性质不同之物、不同之论，把不平等、不公正、不自由、不和谐的现实世界种种的差别、“不齐”，视之为无差别的“齐一”。这就要求我们以不齐为齐一，即提升自己的精神境界，在接受、面对真实生活的同时，调整身心，超越俗世，解脱烦恼。此篇希望人们不必执定于有条件、有限制的地籁、人籁之声，而要倾听那自然和谐、无声之声、众声之源的“天籁”，以消解彼此的隔膜、是非和有限的身生命与有限的时空、价值、知性、名言、概念、识见及烦、畏乃至生死的系缚，从有限进入无限之域。庄子以相对主义的视域，反对唯我独尊，不承认有绝对的宇宙中心，反对各是其是，各非其非，主张破除成见，善于站在别人的立场，更换视域去理解别人，而不以己意强加于人。

《逍遥游》把不受任何束缚的自由，当做最高的境界来追求，认为只有忘绝现实，超脱于物，才是真正的逍遥。本篇宗旨是“至人无己，神人无功，圣人无名”。作者指出，“逍遥”的境界是“无所待”的，即不依赖外在条件、他力的。大鹏神鸟虽可以击水三千，背云气，负苍天，飘然远行，翱翔九万里之高，然而却仍有所待，仍要依凭扶摇（飙风）羊角（旋风）而后始可飞腾。有的人才智足以胜任一方官吏，行为足以称誉一乡一地，德性足以使一君一国信服，按儒家、墨家的观点，可称得起是德才兼备的人，但庄子认为他们时时刻刻追求如何效一官，比一乡，合一君，信一国，仍有所待。宋荣子略胜一筹。宋荣子能做到“举世誉之而不加劝，举世非之而不加沮”，已属不易，然而他能“存我”而未能“忘我”，更未能物我兼忘，仍不是最高境界。列子略胜一筹。列子日行八百，任意而适，无所不顺，更不多见，但他仍有所待。他御风而行，飘飘然有出尘之概，可是没有风他就无能为力了，仍不能谓为逍遥之游。有比列子境界更高的人，他们顺万物本性，使物物各遂其性，没有丝毫的造作，随大自然的变化而变化，物来顺应，与大化为一，即与道为一。如此，随健行不息的大道而游，还有什么可待的呢？因其“无所待”才能达到至人、神人、圣人的逍遥极境。这个境界就是庄子的“道体”，至人、神人、圣人、真人都是道体的化身。庄子的人生最高境界，正是期盼“与道同体”而解脱自在。“各适己性”的自由观的前提是“与物同化”的平等观。逍遥无待之游的基础正是天籁齐物之论。章太炎《齐物论释》从庄子“以不齐为齐”的思想中，阐发“自由、平等”的观念。“以不齐为齐”，即任万物万事各得其所，存其不齐，承认并尊重每一个体自身具有的价值标准。这与儒家的“和而不同”思想正好相通。

儒家的理想人格是圣贤人格。儒家心目中的圣人或圣王，有着内圣与外王两面的辉煌。虽然“内圣外王”一说出自《庄子·天下》，然而后来却成为儒家的人格标准。内圣指德性修养，外王指政治实践。儒家强调在内圣基础之上的内圣与外王的统一。因此，儒家人格理想不仅是个体善的修炼，更重要的是责任感和当担意识，是济世救民。儒家的人格特性包括如下内容：自强不息、意气风发、认真不苟、发愤忘食、兼善天下、关怀他人、系念民间疾苦、知其不可而为之，“天下兴亡，匹夫有责”，“立德、立功、立言”，“三军可夺帅，匹夫不可夺志”，“富贵不能淫，威武不能屈，贫贱不能移”等。儒者对国事民瘼有真诚的关怀，努力为国家、民族和人民建功立业，即使遭到贬谪也以深沉的忧患系念天下百姓的疾苦和国家的兴亡。儒家也有其超越精神，穷居陋巷，自得其乐，安贫乐道。孟子讲的“君子三乐”，即“父母俱存，兄弟无故”的天伦之乐，“仰不愧于天，俯不怍于人”的理性之乐，“得天下英才而教育之”的教育之乐，正表现了儒者的情怀。

道家庄子的真人、圣人、神人、至人、天人的理想人格，与儒家有别，其特性是：一任自然，遂性率真；与风情俗世、社会热潮、政权架构、达官显贵保持距离；独善其身，白首松云，超然物外，恬淡怡乐。这是庄子和道家的神韵情采。与儒家积极入世的现实品格相比较，道家凸显的是超越和放达，即不是积极肯定、参与、改造现实，而是以保持距离的心态，否定、扬弃、超越现实。

庄子之真人、至人、神人、圣人，都是道的化身，与道同体，因而都具有超越、逍遥、放达、解脱的秉性，实际上是一种精神上的自由、无穷、无限的境界。这深刻地表达了人类崇高的理想追求与向往。这种自然无为、逍遥天放之境，看似玄秘莫测，但实际上并不是脱离实际生活的。每一时代的类的人、群体的人，尤其是个体的人，虽生活在俗世、现实之中，然总要追求一种超脱俗世和现实的理想胜境，即空灵净洁的世界。任何现实的人都有理想，都有真、善、美的追求，而道家的理想境界，就是至真、至善、至美的合一之境。

3. 佛家的菩提智慧与人生解脱

现代社会是一个五花八门的社会，人生的遭际也一定不会平坦。无论我们是在就学还是在就业，我们面对的总是各色人等和复杂的事物、纷繁的矛盾。

人们的生存处境总是具体的；具体的时空环境总是充满矛盾的。在熙熙攘攘的人世和人们不同的欲望、利益的追逐、竞争和不同性情的人相处的矛盾之中，每一个人的内心都要承受这样或那样的压力和痛苦，人们往往有一种不安的感觉，有时甚至不知道自己身在何处。每一个人都是有限的个体，必然有先天或后天给他带来的这样或那样的局限或缺憾。以有形有限的人生投入天下，每一个个体都要面对无限的时空、无限的知识、无限的意义、无限的价值，这些“无限”也使人有不安之感。每一个生命当然要肯定自己的生存、利益、价值、个性自由、人格尊严，然而，人类社会是一个不同社会关系的重重网络，当你肯定自己的生存、利益、价值、个性自由、人格尊严时，你也要肯定别人的生存、利益、价值、个性自由、人格尊严，必须承认或容忍别人的生存空间和利益追求。如果这些追求是彼此矛盾的，就必须设法调节。如果我们只是一味肯定自我，就会陷进一个难以自拔的泥潭。

每一个个体与生俱来就是有限制的个体，不仅先天与后天的生存环境是有限的，人们的性别、种族、体质、品行、知识、性格、语言、情感、信仰等，更不用说生成长养所遇到的文化背景、环境、氛围等，其实都是有局限的。但人总是不太愿意承认自己的限制，也不太愿意肯定别人的追求。形体所带来的情欲、物欲、功名利禄的追逐、攀援，知识所带来的表面的偏见、执着、错误和数不清的自认为是绝对真理的东西，还有社会文化所带来的身份、地位、名誉、等级等，对于人来说，都是永远不能摆脱的各种各样的束缚。

所有这些在佛教看来就是所谓“无明”，就是所谓“贪、嗔、痴、慢、疑、恶见”等。佛教的智慧，就是用否定、遮拨的方法，破除人们对宇宙人生一切表层世界或似是而非的知识系统的执着，获得某种精神的解脱和自由。人们常说，佛教讲“空”。其实，佛家既讲“空”，又讲“有”。“空”与“有”，不是这两个字的表面意思，不能那样去理解。“空”“有”之论十分复杂。但起码有这样一条，此所谓“空”，是启迪人们空掉一切外在的追逐、攀援、偏执，破开自己的囚笼，直悟生命的本性或本真。佛教，特别是禅宗的返本归极、明心见性、自识本心、见性成佛之论及一整套修行的方法，是要帮助自己或他人寻找心灵的家园，启发人内在的自觉，培养一种伟大的人格。佛家的成菩萨成佛陀，与儒家的成圣人成贤人，道家的成至人成真人，都是一种道德人格的追求。

成佛陀、成圣贤，谈何容易？佛家的智慧不是空谈大道理，而是让你学会暂时消解心灵上的执着与烦恼，让你首先自知其限制，自虚其心，自空其说，以求容纳别人。和传统的儒家的“诚恕”之道、道家的“齐物”之论一样，这不单单是个体修养身心的方法，也是一个社会中的人们共存互尊的必须。否则，各种纷争、意见、利益冲突就会瓦解整个人类社会。佛教智慧启发人们反观自己心灵上的无明，扩阔自己的心灵，从种种狭隘的偏见中超脱出来，使自己日进于高明之境，而不为无明所系缚。禅宗教人“了生死”。既然连生死都可以了，那么，一切外在的执着都可以放下，人们不再为自己的有限性而惶惑，人们也不再处于“紧张”、“不安”的情意结中。人一旦消解了这种紧张、不安，他的创造性反而可以爆发出来。这样，有限的生命便进入到无限的境界之中。

禅宗的悟道，并没有特定的形式规范。例如，小和尚向老和尚请教："什么是佛祖西来意?""如何是禅?"禅师的回答往往是一棒子打过去："庭前柏树子"、"西来本无意"、"一个棺材，两个死汉"等。问："如何是佛?"答："干屎橛。""麻三斤。"这就是说，你本身就问错了，所以要"棒喝"，要扭你的鼻子，打你几下，用肢体语言，让你大吃一惊。这就是悟道的钥匙。悟道，不必借助于外在权威，完全靠你自己的内心、内在本性，靠个体的亲身体验。悟道，也不是要刻意去修行。"生来坐不卧，死去卧不坐，一具臭骨头，何为立功课?"与常人一样地坐卧思想，积累到一定地步，随某种机缘，一点即破。

禅宗让人保持一种"平常心"。"平常心是道"，"饥来吃饭，困来即眠"。六祖慧能偈云："菩提本无树，明镜亦非台，本来无一物，何处惹尘埃。"不需要如神秀和尚主张的"时时勤拂拭"。也就是说，禅宗反对你刻意修行，反对你机械地模仿高僧大德，严守戒律。禅宗认为，每个人，不管他的根器如何，也不管他是否犯过错误，其实他内在地具有佛性或真常心。人们只要化解执着，遂顺自然，护持真我，那么，行住坐卧，无一不是真如，无一不是解脱。保持这样一种自然的平常心，那么，我们所看到的，无一不是"道"。"道"不在人心之外，生活之外，就在人心之中，生活之中。宋代无门慧开禅师的《颂平常心是道》曰："春有百花秋有月，夏有凉风冬有雪，若无闲事挂心头，便是人间好时节。"

禅宗启发我们由迷到悟，转识成智。而开悟也好，解脱也好，就是要你返归平常，这全凭你自觉、自识、自悟、自了。禅宗公案中有许多机锋、棒喝，用几句摸不着头脑的话或者身体动作，启发人开悟。但仅仅是启发而已，了悟则全靠自己。这一过程，任何人不能取代，正所谓"如人饮水，冷暖自知"。

禅佛教的意境，"不是心，不是佛，不是物"，即超越了一切物、我、人、己的界限，与对象世界凝合一体，成为永恒的存在，真正的本体。禅宗三境："落叶满空山，何处寻行迹"，遍寻禅之本体而不得，第一境也。"空山无人，水流花开"，虽已破我执、法执，似悟道而非真悟道，第二境也。"万古长风，一朝风月"，从时间来说，在瞬刻中得到永恒，刹那间已成终古；从空间来说，万物一体，第三境也。这时，山还是山，水还是水，外在事物并无改变，但有了这一高峰体验，其意义和性质根本不同。

返归平常，识得本真，就是"解脱"。但是，人们在日常生活中已经习惯了向外攀援，使得我们的"平常心"受到污染或扭曲，这也就丧失了自我，使“平常”变成了“非常”或“反常”。人们在生活中出于自保或竞争，不能不层层心防，不能不戴上各种面具，久而久之，久假不归，弄假成真，“真常之心”被异己化了，不正常的反而被误以为是正常的。例如，升官发财、声色犬马的追逐被人视为“平常”；等级秩序的宰制、官场气息、官样文章、商人习气、功利需求、钱权交易，被视为“正常”。种种人情世故的束缚，身份人格的定位，矫揉造作，习以为常，使人失落了真我。人性中的“贞常”、“平常”，已告沉沦。如听任下去，人们都为自己的蝇头小利打算、计较、争斗、掌权，施展影响、玩弄手段，整个世道人心只能进一步边缘化、痞子化。

人生有许多许多的要求，有一些要求都是正常的、合理的，如物质、财富、名誉、权力、地位、感情、知识、学说、成就、功业、利益等。禅的智慧不是要抹杀每个人的欲望与追求，不是消解事功，而是让你保持一颗未被污染的“平常心”。也就是说，你仍然可以有你日常的生活、日常的事业和日常的欲求，你可以非常敬业地从政、经商，做你职分内的事，但你在参与各种社会活动的过程中所遇到的一切引起你心理上“紧张”或“不安”的东西，你都应该立即“放下”，以免变成你的负担或烦恼。这就是要善于“空”，善于“破”，善于“消解”，善于“遮拨”，善于“排遣”。

禅宗主张不立文字，当下自识本心，强调自性是佛，平常即道。一旦见到自己的真性和本有心灵，人们就证悟了终极的实在和得到了菩提(智慧)。禅宗主张，在实际的人生中才有涅槃(自由)，在涅槃中才有实际的人生。禅宗以自我觉悟的日常途径或创造性的顿悟，或者借助棒喝等机锋、方便善巧，来开悟人心，来提示人生的奥秘，化平淡为神奇，寓神奇于平淡。禅宗的伟大和不朽，就是以证悟自性后所流露的本有悲心、智慧方便来济拨迷妄的众生。这就是启迪我们每个人，不论智愚、贤否、穷达、高下，都要“以出世的精神，做入世的事业”。因此，禅宗的精神既是入世的，又是超世的，既是凡，又是圣，既积极参与社会活动，又善于解脱超拔出来。人之所以为人，不管有何种欲求，不管如何积极参与现实社会的各种活动，总需要一种终极的信念、信仰的支撑。金钱拜物教、权力拜物教也是一种信念、信仰，但不可能是终极的信念、信仰。离开了心灵的归宿与故园，哪怕再有钱再有权，也只能如天涯行脚，人海漂泊，无本无根。作为一个真正的人，总需要有深度的开悟，从三际中解脱出来，超越一切，包括生死的束缚，得到自在的体验。这样的人才有大智大勇承担一切的挑战与痛苦，化烦恼为菩提，既而安身立命。有了终极承担或终极献身的精神，并且转化成人格，才能有高品质的参与。从这种意义上说，我认为，每一个参与者实际上都应当具有一定的宗教信念与宗教情感，能以出世的精神干入世的事业，才能有一种现今十分匮乏的敬业精神、奉献精神。

中国的儒家是一种入世的人文的宗教，中国化的佛教把出世与入世结合了起来。人人皆可以为尧舜，人人都可以成佛，是儒家与佛教的最高信仰。实际上，儒道佛都是要追求一种理想的高尚的社会，这就必先造成人们理想的高尚的内心世界。儒家和禅宗尽管有很多差异，然其共同点都是培育理想的人格境界，使人们的人生实践带有中国式的宗教精神和宗教情怀。

儒家和禅宗有不同的世间关怀、世间肯定，同时又有不同的超越的形而上的要求，即终极的最后的关怀。其“救民于水火”的信念目标和“我不入地狱，谁入地狱”的救世献身热忱，虔敬无欺的神圣感，“尽心知性”、“我心即佛”的安身立命之道，使命感、责任感、当担精神、忧患意识和力行实践的行为方式，特别是信仰上的终极承担，都有其超越的理据。重新体验儒佛道的精神价值，创造性地加以转化，使之作为当代社会生活参与者的重要精神资源，对于我国现代化具有极其巨大的意义。人的意义世界和价值世界的重建，再建崇高，再建理想人格，是我们迈进新的世纪的重大课题。

在价值多元的工商社会，人们比较强调多方面的社会参与，强调人权、公民权和个体性、主体性，然而在人文淡泊、道德危机、现代化的负面日益显露的当今，单面化或平面化的参与，单面化或平面化地张扬主体、个体，膨胀工具理性与个人主义，已无法协调社会各方面的利益，无法促进社会有序和谐的发展，无法救治人的异化和诸多的社会病。无论就社会的完美发展而言，抑或就个体人格的健康发展而言，人们在21世纪将更加需要借助与光大佛教(特别是禅)的解脱之道。解脱是净化社会与人心的必由之路。时时参与，时时解脱，在参与中不断解脱，在解脱中不断参与，才是正道。

台湾著名心理学家杨国枢先生讲，以儒家文化为基底的中国文化其实是形塑中国人的心理和行为的非常重要的资源，这话很有道理。心理的问题与人生观、基本价值与信念的问题既有联系，也有区别。中国传统的价值理念，特别是儒释道三教的智慧，会给我们提供一些心理学的资源。

儒释道三教的人生哲学、社会哲学、生命境界论与身心性命修养的工夫论，都是富矿，在现代生活中更需发掘，且大有用武之地。总之，笔者郑重地建议青年朋友们，读一点《论语》、《孟子》、《老子》、《庄子》，读一点禅，读一点佛经，这不仅可以治疗各种心理疾病，尤可以净化我们的心灵，丰富我们的人生。

结 束 语

——兼论马克思主义的文化理论

首先，本书反对把“文化”仅仅局限在意识或精神活动的领域，强调“文化”的范围不仅是“知识的生产”，而且是“全部生活的生产”，首先是物质生活资料的生产和人类自身的生产。“文化”包括人们社会活动的一切方面，物质的、精神的、社会政治的、科学的、艺术的、宗教的等一切活动的过程及其结果，而人们的对象化的活动、劳动实践活动，是最基本的文化活动。

马克思主义的文化观，一方面反对自然主义的文化观，另一方面反对意识主义即唯心主义的文化观。

所谓自然主义的文化观，“认为只是自然界作用于人，只是自然条件到处在决定人的历史发展，它忘记了人也反作用于自然界，改变自然界，为自己创造新的生存条件。日耳曼民族移入时期的德意志‘自然界’，现在只剩下很少很少了。地球的表面、气候、植物界、动物界以及人类本身都不断地变化，而且这一切都是由于人的活动”①。针对自然主义的文化观，马克思主义强调了人类的文化创造活动的能动性，强调了人的活动，特别是劳动实践活动对人的思维的影响并进而引起自然界的变化，强调了人的能力、需要、欲望、交往关系等是按照人如何学会改变自然界而发展的。

本书从马克思主义的实践观阐发文化的本质，旨在说明人类的文化活动从根本上来说是有意识、有目的的改造客观世界的活动，是一种创造性的活动。这是人类脱离了动物界，摆脱了无意识、本能地适应自然环境的活动之后的重大飞跃。通过创造性的实践，人类能使周围的世界从属于人的目的。

---

① 《马克思恩格斯选集》第 3 卷，人民出版社 1972 年版，第 551 页。

人类在创造世界的行动中同时创造了自己。这种活动被称为对象化，其基本形式即是劳动。人类通过这种活动创造了一个周围的世界、属人的世界，从而将人类同自然区分开来。而这个对象世界又反过来塑造和制约着人类本身及其文化活动。马克思强调劳动或有目的的活动是人的类存在、类特性，说明作为人类文化源泉的社会劳动是人类最普遍的活动方式和现实属性，即人类的社会生活而不是自然生活是人类最主要的属性。

所谓意识主义或唯心主义的文化观，“不知道任何基于物质利益的阶级斗争，而且根本不知道任何物质利益；生产和一切经济关系，在它那里只是被当做‘文化史’的从属因素顺便提到过”①。“历来的观念论的历史叙述同现实的历史叙述的关系，特别是同所谓文化史的关系，这所谓的文化史全部是宗教史和政治史。”②也就是说，唯心主义的文化观，把现实的、尤其是那被称作文化的历史，仅仅看作是宗教或国家的历史。

马克思主义的文化观认为，人类的文化史，不仅仅是政治、宗教、道德、艺术、哲学的历史，而首先是与人们的物质存在、与人们的实际利益密切相连的领域，例如衣食住行等的历史，与此相伴随的风格迥异的民情风俗的历史，生产方式、生活方式、行为方式的历史。绝不能把人的活动等同于意识的活动。马克思主义并不认为经济是人类活动的独一无二的决定因素，也不把文化归结为经济的功能，只是反对以宗教史、政治史或人类思维、意识、心理的历史取代文化史，看轻物质活动和劳动对于文化发展的意义。这种文化观并不抹杀诸意识形态对于社会发展的巨大的历史作用，它只是提供一种正确地研究人类文化现象和文化系统的方法。它强调文化的发展不仅是人类智力、意识、心理本身的发展，而且是包括智力、意识、心理等在内的人们物质实践活动的发展，是社会对于自然界的生产能力的发展。实际上，一定时空条件下人们的思维方式、价值取向、文化心理结构、审美情趣与彼时彼地的生产方式、生活方式是密不可分的。

因此，文化史有自己特殊的研究对象和范围。它不同于研究人类一般思维规律的哲学史，也不同于政治史、宗教史、艺术史、文学史，它的对象是包罗至广的人类生存方式的历史，是不同时空条件下不同的人类群体实践活动的过程，包括物质生产和精神生产的过程及其成果。文化史关注的是不同种族、不同民族在他们的形成和发展过程中适应不同的自然生态环境而创造出来的殊形异色的生产方式和生活方式，丰富多彩的风俗、制度、文物，具

① 《马克思恩格斯选集》第3卷，人民出版社1972年版，第66页。

② 《马克思恩格斯全集》第46卷(上册)，人民出版社1979年版，第47页。

体而微的文化事物和文化现象。30多年来，我国的文化史工作者逐渐把自己的研究视野由高层次文化转移到下层民俗文化，由书斋转向田野，由汉族文化转移到各兄弟民族文化，这是一个进步。高层次文化有分门别类的专门史进行研究，因此，文化史应当更重视各民族文化的创造主体——下层民众的物质的或精神的生产活动。

马克思和恩格斯在《德意志意识形态》中认为，历史可以从两方面来考察，一是自然史，一是人类史，只要有人存在，自然史和人类史就是密切联系、相互制约的。“任何人类历史的第一个前提无疑是有生命的个人的存在(按，手稿中还有这样一段话：这些个人使自己和动物区别开来的第一个历史行动并不是在于他们有思想，而是在于他们开始生产自己所必需的生活资料)。因此第一个需要确定的具体事实就是这些个人的肉体组织，以及受肉体组织制约的他们与自然界的关系。当然，我们在这里既不能深入研究人们自身的生理特性，也不能深入研究各种自然条件——地质条件、地理条件、气候条件以及人们所遇到的其他条件。任何历史记载都应当从这些自然基础以及它们在历史进程中出于人们的活动而发生的变更出发。”①

马克思在《资本论》中重申了维柯的话，指出“人类史是我们自己创造的”。马克思致安年柯夫的信中又指出：“人们不能自由选择自己的生产力——这是他们的全部历史的基础，因为任何生产力都是一种既得的力量，以往的活动的产物。所以生产力是人们的实践能力的结果，但是这种能力本身决定于人们所处的条件，决定于先前已经获得的生产力，决定于在他们以前已经存在、不是由他们创立而是由前一代人创立的社会形式。”由此形成了人们的历史中的联系，形成了人类的历史，“这个历史随着人们的生产力以及人们的社会关系的愈益发展而愈益成为人类的历史。由此就必然得出一个结论：人们的社会历史始终只是他们的个体发展的历史，而不管他们是否意识到这一点。他们的物质关系形成他们的一切关系的基础。这些物质关系不过是他们的物质的和个体的活动所借以实现的必然形式罢了”②。

本书所采用的“大文化”定义，所确立的人本主义的思想，所阐发的不同民族、不同时代的“两种生产”的特殊形式即是文化的学说，也是由此而出发的。社会生产(衣食住行及必需的工具等生活资料的生产和人口生产、生育方式、制度及习俗)是文化活动的主要内容和根源。劳动或有目的的活动是“人的类存在”，这个活动是人的本质和文化的本质。劳动实践活动作

---

① 《马克思恩格斯全集》第3卷，人民出版社1972年版，第23~24页。

② 《马克思恩格斯选集》第4卷，人民出版社1972年版，第321页。

为社会生产力，不仅创造了人所需要的物的世界，而且创造了人本身及其社会联系和关系的全部多样性。劳动产品的真正的文化意义或价值不在于它满足人们吃喝穿住的功利性，而在于生产过程中人类所发挥的、所产生的、所获得的创造天赋、聪明才智、力量、勇气、爱好、性欲、情感、技能、经验、知识、人际交往关系和道德规范，升华出精神上的满足、愉悦和美感。人创造的文化标志着人类历史发展的水平。人之所以为人的历史，或者说人的社会生产、人的类生活的历史，正是在文化的对象中并通过这些对象而展示出来的。

在这种文化观的指引下，我们才能正确地解释伴随着“两种生产”产生的巫术、图腾、宗教、神话、禁忌、习俗、艺术等文化现象，从而排除自然主义的文化观或唯心主义、神秘主义、观念论的文化观的干扰。

文化最重要的价值、意义和社会功能在于：文化是作为社会生物的人的完整性、全面性的再生产，是人自身及其多方面的社会生活和社会关系的再生产，是人性的丰富和完善的历史过程。

其次，我们坚持的是辩证法的方法论。恩格斯说：“要精确地描绘宇宙、宇宙的发展和人类的发展，以及这种发展在人们头脑中的反映，就只有用辩证的方法，只有经常注意产生和消失之间、前进的变化和后退的变化之间的普遍相互作用才能做到。”“当我们深思熟虑地考察自然界或人类历史或我们自己的精神活动的时候，首先呈现在我们眼前的，是一幅由种种联系和相互作用无穷无尽地交织起来的画面，其中没有任何东西是不动的和不变的，而是一切都在运动、变化、产生和消失。”①

本书考察文化现象、文化系统发生、发展、排拒、交融、涵化、整合的历史，就是基于这一总的方法论原则而来的。本书涉及这方面的内容颇多。

马克思强调对整个社会进行综合的历史分析，这就克服了人类学及其各流派方法论的孤立性和片面性。在文化学和文化史研究中，有的学者偏重于心理学的方法，然而曾如我们在本书中所指出的，以精神分析的方法，以“深层心理学”和“集体无意识”来说明某种文化现象是可行的，但要说明一切文化现象却是不可行的。马克思主义认为，人是社会的人。人的社会性对文化理论和社会理论都有重要的意义。世界上没有独立的个体，没有自然状态的人，因此，对于个人的心理和社会心理、民族心理、民族文化精神的研究，必须从物质生产方式着手。社会的生产和再生产是人类社会的基础，人

① 《马克思恩格斯选集》第3卷，人民出版社1972年版，第62~63、60页。

只有在社会中才能使自己具有个性。

马克思主义的辩证结构概念与结构主义的方法、列维-施特劳斯的不变逻辑对立关系，不可同日而语。列维-施特劳斯把结构描述成随着时间推移的、但在分析上与时间又是可分离的、无限延伸的稳定循环圈；马克思主义却认为历史结构在持续地改变着自身。在列维-施特劳斯看来，所有矛盾都是同质的，所有的对立最终都可以归结为宇宙秩序的秩序元；在马克思看来，矛盾随着它们物质的历史发展而发生质变，既对立而又统一。因此，一般的结构对立是不能存在的。结构主义者和结构功能主义者的制度共时分析，需要在共时分析法与历时分析法之间作方法论上的区分。他们的构成共时分析条件的假设恰恰是有问题的。因为结构本身是历时性的和持续演化着的。他们主张结构分析法与时间分析法之间的对立，并轻视动态分析，是错误的。他们的思想方法，还是孤立的、静止的和片面的。我们应从历史上形成的文化制度出发，而不是从主观意识出发进行文化的解释。人们最终通过他们的社会关系而不是他们使用的符号解释自己。

文化唯物论和文化生态学的一些主张虽然与马克思主义有相通之处，但他们坚持历史的最终意义在于技术过程的观点却是有毛病的。他们把生产关系归结为技术制度，把技术变化看成是外部的独立变量，而没有分析社会生产关系影响生产力发展的情况，没有注意它们之间的辩证关系。

总而言之，坚持辩证法的方法论原则，批判地吸取文化学研究的不同方法中的真理颗粒，扬弃其形式结构，强调具体的历史的研究，是十分必要的。

文化人类学中的进化学派、传播学派、社会学派、历史学派、功能学派、精神分析及文化与人格学派、新进化论、文化生态学与文化唯物论学派、结构主义及解构主义学派、阐释学派以及西方马克思主义的文化批判理论及其方法论；系统论的方法、整合论的方法；比较文化中的垂直比较与水平比较、历时性研究与共时性研究、影响比较与平行比较和阐发比较的方法，如此等等，都具有方法论的启迪作用，但是，都有其具体的适用范围，都有其局限性，不应当夸大它们的作用。本书试图在广泛采集的基础上，将其吸纳入马克思主义的文化发展的辩证法这一总的方法论原则的轨道。虽限于学识，力不能企，然而心向往之。

我们最近几十年的文化讨论中常常涉及文化类型、形态和文化模式的问题，涉及文化的多样性与统一性的问题，这也是非常深刻的文化发展的辩证规律的问题。

20世纪文化哲学和历史哲学的一个十分重大的进步是逐渐摆脱了欧洲中心主义的思维框架和单线进化论，逐渐认识世界文化的丰富性、多样性、殊异性和不同文化的相对性、独特性、民族性，逐渐肯定不同人种、种族在不同地理生态环境下表现出来的独特的文化创造能力及生存方式、行为方式、思维方式、价值取向、审美风格、心理结构形成与发展的特殊道路。

在本书里，我们评论了斯宾格勒、汤因比、梁漱溟、冯友兰的文化类型学，克罗伯、本尼迪克特的文化模式论和韦伯的“理想类型”的方法。

马克思主义的文化观主张从“两种生产”出发考察历史文化的类型、模式和不同种族、不同民族、不同社会群体在不同时空条件下的生存样态。也就是说，如果要对文化类型和文化模式进行溯源式的考察，首先必须正视物质文化和精神文化再生产的出发点。也就是说，人类不同的文化集团，总是在各自所处的不同的并被他们不断地人文化了的自然生态环境和由他们逐渐创造、承传、改进的不同的社会文化环境中进行物质生活资料的生产和人自身的生产(种的蕃衍)的，由此形成风格迥异的衣、食、住、行方式和生育方式，创造了灿烂的器物文化、工艺技术、独特的语言符号、维系群体与个体相互关系的各种制度、规范、风俗习惯、思维方式、审美风格及终极价值存在方式(宗教、道德伦理等)。

总之，不同民族文化精神的殊异性，应当从各个民族物质生产方式、劳动实践活动方式的历史中去寻找或解释。社会历史文化形态差异的诠释是文化学的任务之一。马克思主义的文化理论和方法并不排拒文化形态学、类型学或文化模式论的考察，它所反对的是唯心主义或庸俗唯物主义的臆断。

马克思从人的内在本质的充分发挥和人的全面性的发展上，勾勒了人类文化史。从人的依赖性发展到物的依赖性，即从前资本主义发展到资本主义，是历史的伟大的进步。马克思指出，以物的依赖性为基础的人的独立性的生存方式，是共产主义的前提。而共产主义社会的人的生存状态则是建立在个人全面发展和他们共同的社会生产能力成为他们的社会财富这一基础上的自由个性。

马克思并不认为任何民族都必须严格地依次经过他大体上描述的某种阶段的发展序列。在这里，他非常审慎。马克思主义重视世界历史文化发展过程的统一性，同时又重视其具体表现形态的多样性。马克思主义认为，世界历史文化的发展，在不同的国家和民族，具有不同的色彩和特点。以这种多维的而不是单向度的历史文化视野省察人类社会和人类文化的发展，是历史唯物主义最起码的要求。

马克思主义为文化类型、形态、模式研究提供了方法论的指导。

第一，马克思主义的文化形态比较研究是建立在现实的人的实践活动的基础之上的。劳动实践活动方式，首先是物质生活资料的生产方式和人的再生产方式的差异，是不同民族文化精神、文化心理、文化性格的殊异性的基础。同时，文化的民族精神、民族心理、民族性格一旦形成，又会对生产方式和生活方式发生巨大的作用。

第二，以“意欲”(梁漱溟)、“理想类型”(韦伯)、“基本象征符号”(斯宾格勒)概括各民族文化的丰富内涵是有意义的，但文化类型与模式研究必须摆脱主观主义的干扰。文化历史发展的辩证法反对简单化地、抽象地划分类型、形态、模式，或笼统地、以偏概全地勾勒各种文化的特点。

第三，从理论上来说，文化类型和模式研究涉及人类社会和人类文化的特殊与普遍、多样与统一的关系；从实践上来说，这一研究涉及西方文化类型与非西方文化类型的碰撞、渗透、涵化、转型和融合的问题。马克思主义不仅承认文化的民族性、地域性、历史性、阶级性，重视各民族、各地域文化长期形成的传统，同时又重视文化的时代性、世界性、趋同性、普遍性；不仅承认文化的多样性，又承认文化的统一性；不仅承认文化的间断性，又承认文化的连续性及以上对立双方的辩证统一。

马克思的世界文化观是他的文化理论的重要组成部分。民族文化向世界文化发展的条件是：生产力的普遍发展，在世界范围内交织起各民族的普遍交往，在世界范围内各个人的全面依存关系，以及他们自发形成的世界历史性的共同活动的形式。马克思指出，资本主义大工业生产“首次开创了世界历史，因为它使每个文明国家以及这些国家中的每一个人的需要的满足都依赖于整个世界，因为它消灭了以往自然形成的各国的孤立状态”①。这样，民族的、地域的局限被冲破，虽然民族的、地域的文化特色被保留并发扬光大，但世界文化及统一的文化市场却开始形成，各民族以往相互隔绝的自然条件和社会条件逐步失去了存在的意义，普遍的超民族的认同取代了民族国家的特殊的民族认同。正如《共产党宣言》所指出的：“过去那种地方的和民族的自给自足和闭关自守状态，被各民族的各方面的互相往来和各个方面的互相依赖所代替了。物质的生产是如此，精神的生产也是如此。各民族的精神产品成了公共的财产。民族的片面性和局限性日益成为不可能，于是由许

① 《马克思恩格斯选集》第1卷，人民出版社1972年版，第67页。

多种民族的和地方的文学形成了一种世界的文学。”①今天，在各民族自觉形成世界文化的过程中，不论是西方文化还是东方文化，乃至任何一个民族的文化都不可能成为世界文化的归宿，而只能成为世界文化的一个要素。

马克思主义文化学理论有一个常常引起人们误解的问题，即一元与多元的问题。我们所说的马克思主义唯物一元史观中的“一元”，是指社会复杂的各种文化现象，尤其是社会上层建筑、意识形态所赖以生存的基础的物质本源的唯一性；而马克思主义关于社会历史文化发展的“多样”、“多元”，则是就其发展的形态、类型或模式而言的。这两者不能混为一谈。也就是说，这是两个层次的问题，必须分疏清楚。

《共产党宣言》1888 年英文版序言指出：“每一历史时代主要的经济生产方式与交换方式以及必然由此产生的社会结构，是该时代政治的和精神的历史所赖以确立的基础，并且只有从这一基础出发，这一历史才能得到说明。”②这个经济基础是唯一的。本书对文化现象与文化系统的解释，坚持了从物质资料生产方式出发的文化观。

同时，在另一层面的问题上，即社会历史文化发展的形态、各民族生存样态的问题上，本书又坚持了马克思主义的多样统一观。马克思、恩格斯对前资本主义到资本主义的形态多元、类型多样的问题，依据人类学、民族学的大量成果和资本主义发展的大量资料，作了审慎而周密的研究，既肯定了不同民族文化发展和社会发展的殊异性，同时又肯定人类历史发展的普遍性。对于这一普遍性的概括，他们又非常谨慎，多次强调不能以西欧历史文化发展的普遍道路或模式掩蔽世界各民族历史文化发展的特殊道路或模式。在马克思主义中，没有所谓一元单线进化论的错误。这是任何一个稍微认真地阅读了马克思恩格斯著作的人都不能不承认的。

关于世界历史文化发展过程的统一性和各民族文化具体表现形态的多样性的问题，关于世界历史文化的发展，在不同的国家和民族，带有不同的色彩和特点的问题，以及因此而在比较文化和文化史研究中抛弃主观、笼统、图式化的方法，代之以具体、历史的研究方法的问题，是马克思主义的文化发展的辩证法及其方法论中的一个十分重要的问题。

文化发展的辩证法中的另一重大问题是精神文化发展的特殊性、相对独

① 《马克思恩格斯选集》第 1 卷，人民出版社 1972 年版，第 255 页。这句话中的“文学”(Literature)一词是指科学、艺术、哲学等等方面的书面著作。

② 《马克思恩格斯选集》第 1 卷，人民出版社 1972 年版，第 237 页。

立性的问题。马克思指出："关于艺术，大家知道，它的一定的繁荣时期决不是同社会的一般发展成比例的，因而也决不是同仿佛是社会组织的骨骼的物质基础的一般发展成比例的。例如，拿希腊人或莎士比亚同现代人相比。……但是，困难不在于理解希腊艺术和史诗同一定社会发展形式结合在一起。困难的是，它们何以仍然能够给我们以艺术享受，而且就某方面说还是一种规范和高不可及的范本。"①

古希腊或我国先秦时代的神话、史诗、艺术、哲学等，正是产生在那种生产力不发达、经济发展落后的时代，如果有了先进的近现代科学，就不可能有那样的神话，也不可能有那样妙不可言的史诗、艺术、哲学等。然而先秦文化、希腊文化至今仍给我们以艺术享受，而且在某些方面来说还是一种规范和高不可攀、无法企及的范本。这说明，精神文化的发展、艺术的发展，并不是那些看来是合乎自然次序或符合历史发展次序的东西决定的；恰好相反，它们往往是由许多因素在社会中的相互关系决定的。精神生产、艺术发展有自身的独特的规律，不是简单的、不通过复杂中介和多重关系而由经济基础单方面直接决定的。

物质文化遗产，尤其是精神文化遗产的继承性问题，以及它们的累积与变异的运动发展问题，是文化发展的辩证法中的又一重大问题，本书有好几个章节论述了这一问题。

本书坚持了马克思主义文化观中的一个重要思想，即我们自己创造着我们的历史，但我们是在十分确定的前提和条件下创造的。这个前提和条件就包括民族文化的传统。毛泽东多次指出，我们不割断历史，我们是全人类文化遗产的继承者。这就涉及文化传统的问题，关于这个问题，本书亦有专章论述。

从古代的原始社会到希腊罗马到欧洲中世纪，马克思、恩格斯几乎没有放过一切细节及所有重要的文化典籍，从生产方式到生活方式，从宗教到哲学，从伦理道德到法律制度，从神话传说到文艺作品，无不涉及，无不比较、分析、论述、研究。诚如列宁所说，他们对人类文化作出了最广泛、最深刻、最缜密的研究，凡是人类社会所创造的一切，都用批判的态度加以审查，任何一点也没有忽略过去，凡是人类思想所建树的一切，都重新探讨过、批判过，在工人运动中检验过，从而得出了那些被资产阶级狭隘偏见束缚的人所不能得出的结论。当有的人把黑格尔哲学当做死狗抛弃一边，置之不理时，恩格斯指出："仅仅宣布一种哲学是错误的，还制服不了这种哲

① 《马克思恩格斯全集》第46卷(上册)，人民出版社1979年版，第48~49页。

学。象对民族的精神发展有过如此巨大影响的黑格尔哲学这样的伟大创作，是不能用干脆置之不理的办法加以消除的。必须从它的本来意义上‘扬弃’它，就是说，要批判地消灭它的形式，但是要救出通过这个形式获得的新内容。”①这就给我们提供了批判继承文化遗产的方法论。

在对待人类文化遗产和民族文化遗产方面，我们有许多人，的确是如恩格斯所嘲弄的，往往习惯于把脏水和婴儿一起从澡盆里倒掉，或者只是在一座庞大建筑的脚手架前踟蹰，却没有胆识和能力深入堂奥，探取无穷的珍宝。

列宁指出：“哲学史和社会科学史已经十分清楚地表明：在马克思主义里绝没有与‘宗派主义’相似的东西，它绝不是离开世界文明发展大道而产生的固步自封、僵化不变的学说。”②在批判对世界文化和民族文化持虚无主义态度的“无产阶级文化派”时，列宁指出：“马克思主义这一革命无产阶级的思想体系赢得了世界历史性的意义，是因为它并没有抛弃资产阶级时代最宝贵的成就，相反地却吸收和改造了两千多年来人类思想和文化发展中一切有价值的东西。”“当我们谈到无产阶级文化的时候，就必须注意这一点。应当明确地认识到，只有确切地了解人类全部发展过程所创造的文化，只有对这种文化加以改造，才能建设无产阶级的文化，没有这样的认识，我们就不能完成这项任务。无产阶级文化并不是从天上掉下来的，也不是那些自命为无产阶级文化专家的人杜撰出来的，如果认为是这样，那完全是胡说。无产阶级文化应当是人类在资本主义社会、地主社会和官僚社会压迫下创造出来的全部知识合乎规律的发展。所有这些大大小小的途径，无论过去、现在或将来，都通向无产阶级文化。”③

这就是说，文化虚无主义、文化相对主义是有害的。新时代的新文化不是无源之水，无本之木，一方面它来自人们的社会生活实践，另一方面它又是建立在世界与本土的丰厚的文化土壤上的。文化的继承与创新是永恒的课题，我们一定要有文化自觉与自信！让我们共同努力来弘扬传统文化，建设中华新文化吧！

① 《马克思恩格斯选集》第4卷，人民出版社1972年版，第219页。

② 《列宁选集》第2卷，人民出版社1960年版，第441页。

③ 《列宁选集》第4卷，人民出版社1960年版，第362、347~348页。